本书由中国敦煌石窟保护研究基金会资助出版

敦煌

石窟知识辞典

马德——主编

付华林——副主编

**DUNHUANG
SHIKU ZHISHI
CIDIAN**

敦煌文艺出版社

图书在版编目（CIP）数据

敦煌石窟知识辞典/马德主编；付华林副主编. --
兰州：敦煌文艺出版社，2024.7
ISBN 978-7-5468-2323-2

Ⅰ.①敦… Ⅱ.①马… ②付… Ⅲ.①敦煌石窟—词
典 Ⅳ.①K879.21-61

中国国家版本馆 CIP 数据核字（2023）第 020367 号

敦煌石窟知识辞典

主　编　马　德　　副主编　付华林

责任编辑　左文绚
封面设计　马吉庆

敦煌文艺出版社出版、发行
地址：（730030）兰州市城关区曹家巷 1 号新闻出版大厦
邮箱：dunhuangwenyi1958@126.com
0931-2131536（编辑部）
0931-2131387（发行部）

山东新华印务有限公司印刷
开本　710 毫米×1000 毫米　1/32　印张　22.75　插页　4
字数　410 千
2024 年 7 月第 1 版　2024 年 7 月第 1 次印刷

ISBN 978-7-5468-2323-2
定价：98.00 元

编纂人员名单

主　编：马　德

副 主 编：付华林

编写人员（按姓氏笔画为序）：

　　　　　马　德　　王进玉　　王彦武　　包菁萍　　卢秀文

　　　　　台建群　　付华林　　孙毅华　　李芙蓉　　吴荣鉴

　　　　　沙武田　　郑汝中　　袁德领

摄　影：盛岩海　　孙志军

制　图：关晋文　　孙儒僩　　杨　森

前 言

敦煌石窟是无数劳动人民的智慧结晶，是中华民族的先民们留给子孙后代的一笔取之不尽、用之不竭的文化精神财富，展现了中华文明的文化魅力。越来越多的中华儿女为敦煌石窟所保存的辉煌灿烂的中国古代文化而感到骄傲和自豪！

《敦煌石窟知识辞典》的出版发行，初衷是邀请敦煌研究院不同研究领域的专家，为普通读者写一本既通俗易懂，又具学术严谨的简易版辞典。经过邀稿校对，书籍涉及敦煌石窟的历史、地理、工匠、音乐、建筑、古代科技、文物保护、图像解读、敦煌石窟研究等方面内容。作为一本普及性的敦煌石窟知识辞典，现将有关编写情况说明如下：

一、本次编写的作者基本是多年从事研究敦煌石窟的资深专家。不幸的是策划和编写的郑汝中先生、张学荣先生以及何静珍先生均已在图书出版过程中仙逝，借用此书的出版，对他们表示崇高的敬意和深切的怀念。他们的工作由亲属们接续。编写中有部分成员调整，如付华林、王彦武这样的新秀出现，并聘请付华林同志主持编写。老少交替间，敦煌石窟文化研究传承不息，令人欣喜。我在这里以主编的名义对各位作者表示感谢！

二、《敦煌石窟知识辞典》的编写作者除上述所提成员之外，还包括马德、王进玉、包菁萍、卢秀文、台建群、孙毅华、李芙蓉、吴荣鉴、沙武田、袁德领等。在这次编写过程中，参阅了一批相关工具书、论文论著、图录、期刊等一系列前人研究成果，因本辞典的性质及篇幅所限，不便一一详细列出，特别是近20年汗牛充栋、车载斗量的研究成果均未列出，谨致歉意。

三、以科普敦煌石窟知识为导向，为普通读者提供一本简易辞典，而且不同时代必将有着不同而又最努力的尝试。让此书成为能带回家的"敦煌石窟"，能传至后代的"敦煌石窟知识"，正是几代编写者们的希冀与期待。而这一愿望又应敦煌文艺出版社之邀而成形，让人生出"海内存知己，天涯若比邻"之感，实所幸之。编辑过程中，敦煌文艺出版社左文绚女史展现出极为专业的职业特质，认真负责，更使此书趋近完美呈现。

四、不难预料，将包罗万象的敦煌石窟化为一本小书，难免挂一漏万，文中肯定还有许多这样那样的错误和疏漏，我们期待着各位专家和广大读者的批评指正。我也希望世界范围内的敦煌学能不断发展进步，不断取得新成果，为本辞典今后的修订提供更加丰富和准确的内容。

敦煌石窟将在中华民族子孙后代的精心保护下与世长存，蕴含其中的文化精神将传承不息。我们也希望此书成为读者了解敦煌石窟知识的"敲门砖"，成为敦煌爱好者深度学习敦煌石窟知识的"垫脚石"。

马德

2023 年 1 月 20 日

凡 例

一、本辞典选收敦煌石窟知识及相关辞条共计 1380 余条，收有彩图 40 余幅，另有附录三个。

二、词目名称以习用、约定俗成为主；少数尚无公认定名的词目，酌据作者拟名列目；一词多名者，在释文中一一列举，部分在分类词目索引中列出。

三、释文中出现的洞窟编号，莫高窟直接作"第××窟"，其他注石窟名及编号，如"榆林窟第××窟"等；有关敦煌遗书编号，凡属收藏大宗遗书的机构，用代号表示，如英国图书馆的"S"（斯坦因编号）、法国图书馆的"P"（伯希和编号）等，收藏数量较少的机构，直接注其名称及编号。

四、历史纪年，辛亥革命前一般用旧纪年，辛亥革命后用公元纪年，旧纪年一般括注公元纪年，括注时省略"公元"诸字。

五、外国人名、著作等词条，属于西方国家的，有些酌注西文。

六、释文中出现的中外地名，除少数酌情注出西文外，一般不注。

七、本辞典按汉语拼音音序编排，以方便普通读者查阅，书末附有分类词目索引。

八、本辞典除收录敦煌石窟相关辞条外，还增加了其他富有地域特色的石窟辞条，如新疆地域内的石窟辞条等。旨在丰富图书内容，扩大读者的阅读范围。

九、为了达到全书体例统一和方便读者阅读的效果，校对此书过程中，删除了敦煌壁画"经变""品""图"的书名号及引号。

莫高窟古汉桥小牌坊 右前为千像塔

(1914年俄国奥登堡考察队拍摄)

莫高窟外景

莫高窟外景 （第454窟以北）

莫高窟外景 （第96~55窟段）

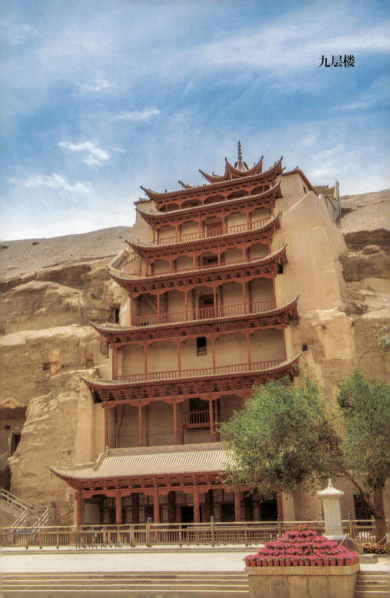
九层楼

莫高窟宕泉河风景

张议潮统军出行图 莫高窟第156窟 晚唐

鹿王本生 莫高窟第257窟 北魏

四 飞天

莫高窟第320窟　盛唐

狩猎图
莫高窟第249窟窟顶北披　西魏

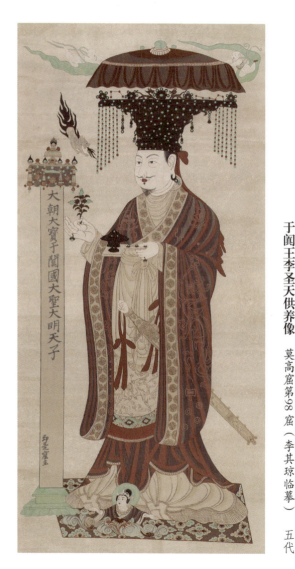

大朝大寶于闐國大聖大明天子

于闐王李圣天供养像　莫高窟第98窟（李其琼临摹）　五代

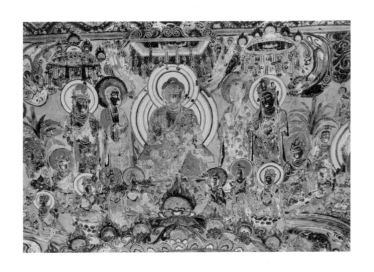

说法图
莫高窟第172窟西壁龛顶　盛唐

夜半逾城
莫高窟第329窟　初唐

乘象入胎
莫高窟第329窟　初唐

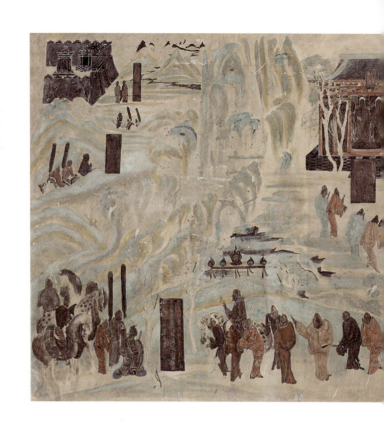

张骞出使西域
莫高窟第323窟　初唐

千手千眼观音
莫高窟第3窟北壁　元代

团龙藻井
莫高窟第245窟 西夏

佛传故事之出游四门伎乐图
莫高窟第275窟南壁　北凉

莫高窟第172窟内景　盛唐

交脚弥勒菩萨像
莫高窟第275窟西壁　北凉

阿难、菩萨、天王塑像
莫高窟第45窟西壁龛内南侧　盛唐

迦叶、菩萨、天王塑像
莫高窟第45窟西壁龛内北侧　盛唐

胁侍菩萨塑像　莫高窟第420窟　隋

供养菩萨塑像

莫高窟第384窟西壁龛内北侧　盛唐

覆斗顶形窟
莫高窟第285窟　西魏

覆斗顶形窟
莫高窟第320窟　盛唐

目　录

词目表

D

G

H

K

L

M

N

T

Z

A

阿富汗巴米扬佛教遗迹　　位于阿富汗中部巴米扬城北面的兴都库什山中，包括石窟群、摩崖雕像和石窟壁画。石窟建于公元 3 世纪至 7 世纪，现存洞窟 750 多个，分布在斯库鲁阿布河上游河谷南面、东西长约 3 千米的断崖上。唐代高僧玄奘曾到过此地，并留有记载。石窟多为佛殿形式，部分集佛殿、经堂、僧房为一身；石窟平面为方形、八角形和圆形；窟顶为圆券形、方形和拱形；窟内绘画，设有佛龛，泥塑佛像多已毁。高 38 米的摩崖雕像东大佛和相距不到 1 千米、高 53 米的西大佛最为著名。东大佛窟内绘有太阳神驾驭四轮马车图，可看出波斯萨珊王朝艺术风格的影响，而西大佛窟内绘有印度古典风格的佛、菩萨、飞天和供养人像。此外，在石窟中也曾发现梵文佛典及吉尔吉特（Gilgit）写本。人们将此佛教遗迹的艺术风格称之为巴米扬艺术风格。它对中国西域、敦煌和中原的石窟艺术风格，都产生了很大影响。

阿克塔什石窟　　位于新疆维吾尔自治区拜城县黑英山乡东南 6 千米的阿克塔什山麓，依山开凿，旁临阿勒吞阔什河。现存洞窟 5 座，加上窟外院落为一建筑整体。5 座洞窟均为横券顶平面呈方形或长方形；石窟东面有一佛寺建筑遗址；在东面约 300 米处的台地上，依崖开凿一座僧房，建筑遗址保存完整，室内平面呈方形，是龟兹石窟中普遍的一种僧房类型。

阿修罗王 亦作阿素洛、阿须伦，意译障蔽、非天等，因常与三十三天竞斗，故名，为佛教六道轮回中之一道及天龙八部护法之一。据说他赤身、四目、四臂、双足。二臂上举可手擎日月；且体形长大，身过须弥，足立大海，水不过膝；又力大无穷。他娶乾闼婆女为妻，生美女，嫁帝释天为妻，后因帝释天与其他彩女游戏，其女心生嫉妒，即遣五夜叉向其父告状，阿修罗王即兴兵与帝释天交战。莫高窟第 249 窟窟顶西披西魏时期所画阿修罗王图，从内容到构图都极具代表性。

安存立 五代敦煌人，归义军官府画匠。曾与其父同为窟主，组织全家重修莫高窟唐代所建的第 129 窟，有供养像并题衔曰"归义军节度押衙知左右厢绘画手、银青光禄大夫检校国……兼监察御史上柱国"，敦煌遗书 P.2641v1 记有此事经过，时当 948—949 年间。

安岳卧佛院 位于四川省安岳县城 25 千米处的卧佛镇。卧佛凿建于沟两边的石壁上，造像区域全长 865 米，建造于唐朝开元年间。现存以释迦牟尼涅槃像为主，包括其他造像共

1613 躯，唐代摩崖刻经洞 15 窟，尚未刻经洞 40 余个，窟龛总编号 142 号。造像龛形制为矩形单口龛、竖长方形单口龛、双叠室方口龛等。造像题材有一佛二僧二菩萨二力士、一佛二僧二天王，以及涅槃变、说法图、凉州瑞像、弥勒佛、千手观音等。专门开凿的 15 座刻经洞窟四壁刻满佛经经文，并保存纪年题记 22 处，其中的《檀三藏经》是中国现存佛经中的绝版。

凹凸画法　又称天竺遗法，中国人物画和敦煌壁画技法之一，是强调主体效果的古代印度、波斯绘画技法，于公元 4 世纪随着佛教的东传而传入中国。其画叠晕或凹凸，有立体感。敦煌壁画自十六国时期就应用，如第 272、275 窟等北凉的洞窟壁画，其人物造型（包括窟室建筑形制，阙形龛与彩塑等）都在融合中西风格的基础上表现出西域造型的明显特征；又如西魏第 285 窟西壁的造型、彩塑的艺术风格及人物造型、绘画技巧等完全是西域人物像"天竺法"画风，土红底色、人物半裸，以凹凸法重彩晕染，但窟顶及东、南、北壁人物形象以中原的"秀骨清像""褒衣博带"为主，一窟之中两种风格并存。凹凸法主要分为叠染、晕染二法，北朝时期多用叠染，至唐代以后主要以晕染为主，而叠染多用于花边与装饰图案之上。

B

八大菩萨 即八位菩萨的名号。《八大菩萨经》中指：金刚手、圣观自在、虚空藏、普贤、妙吉祥、慈氏、除盖障和地藏菩萨。《八大菩萨曼荼罗经》有七位菩萨与上述相同，而无"妙吉祥"，多了"曼殊室利"。《七佛八菩萨所说神咒经》之八菩萨为大势至、观世音、虚空藏、跋陀和、文殊、坚勇、得大势、救脱菩萨。《理趣般若经》中除观自在、金刚手、虚空藏、文殊等和上面相同外，另有四身称金刚拳、发心即转法轮、虚空库、降伏一切魔菩萨。《七佛药师经》之八大菩萨是：得大势、观世音、无尽意、宝檀华、文殊、弥勒、药上、药王菩萨。莫高窟隋代第417窟顶部绘有化佛《药师经变》中的八菩萨；第302、57、45等隋唐洞窟内也都绘有八大菩萨，但因榜书题名多已漫漶而不知其名号；第6窟西龛内五代所画八大菩萨中有"月光菩萨、日光菩萨、明惠菩萨、无月藏菩萨、妙吉祥菩萨、宝智菩萨和虚空藏菩萨"等；第25窟宋代所绘八菩萨的榜书中，有"定自在菩萨、法自在菩萨、法相自在菩萨、光相菩萨、宝首菩萨、持世菩萨"等题名。

八人舞　壁画乐舞。绘于莫高窟第 156、100 窟等，其阵形为：舞者八人，男女各四，分列两排，甩袖移步，相对而舞。舞姿类似藏族舞蹈，为吐蕃文化的遗存。

巴雅石窟　位于印度的马哈拉施特拉邦，距孟买东南 130 千米处。约开凿于公元前 2 世纪，开凿有 1 个塔堂窟和 20 个僧房窟。第 12 窟是塔堂窟，是最早的标准形塔堂窟，也是印度最早的仿木构造的石窟。

白般涩　宋代敦煌画匠，榆林窟第 33 窟东壁门北下之南起第八身画像，榜题为："清信弟子节度押衙□左相都画匠作银青光禄大夫白般涩一心供养。"结合其他供养人像与文献可知，归义军曹氏政权的都勾当画院管理官员至少分三级：都画院使、知画手、都画匠作，而机构设置至少有"左相（厢）""右相（厢）"之分。

白垩　在古代又称为白垩土、白土粉、画粉等，属石灰岩，成分为碳酸钙（$CaCO_3$），属碳酸岩类，是方解石的一种沉积型矿物——通过化学沉积或生物化学作用形成巨厚而分布广泛的石灰岩（主要由方解石组成）层。外观为软质的浅色土状物，是由上古的深海生物骨骸堆积风化而生成。在敦煌壁画中是广泛使用的白色颜料，主要用来制作壁画的底色和作为白色颜料使用。

白粉层 壁画地仗表面涂刷的白色涂层。为了底色统一，便于施色作画，常常在绘画前将地仗表面首先涂一层统一的涂料。敦煌石窟北朝至隋朝大都在壁画表面泥层上涂刷土红底色，然后绘画。唐代以来，都在壁画表面泥层上涂刷白色底色，俗称白粉层。据科学分析，白粉层主要采用熟石灰、石膏等材料。敦煌遗书中称涂抹麻泥层和白粉层为"上灰麻"。

白画 绘画于敦煌壁画的一种形式，指用墨或者单色描绘物体形象、不施色彩的绘画，为较工细的白描速写或中国画中的素描。其特征是以线造型，略加渲染以强调结构和烘托主体。第 276 窟的西壁北侧绘于隋代的维摩诘图，其造型、神态为敦煌壁画中白画之上品。另第 249 窟西魏壁画中的虎、猪群与山林白描图，第 9 窟中心佛坛屏风背后晚唐的人物画，藏经洞出土的绢、纸本绘画等也有不少白画精品。

白马塔 敦煌名胜之一，位于今敦煌市西的沙州古城内。相传，此塔是安葬为高僧鸠摩罗什驮经时死于敦煌的白马所建。原建年代不详，曾经多次修葺。现存塔为清代建筑，高12 米，塔身为 9 层：第一层呈八角形；第二至第四层为折角重叠形；第五层上有仰莲花瓣，下有突出乳钉；第六层为覆钵形塔身；第七层为法相轮形；第八层为六角形的坡刹盘，每个角挂风铎一只，风吹时发出声响；第九层为边珠式塔尖。

白描　源于古代的白画，指用墨线或单色线勾勒出物体的形象和轮廓，不施色彩的绘画，亦有略施淡墨渲染的，也是中国画一种独立的画种。后人将绘制较为仔细的工笔线描轮廓稿也统称为白描或白描稿，是敦煌壁画中常用技法。

白纱笼袖　古代妇女服饰之一。即在大袖裙襦内着一层透明的白纱袖，两手相笼于袖内，外以白纱遮罩，纯属装饰。如莫高窟第130窟都督夫人、女十三娘供养像均在衫袖两手相接处有白纱外罩，即此饰。

白衣观音　因观音菩萨常穿白色天衣，故有此名，亦称作白衣大士。又因观音常坐于白莲花中，就其住处名叫白处，亦称白处观音。在佛教中，白衣象征圣洁、纯净的菩提之心。"白"代替菩提（凡断绝世间烦恼而成就"涅槃"之"智能"，通称"菩提"），而菩提之心即菩萨之心。

百花蔓草纹　又名百花卷草纹，是以茶花为主，兼以多种花草纹样集中结合成一种边饰图案纹。敦煌壁画中该纹出现于唐代，是卷草纹的一种。其主要特点是在以近似茶花形为主的边饰基础上，在藤蔓中穿插有莲花、石榴、葡萄等纹样。以第6、172等窟的盛唐百花蔓草纹为最佳。

百戏　敦煌社会风情壁画内容之一。绘于莫高窟第156窟

《宋国河内郡夫人宋氏出行图》中，画面分两部分，一是杂技，以寻橦为主，一人肩顶长竿，四童子在竿顶表演种种惊险的动作，或作伸臂横体，或作勾脚倒悬，旁有人持竿保护，还有乐伎四人，以吹笛和打击乐来渲染气氛、协调动作；另一为乐舞，六人乐队，吹拉弹奏，舞伎四人，着长袖裙，围成方阵，甩袖踏点，翩翩起舞。这是当年本地文化娱乐生活的真实写照。

柏孜克里克千佛洞　唐初称为宁戎寺，又叫宁戎窟寺。位于新疆吐鲁番市东北 45 千米的木头沟河谷西岸悬崖上，创建年代为公元 499 年至 640 年的麹氏高昌时期，现存 57 个洞窟，基本保存完整。石窟建筑采取了石崖与坯砌建筑并用的形式，洞窟形制有礼拜窟、僧房窟和专为高僧所建的纪念性洞窟。保存的内容主要以立佛为主，有经变画、图案等。石窟中还发现有回鹘文、粟特文、西夏文，以及其他民族古文字写本、印本文书和绘画。

拜堂　敦煌壁画反映的古代婚俗的主要情节，其方式方法因民族、信仰、习俗和文化背景的不同而各有差异。唐宋时期的敦煌并行着两种婚俗，一种是以儒家传统为主的聘娶婚，在男家行拜堂之礼，如莫高窟第 116、205、156 窟，榆林窟第 20 窟等窟所绘，其特点是男女站立拜堂；另一种是受少数民族习俗影响的入夫婚，即男方到女家成婚，婚后新娘不落夫家，其拜堂行礼的方式是男跪女揖，如莫高窟第91、218、231、358、12、138、454等窟婚嫁图所绘。

半臂　即短袖衣，穿在长衣外，一般为宽袖，由襦、袄、衫演变而来。莫高窟隋、初唐女供养人多见穿半臂者，如第375窟等。第130窟女供养人所着半臂均是套在衫外。半臂也是普通劳动者服饰，如第23窟雨中耕作之农夫与挑担农夫；又如第205、196窟《弥勒经变》中的劳动者多着半臂，穿膝裤，或衫裙，头戴笠帽；另第323窟纤夫、第33窟农夫、第45窟舵师，均戴笠帽，内穿缺胯衫，外套半臂、白裤、麻鞋。敦煌文书《癸酉年（793年）沙州莲台寺诸家散施历状》就记载着"帛绫半臂一"。

半翻髻　古代妇女发髻之一种。因形似翻卷之荷叶，又名翻荷髻，梳换时从下而上，至顶部突然翻转，并作倾斜之势，故名。莫高窟初唐第390、375窟女供养人多束此髻。

伴郎　敦煌壁画反映的古代社会风俗情节中人物之一。将举行婚礼时陪伴新郎的男傧相称伴郎或相郎，一般是1~2人，从新郎前往女家迎亲开始，直至婚礼结束，始终伴随新郎，并代表新郎处理一些具体事宜，如与宾客的应对、酬唱等。莫高窟第12窟婚嫁图拜堂行礼时站在新郎后面的两位伴郎，均头戴软脚幞头，身着圆领袍服，双手执笏行揖礼。

伴娘 敦煌壁画反映古代社会风俗情节中人物之一。将婚嫁时陪伴新娘的女傧相称伴娘、侍娘或姑嫂，多由女家中的亲友担当。伴娘还往往对新郎、伴郎一行故意刁难，酬唱婚歌，从而营造婚礼的欢乐气氛；拜堂行礼时，伴娘要持团扇为新娘遮脸，莫高窟第156窟、榆林窟第20窟婚嫁图中有两位伴娘各执一把花团扇，以双团扇遮护新娘之面；入青庐后由新郎亲自去扇，去扇时要诵念《去扇诗》。

榜题 又称题榜、榜书，同中国画之款识，为敦煌壁画专用名词，指说明壁画内容和简单的佛经内容的文字，亦是敦煌壁画的一个组成部分。在隋以前，榜题的内容只是书千佛、菩萨、佛本生故事、因缘故事等的名号和名称，以及书于说法图的图案中，用较少量的小字记载开窟作画纪年。随着壁画内容的增加，幅面增大，榜题的数量、字数也有增加，最长的达三百多字。榜题的内容多是经文摘要和变文注解，其书法也很有特色。在壁画中现保存较完整又清晰可见的以唐朝为最多，书体法颜体，如第130窟的供养人题记。第45窟观音经变中的榜题，为隶书转向楷书，又别于魏体而又近似于写经体。

宝相纹 莲花纹样的一种，似团花纹样。其花形以四瓣一层，成十状，层层交错相叠成米字形；以荷花为主，其花瓣有桃形纹、莲瓣纹、云头纹、花叶等组成。多出现于初唐，如敦煌莫高窟第332、334等窟的边饰。另有一层多瓣、色彩艳丽、花朵较大纹样，如第45、217等窟的藻井图案。

宝相纹

宝雨经变 敦煌经变画之一。现存仅莫高窟第321窟一幅，根据武周长寿二年（693年）南天竺僧菩提流支所译的《佛说宝雨经》绘制。壁画中央"序品"画薄伽梵（即佛）在伽耶山为大比丘等七万二千人说法，除了诸菩萨、天龙八部、梵天及向佛请问的止盖菩萨外，还有东方日月光女王及男女、文武扈从，女王双手合十礼佛。佛坐莲花座，结跏趺坐说法，头上有珠网宝盖，四周众宝纷降，天花乱坠。在宝雨网盖上绘一横贯全壁的海水，从云海中伸出两只巨手，一手擎日，一手托月。其他情节有"地狱""修补破庙""农夫作业""葺治故塔""燃灯""斋僧""智城""狩猎""愦闹人寰""四壁梵天""三头六臂大自在天""婆罗门""龙女""阿修罗""四天王""男女受语""菩萨救护有情方便善巧"

中的"现身说法"等。近年来也有学者考证此经变应为十轮经变。

保全寺石窟　位于甘肃省合水县东北平定川西岸的红砂岩崖面，南北绵延40米，现存25龛，石窟开凿于北魏太和年间至西魏。代表窟龛是第3、4、6号大窟，其余均是圆券形小龛。第3龛属圆券形浅龛，内造释迦、多宝佛及弥勒菩萨以及千佛；第4窟最大，3米见方，正壁造释迦、多宝佛和弥勒菩萨，南、北壁各造二佛，门口侍立二菩萨；第5窟主尊面相丰满圆润，善跏趺坐，身着通肩袈裟，衣纹由纯熟规律的细密线条组成，雕刻精致，比例准确，曲折流畅，富有装饰感；第6窟平面马蹄形，穹窿顶，内雕一佛二菩萨。龛下雕二排坐佛，现存11身；第13龛的释迦、多宝佛，二佛神态怡然自得；第15龛内主尊为弥勒菩萨交脚坐于狮子座上。

报恩经变　敦煌经变画之一。根据《大方便佛报恩经》绘制，全经共七品，经变形式有两种：一是在"说法图"左右，以条幅式连环画形式出现；二是以"说法图"为中心，故事绘于四角或图下屏风画内。该经主要讲述释迦牟尼过去报效佛恩、众生恩的故事。敦煌石窟现存此经变39铺。其中：盛唐2铺（第31、148窟）；中唐8铺（第112、154、200、231东壁、231龛内、236、238、258窟）；晚唐11铺（第12、

14、19、20、85、138 北壁、138 东壁、143、144、145、156 窟）；五代 13 铺（第 4、5、22、61、98、100、108、146、147、390 窟，榆 16、榆 19、榆 31 窟）；宋代 5 铺（第 55、141 南壁、141 东壁门南、449 窟、454 窟）。另，英藏敦煌绘画品中有 S.P.1、S.P.2 两件巨幅报恩经变。

报恩吉祥之窟记 敦煌造窟文书。编号为 P.2991，残存前半部分，计 37 行。"释慧苑述"，无撰写时代，记述僧镇国及其父事迹并于莫高窟造窟事。据文中所记窟内一佛八菩萨的塑像题材推测，所造窟疑为莫高窟第 361 窟，或第 234 窟，或第 153 窟，其时为吐蕃占领敦煌的公元 840 年。

北朝敦煌石窟 或曰北朝敦煌石窟艺术，敦煌北魏、西魏、北周三期敦煌石窟艺术之合称。

北斗七星 古代星象图之一。画像多为七颗星相连成勺形状。敦煌藏经洞遗画 P.3995 彩绘炽盛光佛，挂幅上方有星图，残留两星，其形状似"斗魁"，可能为北斗七星。在敦煌石窟壁画中有几十幅维摩诘经变，其中一些经变下边的各国王子场面中绘有帝王图，身着日月纹服，戴七星冠。如莫高窟初唐第 220 窟、五代第 5 窟的帝王图等。瓜州榆林窟五代第 32 窟的梵网经变中，也有穿日月纹服、戴七星冠冕的帝王像。另外，在五代第 98、454 窟以供养人身份出现的于阗国王，也是头戴冕旒，上饰北斗七星。其中，第98窟于阗国王的冠冕上还绘了两幅北斗七星，而第98窟、454窟的于阗国王衣服上也绘了星象。法国吉美博物馆收藏第17794号敦煌藏经洞五代绢画被帽地藏菩萨十王图，地藏菩萨左下侧是戴冕冠、身着大袍、手持笏的冥府诸王，其中第一位头戴七星冠，身穿星象龙纹服，其星象的纹式有三、五、七星象相连者较多。左右两侧均为星象围绕龙纹。这种星象龙纹服在敦煌壁画、遗画中并不多见。

北凉敦煌石窟　或曰北凉敦煌石窟艺术、十六国敦煌石窟艺术。敦煌石窟分期之一。指十六国北凉（401—439年）时期的敦煌石窟，主要是莫高窟第268、272、275窟三组洞窟，为北凉统治敦煌时期一次性建造的禅室、佛殿、佛堂三堂组合，集禅修、礼拜、讲经说法为一体的完整的石窟群。其主题内容当时中国北方流行的弥勒信仰，建筑形式为印度佛教建筑与中国传统建筑的合璧，彩塑多为单体塑像，壁画内容有千佛、说法图、化生、各种故事画及供养人像等，艺术风格以印度及西域为主，糅入中原风格，其中各类人物形象为西域人与汉人兼有。

北山佛湾石窟　北山古名龙冈山，位于重庆市大足区主城北1.5千米处的北山之巅。石窟开凿于唐昭宗景福元年

（892 年），后经地方官绅、士庶、僧尼等相继营建，至南宋绍兴末年（1162 年），方具现存规模。现存窟龛 290 个，主要集中在佛湾，少部分散布于营盘坡、北塔、观音岩、佛耳岩等处。其中造像 264 龛窟，近万尊，阴刻图 1 幅，经幢 8 座。造像题材以密宗题材为主，有佛、弟子、菩萨、天王、诃利帝母、摩利支天、佛母大孔雀明王、金刚等。窟龛形制有平顶龛、双叠室连二龛等。有 21 处各时代的造像纪年题记。1961 年被国务院公布为全国重点文物保护单位，1999 年 12 月 1 日被联合国教科文组织列入《世界遗产名录》。

北魏敦煌石窟 或曰北魏敦煌石窟艺术，敦煌石窟分期之一。指北魏（439—534 年）时期的敦煌石窟，主要分布在莫高窟和西千佛洞，石窟形制以中心柱窟为主，彩塑题材多为单体佛像或一佛二菩萨组合，壁画内容以千佛、天宫伎乐、说法图、各种故事画等为主，艺术风格无论是石窟形制、人物造型、服饰、画幅构图等，都体现着中原与西域两种风格的融合。

北周敦煌石窟 或曰北周敦煌石窟艺术，敦煌石窟分期之一。指北周及隋初（557—589 年）的敦煌石窟，主要分布在莫高窟和西千佛洞等处，以第 428、302 等窟为代表，洞窟形制以中心柱窟与覆斗帐形殿堂并存，另有单立像窟等形式。

彩塑题材为单体像或一佛二菩萨组合，壁画内容有千佛、天宫伎乐、说法图、各种故事画等，艺术风格是以中原风格为基础吸收和融进西域风格。

背带裤　敦煌壁画儿童服饰。莫高窟初唐第220窟阿弥陀净土变中化生童子有着此装，开裆，连二裤管与衣至腰胸，以二系带从肩部后系统至前（或相反）而穿，并有条纹，与现代儿童背带裤基本相同。

背心短裤　敦煌壁画儿童服饰。莫高窟初唐第220窟阿弥陀净土变中化生童子有着此装者，上身红色对襟背心，裹在下身绿色短裤内，短裤开裆，形如背带裤，裤管较短。

本生故事画　敦煌壁画内容之一，表现释迦牟尼"前生累世"修行的故事。表现形式有四：一是单幅式，只绘故事中的一两个重要情节，如第275窟月光王施头；二是连环画式，横卷或多幅，表现全部故事内容，如第257窟鹿王本生；三是组合画式，以故事中的核心情节为主，把其他情节画在四周，如第254窟舍身饲虎；四是屏风画式，把情节绘在屏风画上，一屏一个或两个情节，屏风按顺序连接，组成一个或几个完整的故事，如第98窟的贤愚经变。敦煌石窟本生故事画内容丰富、题材多样、延续时间长，为敦煌艺术精品之一。

本缘故事画　佛教故事分为本行故事、本生故事、因缘故事，合称为本缘故事。本行故事是释迦牟尼的生平事迹，即佛传故事。本生故事是释迦牟尼前生累世修行的故事。因缘故事是释迦牟尼以因果报应之说，度化众生和佛门弟子、善男信女的故事。这些以佛经故事为内容绘制的壁画又称佛经故事画，敦煌壁画中现存 54 种、160 余幅，其中少数是佛传故事画，大多数是本生和因缘故事画。

筚篥　吹奏类竖管乐器。为竖管中插哨嘴乐器，古称觱篥、悲篥，或筚管，即今日北方流行之"管子"，南方流行之"喉管"。敦煌壁画所绘筚篥，较今日管子稍长，似为竹管，其长度有时和竖笛相似，哨嘴也较大，管体较竖笛粗壮，更似今日之"喉管"。筚篥出现始于北魏，以后各朝代都有绘制且十分具体，在乐队中居前沿领奏地位。

**莫高窟第 61 窟
筚篥（五代）**

壁画　绘画的一种，指绘制在土、砖、木、石等各种质地壁面载体上的画。描绘技法和题材内容与绘画相同。按其所绘场所，可分为殿堂、寺院、石窟、建筑的室内、户外墓室等壁画。早在公元前三千年左右古埃及王朝的贵族墓室，以及古希腊、古罗马的王宫遗址里，俱遗存有壁画。中国壁画早在黄帝时就已出现，新发现的有咸阳秦宫殿建筑遗址出土的壁画残片，西汉卜千秋墓及洛阳王城公园墓出土保存完整的墓室壁画。其中现在保存最为完整、数量最大、绘制时间延绵最久的敦煌壁画，是以佛教内容为主要题材的宗教画，将经变画、佛本生故事画、佛传故事画、尊像画、因缘故事画、风俗画、山水画、人物画、仕女画、肖像画、供养人画、花鸟画、界画、连环画、装饰画等融为一体，是东方佛教壁画的典型代表之一。

壁画病害　由于自然或人为因素形成的壁画损坏现象。自然因素形成的有：因受地震等引起的岩壁崩坍，画壁的泥层（即地仗）与崖壁之间局部分离而形成的大片空臌脱落，风沙磨蚀引起的画面风化、颜料粉化，日光照射引起的变色、褪色，气候干燥、胶质老化引起的粉皮层起泡、龟裂起甲，洞窟岩层内的矿物盐碱类侵蚀壁画泥层造成泥层酥碱，因封闭、堵塞、潮湿等引起的发霉，以及虫鸟粪便的污染和鼠伤等。人为因素造成的有：1914 年至 1915 年俄国奥登堡切割掠走莫高窟壁画多块；1924 年美国华尔纳在莫高窟用特制胶布粘贴切割窃走（或破坏）壁画二十余块；1921 年 6 月至 1922 年 9 月，因苏俄内战逃入中国新疆的白俄陆军少校阿连阔夫率沙俄官兵 469 名，由敦煌县政府负责，在当地驻军监视看管下，暂时安置、居住在敦煌莫高窟南端第二层洞窟。他们在一些居住的洞窟内烧炕、做饭，致使这些洞窟的壁画等文物受到烟熏等多种损害；历代佛教徒的香火也使洞窟受到烟熏；清代王圆箓道士为吸引更多信徒朝拜，在栈道废断的洞窟之间的窟壁凿洞通行，致使部分壁画受损；千百年来游人摩擦、刻画题字，以及后代的石灰涂刷等，都造成部分壁画的损坏。通过科学的研究和治理，大部分病害已得到防治。

壁画地仗　绘制壁画的泥壁，古代称画壁。敦煌石窟开凿在酒泉系砾岩层上，此种地层结构粗糙疏松，岩壁极不平整，不能直接绘制壁画，须先在开凿好的洞窟崖体墙面上制作多层材料不同的泥层，俗称地仗。各时代做法稍有差异，因此壁画保存现状也有一定区别。一般从下到上依次为粗泥层（草泥层）、细泥层。先用黏土和麦秸调和的麦秸泥将高低不平的崖体墙面抹平，稍干后再抹第二遍较细的麦秸泥或麻泥，抹平压实，使画壁平整光滑，以便绘画。细泥层因掺加的材料不同叫法也不同。敦煌石窟普遍以麻泥为主。为了防止泥干后开裂和增加它的力学强度，常常在泥内掺上纤维较长、柔性好、拉力强的麻刀（将麻切成 3~5 厘米不等长度，经捶打而成），这掺有麻刀的泥层即称麻泥层，但有些地仗表面泥层也有掺麦衣、蒲绒、棉花、羊毛等材料，其作用相同。至北周时期，画壁只用泥土和麦草调泥，抹两层即成。唐代以后，不但用料种类增多，而且画壁也由早期两层发展到三四层。莫高窟元代第3窟的壁画地仗中则掺入适量的粗砂，与北宋李诫《营造法式》卷十三泥作制度"画壁"条之砂泥画壁做法相似。莫高窟五代、北宋窟外岩壁的露天壁画，亦用草泥打底，表层则用麻刀白灰抹面，较能耐风雨侵蚀。

壁画地仗制作 石窟营造程序之一。一般指石窟开凿好后，挂在石壁上的以澄板土、麦草、麻刀、棉花、蒲绒、沙子等材料混合制成的草泥层，表面即可直接施色作画，也可涂以掺有麻刀、棉花的泥层后刷白粉层作画。早期地仗层只用澄板土和麦草调泥，抹两层即成；唐以后用料种类增多，地仗层发展到三四层。

壁画画面 画壁上绘制的颜色层。敦煌石窟壁画的画面制作可分为中颜料层、白粉层两种。北凉、北魏时期直接在画壁表面施色作画，这施色作画层亦称颜料层。不论是石窟壁画、殿堂壁画、墓室壁画等都是这样绘制而成的，当然不论是在纸或布及其他基础上画出的画，表层亦是颜料层。敦煌石窟壁画从西魏开始，为了底色统一，便于施色作画，在一些洞窟的画壁上先涂刷一层白颜料（俗称白粉），然后在白粉上作画。唐代以后所有洞窟都是如此。据科学分析，唐以后的白粉层多为熟石灰、石膏等。

壁画临摹 早在南北朝时期南朝齐画家谢赫就将临摹纳入"六法"中。古往今来，中国画即从临摹入手，称为习画。以临摹为手段取前人之长，集众之优谓之发展；取其法，得其神，求其意，描自然，绘心境谓之创新。敦煌壁画就是古代画工在临摹基础上的创新。现在敦煌壁画临摹是保护、研究敦煌和弘扬中国绘画艺术的手段之一。敦煌研究院美术研究所在长期的临摹研究中，总结出了客观临摹、整理临摹、复原临摹三种技法。敦煌壁画历经千年，因种种原因使某些色彩失去本来面貌，或形象不完整，或模糊不清，线条脱落。三种临摹技法便是由此而总结出来的，满足研究、保存、展览的需要。

壁画脱落 壁画病害之一。因不同情况可细分为几种：①壁画支撑体崖壁脱落，指泥层与崖壁之间以及崖壁砾石之间发生局部性分离而脱落。②地仗层脱落，崖壁砾石受震动产生松动或横向开裂，崖体产生纵线裂缝、地仗层与崖壁分离脱落，如第130窟就属地仗泥层之间发生分离。莫高窟崖壁上的露天壁画也属于这种情况。重层壁画之间粘接不牢固等情况导致壁画不同程度脱落。③白粉层脱落，如莫高窟第85窟。④颜料层脱落。其中，白粉层、颜料层根据形状又可细分为疱疹状和点状脱落等。如莫高窟第194窟壁画的白粉层及颜料层中不断产生疱疹，逐渐变大，最后和颜料层一同脱落，莫高窟第3窟也是这种情况。

壁画盐害　盐害俗称酥碱，也有盐化、返碱、白霜等名称。石窟文物病害之一，是壁画病害中比较普遍而且破坏性最大的一种。据最新研究证明：引起酥碱的化学机理是因为壁画在潮湿环境下产生盐害。在水分参与下，洞窟围岩及地仗层中的矿物盐分在洞窟产生表集作用，盐类在壁画表面聚积就出现了"返碱""白霜"。由于盐害的产生改变了壁画及地仗层的结构，可使地仗膨胀鼓起、酥松、粉化、脱落，严重者可使地仗层逐渐掉落，壁画俱损。这种病害多发生在底层洞窟靠地面的壁画处，如莫高窟第53窟，以及最上层洞窟的顶部，如莫高窟第194窟。据统计，仅莫高窟就有产生这种病害的洞窟100多个。对地仗尚好而盐类在壁画表面聚积的盐害，现已有"脱盐"治理技术。

壁画数字化　是通过摄影采集和三维激光扫描等技术，将壁画类遗产当前的信息以数据的形式永久地记录下来，并且能够多次重复使用。壁画数字化的生命周期为数据采集、加工、储存、传输、交换和服务。

臂钏　即臂环，又作钏，菩萨臂饰之物，一般戴于两臂。敦煌石窟菩萨塑像、画像均着臂钏。

边饰　敦煌装饰图案的一种。从广义上讲是一种较为简单的反复多次排列的条形装饰图案,用来衬托、美化各种艺术品的边沿装饰。狭义指壁画、建筑、桌、台、龛、服装、故事画、人字披、藻井、佛像之间用来隔开画面的各种长条形装饰图案,如绘画的边框,所以简称为边饰。敦煌壁画中的边饰图案应用很广泛,从北凉至元代贯穿始终。其中几何纹、火焰纹、水云纹、联珠纹、鸟兽、花、草等品种复杂,疏密有序,色彩亮丽。

扁鼓 打击类膜鸣扁框型乐器。榆林窟第3窟西夏千手观音经变图中有绘扁鼓图,中间略突出,两面蒙皮,周围边沿以小铁钉固定。为今日民间所用之击鼓。

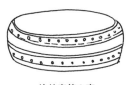

**榆林窟第3窟
扁鼓(西夏)**

变色壁画 壁画病害之一。壁画颜料因物理、化学变化而引起的变色现象。物理变化可使颜料的色度降低,由鲜明变暗淡,由深变浅。化学变化是因为颜料的化学成分、结构发生了变化。据科学分析,古代使用的含铅颜料容易产生化学变化。如壁画颜料中红色的铅丹(Pb_3O_4)、白色的铅白$[2PbCO_3Pb(OH)_2]$经长期氧化都会在一定条件下转变成褐色的二氧化铅(PbO_2)。变色部位多为原来的红色、白色和粉色区域，变色后颜色成棕色、咖啡色、黑色或灰色。铅颜料变色历代都有，以北朝和唐代最严重。在壁画绘制过程中，多种颜料相互调和，千百年后，也引起各种不同的变色现象。关于引起变色的原因很多，但光照和相对湿度的增高是主要因素。

兵马使兼弓行都料赵安定供养像　据敦煌文献和敦煌石窟题记记载，各种工匠大都以历代形成的行业门类进行分类，有些也以具体单一产品分类，其中大部分是与社会生产及人们的生活直接相关的，即为人们提供劳动工具和食、衣、住、行等生产、日常生活密切相关用品的各行业工匠，有专门从事兵器等特殊产品的工匠。榆林窟五代时期开凿的第 34 窟东壁甬道南壁绘男供养像六身，自北至南，其中第三身，绿地墨书，题名："社耆 [老] 镇兵马使兼弓行都料赵安定一心供养。"由此可知，他是位都料级高级工匠，并在节度府衙担任一定职务。同时，他还是民间社组织的三官（社长、社官、社老）之一的社老。

兵器图像　在丰富多彩的敦煌壁画、彩塑中，保留下来大量有关古代兵器的图像资料，壁画中不仅有不同形式的交战场景，而且有不少操练、出征队列和阵容设置场景。出现在历代壁画中的兵器有手刀、长柄刀、腰刀、长矛、长枪、盾牌、戟、三叉戟、斧、金刚杵、弓、箭、宝剑、杖、铁棒、铁钩、绢索、铁爪篱等数十种。其中有些兵器在史书和图册中都不曾记载。在 MG. 17655 降魔变绢画中还反映出中国古代史上用动物参战的情景。

饼类食品 敦煌生活风俗壁画内容之一，见莫高窟第 159 窟的燃灯斋僧图。供桌上摆放着四盘食品，左上胡饼，又名炉饼，用炉子烤制而成，有大胡饼、小胡饼、胡麻饼之分，本是西域少数民族的主要食品。唐宋时，敦煌官方定量是每餐每人胡饼两枚，合面一升。左下饦饼，"饦"与"起"同音通假，饦饼即起面饼，面发酵后做成的食品。右上馓子，又名环饼，一根根作环状，在油中炸成，耐储存，寒食节禁火期间多食之，故又名寒具。右下餢飳（bù tǒu），即油炸饼，俗称油饼，是招待客人或节庆时所用。

炳灵寺石窟 中国著名大型石窟群之一，位于甘肃省临夏回族自治州西北约 40 千米，永靖县西南 35 千米的积石山中。炳灵寺是藏语，其意相当于千佛寺、万佛洞类名。炳灵寺创建于西秦，现存窟、龛共编 183 号，造像 776 躯，壁画约900 平方米，摩崖石刻四方，石碑一通，墨书及石刻造像题记六方。这些窟、龛分布在南北长约 200 米、高 60 米的崖面上。此外，在方圆 7 千米以内的佛爷台、洞沟、上寺等处，还有一些零星的洞窟造像和壁画。该石窟形制多系方形平顶窟。平面呈马蹄形，后部和左右两侧作低坛基。造像题材有一佛二菩萨、一佛二菩萨二弟子、说法图、供养人以及三佛。其代表窟如第169窟，保存有西秦建弘元年（420年）造窟题记，是中国所有石窟中现存最早的纪年。

病坊 敦煌壁画中表现古代医疗卫生场所的画面。绘于福田经变、楞伽经变、法华经变、十轮经变中，显示两种含义：一是一种功德，慈悲为怀，给病患者施医药，解救众生苦难；另一是以病坊作为一种形象比喻，佛法对于众生如子得母、病得医。敦煌地区在唐代已有病坊的记载，相当于后世的医院或卫生院，可以门诊，也可以住院治疗，以中草药为主，病人煎汤服用，壁画病坊即取材于此。如莫高窟第321窟十轮经变，施主给贫困的病患者施医药，病坊中有专人护理及送药，病患者感激涕零，或双手合十，或双手踞地跪拜谢恩；第9、61窟楞伽经变病坊内，病患者共住一大床，有人护理及送药。

波斯锦图案 壁画或其他绘画中的波斯锦图案。莫高窟北朝至隋代的服饰及装饰图案中也有不少波斯风格的图案。壁画染织图案还吸收了不少外来精华。如波斯的圆环联珠狩猎纹、雁衔威仪纹、对马纹、飞马纹、柿蒂纹、棱形联珠蹲狮纹、兽头忍冬纹、禽兽互变纹、团花纹、翔凤纹、葡萄缠枝纹、联珠立鸟纹等，每每见于隋唐壁画，反映了丝绸之路中西文化交流的盛况。莫高窟隋第420窟彩塑菩萨裙绘联珠、飞马、狩猎纹锦，第427窟彩塑天衣绘菱格狮、凤纹锦图案，每个菱格交角绘一朵团花，菱格内卷云纹、联珠纹、忍冬纹样自由飘洒，对狮、对凤各一排相间交错，狮凤婆娑起舞，菱格内地色黑中带红，富有变化。如隋代第244窟彩塑释迦牟尼佛袈裟上的绿地团花锦等。莫高窟中唐第158窟卧佛枕头上的红地中窠花瓣含绶鸟锦就是典型的一例，此锦纹与青海出土的许多含绶鸟锦一样，与新疆克孜尔壁画中的联珠含绶鸟锦亦风格相同。

玻璃器皿 在莫高窟、西千佛洞、榆林窟、东千佛洞等石窟壁画上的100多件玻璃器皿，分布在隋、初唐、盛唐、中唐、晚唐、五代、北宋、回鹘及西夏9个时期的60多个洞窟中。藏经洞遗画中也发现了一些类似壁画中的玻璃器皿。这些器皿的形状主要有碗、杯、盘、钵、瓶几类，其形状和尺寸大小也有差异。如莫高窟初唐第220、99窟，五代第146窟，榆林窟北宋第15窟，莫高窟回鹘第306窟，西夏第400窟的玻璃碗。莫高窟初唐第322、401窟，盛唐第217窟，中唐第159窟的玻璃盘。盛唐第172、199窟，晚唐第18窟，西夏第328窟的玻璃杯。初唐第57、220窟，东千佛洞西夏第2窟的玻璃钵。盛唐第172、199窟，五代第225窟，回鹘第310窟的玻璃瓶。五代第390窟的玻璃圆器等。更值得重视的是这些器皿大都呈透明、浅蓝、浅绿、浅棕色，它们的形状、颜色、大小及纹饰与出土的玻璃器皿相吻合。壁画上的玻璃器皿是当时社会上流行的玻璃器皿的艺术再现。

播种图　农业耕种技术之一。《尚书·吕刑》："稷降播种，农殖嘉谷。"《淮南子·修务训》也有"神农乃始教民播种五谷"的记载。播种时先犁地，再播种，最后耙地。陕西绥德县东汉墓画像石上，即刻一幅播种图：前有二牛拉犁，一农民扶犁扬鞭，一童子在其后撒种。甘肃嘉峪关市新城魏晋墓壁画中也有一幅播种图：前有两对牛各拉一犁，戴高帽的扶犁者扬鞭而进，后有二妇女撒种，最后两对牛各拉一耙耙地。壁画中播种有两种形式，一种是犁耕撒播，另一种用耧播。在河西走廊，犁耕撒播这种方式早在汉代就已出现，嘉峪关新城魏晋壁画墓1号墓耕种图中，就有两妇女持钵播种的场面。13号墓的耕种图中，就有两妇女提篮撒种。酒泉西沟村魏晋5号墓前室北壁画像砖中也绘有两妇女持钵播种。莫高窟中唐第159、222窟、榆林窟第25窟，莫高窟五代第61窟都有跟在耕犁后面持篓、筐撒种的人。

伯希和敦煌图录　书名。伯希和（Paul Pelliot）编，1920—1924 年由法国巴黎 Librairie Paul Geuthner 出版。内容为 1908 年伯希和来莫高窟时由夏尔·努埃特（Charles Nouette）所拍摄的洞窟壁画、塑像等黑白图片资料，以及部分各种文字题记及部分碑文资料黑白图片，共六册，盒式单页精装。第一册中有莫高窟崖面立面和平面图及当时外景照片数帧，一至六册分别为洞窟 1~30、31~72、72~111、111~120、120~146、146~182（伯希和所编洞窟号）等窟壁画、塑像照片，画面清晰。部分现洞窟中已不见或不清，因此具有很高的参考价值。

伯希和敦煌石窟笔记　书名。原名《沙州千佛洞》，系伯希和 1908 年在敦煌莫高窟考察期间所记，在法国最早是以《笔记本 A》《笔记本 B》的影印件流传。1981—1990 年，由法国法兰西学院亚洲研究所中亚和高地亚洲研究中心整理、法兰西国家研究中心资助陆续正式出版，共计 6 卷。全书共分三部分，分别为笔记的整理排印本、笔记原稿的影印件、夏尔·努埃特（Charles Nouette）的洞窟照片资料。内容包括莫高窟每个洞窟的位置、形制、塑像、壁画、碑石等详细资料，并抄录了汉文、回鹘文、蒙文、婆罗谜文等文字刻写题记，还绘制了部分壁画的图画布局图。书中洞窟编号系伯希和编号，共计 182 号。伯希和笔记是对莫高窟内容最早的全面记录，好多题记在今洞窟内已不见或不清，故具有极高的资料价值。1993 年甘肃人民出版社出版了汉文译本，耿昇、唐健宾译，译本省却原法文 6 卷中的图录资料，合为一册。

**莫高窟第 220 窟
钹（初唐）**

钹 打击类金属体鸣乐器。与铙同类，铜制，中间隆起呈半球状，有孔穿绳，手持对击发音。钹的中间隆起部分较铙大，因此发音低沉。钹来自印度，是佛教寺院僧侣常用法器，后引入世俗乐队，东晋时已有，唐代钹也写作跋或拔。敦煌壁画中钹最早出现在西魏第 288 窟，莫高窟壁画中钹总共出现了 75 处。

博士 古代具有一定的专业技术，可以从事本行业中难度较高技术劳动的工匠，技术等级次于"都料"。如泥匠中从事抹房（窟）顶泥的称作"上仰泥博士"。敦煌遗书中有很多关于各行业博士的记载。

簸箕 农业生产工具之一，用途广泛。敦煌佛爷庙湾西晋彩绘画像砖墓中就有持簸箕撮粮的场面。莫高窟盛唐第 148 窟，中唐第 186、200、202、231、240、360、386 窟，晚唐第

9、12、85、141、156、196 窟及 S.259v0 白描画，五代第 61、98 等窟中都绘有妇女站在三脚凳上用簸箕扬场的画面。簸箕除了在场院中用之外，更多用于农家家庭的粮食加工。例如推磨、磨米或舂米以及酿酒、酿醋、榨油等加工作坊中都要用它簸净粮食，以利加工。10 世纪的 P.2776《诸色斛斗入破历算会牒》中记载："麸三斗，买簸箕用。"簸箕还是给牲畜添加草料的工具。在一些法华经变的"院落马厩"画面中，就绘有农民持簸箕给牲畜添加草料的场面。如莫高窟晚唐第 459 窟北壁法华经变的"院落马厩"中，几匹马在马槽中吃草料，一人持簸箕给马添加草料。

不鼓自鸣 敦煌壁画表现音乐的一种构图形式。即将各种乐器绘于空中，并绕以彩带，凌空飘舞，寓意天宫极乐世界处处有音乐，无需人演奏，乐器自会发出美妙的声音。其位置在佛龛内外、壸门，以及经变画的上端，最早出现于隋代。莫高窟第 321 窟北壁观无量寿经变，上端有一片很大的蓝色天空，有次序地安排了 14 种不鼓自鸣乐器。

**莫高窟第 321 窟
不鼓自鸣（唐）**

不空羂索观音 全称不空羂索观世音菩萨，也叫不空羂索王观世音菩萨。羂索原为捕鸟的工具，"不空羂索"谓此羂索在捕鸟时绝不落空。此菩萨的慈悲之心如"不空羂索"，能度脱一切众生而无遗漏，故名。经称，若有人在不空羂索菩萨前烧香供养，念诵"不空羂索心王母陀罗尼真言"，将得到种种"功德""利益"。其形象或为一面三目八臂，或为三面十臂，但手中均持一条羂索。莫高窟第82、99、117、119、129、141、148等窟及西千佛洞第16窟内都绘有不空羂索观音像。

步步生莲 佛传故事画情节之一。现莫高窟第290、112、61等窟存有。故事讲释迦太子从摩耶夫人右腋下出生后，即能站立，走路，行走七步，脚下步步生出莲花，太子还一手指天，一手指地，宣称"天上天下，唯我独尊"。

步摇 古代妇女头饰。在簪钗的形式上发展而来。通常以钗为底座，上缀活动花枝，行走时随步履颤动而摇曳，故名。敦煌晚唐、五代壁画供养人女像中多见步摇头饰，如莫高窟第9、12、138、98等窟。其中第98窟于阗王后曹氏，梳凤冠金鬐，插步摇簪钗，戴珠宝项链，穿大袖衫裙、帔帛、圆头履；所戴步摇即金玉制成的鸟雀之状，鸟口中挂衔珠串。

C

采花群童 敦煌佛教风情壁画内容之一，绘于莫高窟第112窟。七名童子正在采花作乐，每人的动作形态各异，或攀枝，或摘取，或仰接，或俯拾，或集结成束，洋溢着一片天真无邪的气氛。花供养是源于印度的佛教仪式之一，中国佛教也同样提倡用花供养佛；把花与儿童连在一起，更烘托出"真善美"的情态。

彩礼 又称财礼、聘礼、聘财，敦煌社会生活风情壁画情节之一，表现婚嫁时男方向女家所送各式财物，包括新娘穿着的衣服及面料、各色帛、被褥以及粮、油、牲畜等。莫高窟第12窟的婚嫁图中就陈列出一部分彩礼，在地毯上放着三只箧笥，内盛衣物、帛、被褥等。

彩塑 亦称泥塑，雕塑艺术之一。在黏土中掺入麻、棉花等纤维，捣匀后，捏制成各种人物的泥坯，阴干后，先上粉底，再施彩绘而成。

彩塑修复技术 即对产生不同病害的彩塑采取的维修、加固等保护技术。对彩塑木构骨架或草胎糟杇而造成的开裂、倒塌，采用"脱胎换骨法"的修复方法，即给它巧妙地换上坚固的木架，并进行了复原修复，如莫高窟第 55 窟中心坛南侧菩萨、第 491 窟供养人像等。对木骨架基础松动而倾斜、倒塌的塑像，采用"扶正加固法"的方法，将其扶正到原来位置上，然后对整体支架和基础部分进行加固维修，如莫高窟第 427 窟隋代在前室塑的四天王、二力士的修复。对塑像破碎、断裂，则进行拼接、加固等方法。用此种方法修复塑像近 300 身。塑像另有龟裂、起甲、酥碱等与壁画同样之病害，则采用修复壁画的相关技术进行修复。

彩塑高保真三维重建 精确获取文物的三维几何和纹理信息的数字化技术，主要包括图像数据采集、基于结构光或测绘数据的三维重建和几何数据后期制作等。

藏经洞文书 又称敦煌文献、敦煌遗书、敦煌写本、敦煌文书等，指 1900 年发现于敦煌莫高窟藏经洞（编号 17 窟）的古写本和刻本等，包括官府、寺院及私家文书。始自晋代，扩于六朝，盛于隋唐而终于五代宋初，历时六七个世纪，大致包括以下内容：佛教、道教、摩尼教、景教文献，儒家典籍、文学资料，社会经济资料，历史、地理资料，科学技术资料如天文、印刷术、医学等。它不仅有大量的汉文资料，又有为数不少的少数民族文字资料，如吐蕃文、回鹘文、于阗文、粟特文、突厥文、龟兹文、叙利亚文、梵文等，总计 6 万多件，其中以汉文佛经最丰。敦煌遗书自1900年被发现以来，大部分先后经英人斯坦因（Marc Aurel Stein，1862—1943年）、法人伯希和（Paul Pelliot，1878—1945年）、日本大谷探险队、俄人奥登堡（Ольденбург Сергей Фёдорович，1863—1934年）等劫往国外，现分藏于英、法、美、俄、日本、印度、德、韩等十几个国家和地区的几十家博物馆，所剩万余件现藏于国内多家保护与研究机构，也有部分的私人藏品。藏经洞出土文书，是中国乃至世界人类文化遗产，对这些文书的研究，涉及历史、考古、宗教、语言、文学、科技、艺术、历史、地理等广阔的领域，形成并发展为国际显学——敦煌学。

藏经洞遗画　敦煌文献组成部分。系出自敦煌莫高窟藏经洞的美术绘画作品，内容包括绢画、麻布画、纸画、刺绣、印刷品等。其中绢帛、麻布均为彩画，内容画有佛、菩萨、天王、经变画、佛传画、人物画像等，保存色彩艳丽，绘画技法精湛，具有极高的美术价值。纸画主要为白画及部分彩画，内容有佛、菩萨、弟子、天王、说法图、人物、动物等画像，多为绘制洞窟壁画的底稿、粉本、小样等。印刷品多为雕版所印美术品，以模子拓制而成，线条呆板，缺少生动，所见有说法图、经变画、尊像画，或夹杂于佛经文书当中，或为千篇一律的制版。藏经洞遗画自从1900年被发现以来，先后被劫往英、法、日、俄等国，现分藏于这些国家。国内各地有少许藏品。

曹皇后 于阗国王李圣天的王后，归义军节度使曹议金长女，又称天汉后。莫高窟第61、98窟有其供养像，题名为"天朝大于阗国天政天明天册全封至孝帝天后"。

曹延恭 五代宋初沙州人，曹议金孙，曹元德子。后周显德二年（955年）为瓜州团练使。宋建隆二年（961年）任瓜州防御使。开宝七年（974年）袭位称归义军节度使。笃信佛教，与夫人慕容氏营修第454窟，为"功德窟"。有子曹宗寿等。

曹延禄 五代宋初沙州人，曹元忠子。宋开宝九年（976年）七月为归义军节度留后。咸平四年（1001年）被授予归义军节度使、谯郡王。后被曹宗寿杀害于瓜州。笃信佛教，新建和重修洞窟甚多。榆林窟第35窟有其供养像。妻为于阗国王李圣天第三女圣天公主李氏。

曹延瑞 北宋沙州人，曹元忠子。太平兴国五年（980年）为衙内都虞候。雍熙三年（986年）于大云寺设会礼佛（P.4622），后为归义军节度副使。咸平五年（1002年）曹宗寿发动兵变，曹延瑞与其兄被迫自尽于瓜州。榆林窟留有供养像并残存题名。

曹衣描 即曹衣出水。中国画和敦煌壁画、彩塑的线描技法之一。第272、275等窟的北凉壁画、雕塑中都有所用，与古印度佛教艺术的雕像、壁画中的佛、菩萨等的服装衣裙纹样的线描人物造型等风格相近。说明"曹衣描"是与凹凸法一起随着佛教艺术，从古印度经由丝绸之路传入敦煌。

曹议金 唐末五代沙州人，曹氏归义军首任节度使，在位时于莫高窟、西千佛洞、瓜州榆林窟多有营修，莫高窟第98窟即其功德窟。有子曹元德、曹元深、曹元忠，孙曹延恭、曹延禄、曹延瑞、曹延清等，曾孙曹宗寿等，玄孙曹贤顺等，相继执掌归义军政权或瓜、沙二州执政主官，历后梁、后唐、后晋、后汉、后周、北宋诸朝，前后达120余年，即敦煌历史上的曹氏归义军时期。

曹元德 五代沙州人，曹议金长子。后继其父为归义军第二任节度使。一生笃信佛教，莫高窟第100窟为其协助天公主李氏所开一大窟，莫高窟、榆林窟等处曹氏时期大窟中多有其供养像及题名。

曹元深 五代沙州人，曹议金次子。后晋天福四年（939年）继任归义军节度使，在位期间笃信佛教，莫高窟第454窟（一说第256窟）为其所开"功德窟"，又将第98窟原绘之回鹘女供养人画像改为于阗国王李圣天等。

曹元忠 五代宋初沙州人，曹议金第三子。后晋天福十年（945年）为沙州刺史，开运元年（944年）三月自为归义军节度留后、沙州刺史。后汉天福十二年（即开运四年），自称归义军节度瓜沙等州观察处置、管内营田、押蕃落等使，特进检校太傅、谯郡开国侯，又称归义军节度使、检校太保。宋建隆二年（961年），宋太祖封其为推诚奉国保塞功臣，归义军节度瓜沙等州观察处置、管内营田、押蕃落等使，特进检校太傅、同中书门下平章事、沙州刺史、上柱国、谯郡公，食邑一千五百户，依前检校太傅兼中书令、使持节、沙州刺史，充归义军节度使。后周时与妻浔阳翟氏建莫高窟第61窟，原名文殊堂。宋乾德元年（963年）再建莫高窟第55窟，二年见称敦煌王。四年与翟氏重修莫高窟北大像（第96窟），事见敦煌遗书 ch.00207《凉国夫人重修北大像记》。开宝三年第427窟窟檐题梁："敕推诚奉国保塞功臣、归义军节度使、特进检校太师兼中书令、西平王。"在位30年，为曹氏诸节度使中掌权最久者。莫高窟第61、55窟俱为其功德窟；榆林窟第19、25、33、34、35等窟有其画像并题名。有子曹延禄、曹延瑞等。

曹宗寿 北宋沙州人，曹延恭子。咸平五年（1002年）逼其叔归义军节度使曹延禄及副使曹延瑞自杀，自为节度留后。同年被授予金紫光禄大夫、检校太保、使持节、沙州刺史，归义军节度瓜、沙等州观察处置，押蕃落等使，又称敦煌王。与妻氾氏造经帙施入报恩寺，见 Дх32、L1696 题记，此卷为敦煌遗书中最晚纪年的一件文书。在任期间，曾重修莫高窟第 130 窟及其窟前三重殿堂建筑。

草泥层　制作壁画地仗的底层泥。因开凿好的洞窟崖壁或砌筑的墙体表面高低不平，首先用掺有麦草的粗泥将壁面抹 1~2 层，这泥层俗称草泥。草泥需要较强的强度和拉力，所以，掺加的麦草比较长。再在泥层表面抹上掺加短小麻皮或棉花、毛的细泥等。

叉　扬场工具之一。叉，直柄横首，横首上竖装四至六枝坚韧性好的木枝条（叉齿），用于挑取草秸而不致带出粮食颗粒。叉和木掀至今仍是农民扬场的主要工具。它们在河西的应用也很早。嘉峪关新城魏晋墓壁画中就有用叉扬场的情景，如 1 号墓图 30，3 号墓图 15、30，4 号墓图 4、15、19，5号墓图 21。酒泉丁家闸十六国时期的 5 号墓、酒泉西沟村魏晋墓画像砖上均绘有农夫或农妇持叉扬场的画面。如 5 号墓中室西壁画像砖绘一人持叉扬场，5 号墓中室北壁画像砖绘一人持用自然树枝制作的三股叉扬场。7 号墓前室西壁第 3 层的第 1 至第 3 块画像砖绘的都是一人持叉扬场，其中第 3 块画像砖绘一男人持叉扬场。1997年，在甘肃高台县骆驼城发现的西晋墓第2号墓南壁，南1号砖，绘两人扬场画面。1986年在敦煌飞机场发掘的一座晋墓壁画中也有用叉扬场的画面。敦煌莫高窟中唐第186、200、240窟，榆林窟第25窟 S.259v0 弥勒下生经变白描画，榆林窟五代第38窟等6幅持叉扬场图，分别描绘了四齿、五齿、六齿叉三种类型。敦煌壁画中绘出的叉、木掀、簸箕三种扬场工具，一般须男人持叉、木掀操作，后者则适合于妇女。敦煌佛爷庙湾西晋彩绘画像砖墓 M39的西2-1块砖绘观粮、撮粮，M133（87DFM133）一砖绘撮粮、耙粮，均绘一人持簸箕撮粮。另有男人用叉扬场。

茶花纹 团花纹样的一种，以五至七瓣中型花瓣组成似茶花形的纹样。多出现于唐代的边饰及窟顶藻井的中心部位或平棋图案中，花与藤蔓连成花环状的团花。以中唐第159、126等窟中的藻井图案最为典型。

查拉路甫石窟 位于西藏布达拉宫西南药王山东麓的绝壁上，东向，窟外建楼阁为罩，并与大昭寺遥相对望。窟形为支提式，平面呈不规则长形，内设中心柱，与洞壁之间为狭窄的转经廊。现存造像71尊，除两尊泥塑外，皆为石像，分布在中心柱四面和转经廊南、西、北壁上。石窟造像题材包括两类，第一类释迦、三世佛、弟子、菩萨、金刚力士等，第二类为西藏历史上的著名人物。石窟造像风格具有地方和民族特色，与犍陀罗石窟寺艺术风格接近，而突出印度"三道弯式"的造像风格，当为尼泊尔工匠所作。2019 年 10 月，查拉路甫石窟被国务院核定并公布为第八批全国重点文物保护单位。

裲衣　古代戎装之一种。是一种与战袍大致相同的武将平时的服装，衣长至膝，下部开长衩，故名。是一种便于骑马的武弁服。如莫高窟盛唐第 45 窟胡商遇盗中的武士画像，即着盘领开衩长袍长裤，乌靴，幞头，剑；另盛唐诸窟"未生怨"中的门卫武士，多着此装。

拆楼图　见于莫高窟盛唐第 445 窟和榆林窟中唐第 25 窟，根据壁画内容表现的是很多外道在拆毁一座宝幢，佛经中所讲宝幢是下面有轮子可以移动的宝幢车。第 445 窟的宝幢是方形平面的二层楼建筑，下有台基，上建楼屋，很多工人正上下忙碌着，二层屋顶上露出大木构架，地上整齐地堆放着拆下的木料与砖瓦，周围还有零散的少量砖瓦。榆林窟第 25 窟的宝幢也是方形平面三间的二层楼建筑，二层楼屋的基座下有很多轮子用帷幔遮挡着，可以移动。二层屋顶已快拆完，只见中间大梁上有一大叉手还托有斗栱一组，一层屋檐上两名工人正往下或吊或抛各种木构件。最有趣的是在二层楼正中地面上有一人仅露出一头，不知欲上楼还是下楼。拆楼图将屋面揭去，露出内部构架，为唐代建筑史研究提供了难得的形象资料。

禅窟 源于印度的毗诃罗（Vihara）石窟，它本是僧侣们坐禅修行的地方。莫高窟现存有编号的禅窟三座，近几年对莫高窟北区进行的考古发掘，发现了一些不同形式的禅窟。第285窟是保存最完好、壁画绘制最精美的代表窟，它建于西魏大统四年、五年（538年、539年）。方形覆斗顶顶形，西壁开三浅龛，中间塑主尊一身，两侧各塑一禅僧。南北壁各开四个小禅室，石窟中心有一低矮的小方台。覆斗形窟顶四披下部，绘出在山林中禅修的僧众36身。窟顶中心绘华盖藻井，华盖一周悬三角形垂帐，四角有类似饕餮纹样的兽头饰物，从兽头口中垂下长大的流苏，四壁上部绘一周弧形帐帷，使整座石窟置于一个佛帐中，这个石窟的形制将禅修与殿堂及右旋礼仪的内容集于一窟之中。

禅修 指僧人于窟内专门修禅，为敦煌石窟的佛教功能与常年佛事活动之一。其禅师有时简称窟禅，即住窟禅师。莫高窟的开凿与禅修有关，其肇始者乐僔、法良即为禅师，以后千百年来一直有禅师在此专门修禅，其禅窟以第268、285二窟最为著名。

昌马石窟群 位于甘肃省玉门镇东南 90 千米处的祁连山脉昌马河谷,包括大坝和下窖街处。现大坝石窟仅存部分窟龛,造像、壁画基本残毁;下窖石窟存窟龛 11 个,开创于十六国时期,依山势分为南、北、中三段。其中南、北二段七个窟龛多已残破,仅中段四窟残存造像与壁画,以第二和第四窟较为完整。第二窟形制为近方形平面,窟内凿有中心柱,窟的前部为横圆拱形顶,后部为平顶,中心柱两侧为券顶形通道,窟内彩绘七佛、文殊菩萨、普贤菩萨、经变故事、缠枝莲花、团花、飞天等。

敞口佛龛 从初唐开始直到盛唐,佛龛的平面形式变为外大内小的梯形状敞口佛龛,佛龛下沿高约 1 米,在人们的视平线之下。人们进入洞窟后,看到的是一个中心点透视状的佛龛。佛安详地端坐在中间的莲台上,两边的弟子、菩萨则以半侧身微扭腰的姿态和慈祥的面容俯视着每一位朝拜的信徒,两侧的天王、力士脚踏小鬼,显示出威武雄壮的气势。这是中国封建等级制度对佛教造像的影响,因为人间帝王有文臣武卫,所以佛像前出现作为护法的天王、力士,增强了佛国的威势。

车匿还宫 佛传故事画情节之一。讲马夫车匿送释迦太子到修行处后,太子命其带衣物、宝冠、璎珞并牵马回去,车匿痛哭着离开了太子。回宫后车匿将太子已出家修行事禀告了国王和太子妃，大家悲泣不止，国人也十分伤感。莫高窟现存北周第 290 窟、五代第 61 窟二幅即绘此情节。

C

城 壁画中城的形象几乎贯穿莫高窟开凿史的各个时代，反映出的城有宫城、州城、县城之分，如果将城的形象作一排列，就会发现同时代的城，其布局及构成大体相似，唯有从榜题或内容中区分不同的城。而城的构筑材料、城各部分的设置等都随时代在变化。北凉第 275 窟故事画太子出游四门中的城，城门为阙门形式。北魏第 257 窟、西魏第 249 窟城墙上增设突出的墩台多处，称为马面，并有雉堞，提高了防御措施。唐代以后各时代的城有作折线或曲线的城墙，反映了城随地形弯曲起伏因地制宜的筑城情况，城墙上的设置也开始增多且复杂，有墩台、角楼、城门、城楼等。筑城材料亦有所变化。盛唐第 217 窟的城墙以细横线绘出，表示为版筑夯土墙。晚唐第 85 窟的城楼下，墙面绘彩色菱形块。五代第 61 窟维摩变里的城门墙绘方形花砖。纵观莫高窟壁画中城的发展变化，也可以了解中国古城的发展史。

城堡 早期敦煌壁画中城的形式之一。代表作是西魏第 249 窟兜率天宫中的城堡。城堡修建在群峰突起的须弥山中，城堡正中一单层四阿顶方首城门，双扇板门，门两侧有城墙，墙面与墙转角处共有四座高出墙体的墩台，其作用是加强防御。墩台的名称又叫马面，墩台及墙顶有雉堞与堞眼。该城堡图像是早期城墙不可多得的形象资料。

城楼 壁画中城墙上的重要设施，建于城门墩台上，与墩台之间以平坐斗栱相接，上有栏杆一周。城楼为木构殿堂的形式，面阔三间或五间，进深二至三间，单层，个别为两层，庑殿或歇山屋顶。如盛唐第 148 窟涅槃变中的五间城楼，第 172 窟未生怨中的包砖城楼，五代第 53 窟维摩诘经变中毗耶离城的两层城楼等，不同角度反映古代城市空间造型艺术的高超与壮美。

城门 壁画中只要有城的形象，就有城门出现。北凉第 275 窟的城门为阙门，西魏第 249 窟的城门是一座四阿顶双扇门的门屋形式。唐代在城门处将墙体加宽，突出于两侧城墙，形成墩台，因而有台门之称。墩台中部辟门道，根据城门所处位置的重要性，辟一至五道城门洞。早期门洞顶为方形，如西魏第 249、285 窟，北周第 296 窟中的城门。唐代以后门洞顶普遍作梯形，也称盝顶。门洞两侧有并列的柱数根，双扇大门上有门钉数行及铺首，门墩台表面用砖或菱形花砖砌筑，见晚唐第 9 窟的三道城门。

城墙 壁画中的城墙大都是在浅赭红色底上，密密地绘出红色横线以示版筑夯土墙体，而只在城门墩台及转角处有包砖的做法，有的城墙用几种不同的方形或菱形色彩表示是包砖砌筑。中唐第159窟维摩诘经变中的毗耶离城可见到三种做法，城门墩台用菱形包砖砌筑，转角墩台用条形砖砌筑，其他墙体用夯土筑成。盛唐第217窟龛顶有一城墙，墙面全部用红、绿、灰、赭色四种色彩按一定规律绘成方块状，好似包砖城墙。壁画中的城墙上还有很多相应设施，如女墙、雉堞、城楼、墩台（也称马面）、角楼等，这些设施既增强了城墙的防御功能，又使城墙显得巍峨壮观。

乘恩 唐代沙州僧人。吐蕃统治时期曾任释门教授，任职期间曾组织僧团重修莫高窟第130窟，见敦煌文书《乘恩帖》。

乘恩帖 敦煌遗书营窟榜文。编号Дх.6065，两面书写，正面前缺。公元817年前后，担任都教授的乘恩和尚组织敦煌僧团及窟主家族重修莫高窟第130窟之事宜，记有参与营窟的寺院僧众，如教授、阇梨、法律、律师、法师、上座与其他一般僧徒的分工、劳作规程等。

鸱尾 屋顶正脊两头向上翘起，状似鱼尾形式的装饰物。源自印度的摩羯鱼（即鲸鱼）鱼尾，它在佛经上是雨神的坐骑，能灭火。鸱尾是由魏晋南北朝佛教大盛时传入中国，因木构建筑容易发生火灾，所以用水中动物作象征，压在屋脊上以示消除火灾。壁画中早期建筑物上已出现鸱尾，形象很简单，十六国第275窟的建筑物上有弯曲如尖叶上翘的鸱尾。经过不断的变化，到初唐时其外轮廓仍是向内弯曲上翘的形式，但比例及细部已有很大变化。初唐第220窟的鸱尾沿外缘增加了背鳍一直到尾尖，背鳍和鸱身用两道线分隔，身内上下绘圆珠几粒。盛唐时，为了防止鸟雀停在鸱尾上拉屎污染其形象，将鸱尾身上增加了一种被称作拒雀的设施，盛唐第445窟南壁一座小殿上，隐约可以看出几道散射状的线条排列在鸱尾上，第217窟北壁的建筑物上也有类似的画法。可以想见，古代的匠师们对建筑物各部分的了解是多么详细，为现代了解古代建筑提供了翔实的资料。

鸱吻 又称吻兽，与鸱尾为同一物，不同的是鸱身下部绘成了张口含脊的龙头形。壁画中表现最清楚的两例，一是

第431窟窟檐鸱吻

晚唐第9窟中心柱上的嵩山送神图里清晰的白描画，二是五代第61窟酒肆建筑的正脊两端，一对龙头睁眼竖耳，须牙毕现，对含正脊，背上仍有向内上翘的背鳍。到明清时鸱吻已

完全变成龙头龙尾的形式，为防止龙升天跑了，在龙背上插一把宝剑，仅露出剑柄。因此鸱尾与鸱吻的形象可以作为识别中国古代建筑物大概时代的一个标志。

炽盛光佛琵琶图 敦煌藏经洞所出绢画炽盛光佛并五星神图，乾宁四年（897年）绘，中有金星侍女，横抱一曲项琵琶，站立持拨演奏，此琵琶形制为梨形、宽腹、细头、曲项、四弦、四轸，面板上绘有捍拨，有风眼。尤为重要者是在其四相之下，附加三个品位，二短一长，连同四相一共具有七个音柱。是目前所见第一幅古代琵琶有品的图像。

炽盛光佛陀罗尼经变 敦煌经变画之一。现存最早为唐乾宁四年（897年）正月张淮兴作"炽盛光并五星神"绢画。莫高窟第61窟甬道存西夏、元之际绘炽盛光佛陀罗尼经变之上部分：炽盛光佛坐于车内，车后一绿体四臂星神作真武像，一手执剑，一手执羂索，一手持戟，另一手提人头，踏云随后，云间有"狮""双鱼""天平""蟹""蝎子"诸星座等。

春米 敦煌社会生活壁画内容之一。以碓舂米是古代加工稻谷的农作方式之一。敦煌石窟绘有三幅踏碓图，莫高窟第61窟五台山图房前一人踏碓，另一人往石臼中加注稻谷。榆林窟第3窟千手观音有一人踏碓图。莫高窟第465窟踏碓图有榜题："此云踏碓师。"一般的碓由石臼和杠板构成，通过人踏杠板来舂米，并设扶手架，主要利用人体重量，便可以轻松自如地进行除去粗壳皮的粮食加工。

出殡 敦煌壁画涅槃经变内容之一，表现将佛陀灵柩举行火葬的过程，绘于莫高窟第148、61等窟中，实为人间出殡仪式之反映。第148窟所绘出殡行列的先后顺序：最前面的是香辇，焚香、燃灯用；接着是邀辇，供奉亡者真容，俗称魂车，还可设置铭旌等；辇车形制较小，无轮，以人力抬；后面高大的是輂车，放置灵柩，俗称灵车，其特点是四轮迫地，车轮用全木、无辐，这样可以承载稳、行地安，而无倾败之患。佛经讲金棺自举，而画面上是十人抬棺行进。輂车上部有伞状顶盖，称华盖，四周有下垂的流苏飘带，名曰容饰，起屏蔽之用。出殡行两侧为持幢幡送葬的人群。

出门两颊 敦煌遗书中记载的佛窟局部俗名称，指前室甬道两边的部位，即现在前室西壁两侧。

出行图乐伎 敦煌壁画伎乐人之一。即出行图中的音乐舞蹈场面，以莫高窟第156窟的张议潮夫妇出行图之乐舞最为精美：张议潮出行图前面为骑乐队及仪仗队开导，为八人鼓吹开路，四个画角，四个大鼓，旌旗招展，鼓角齐鸣，气势威严雄壮，属古代鼓吹铙歌；后为一组歌舞表演，舞蹈为着吐蕃族服装之长袖女舞，旁有小型乐队站立伴奏，这种舞伎和乐伎，属古代之"营伎"。宋国夫人出行图以歌舞百戏为先导，有两组乐队，一为百戏伴奏乐队，一为歌舞伴奏乐队，均为当时权贵家庭蓄养之"家伎"。百戏场面颇生动：一大力士头顶长杆，杆上有四童子攀援其上，做各种惊险表演，为一千年前之杂技，古称寻橦。敦煌遗书编号 P.3773 凡节度使新受旌节仪，系当时地方官僚出行仪式，以及一切礼仪程序、人员配置、队列布置和军乐阵容的编制等方面的文字记录，其中州府伎乐队舞与这两幅出行图正好对应。张淮深、曹议金出行图皆晚于张议潮出行图，莫高窟第100窟的曹议金出行图绘制规模颇巨，基本模仿张议潮出行图，其中也有乐伎表演，但稍逊于前者。

出游四门　佛传故事画情节之一。讲释迦太子成婚后，仍想出家，整天闷闷不乐。父王十分忧虑，与大臣们商议让太子出游，以解除出家的想法。太子在侍从们的陪同下出宫游玩。但出东门时遇老人，出南门时遇病人，出西门时遇死人，出北门时遇僧人，看到这一切，更增加了他出家的信心。莫高窟现存5铺，见北凉第275窟，北周第290、294窟，五代第61窟，宋代第454窟。藏经洞出土的画幡中也有《佛传故事之出游四门》，如画幡（编号1919.0101.0.88）中就有两个画面，描绘太子出东门和出南门的两个场景。

初唐敦煌石窟 或曰初唐敦煌石窟艺术，敦煌石窟分期之一。指唐代初期及武周时期（640—704 年）的敦煌石窟，主要分布在莫高窟和西千佛洞等处，洞窟形制为覆斗帐形殿堂窟及少量中心柱窟、大佛窟，彩塑题材为一佛二弟子二菩萨（四菩萨并多菩萨）二天王组合，壁画内容以千佛、天宫伎乐、说法图、大铺经变画等为主，艺术风格为中原唐风。

锄 除草、松土的农具。贾谊《过秦论》："锄耰棘矜，非铦于钩戟长铩也。"王粲《从军诗·军戎》："不能效沮溺，相随把锄犁。"在新石器时代，人类用石锄。在敦煌耕除草的铲、锄等农具较早的使用是在汉代，1964 年在敦煌甜水井汉代遗址就出土了铁锄。铲和锄都是农耕除草工具。此外，用锄头刨地，可以减少土壤中水分的蒸发，使二三厘米厚的土层保持湿润状态，利于农作物生长。后代的锄一般为铁制，而且式样也多。杜甫《兵车行》："纵有健妇把锄犁，禾生陇亩无东西。"说的当是铁锄。莫高窟初唐第 321 窟十轮经变，盛唐第 215 窟、中唐第 159 窟、晚唐第 85 窟、五代第 100 窟的弥勒经变以及五代第 61 窟的佛传屏风画中都有农民使用锄头或作锄地状的画面，例如，第 215 窟农民高举锄头，第 61窟农民正在锄地。榆林窟西夏第 3 窟东壁千手千眼观音经变中的锄头绘得很清楚。

处谂　唐代沙州僧人。与马思忠同造莫高窟南大像（第130窟）者。

椽望　在人字披窟顶的两披面上，以塑或绘的形式表现出椽子，椽子上多绘金釭纹，椽间望板上绘天人、灵鸟、飞天等，与莲花、忍冬、卷草、云气纹组成多种图案，形象简洁明快，富有生气。北魏第248、251、254、257、259窟，西魏第288、430、435窟，北周第428、431窟都有椽望形象。到西夏改造前代的人字披窟顶时，椽望的椽子上绘束莲图案，望板绘西番莲枝图案，装饰性很强，却少了些生趣，第418窟即是。

春蚕吐丝　中国画术语，敦煌壁画线描技法之一。即高古游丝描或琴弦描，与铁线描不同的是前者柔美，后者刚挺。

慈氏塔　原坐落在距莫高窟东南约15千米的三危山老君堂，为便于保护和研究，于1981年搬迁到莫高窟，是一座八边形平面土木结构的小型单层塔，塔身南面辟门（搬迁后门向西开），门额上方墨书"慈氏之塔"四字，故名。塔内方形穹窿顶小室正中原塑有弥勒坐像一尊，现仅存绘制在正壁的弥勒像，两侧壁绘文殊菩萨、普贤菩萨。整座塔为土心木外围，即塔身为土坯砌筑，外用八柱单檐组成围廊一周，塔身下有叠涩须弥座，束腰上镶砌龙凤花砖。塔身三正面各绘天王一身，四斜面又各塑天王一身。廊柱为八棱柱，柱上施阑额与普柏枋，五铺作双下昂斗栱，补间在人字栱的位置上，原有一单托神，现已不存。檐下出檐短，角梁头雕作龙头形，还隐约可见。柳笆编成的望板上用草泥作屋面，起葫芦形塔刹。搬迁后，为加强保护，对屋顶部分略作改动。该

正面图

敦煌三危山"慈氏之塔"实测图

慈氏塔

塔造型古朴，玲珑小巧，是不可多得的古建筑小品实例。根据它的塑像、壁画及建筑结构形式与莫高窟各时代的绘画、雕塑作对比，推测建造年代为五代或宋初。

雌黄 又名石黄，化学组成是三硫化二砷（As_2S_3），是一种黄色颜料，在自然界中常与雄黄共生。单斜晶系，晶体常呈柱状、板状。雌黄作为颜料的使用也很早。宋代《太平寰宇记》记载，敦煌县有一地名为雌黄洲："其土出雌黄、丹砂极妙，因产物以为名也。"在敦煌石窟壁画和藏经洞保存的唐代绢画中曾分析出雌黄颜料。敦煌莫高窟西魏第285窟的一种混合颜料经分析其中就有雌黄。西千佛洞宋代第15窟的黄

色颜料经分析也是雌黄。

从德 五代宋初人，于阗国王李圣天的太子，母为归义军节度使曹议金长女。入宋途经敦煌某寺时曾借读过《法华经》，莫高窟第444、244窟有其巡礼膜拜题名。

攒尖顶 攒尖顶的房屋平面形式有方形、六边或八边形、圆形，这样的房屋顶才易作成锥形，形成攒尖。壁画中表现的攒尖顶都用于亭、小殿堂、佛塔、楼阁等建筑上。北京的祈年殿是现存攒尖顶的实物代表之一，由各条从小到大的瓦垅与相应的瓦铺就形成攒尖。壁画中圆形建筑的攒尖还没发展到如此成熟的地步，但很巧妙地将圆形房顶由若干条放射状的斜脊将屋面分成几个扇形，再形成攒尖。方形、六边或八边形则直接在各边做出放射状斜脊成为攒尖。攒尖顶上再用宝珠、宝瓶、塔刹等作装饰。盛唐第172、148、217窟的佛寺、宫廷里有很多钟台、经台、角楼、圆塔、八角小殿等都用精巧的攒尖顶作结。中唐、晚唐、五代的佛寺里绘有许多小巧玲珑的亭、塔类攒尖顶小建筑。攒尖顶以它独特、精巧的形象成为壁画中常用的屋顶形式之一。

重层壁画 指重修洞窟时在前代壁画上重绘的壁画。隋唐时已出现，盛于北宋，终于西夏。其原因大致是：①后代用于开凿洞窟的崖面位置有限，只好在前代的洞窟内重绘壁画，作为自己修建的洞窟。②历代绘画内容不同，后代覆盖前代壁画后重绘当时流行的壁画。③将前代甬道改小后重绘后代供养人，宣扬其功德，等等。历代重绘形成了现今所见到的叠压两层甚至三层的重层壁画。此种情况在莫高窟较为普遍。根据《敦煌莫高窟内容总录》统计，五代、北宋重修的洞窟有239个，而重修一般都要重绘壁画，其类型有三：一是在前代壁画处砌土坯，抹泥，然后刷白粉绘画。这种形式大多用来改动石窟入口的甬道，形成重层甬道。二是在前代壁画上覆盖草泥一层，然后刷白粉作画，如第220、263等窟。三是在前代壁画上直接刷一层很薄的白粉然后绘画。例如第431窟四壁下部的表层壁画。重层的早期壁画大都被重抹泥壁时划伤或全部损坏，也有部分未被划损而保存完好的，如第220窟。现已有技术能把后代重绘的壁画分离剥取下来陈列保存，又能使被覆盖的早期壁画重现人间。

重层佛龛 隋代出现的一种佛龛形式，因为佛教后来越来越接近世俗化、民族化，佛龛中塑出的一佛、二弟子、二菩萨在浅佛龛中已容纳不下，需要加深佛龛，出现了重层佛龛形式。

重层甬道 后代改动前代洞窟甬道而形成的复壁。唐代以前各时代石窟甬道较为宽大，五代以后将早期洞窟之甬道缩小，在原甬道两侧加砌土坯墙，改原甬道的矩形断面为"⌂"形断面，形成复壁。1975年成功进行第220窟重层甬道搬移。大部分甬道因加做重层而毁坏底层甬道壁画，也有少数底层壁画完好如初者。

重层甬道的整体搬迁 文物修复技术之一。具体做法是将重层甬道整体移出原位，向外推出迁至新的位置重新固定，使下层甬道重见天日。1975年搬迁的220窟重层甬道下，发现下层甬道完好如新的晚唐、五代壁画并题记多处。1981年又用同一方法搬迁了第335窟重层甬道。此举对研究石窟历史变迁、了解石窟本来面目有重大意义。

重龙山摩崖造像 位于四川省内江市资中县城东北500米处，又称北岩造像。主要分布在君子泉和古北岩两段岩壁上，岩壁上下相错成阶梯状，通高约40米，造像开龛密集，分布面总长约150米。造像始凿于中唐，延及宋代，现存编号162龛，其中保存较好者90龛，造像1648身。像龛的形制主要有平顶敞口长方形或正方形龛，深浅、大小不一；少数有浮雕龛沿和龛楣装饰，图案为垂幔、卷草、云海等；造像内容分为佛或佛与其部众、经变、菩萨、弟子、天王等。2019年10月7日，重龙山摩崖造像入选第八批全国重点文物保护单位名单。

重檐屋顶图　敦煌壁画中的重檐屋顶形式，早期见于西魏至隋，晚期见于西夏时期。早期的重檐屋顶绘制形式简略，二、三层之间分隔出窗的形式，在北周与隋代壁画中都可见到，如北周第296窟，隋代第419、420窟等，与现在江南一带保存的传统建筑的披檐形式很相似。唐、五代、宋的几百年间不见重檐屋顶，直到西夏在榆林窟第3窟出现的重檐屋顶与现存宋、元建筑的重檐屋顶相似。

D

澄板土　莫高窟壁画、彩塑制作中使用的一种细黏土。是由窟区前大泉河流水季节，特别是发洪水时将上游的黄土带到下游，经长期水的流动逐渐沉淀到下游河床低凹处，越积越厚，冬季断水后，泥层干燥呈厚板状，俗称澄板土。表面的泥层有粒子细小、质纯、黏性好、硬度大等特点，所以古代莫高窟的工匠大都采用此土制作壁画表面泥层，或用于塑像的泥料。

答腊鼓　打击类膜鸣直胴型乐器。扁平、圆角状，中间无细腰，鼓面为两片，由绳索连缀绷紧。鼓面直径略大于鼓框。演奏时一手托鼓，一手拍击，弹扣摩擦鼓面。古时也称

莫高窟第12窟　答腊鼓（晚唐）

楷鼓。敦煌壁画中出现频繁。

打场　农业生产中将收割的带秸秆的庄稼进行脱粒变成干净粮食的劳动过程。大致包括摊场、打场、扬场等几道程序。首先在夏粮收割后的地上平整专用的平坦场地，将收割的各种农作物打捆运到场上码成垛看管。将每天需要打的粮捆分摊在场上晒干后，可用连枷、碌碡等工具打场脱粒。作物脱离后，用叉挑去秸秆，然后扬场或用扇车清粮。粮食扬净收藏，打场即告完成。从敦煌壁画调查资料来看，有20多幅弥勒经变壁画描绘了打场、扬场的场面。莫高窟盛唐第148窟弥勒经变农作图描绘了农民从收割、打场、扬场到装袋运送入仓的详细情景。

打窟人　石窟开凿过程中使用的工匠之一，石窟空间的开凿者。敦煌遗书中记载有"支打窟人上番胡饼廿枚""支打窟人酒半瓮"等。由于他们的社会地位低下，所以供养人中找不到他们的画像与题名。

打连枷　敦煌农业生产壁画内容之一，出现于各时代的弥勒经变中。连枷是一种收获时脱粒的农具，以莫高窟第445窟（盛唐）为例：二人对打连枷，把割下的麦子平铺干净处，经连枷反复甩打，即可脱粒。中国商周时已有此农具，古人用作打稻，后世专用以打麦。时至今日，中国北方农村部分地区仍有用连枷脱粒者。

打铁图　唐、五代、宋时期的敦煌遗书中，明确记载有当地的铁器制作作坊及其行业中铁匠的姓名。其中，熟铁工艺主要是锻造，工匠有铁匠、铁博士、铁匠都料等多种。遗书中把用生铁铸造釜、镬、钟、铧等铁器的工匠叫泻匠（又作写匠、泻博士、生铁匠等）。所谓"泻"，就是铸造的意思。《集韵》注："写，范金也，即铸炼。"遗书中明确记载有名有姓的铁匠有索海全、史都料、史奴奴、陈丑子等，其余大都没有记载姓名。莫高窟第465窟南壁西边的曼荼罗下面的小图像中也有一幅"打铁图"。打铁者头戴尖顶帽，半裸身，只穿裤头，右腿蹲曲，左腿膝盖跪地，左手持铁器于铁砧上，右手举锤，旁一人有头饰，腰系围裙，双膝跪地，双手捧钵供养。

大肚弥勒　相传五代时期，在江南明州（今浙江宁波），有一位名叫契此的胖大和尚，自称弥勒，经常手持锡杖，腰悬布袋在乡镇村野行乞游化，为人办好事做善事。在他死后，民间以他为弥勒化生，并按照他的形象做成了所谓的大肚弥勒。敦煌石窟唯榆林窟第6窟有后人塑作的大肚弥勒像一躯。

大梵天　梵名摩诃婆罗贺摩，意谓清净和离欲。原是婆罗门教和印度教的创造神，同时也是毁灭之神。据说，他高兴时世间安稳，万物兴盛；他愤怒时则世间不安，灾难丛生，众生苦恼，甚至连草木也不能幸免。佛教把他作为释迦牟尼的护法天神和色界初禅天的天主，常把他作为帝王形象，与帝释天一起随侍在释迦左右，手持拂尘（或拿宝镜和羽扇）。北凉建天梯山石窟第4窟中已绘有其神像，莫高窟第31窟窟门北侧画大梵天，形象高大而传神。

大佛光寺　绘于第61窟的五台山图中，榜书题大佛光之寺。平面基本为方形，回廊围绕一周。四转角各设二层角楼一座，在回廊一侧有一座与角楼相通的二层楼，作为寺院的山门。院中一座庑殿顶二层楼佛殿，正面三间不设门窗，完全敞开。侧面三间在中间设窗户。现存山西五台山南台豆村的唐代佛光寺大殿，是一座七间庑殿顶建筑，建于大中十一年（857年），1937年被梁思成先生发现并公之于世。由此可见，五台山图中的寺院名称是有一定依据的。该图山门前的绘制有误，门前绘出踏道，中间辟门处却绘为窗户，这样的错误绘法在该图中还有多处，是当时画院程式化的体现。

大鼓　打击类膜鸣直胴乐器，亦称建鼓。春秋战国至汉代雅乐之编制，汉画像中也屡见其形。唐代文献中称为大鼓，宋朝时为佛教寺院之报时工具，即晨钟暮鼓。隋唐燕乐宫中也列为编制，但敦煌壁画中只见于经变画"劳度叉斗圣"中，与钟相对，置于框架之中。

大历碑　唐代莫高窟碑记。全称《大唐陇西李府君修功德碑记》，因碑文末有"时大历十一年（776年）"立碑纪年，故一般简称"大历碑"。此碑存莫高窟148窟前室南厢，南北向立，两面书刻，阳为"大历碑"，阴为"乾宁碑"，保存较完好。碑石底座高40厘米，宽100厘米，长103厘米。碑高282厘米。碑宽78厘米，厚22厘米。正文部分高216厘米。碑头高66厘米。"大历碑"录文，计29行，行63字。历代研究敦煌文献诸家多有辑录。主要反映的是"住信士朝散大夫、郑王府谘议、陇西李大宾"修建第148窟的史实，并明确记录第148窟所绘制壁画内容，与今洞窟壁画内容完全一致，为研究莫高窟洞窟营建史的珍贵资料。《大唐陇西李府君修功德记》碑的背面，刻有《唐宗子陇西李氏再修功德记》，计28行，行63字，乾宁元年（894年）所立，简称《乾宁碑》，是李大宾重孙、归义军节度使张议潮女婿、凉州司马检校国子祭酒兼御史中丞李明振重修第148窟的功德记，其时李明振已经去世，是其夫人张议潮第十四女率李氏诸子于乾宁元年十月五日建立的。

大青　古代以色相和粒度大小或粗细程度区分石青颜料品质的分类名称。这种分类和名称唐代就有。唐代张彦远《历代名画记·论画体工用拓写》记载的 8 种全国颜料名产中就有："越嶲（四川西昌）之空青，蔚（山西）之曾青，武昌（湖北）之扁青（上品石绿）。"而且也提到"古画不用头绿、大青（画家呼粗绿为头绿，粗青为大青），取其精华，接而用之"。宋朝李诫《营造法式》卷 14 彩画作之"取石色之法"中明确了石色颜料的加工及分类之法："生青（层青同）、石绿、朱砂，并各先捣令略细（若浮淘青，但研令细），用汤淘出向上土、石、恶水，不用；收取近下水内浅色（入别器中），然后研令极细，以汤淘澄，分色轻重，各入别器中。先取水内色淡者，谓之青华（石绿者谓之绿华，朱砂者谓之朱华）；次色稍深者，谓之三青（石绿谓之三绿，朱砂谓之三朱）；又色渐深者，谓之二青（石绿谓之二绿，朱砂谓之二朱）；其下色最重者，谓之大青（石绿谓之大绿，朱砂谓之深朱）；澄定，倾去清水，候干收之。如用时，量度入胶水用之。"此后，这种分类和名称沿用至今，并且随着技术的进步，分类的品种越来越多，更加精细。

大清凉寺　绘于第 61 窟的五台山图中，榜书题"大清凉之寺"。寺院平面基本呈方形，四周回廊环绕，转角处皆设二层角楼一座。院内有不对称的三座楼阁，中间是较大的一座二层楼佛殿，两侧一边是小型的二层楼，另一边是三层楼，三座楼均面阔三间，正脊上饰以宝珠。中间佛殿前竖一幡杆，直插云霄，彩幡飞舞。

大泉河 古名宕泉，是由三危山南盆地地下水溢出汇集而成。距莫高窟南约15千米的三危山南沟谷中，有大泉、条湖子泉、北泉、东泉、苦沟泉等，泉水溢出形成径流，在下游约1千米潜入地下。河水流入莫高窟南700米的沟谷附近，被拦截，主要供敦煌研究院的生活、园林浇灌、生物治沙等用水。夏季时常有山洪暴发，大量的洪水向下游倾泻，最终汇入盆地中的湖泊中。冬季，约11月开始结冰，形成规模很大的冰河，冰冻位置可延伸至文化路8千米处。春季冰融化后，融水逐渐渗入地下，部分注入下游湖泊中。水质矿化度由上游至下游到窟区逐渐升高，不符合饮用水标准，作一般生活和园林浇灌用水。大泉河平均径流量0.11立方米/秒，丰水期0.136立方米/秒，平水期为0.091立方米/秒。

大泉河洪水 主要发生在夏季7、8月份，成因为暴雨洪水，具有来势凶猛，陡涨陡落，历时短暂，年际变化极大等特点，历史上大泉河洪水经常发生，一年出现一次或数次，每次持续12小时。莫高窟底层洞窟内一般都留有洪水痕迹。

大势至菩萨　菩萨名，音译摩诃那钵，简称势至，或大势，也有译作得大势的，西方三圣之一，为阿弥陀佛（无量寿佛）的右胁侍。按《观无量寿佛经》的说法，他"以智慧光普照一切，令离三途（指地狱、饿鬼、畜生'三恶趣'），得无上力，故名大势至"。敦煌历代石窟中均有绘塑，其画像以莫高窟第217窟西壁龛外南侧唐神龙年间（705—707年）所绘和第199窟西壁龛外北侧中唐时期所绘最具代表性。

大像窟　莫高窟仅有两座，一是建于唐武周时期的北大像第96窟，此像高35.5米，佛座下有通道可供右旋礼仪，窟前的木构楼阁窟檐，经过数次修建与维修，至清末时为五层楼阁窟檐，现在看到的九层楼阁为民国二十四年（1935年）重修。大像前的崖壁上分设三层明窗，用以采光及登临瞻仰大佛。二是建于盛唐开元、天宝年间（721—756年）的南大像第130窟，大像高26米，窟顶高约30米。大像神态安详、庄重肃穆，由窟前明窗透进的光线，使大佛形象十分突出。窟前发掘出西夏殿堂遗址，殿堂面阔五间，进深三间，地面莲花方砖墁地，窟门前南北两侧有四大天王大型塑像，现仅存天王脚下踏的小鬼。据推测，天王像高约7米，在莫高窟也属皇皇巨制的大型塑像了。榆林窟第6窟也有建于唐代的一身大像，像高20余米。这些大像的制作都是依崖凿造出石胎，敷泥身再经彩绘而成。

大像山石窟　位于甘肃省甘谷县城西南的文旗山上，因山巅修凿大佛像而名。现存洞窟 22 个，分布大像两侧。石窟约始凿于北朝，唐代达到鼎盛。现存伏羲殿、接引佛殿、墨葛殿、文昌阁、鲁班殿、财神殿、韦陀殿、三圣殿、无量殿等。大像在第 6 窟，高 34 米、宽 14 米、底深 4.5 米，殿内石胎泥塑大佛，穹顶及两侧残存悬塑达摩、飞天、莲叶、卷云等。大像窟四周有装饰性小龛 70 余个，总面积 10 平方米左右，龛形多为长方形平面，龛前有雕塑金刚、白鹤、童子、人面鸟等。

大像山造像　位于四川省阆中市城东嘉陵江对岸，因其山腰凿有高大佛像一尊故名，别名"仙穴山"。大像山造像建于宋或明代，现存 51 尊。大像为弥勒佛，人称"阆中大佛"，高 9.88 米，佛头有螺髻，胸略袒，身着大"V"字领袈裟，衣纹为平行圆弧阶梯状，右手施无畏印，左手抚膝，两足踏莲台，身后有背光。大佛周围的岩壁上，雕刻通高 10.2 厘米的小佛像千余尊，排列整齐，另有毗卢佛像，俗称高岩老祖，高约 7 米，花冠、拱手（密教手诀的"大日无上正觉菩提印"）而立。有题记"佛日增辉，法轮常转，风调雨顺，国泰民安"。

大像天王 敦煌石窟彩塑题材之一。名称源自敦煌文献记载，专指莫高窟南、北两大像窟前门外两侧的四大天王塑像。现南大像前存四天王脚下所踩夜叉残迹，以及崖壁上原用以固定天王大像的木桩孔眼，可知天王像高与窟门相当，约7米。窟前原建有罩住四天王组像的木构殿堂，现存遗址。另北大像前亦经探明有相关遗迹。

大杂院 敦煌民俗风情壁画内容之一，绘于莫高窟第321窟宝雨经变中。大杂院内居住着数户人家，左侧两名妇女在用手磨面，纵向屋前一对男女在厮打，横向屋为猎户，当猎手向主人禀报时，眷属吓得躲在一边。屋后一男子对一妇女挥拳相向。院子当中两名男子斗殴，打得难解难分，一妇女从旁劝阻，一男子牵犬一旁观看。院前面是两名屠夫背肉前行。右侧的山坡上，一男子持刀追抢前面背负财物的行人。这组画面暴露了恶语相骂、打架斗殴、杀生抢掠的人间恶习，旨在宣传佛教提倡的远离尘世、静心修习的目的。

大足宝顶山石窟 大足石刻组成部分之一，宋代造，位于重庆市大足区城东北1.5千米，山顶建有圣寿寺。造像区域以圣寿寺西北面山谷中的大佛湾和寺东面的小佛湾为中心，周围东有龙头山、黄桷铺、珠始山，南有观音岩，西有广大山、松林坡、佛耳岩，北有岩湾、文家坡、龙潭、对面佛等十三处。龙头山等十一处的雕像不多，或为龛，或为摩崖，大多是佛、菩萨、护法神，或风、雷、雨、电诸神，绝大部分都是半身巨像，二身或三身共刻一处。小佛湾的雕像刻在宽 16 米、深 8 米的平台上，用石条砌成的壁面和石屋中，其中有父母十种恩德、六师谤佛、释迦抬棺、柳本尊及宰官、比丘、金刚等。大佛湾的雕像在山谷中的东、南、北三面崖壁上。崖壁高约 15 米，长 280 米。雕像和碑碣等经大足文管所编为 31 号，其中著名的有 2 号刻护法诸神像九身，3 号刻一巨人像前捧"六道轮回"大圆盘，4 号"广大宝楼阁"刻三仙人勤修陀罗尼舍身成正觉的故事，5 号为三世佛巨像，8 号千手观音坐像，11 号半身释迦牟尼涅槃像，14 号为毗卢洞，15 号为父母恩重经变相，18 号刻观无量经变相，19 号为六贼图，20 号为地狱变相等，内容丰富。

丹布拉石窟　位于斯里兰卡丹布拉市南部的一座巨石山上，始凿于公元前 1 世纪，是斯里兰卡最早的佛教石窟寺，现存 5 座石窟，2100 平方米的壁画及 157 尊雕像。

担鼓　打击类膜鸣直胴型乐器。隋唐时列为燕乐编制，用于西凉、高丽诸乐部，其形态为一头大，一头小。敦煌壁画中见于早期西魏至唐代，如莫高窟第 249、45 窟。鼓为西域传来，今维吾尔族吹打乐器中一种黑色铁质之"纳额热"鼓，

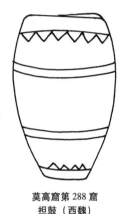

莫高窟第 288 窟
担鼓（西魏）

即壁画中担鼓形态。

单层木塔 壁画中小型亭式塔，隋代第 276 窟西披上是最早的形象，唐代壁画中出现较多，平面有方形、八角形、圆形。木构亭式塔身坐落在素平砖台基或须弥座上，台基边沿有栏杆一周，盛唐第 23 窟南壁正中的塔，由于画幅较大，将塔的整体形象及细部都描绘得很清楚，方形平面，覆连上承重层须弥座台基，每层有小栏杆环绕，正中一梯道直达塔身。塔身是三间殿屋形式，四角攒尖顶，屋面坡度平缓，檐端平直，翼角不起翘。塔刹由须弥座、山花蕉叶、相轮六重及华盖、宝珠等组成，华盖下有四条链，分别系于四角。盛唐第 148 窟涅槃变里有舍利塔一座，与此塔形式很相似，只是台基是单层须弥座。1987 年陕西扶风法门寺塔下地宫出土一小型铜塔，与第 23 窟的塔很相似。莫高窟现存慈氏塔也是一座单层木塔。见慈氏塔条。

单线平涂 中国画、敦煌壁画技法名。指轮廓线，色彩平涂，不分浓淡。其特点是冷暖对比单纯明快，装饰效果较强，用线条来勾勒强调物体的结构与造型。敦煌北朝壁画多用此法。

单辕犁 犁辕为单辕，即一根长木，用二牛拉犁，单辕架在二牛中间，用双肩轭（牛衡）固定在两头牛项上，运用牛环、牛鞤导牛，俗称二牛抬杠。汉代以来河西地区乃至全中国最普遍的犁耕方式。敦煌石窟描绘的 60 多幅犁耕场面，其中 50 多幅犁耕为二牛拉的单辕犁。

倒立 敦煌古代生活风情壁画内容之一，又称掷倒、倒植、拿鼎。壁画中的倒立形象姿态多样，莫高窟第 249 窟窟顶倒立的胡人，高鼻深目，双手支地，直腰、曲胯、弯腿，双腿翻下，下垂至头部，连成弧形。第 79 窟窟顶白描供养童子倒立图，童子裸体，双手支地，抬头塌腰，双腿并拢上竖，他倒立的姿态尤其特别，胖乎乎的，憨态可掬。第 196 窟劳度叉斗圣变中外道洗涤身心，皈依佛教，一高脚束腰的圆盆盛满净水，一外道背对盆，弯腰反身倒立，头倒入盆中盥洗，是独特的洗浴姿态。

道真 五代、宋初敦煌三界寺僧人，俗姓张。后唐长兴五年（934 年）编《三界寺藏内经论目录》。后汉乾祐元年（948 年），为三界寺观音院主。乾祐三年（950 年）为沙州释门僧正时，随节度使曹元忠礼莫高窟，并于第 108 窟题壁七言诗并序记其事。次年撰《腊八燃灯分配窟龛名数》，为莫高窟重要史料，宋太宗雍熙四年（987 年）升任沙州都僧录。

地藏菩萨 菩萨名号，音译乞叉底蘖婆。《地藏十论经》谓其"安忍不动犹如大地，静虑深密犹如秘藏"，故名。相传他受释迦牟尼佛的嘱托，在释迦牟尼寂灭、弥勒尚未降生成佛之前，自誓必度六道众生，拯救诸苦，始愿成佛，为佛教中掌管地狱及六道轮回的大菩萨。因此，又被称为地藏王菩萨。据称，凡众生在生前如一心供奉地藏王菩萨者，便可得免诸多罪业，死后不入地狱受苦，可在六道轮回中得免三途（地狱、饿鬼、畜生三恶趣）。相传，其显灵说法的道场在中国安徽省的九华山。又据《宋高僧传》记载，地藏菩萨化身曾诞生在新罗国（今朝鲜半岛）王族家，姓金名乔觉，出家后于唐玄宗时来中国，在九华山居住数十年后圆寂，因肉体不坏，金身入塔。相传九华山的肉身殿，即地藏菩萨成道处。一般将地藏菩萨做成头戴五佛冠，身披袈裟，右手持锡杖，左手拿如意宝珠或莲花，多结跏趺坐式，也有身骑或安坐"谛听"（类似狮子，但不是狮子，据说是金乔觉来中国时所带的白犬善听）。其胁侍：左为一年轻和尚，法号道明；右侧为一老者，乃道明的生父，人称闵公。因地藏菩萨主管地狱之故，莫高窟第 6、115、176、202、305、314、331 等窟内都将其和十地阎君绘制在一起。天水麦积山第 2 窟内，将地藏菩萨作主尊塑在正面佛坛上，背后彩塑十地阎君立像，但这些都出现在五代以后至元、明时期。

地狱变　敦煌石窟中反映社会风俗的佛教经变画之一。唐初始出现地狱画面于莫高窟第 321 窟的宝雨经变中：阎罗王据案问审，案前为带枷的罪人，在狱城内有油锅、铁蒺藜、刀山剑树等。独立的《地狱变》出现在唐代中期以后的榆林窟第 19、25、33 窟等。《地狱变》的主要内容是反映亡人在地狱中所受的各种酷刑、苦难；《地狱变》的主要目的是劝善惩恶，宣扬因果报应，把世间最惨无人道的刑罚重现在地狱之中，使观者改容，作恶者心惊。

地仗　绘画术语，即绘画的敷着体之称呼。中国画的地仗有：帛（帛画）、绢（绢画）、纸（纸本画）、木板（板画或壁画）、砖、石（画像石、砖）等。敦煌壁画的地仗为敷在酒泉系砾岩层上的草土泥和麻刀泥。

邸宅庭院　敦煌壁画中反映古代社会生活的画面之一，绘于莫高窟第 23 窟《法华经变·化城喻品》中，宅内外两道围墙，外墙是典型的西北地区的夯筑土墙，内墙是土墼砌成，外抹光泥，设大门、二门，内外墙之间设耳房。庭院中植树两棵，地面用鹅卵石铺成。两名妇女正在以锘作炊及制作乳酪，供瘫倒在院子中的行客食用。庭院正面是一排三间悬山顶的上房，房内所设土炕，除供睡眠外，白天是吃饭、座谈、会客的活动场所。这是中国北方农村部分地区保持至今的生活习俗。

底色　中国画、敦煌壁画设色技法之一。工笔画多在上过底色的帛、绢、纸等材料上着色绘制，设色的第一步，其色调以画家的喜好和画面的需要而定。敦煌壁画除了地仗外，其绘画技法基本同于中国工笔画。在凹凸不平的壁面上敷以平光的草泥，其壁如纸，而后在上面起稿；在所画物像之外填涂，或是在起稿前先刷上如白粉、白垩、高岭土成为粉壁，即敦煌壁画的底色。

帝释天　亦称天帝释或帝释，为佛教主要护法神之一。音译释提桓因陀罗，略称天帝。据《大智度论》卷五十六称：昔摩伽陀国中有婆罗门，名摩伽，姓憍尸迦，有福德大智慧，与知友三十三人共修福德，命终皆生须弥山顶第二天上。摩伽婆罗门为天主，即帝释天，住须弥山顶之善见城，其余三十二人则皆为辅臣，以此共三十三人故名为三十三天。摩伽婆罗门则为三十三天之主，即忉利天主帝释天。作为佛的护法神，敦煌壁画中常和大梵天一起分侍在释迦左右两侧，但在第31窟内，将他和大梵天分别画在东壁窟门两侧，以后又

D

在文殊变和普贤变的侍从行列中分别出现。另外，西魏第249窟窟顶南披画乘龙车的帝释天和乘凤辇的帝释天妃（或东王公、西王母），形象潇洒飘逸。

第100窟 位于南区崖面南段底层，九层楼南侧。又名"天公主窟"，五代后晋天福四年（939年），由曹元德与其母即曹议金的回鹘夫人陇西李氏（天公主）所建，敦煌遗书S.4245记述有关该窟修建过程及所绘壁画内容。前室各壁存天王画像。窟前原建有同时代大型殿堂，据遗址推断为一大型包砖台基上所建三开间二间进深花砖铺面殿堂；盝顶形甬道南壁画曹议金父子供养像及侍从，北壁画回鹘公主等女供养人及侍从。主室覆斗顶，西壁开龛。窟顶中心团花藻井，四披十方诸佛赴会，下绘千佛，四角为四方天王护持。西壁内马蹄形佛床上均为清代塑像，龛外二台上也为清代塑文殊、普贤。主室西壁龛南北为上药师佛赴会，中文殊、普贤变。南壁西起画报恩经变、阿弥陀经变、弥勒经变各一铺。北壁西起画思益梵天所问经变、药师经变、天请问经变各一铺。东壁画维摩诘经变。在四壁下部分南北两幅画长卷式曹议金及其夫人回鹘公主出行图，人物众多，场面浩大。

第100窟窟前遗址 莫高窟窟前殿堂遗址之一。该遗址西接洞窟甬道和崖壁，坐西向东，南北长，东西短，呈长方形。

现只残存台基和殿基遗迹。殿堂建筑在台基之上，台基周围立面包砖，呈束腰形，内填开洞砂石，台基南北 15.7~15.9 米，东西 10 米，高 0.6 米，地面铺砖。台基中部正对殿堂门修三级台阶。殿堂建筑原为南北面阔三间，东西进深一间。南北两侧筑山墙，东面当心间开门，两次间应有窗，下设坎墙。殿堂南北通长 9.9~10.1 米，东西进深为 5.5 米。殿堂地面铺设花砖，南北 33 行，东西 18 行，并见有二山柱础与二檐柱础。另在南北山墙之间，檐墙外均匀地排列着六条地栿槽。原殿堂与第 100 窟为同时代建筑。遗址现已拆除不存。

第 100 窟曹议金出行图　敦煌壁画出行图之一。五代曹氏归义军时期绘制。巨幅约 13 米长卷。绘于该窟主室西、南、东三壁。横卷式从西壁开始，前有仪仗导引、护卫簇拥，其中仪仗中有"营伎"，舞伎仍类似于吐蕃长袖舞蹈，有乐队伴奏，乐器见有大鼓、拍板、琵琶、箜篌、横笛、竖笛、笙、羯鼓、长鼓等。南壁中部为曹议金画像，头戴展脚幞头，身着红袍，骑一白马，正欲过桥，前后侍卫护送，并旌节导引，后面部分为出行图的后卫队伍，其中出现了许多少数民族形象，诸如有头戴搭耳、暖耳帽，着毡鞋，穿圆领衫，高鼻深目髯须的各少数民族骑士。

第 100 窟天公主出行图　即曹议金的回鹘夫人天公主陇

西李氏出行图。巨幅 13 米长卷，位于该窟主室西、北、东壁。从西壁开始，一组马上乐人为前导，高头大马，乐人着各色丽服，出行场面隆重。北壁为乐队舞蹈、车舆仪仗等前导后引，天公主的后部是其眷属们乘坐的彩棚车，天公主着回鹘装，骑高头大马，由二马夫驾驶。在前后有侍女随行，持物打扇，另一些贵夫人骑马扬鞭指挥车辆行进。整幅画表现出一般日常生活，众多的彩车等突出特点，既充满一种逍遥闲适的出游情趣，也表现出一种严格的等级制度。

第 108 窟 位于南区崖面南段底层，又名张都衙窟，窟主为曹议金的妹夫、归义军应管内衙前都押衙张淮庆。窟内甬道有张氏、曹氏两大姓供养人画像并题记，据敦煌遗书 P.3550《都衙镌大龛发愿文》（拟名）记载，该窟建成于公元 939 年。窟前原修建有同时代大型殿堂，现已毁。甬道南北壁绘曹议金、曹元德、张淮庆等供养像。主室中心设有佛坛，马蹄形佛床上塑有一趺坐佛、二弟子、四天王，均经清代重修。覆斗顶四披赴会佛下绘千佛，四角四方天。主室西壁整壁一铺劳度叉斗圣变，脱落严重。南壁西起画弥勒经变、阿弥陀经变、法华经变、报恩经变各一铺，下画女供养人及屏风画六扇为贤愚经变诸品。北壁西起画不知名经变（全毁）、药师经变、华严经变、思益梵天所问经变各一铺，下画女供养人及屏风画四扇为贤愚经变诸品。东壁维摩诘经变，下绘女供养人。该窟所存壁画色彩鲜艳，榜题清晰。

第112窟　位于南区崖面南段二层，中唐时期建一小型殿堂窟。主室覆斗顶西壁开龛，窟顶藻井画团花井心并垂幔铺于四披，四披千佛，中一趺坐佛。盝顶帐形龛内，马蹄形佛床上塑有一佛二弟子二菩萨，龛内屏风画佛传及经变故事等。西壁龛外南北两侧分别画普贤变、文殊变，龛下画五台山图等。南壁西起画金刚经变、观无量寿经变，下为屏风画。北壁西起画报恩经变、药师经变，下为屏风画。东壁门上画降魔变、门南北分别画大势至、观世音经变。该窟为中唐代表窟。

第12窟　位于南区崖面北头二层，又称索法律窟，唐咸通十年（869年）前后由当时已76岁的索义辩和尚营建、其弟子们完成。主室东壁门上有索义辩供养像；敦煌遗书P. 2021、S. 530、P. 4640《沙州释门索法律窟铭》记其营建事。前室顶残存晚唐千佛，西壁门南北分别画南方北方天王、下为供养人、驼、马等，南北壁残剩赴会菩萨及供养比丘等。甬道南北壁分别画男女供养人像。主室覆斗顶西壁开龛，窟顶藻井画狮子莲花井心及团花、回纹、菱纹、卷草、帷幔、伎乐，四披画千佛等。盝顶帐形龛内，马蹄形佛床上为清代塑像。龛内有屏风佛传故事，四壁龛南北上为十方佛，下为普贤、文殊变，龛下女供养人像。南壁西起画法华、观无量寿、弥勒经变，下部屏风画分别对应各经变诸品故事。北壁西起画华严、药师、天请问经变，下为屏风画。东壁门北画维摩诘经变一铺，下为屏风画；门南画报恩经变一铺，下为屏风画。

第130窟 位于南区崖面南段的大像窟，内塑倚坐弥勒佛像高26米，为莫高窟第二大佛。因地处第96窟北大像之南，故称南大像。据《莫高窟记》及P.3721《瓜沙史事系年》记载，其始建于开元九年（721年）。又据甬道北壁绘晋昌郡太守乐庭瓌供养像推知，建成于唐天宝年间（742—756年），开凿到完成历30余年，宋代重修。窟形通顶大佛窟，覆斗形顶，宋代画团龙华盖藻井垂幔飞天等。东壁上有一层明窗，甬道南、北壁上部各开一龛，下部分别画都督夫人太原王氏母女及仆从供养像、晋昌郡太守乐庭瓌供养像；主室南、北两壁中上部各绘巨型菩萨坐像一身，其余各处为宋代画千佛、菩萨等。窟前原建有木构殿堂，东西进深16.3米，南北宽21.6米，花砖铺地。地面有三排十八处柱础，西壁窟门外两侧有四大天王塑像，因称大像天王，今存遗迹。

第130窟大佛 敦煌第二大像，亦称南大像，因位于第

96 窟之南而名。像高 26 米，为石胎泥塑弥勒倚坐像。唐开元九年（721 年）由敦煌人马思忠与僧处谚开始兴建，约在天宝年间（742—756 年）完成。前后耗时 30 余年。大佛头部较大，虽不合人体正常比例，却巧妙而正确地解决了由下向上仰望时的视觉差，从而使所有敬佛者下跪在大佛脚下仰望佛的面部时，仍能清晰地看到庄严又慈祥的弥勒大佛的面部表情，更增加了对佛的敬畏感。大佛除右手及胸腹下部一片曾被宋代重修外，其余部分均保存了盛唐时期原貌。

第 130 窟飞天　敦煌石窟最大的飞天图像。绘于南、北两壁之上部，每壁两身，各长 2 米左右，为宋代重修时所作。此巨型飞天大而不笨，身材修长，身姿舒展，背上云带飞卷，胸下流云飘旋。

第 130 窟窟前遗址　莫高窟现存窟前最大的殿堂遗址。原为上下两层，其中上层的清代遗址因规模小且结构单调已拆除不存。下层殿堂遗址，坐西向东，北偏东 5°，呈长方形，东西长（殿堂西壁至铺砖边沿）16.3 米，南北宽（南山墙外皮至北山墙外皮）达 21.6 米，通过甬道和本窟主室连成统一的整体，规模壮观。从残存遗迹看，殿堂南北面阔五间为 18.8 米，分当心间、南北次间、南北梢间，东西进深三间为 6.75 米。西接洞窟甬道和凿平的崖壁；南北两侧筑山墙并有檐墙。甬道外南北两侧贴西壁处筑土台，台上塑高达 7 米的天王像四身，现存天王所踩地鬼。殿堂东西分布着三排共十八处柱础遗迹，地面铺设有整齐的花砖。该殿堂建于曹氏晚期，遗址现保存较好。

第 138 窟　位于南区崖面南头，又称阴家窟。建于唐代乾宁元年（894 年）至天祐三年（906 年）之间。前室现存清代修木构窟檐一所，盝顶形长甬道。主室背屏式中心佛坛、马蹄形佛床被清代改作"娘娘庙"而面目全非。主室窟顶藻井画茶花井心及各种装饰，四披画千佛。主室四壁上段为经变画：西壁药师佛一铺，南北画赴会菩萨，南壁有楞伽经变、金刚经变、阿弥陀净土变、法华经变、天请问经变，北壁有金光明经变、报恩经变、药师经变、华严经变、弥勒经变。东壁门南北有报恩经变与维摩诘经变。四壁下部均画屏风画立佛、地藏菩萨、弟子、供养人等。窟内供养人资料丰富，其中女供养人头饰高髻，遍插花钗梳篦装饰，身着大袖衫裙、帔帛，并有豪华舆轿。

第 144 窟　位于南区崖面南段南头三层。建于中唐时期。前室西壁门上残存供养比丘像，门南、北分别画南方、北方天王各一铺，北壁有一泥碑龛，两侧存供养人等残画，小龛上画毗沙门天王与舍利弗决海故事。甬道南北壁画男供养人、供养比丘等。主室覆斗顶西壁开一龛：窟顶藻井画三兔联耳团花井心，四披卷草垂幔、千佛（中有说法会）。盝顶帐形龛内马蹄形佛床上存唐代塑一佛二弟子二菩萨并清代塑天王二身，龛外两侧土台上有唐塑清修文殊、普贤像。西龛内绘各种花饰、跌坐佛、菩萨、化生及屏风画等，西壁龛外南北两侧分别为文殊普贤变，龛下为男女供养人像并供养比丘、比丘尼。南壁西起画法华经变、观无量寿经变、金刚经变，下对应屏风画诸品。北壁西起画华严经变、药师经变、报恩经变，下对应屏风画。东壁门上有男女供养人并侍从，门南画千手千眼观音变一铺，门北画千手千钵文殊变一铺及供养天女，其下画女供养人、供养比丘等。

第 148 窟 位于南区崖面南段三层，据现存于该窟前室的唐大历十一年（776 年）的《大唐陇西李府君修功德碑》（即《大历碑》）及背面所刻《唐宗子陇西李氏再修功德记》（即《乾宁碑》）所记，该窟建于唐代大历年间，乾宁时（894 年）重修，窟主为李大宾，故称李家窟。据造像题材又称睡佛洞、涅槃窟。前室为人字披顶，以二石明柱分作三开间，西壁门南北像台上有唐塑力士、天王、天王从众、狮子等护法神像，个个面目狰狞，威猛无比。盝顶形甬道残剩报恩经变部分，为莫高窟最早之报恩经变，南北壁残剩西夏供养人像。主室纵券顶，西壁设涅槃佛床，南北壁各开一龛，窟顶画千佛，佛床上塑释迦牟尼佛涅槃像一身，佛弟子、天人、各国王子、佛姨母、菩萨等举哀像七十二身（清代修）。西壁为长卷巨幅涅槃经变。南北壁盝顶龛内原分别塑像为如意轮、不空羂索观音，壁画也均为与塑像有关的密教内容。南北龛顶上分别为大型巨幅弥勒经变、天请问经变，龛下均为西夏供养人等。东壁门上画千手千眼观音变一铺，门南北分别画大型巨幅条幅式观无量寿经变与药师经变，底层为西夏供养人。

第 148 窟佛寺 盛唐后期壁画中表现建筑组群画的代表窟之一。共绘有四座不同组合形式的寺院，其中东壁门两侧是两幅大型寺院建筑图。寺院前面有开阔的水中平台，围绕平台的两侧与后部是庞大的建筑群，正中

**盛唐第 148 窟东壁
北侧药师经变的佛寺**

的五开间庑殿顶大殿是轴线上的主要建筑。东壁北侧寺院由两重院落组成，正中大殿两旁相对布置着三间配殿，用长廊连接三座建筑形成抱合之势。两间三柱式的双通道长廊，中间用直棂窗分隔，长廊中有门道通向后院，后院轴线中一座

带夹屋的大殿，两旁用回廊环绕着二层楼配殿，转角上一座圆形木塔。东壁南侧，仅一进院落，中轴线上两重大殿，后殿两翼转角处有三间楼阁一座，用飞虹与后殿相连。宏大的寺院场面使殿阁嵯峨、亭台错落、长廊舒展的建筑空间得到充分表现。南北壁上部的寺院，以横向排列的三院组合形成大型寺院，平面呈凸字形，院落分布严谨合理，比较客观地反映了唐代寺院的建筑布局。该窟佛寺建筑群反映了多种类型的单体建筑及其细部，有殿、阁、楼、廊、塔、平台、小桥及屋顶、斗栱、栏杆、台基等，为研究唐代建筑提供了翔实可信的资料。

第148窟宫廷院落　盛唐壁画中表现宫廷院落的代表作之一。绘制在东壁门南边，以条幅的形式从下到上，按照未生怨故事发展情节，组织了许多个别的场景，表现"帝宫九重"的意境。这里没有高大厚实的城墙与门楼，只用七道横廊围出六重不同布局的院落。从下到上第一院围廊三面，由一门屋到第二院。院内左边一歇山顶殿堂，殿堂上方一道横廊围出第二院。第三院右下角一殿堂，然后由转角围廊围成院子，左边有门屋到达第四院。院内左边一八角攒尖顶殿堂，上方由横廊隔断。第五院左边有转角围廊，右边一殿堂。第六院左边一歇山顶殿堂，横廊右边一庑殿顶二层楼阁。画面中七道廊的形式：第二、三、五、七是横廊，第一、四、六是转角围廊。院内殿堂建筑第二、四、六院绘在右边，第三、五院绘在左边，而且每一建筑根据画面需求，只绘出一半或少半。这样的安排，不仅使条幅的画面布局稳定，且显得生动活泼，还使壁画用平面形式表现的宫廷有深远的空间感。这种绘画与构图方式充分体现出古代画家们的匠心独具。

第 154 窟　位于南区崖面南段三层，建于中唐，宋代重修。前室及甬道已毁。主室覆斗顶，西壁开一龛。窟顶藻井画茶花井心，四披垂幔、千佛（中有说法图）。敞口龛内马蹄形佛床存唐代塑菩萨一身，龛外方台上存唐代塑天王像一身。龛内绘有各种装饰图案及屏风山水或故事画。南壁东起上画药师经变、金光明经变，下画弥勒、法华经变。南壁西侧上画毗沙门天王、观音，下画毗沙门天王、地藏菩萨。北壁东起上画报恩经变、观无量经变各一铺，下画宋代绘观音、地藏菩萨、供养菩萨像。东壁门南上下分别画金光明经变、天请问经变。门北上下分别画金刚经变与宋代画供养菩萨。该窟经变为独特的田字形式上下左右布局，壁画绘制以线描见长，画幅小而精工细作。藏经洞所出白描画稿 S. P. 83、P. 3998 为该窟两铺金光明经变壁画底稿。

第 156 窟　位于南区崖面南段四层，由张淮深建成于唐代咸通六年（865 年）并尊张议潮为窟主，敦煌遗书 P. 2762 《张淮深碑》等记此窟营造事。前室顶部中间画降魔变，南侧画法华经变，北侧绘父母恩重经变，诸壁皆绘天王。平顶短甬道顶有曼荼罗一铺，南北壁分别画张议潮、张淮深及广平宋氏等供养人像。主室覆斗顶西壁开龛，窟顶画卷瓣莲花井心及卷草、垂幔，四披绘弥勒经变、法华经变、华严经变、楞伽经变。西壁帐形龛内马蹄形佛床上存倚坐佛一身，龛顶绘密教造像题材，如千手千眼观音变、八臂宝幢菩萨、三面四臂菩萨、不空羂索观音变、如意轮观音变、金刚三昧菩萨、金刚思惟菩萨等。龛内各壁屏风画有药师十二大愿、九横死及佛事活动，如竖幡、燃灯、斋僧。龛下均为供养僧尼与男女供养像等。龛外南北侧为普贤变、文殊变。南壁西起画思益梵天所问变、阿弥陀经变、金刚经变，北壁西起报父母恩重经变、药师经变、天请问经变，东壁门南北画金光明经变、维摩诘经变。另外在南北壁以及东壁底层分别绘有长卷式历史题材河西节度使张议潮统军出行图与宋国河内郡夫人宋氏出行图，各长达 8 米余，内容十分丰富，有军仗、军乐、仪仗、兵制、运输、狩猎、杂技、邮驿、服饰、交通等大量社会历史及民俗资料。另前室北壁留有唐代咸通六年（865 年）写《莫高窟记》。

第156窟张议潮出行图 亦称张议潮统军出行图。巨幅长卷，横卷式，全长8米余，绘于该窟主室南壁及东壁门南底层。构图由南壁西端起，最前部是军乐和歌舞为前导的仪仗队，旌旗招展、鼓乐喧天。其中军乐队为古代鼓吹铙歌之属，有八人鼓吹开路，四个画角，四个大鼓。军乐之后有一组歌舞表演，舞蹈为着吐蕃族服装之长袖女舞，旁有小型乐队站立伴奏，其后为捧持旌节象征权柄的军将。中部张议潮穿红袍、骑白马，已行至桥头，前后有将士护卫。小桥上方，有榜题"河西节度使检校司空兼御史大夫张议潮统军□（扫）除吐蕃收复河西一道行图"。后随子弟兵，有榜题"子弟军"。最后在东壁门南，为辎重和行猎部分，有驴、驼、马运输队，并胡人赶运，又有人骑马射猎。该出行图是一幅不可多得的反映历史现实人物与生活的历史图卷。

第156窟宋国夫人出行图 又据题榜称宋国河内郡夫人宋氏出行图。巨幅长卷，横卷式，全长约8米，绘于该窟北壁及东壁门北底层。画面由北壁西端起，以歌舞百戏为前导。百戏有精彩的载竿表演，一力士顶竿，伸出两手平衡身体，竿上二童子表演出惊险动作，近旁有一组舞伎，四人婆娑起舞，乐队六人伴奏，舞乐上方榜题"音乐"二字。紧接着是夫人及随从们的辇、肩舆、马车等，并骑马使者往来传讯，为古代邮驿形象。宋氏夫人位于车队之后，前有导引，后有护卫。最后转入东壁门北，为大规模的辎重运输并狩猎场面。该出行图表现一位封建贵妇出游的奢侈豪华场面，展示当时社会生活的各个方面。

第 158 窟　位于南区崖面南段五层，建于中唐时期，西夏重绘。该窟又称涅槃窟，俗称卧佛洞。主室长方形盝顶，西壁设大型涅槃佛坛。佛坛上塑大型涅槃佛一身，窟顶画十方净土变及赴会菩萨等。南壁绘十大弟子举哀，西壁画菩萨与天龙八部、众罗汉，北壁为服饰各异的各国王子，分别以割耳、刺胸、剜心、剖腹等不同方式举哀，是研究中西交通、中亚西北民族风俗之极为重要的形象资料。坛下一龛，南侧绘有天王、金刚力士以及舍利弗入灭、外道谤佛等情节。东壁门上画如意观音变一铺，门南北分别画思益梵天所问经变、金光明经变各一铺及其下屏风画诸品情节。

第 158 窟大卧佛　敦煌彩塑代表作之一，又称涅槃像、睡佛。中唐时期所造，像身长 15.8 米，肩宽 3.5 米，为石胎泥塑。头南脚北，面东，右胁累足横卧在长 17.2 米、高 1.43 米、宽 3.5 米的佛床上。该佛螺髻规整划一，面形端庄秀丽，右手平展，置于花团锦簇的软枕上，手托丰润饱满的面颊。睡态舒展安适，整体比例协调，面部的表情刻画细致入微，这一切既表现出了佛的慈祥端庄、大智大勇、沉着安详和英气袭人的天姿，又表现出他在涅槃时从容不迫、神情坦然，似对生前的劳绩无憾和对未来充满信心的胸怀，更表现出其濒临死亡全无痛苦和泰然而去的心态，实为不可多得的出神入化之作。

第158窟献璎珞飞天　飞天壁画代表作之一。表现佛陀涅槃后，诸天人于其遗体上空飞行，遍散七宝、珍珠、香花、璎珞之情节之一。此飞天头戴宝冠，身披璎珞，乘彩云自空而降，双手执璎珞，虔诚地奉于释迦遗体，面带忧伤，内心虔敬，深刻地表达了诸飞天对佛陀涅槃的忧伤与不舍，整个画面有很强的烘托效果。

第159窟　位于南区崖面南段五层，建于中唐时期。前室存供养比丘像，门南北天王像，南壁画阿弥陀净土变，北壁为第160窟入口。甬道经宋代重绘。主室覆斗顶西壁开一龛：窟顶藻井画缠枝茶花井心，四披垂幔、千佛。盝顶帐形龛内马蹄形佛床上有中唐时期塑迦叶、阿难各一身，菩萨、天王各二身，为中唐彩塑之精品。龛内绘装饰图案、佛、菩萨像及屏风画"十二大愿""九横死"。龛南北两侧分别为普贤文殊变，下屏风画晋贤事迹及五台山图。南壁西起画法华经变、观无量寿经变、弥勒经变，下屏风画对应诸品。北壁西起画华严经变、药师经变、天请问经变，下对应屏风。东壁门南北画维摩诘经变，下对应屏风。其中维摩诘经变中吐蕃赞普听法图为研究吐蕃社会历史的珍贵资料。

第 159 窟群塑　敦煌彩塑代表作，中唐时期造，位于主室西壁帐形龛内。原一铺七身，现存二弟子、二菩萨、一天王五身。阿难神态和悦慈厚，迦叶则老成持重、饱经风霜，两身菩萨衣着淡雅清新，肌肤洁白柔嫩，质感很强，人物肢体大都直立。其北侧菩萨半裸上身，披帛璎珞，一手上举，一手自然下垂，身材修长，亭亭玉立。南侧菩萨则上身着衣衫，轻柔露肤，神态娴雅庄重，极富魅力。两身天王神情凶悍，气势逼人，怒目向前，给人无限的力量感。该组彩塑人物形态各异，特征鲜明，相互映衬，动静结合，与整窟壁画色调一致，相得益彰，构成一个和谐统一的整体。

第 172 窟　位于南区崖面南段三层，建于盛唐，宋代、清代重修。前室为宋代画，西壁门上宋代愿文题榜两侧为毗沙门天王赴哪吒会，门南北画维摩诘经变，南北壁分别画千手千眼观音与千手千钵文殊变一铺。盝形甬道为宋代画团花、菩萨等。主室覆斗形顶，西壁开一龛。窟顶藻井团花井心并圆形网幔四角各一飞天，四披千佛。西壁平顶敞口龛内有唐代塑倚坐佛一身，弟子、菩萨、半跏菩萨、天王各二身。龛内画有说法图、弟子等。南北壁均为整壁观无量寿经变，两侧未生怨、十六观，下画宋代供养人像。同一洞窟绘两铺观无量寿经变，题材相同，而画风有别，表明为不同画工分别制作，各有千秋，一淡雅一繁华，一传统一奔放，但又互为粉本，从不同的角度再现了盛唐繁盛的历史。该洞窟也是敦煌壁画经变画，特别是净土变定型阶段，与相邻第171窟相辅相成，共同体现了净土信仰思想在敦煌的盛极一时。

第172窟佛寺 盛唐壁画中表现建筑组群画的代表作之一。窟内南北两壁经变画中均绘有场面宏大的寺院建筑群。寺院由纵向排列的两重院落组成，以佛殿为中轴线，两侧完全对称布置。从提高视点的角度看到寺院内部景象，视线中下部是佛、菩萨、天人、伎乐活动的平台，台上栏杆环绕，台下绿水荡漾、莲花朵朵，化生童子嬉戏于绿水莲花之间。视线上部正中一座五间单檐庑殿顶佛殿，后院有五间的二层楼大殿，配以夹屋。两重前低后高的佛殿是寺院轴线上的主要建筑。前佛殿两侧各有面阔五间的歇山顶二层楼配殿，佛殿与配殿间以回廊连通。院后部回廊转角处各有五间角楼一座，外侧一座小巧玲珑的攒尖顶亭式圆塔，塔刹高耸。由这些不同高度、不同形式的屋顶，构成了群体建筑丰富的天际线，充分表现出唐代建筑艺术的高超水平。

第17窟 即藏经洞，位于南区崖面北端底层大窟第16窟甬道北壁，建于唐代。坐北面南，覆斗形顶北壁前设泥床，窟顶以及西、东、南各壁均无壁画。西壁嵌有唐大中五年（851年）洪䛒告身碑。北壁画双树，西侧树下绘一手执杖，一手执巾的近事女，树间挂布袋，东侧树下画一持纨扇比丘尼一身，树间挂一水壶。泥床上为晚唐塑洪䛒影像，床西向面画双履，床南向壸门内画双鹿衔花与狮子。该窟原为当时河西都僧统洪䛒的影窟（或影堂），宋初封藏佛经、绢画、社会文书及其他艺术品，1900年重新开启面世。

第17窟洪䛒塑像 敦煌彩塑代表作品之一，塑像位于莫高窟第16窟甬道北侧的第17窟（藏经洞）北壁下部长方形的佛床上。像后的壁面上画二株枝繁叶茂的菩提树、一身持巾执杖的近事女，以及一身执对凤扇的女尼。菩提树上挂净水瓶和挎袋，两只绶带小鸟正从树上飞起，画与彩塑的洪䛒像有机结合，既真实自然，又有深厚的寓意，相得益彰。塑像造型真实自然，面相饱满，眼神含蓄，双唇紧闭，额前眼角的皱纹线明显，神志庄严肃穆。塑像身穿田相袈裟，作禅修状，大有虽死犹生之态。此像很可能在此窟藏经时便被移至第362窟，20世纪60年代发现在塑像背后藏有一袋骨灰，经考证，始知为高僧洪䛒真容塑像，遂搬回第17窟原来位置。

第194窟 位于南区崖面南段四层，建于盛唐，晚唐、西夏重修。前室西壁门上为晚唐说法图，门南北两侧各画天王一身，其余皆模糊。甬道顶为晚唐画说法图，南北两壁画不空羂索、如意轮观音各一铺。主室覆斗形顶，西壁佛龛，窟顶塌毁；西壁龛外为西夏画供养人像等。南壁画维摩诘经变，下西夏画女供养人。北壁画条幅式观无量寿经变，下盛唐、西夏画男女供养人。东壁门南画地藏、观音各一身，唐画女供养人。门北画千佛，下画观音一身，唐画男供养人。西壁开一盝顶帐形龛，内塑一佛、二弟子、二菩萨、二天王，龛外两侧方台上力士，一铺共九身，为敦煌彩塑中的杰作。

第194窟群塑 敦煌彩塑代表作之一。主室盝顶帐形龛内一佛、二弟子、二菩萨、二天王与龛外两侧的二金刚力士组合共九身，以清淡、典雅、含蓄而著称。龛内素壁白墙，更衬托出其清雅沉静。正中的主尊丰润圆满，作善跏趺坐说法相。两侧一老一少二胁侍弟子，均正面直立在主尊身旁，身躯端庄，比例适度，个性分明，神情亦别。两侧的菩萨，头饰为环髻双分垂落在脑后两侧或发髻高绾头顶作结，上身穿短袖圆领内衣或袒露。璎珞斜披，或长巾从双肩绕臂在腹前膝下萦绕回环，下身长裙覆足，短衫披帛以及长裙上绘团花图案，使菩萨既雍容华贵，又文静典雅。二身天王，左侧一身，左腿侧伸，右腿后蹬，握拳挥掌，豹头环眼，双唇紧闭，虎视眈眈。南侧一身，却又儒雅睿智，表现出运筹帷幄、多谋善断的气质和与人为善、和平友爱的意境。龛外二身金刚，筋骨暴起，凶猛威武，力大无穷。整铺塑像人物个性分明，整体和谐统一。

第194窟的金刚力士　敦煌彩塑代表作品之一，亦为中国古代金刚力士像的代表之作。他头部后仰，躯体前倾，右腿向前跨出，左腿着力后路，一手挥拳（已残），一手舒张，筋骨暴起，怒目张口，给人以气吞山河、力大无比、所向披靡、无敌不摧之感。他极富力量感，完全符合人体的解剖结构，可谓力的化身、健美的再现。

第194窟佛龛右侧的菩萨　敦煌彩塑代表作之一。像高1.42米，头梳双环髻，温润细嫩的圆脸，长眉连鬓，双目微启，嘴角深陷，面颊丰腴。上穿圆领无袖短衫，下系绣花罗裙。头部微微向右倾斜，腰一波三折，与右侧下垂的玉臂以及晶莹玉润的胸部和白净细嫩的面部结合，显得亭亭玉立。微曲的手指，平添出菩萨典雅多姿的特性。绘制在短衫、长裙和帔帛上的婉转幽雅的蔓草花边和饱满典雅、黑白相间的团花，以及粉绿色衣裙，使菩萨显得既文静又秀美，清新端丽。

第 196 窟　位于南区崖面南段四层，又名何法师窟，由何法师创建于唐代景福年间（892—893 年）。洞窟由前室、甬道和主室三部分组成。前室存晚唐木构窟檐是莫高窟现存最早的木构窟檐建筑。前室西壁门南北分别画南方毗琉璃天王和北方毗沙门天王，及部分供养人；南壁上画高僧与净人传戒，下残存供养比丘二身，北壁上画高僧传律图并题记二方，下西侧土碑一龛。盝顶形甬道南壁有比丘供养人二身、侍从四身，北壁画节度使索勋父子供养像及侍从五身。主室覆斗顶，背屏式中心佛坛，马蹄形佛床上存趺坐佛、迦叶、阿难、半跏趺坐菩萨、天王像。窟顶四披分别绘赴会佛、飞天、千佛、菩萨等。西壁通壁绘劳度叉斗圣变。南壁西起绘法华经变、阿弥陀净土变、金光明经变各一铺，下屏风绘供养菩萨。北壁西起绘华严经变、药师经变、弥勒经变各一铺，下屏风绘供养菩萨。东壁门上绘密教经变一铺，门南绘文殊变，周绕赴会菩萨，门北画普贤变，围绕赴会菩萨。

第 196 窟窟檐　位于窟群偏南地段的第三层，是莫高窟现存最早的一座窟檐。根据窟檐乳栿后部与周围壁画的关系，可知窟檐与洞窟是同时修建，即晚唐时期。此窟檐为单层三间四柱式，乳栿以上已毁（现在的大玻璃屋顶系 20 世纪 50 年代加盖）。窟檐前用四根木悬臂梁挑出，断面为小八角形的四根檐柱竖立在悬臂梁后尾上，悬臂梁前端置栏杆和栈道（原栏杆、栈道已毁，现在的栏杆、栈道与屋顶同时修补），檐柱高 3.57 米，柱下用地栿相连。柱上有双层阑额，柱顶上是栌斗和十字相交的泥道拱与华栱，角栌斗上多出一道 45°斜向的角华栱。乳栿出头砍成下昂形式。当心间开门，下层阑额与地栿的上下移位兼作了门额，门槛下左右各置一木门砧，门额上有门簪眼三个，门颊、门簪、门板俱伏。两稍间正中开窗，窗有上额、下槛、左右立颊，上额与下槛中又立心柱一根，与阑额、地栿连接，直棱窗条俱伏。整座窟檐立面造型简洁大方，与窟内壁画中所见的建筑画风格一致。

第 197 窟菩萨　敦煌彩塑精品，菩萨塑像之上乘之作。中唐时期塑造，位于该窟西龛南侧。立像，头顶发髻，面部鼻子均残损，两臂亦毁去。躯体修长而匀称，肌肤白嫩柔滑，极富弹性，强烈表现质感与量感。脸部细眉、秀目、小嘴、尖颌，微微下视，神情安详而又略带笑意。上身薄衫锦、肩搭丝帛，长裙下摆着地，服饰施一层淡绿，上有小花、花枝等图案，轻柔起伏，有薄纱透体之感，又因头部各处的残损给人一种残缺美。

第 205 窟跌坐菩萨　敦煌彩塑菩萨之代表作，位于莫高窟第 205 窟中心佛坛南侧。初唐圆雕制作，双臂均残。人物肌肉丰满结实，极富柔软感，躯体比例适当，姿态优雅、端庄，目光下视，嘴唇微动配以贴体下垂长裙，更显雍容华贵。整个塑像以高超的艺术技巧和写实笔法，表现了一位贵夫人的安详典雅、文静娴淑的神韵以及极富美感的肌体，而双臂残损又给人以凝重感与残缺美。

第205窟披虎皮天王　敦煌彩塑代表作之一，中唐时期塑造，位于主室中心佛坛北侧。像通高2米余，身着甲胄，外披虎皮衣，即吐蕃装"大虫皮"，属吐蕃表彰英雄武士标志之一。该塑像以吐蕃军事制度为社会渊源，是敦煌石窟的孤例，是研究吐蕃历史的珍贵形象资料。

第217窟　位于南区崖面南段二层，九层楼南侧，约建于唐景云年间（710—711年），属莫高窟"阴家窟"之一。前室现存均为晚唐壁画。盝顶形甬道，顶为

中西两式民居
莫高窟第217窟（盛唐）

地藏与十王厅，南北壁各画供养人。主室覆斗顶，四壁开一龛，敞口平顶龛内有唐塑跌坐佛一身，龛顶画有释迦牟尼为四众说法、释迦牟尼回迦毗罗卫城、罗睺罗出家。南壁绘巨幅佛顶尊胜陀罗尼经变，以序品为中心，周围画妙庄严王本

事品、随喜功德品、药王菩萨本品、譬喻品、方便品、信解品、见宝塔品、嘱累品、提婆达多品、安乐行品、化城喻品及东壁之观音普门品，画面反映了许多世俗生活实况，其中化城喻品又是一幅极为精美的山水画。北壁整铺观无量寿经变，中间佛说法会，两侧未生怨、十六观，整个画面天宫建筑琼楼玉宇，雕梁画栋，天乐不鼓自鸣，碧波红荷，鸳鸯和鸣，极力表现西方极乐世界之美妙。东壁门北沿五代画沙门洪忍供养真容像，是莫高窟人物写真与高僧供养之重要资料。

第217窟佛寺　位于该窟北壁，壁画中表现的是盛唐建筑组群画的代表作之一。该佛寺为"凸"字形布局，两重殿堂分前后居于正中，后殿两旁用回廊抱合，前殿两侧钟楼、藏经楼、碑亭、二层楼对称布置。建筑物前池水环绕平台，再用小桥相连，纤巧华丽的栏杆装饰在池水平台边，一切井然有序，构成一幅理想的佛寺建筑规划图。

第217窟住宅　绘于该窟南壁下部，是盛唐壁画中表现民居建筑及其环境的代表作。宅院掩映在小山丘后，院墙忽隐忽现于山石间。乌头门正对处有三间开敞的厅堂，室内花砖墁地，置一床榻，床后四扇屏风，室外柱头上一斗一升斗栱挑出屋檐，砖砌台基与散水。厅堂一侧稍后有三间夹屋，屋顶矮于厅堂，厅堂内一妇女怀抱婴儿坐在外沿，另一妇女坐在床上作探望状。庭院中一青年妇女正缓步走向厅堂，后随拄杖老者，一童仆紧跟其后，手捧一盒，使壁画讲述"如病得医"的故事形象跃然而出。庭院中绿竹弯弯，柳丝低垂，院外小山丘上野蔓缠绕，使小院更显清静与安宁。

第217窟西域住宅　盛唐壁画中唯一的西域住宅，绘于南壁下部。它与小宅院以一墙之隔，建筑风格却迥然不同。它不是汉地传统的木构大屋顶建筑，而是以砖石砌筑的拱券式建筑。宅院围墙为夯土筑成的城墙，可以看到正侧两面突出的墩台式城门，转角处有角台，城门墩与角台顶上叠涩出一浅平台，同该窟的西域城相似。院中偏后一座拱券式殿堂坐落在砖石台基上，正侧两面开有圆券门，从门中看到殿堂内有床一张，殿堂前有一低矮的床榻，中间坐一妇人，旁边一位老者，另一旁一赤裸上身、斜披锦巾手捧一婴儿的胡人垂足侧身而坐，另有一相同装扮的胡人正走向床榻旁。院内修竹几根，弯弯的竹梢与拱券殿堂相映成趣。在室外放置床榻是西北干旱少雨地区，夏天常见的纳凉习俗。新疆及敦煌在20世纪60年代至70年代的农村中还可看到这种情景。

第220窟　位于九层楼以南，又名翟家窟，建于初唐贞观十六年（642年），中唐、晚唐、五代、宋、清重修。覆斗形顶，西壁开一平顶敞口龛，内塑一佛、二弟子、二菩萨（清修）。龛沿下有"翟家窟"字样。1944 年，敦煌艺术研究所将覆盖壁面的宋代壁画剥离，现出底层初唐壁画。1975 年，敦煌文物研究所又在甬道南、北壁剥离出晚唐及五代画新样文殊变、翟奉达等供养人画像。窟顶为宋画莲花团龙井心，四披为宋画十方赴会佛等。南、北壁通壁为大幅经变画，南为阿弥陀经变，北为药师经变。在阿弥陀经变中，中央宝池莲台上，阿弥陀佛结跏趺坐，左右侧立观音、大势至菩萨及小菩萨。宝池边的平台上，16 位乐伎组成的乐队，分左右两组，正在为一对舞伎伴奏。舞伎双手握长巾，着石榴裙，在一圆毯上旋转起舞，宝池里莲花盛开，迦陵频伽鸟、孔雀等在鸣叫，空中各种乐器不鼓自鸣。画面洋溢着"佛国"的欢乐气氛。药师经变的中心为药师琉璃光如来等七佛，同时突出了四人对舞的盛大舞乐场面，平台上 26 位乐伎组成的庞大乐队，分左右两组为其伴奏。在乐队前出现了华丽高大、多层的轮形灯树。壁画反映了当时宫廷舞乐盛况，共绘乐器 19 种，50 多件，其中埙的图形，莫高窟仅此一例，花边阮仅见两例，另一例在第 217 窟。这些图像是研究古代乐舞和乐器史的珍贵资料。此窟又被称为音乐窟。东壁画维摩诘经变，门南绘维摩诘，门北绘文殊。维摩诘为一学识渊博、机智雄辩的长者形象，扶几而坐，目光炯炯。文殊问疾图，也较前代有发展，后跟帝王、群臣，表情不同，**性格各异**，个个人物形神兼备，为莫高窟最优秀的人物肖像画之一。

第 220 窟乐队 敦煌壁画乐舞图像代表作，642 年绘。北壁东方药师经变礼佛乐队，为莫高窟乃至全国石窟壁画乐队之最。乐器品种最多，乐器绘制最为清晰，精致写实：东西两列相对而分别坐于两块地毯上，左边 15 人，右边 13 人，共绘乐器 26 件，其中弹弦乐器 3 件，吹奏乐器 10 件，打击乐器 13 件。计有：箜篌、筝、花边阮、筚篥、横笛、竖笛、排箫、笙、拍板、海螺、答腊鼓、羯鼓、腰鼓、锣、方响等。乐伎分黑白两种肤色，上身裸露，斜披锦巾，演奏姿势逼真。乐队中间有翩翩起舞的舞伎两对，系唐之胡旋舞。南壁阿弥陀经变乐队，乐伎 16 人分两列，左右各 8 人。乐器有排箫、竖笛、箜篌、方响、琵琶、筝、笙、羯鼓、腰鼓、埙等。本窟乐队，比较典型地反映了唐代宫廷乐队的面貌。

第 231 窟 唐开成四年（839 年）建成，位于南区九层楼北侧崖面二层，又名阴嘉政窟、报恩君亲窟、第二层阴家窟，敦煌遗书 P.4640、P.4638 所抄《阴处士碑》等文献详记其营建及阴氏家族史事。该窟前室及甬道为五代重绘。主室方形平面，覆斗形顶，西壁开盝顶龛帐形，内设马蹄形佛床，龛四披为中唐时期出现的壁画新题材——瑞像图，分外国瑞像、西域瑞像和河西瑞像三类，共计三十七种。窟顶为千佛，四壁壁画均为经变画：西壁龛两侧为文殊变与普贤变；东壁为维摩诘经变与报恩经变；南壁有观无量寿佛经变、法华经变和天请问经变，下为屏风画；北壁有药师经变、华严经变、弥勒经变，下为屏风画。敦煌石窟一窟之中多幅经变画及大量屏风画的题材与布局方式，即始于此窟建成时期。

第23窟 位于南区崖面北端底层，建于盛唐时期。前室已毁，主室方形平面，覆斗形顶，西壁开帐形盝顶龛，内塑一佛、二弟子、四菩萨（清绘），外层二游戏坐菩萨，人物造型比例适度，质感柔嫩，活泼可爱。整窟壁画题材以法华经变为主，窟顶东披、南披及东、南、北壁，内容包括序品、药草喻品、譬喻品、见宝塔品、观音普门品、化城喻品、常不轻菩萨品、方便品、从地涌出品、嘱累品、药王菩萨本事品、信行品、提婆达多品、如来神力品、妙庄严王本事品，共15品。画面布局灵活，画法轻盈自如，富于艺术创造力，且白底色上突出绿色调，清爽明快极富节奏韵律感，充分体现盛唐艺术的开放与活力。如药草喻品中的雨中耕作图，整个画面充满生活的气息：乌云密布，大雨滂沱，农妇送茶饭于田间地头，几名孩童穿肚兜光身在雨中嬉戏等场面，非常亲切感人，充满着浓郁的生活情调。

第 23 窟住宅 盛唐壁画中住宅建筑的代表作之一，绘于南壁东侧，是法华经变中的一个故事情节。壁画上绘出一大宅院，有内外两重院墙，外层是夯土围墙，内层用围廊隔出内院，两院间用一门屋相通，正对门屋前是一字排开的房屋，中间三间堂屋，阶沿突出，屋脊高起，是院内的主体建筑。两侧的夹屋阶沿后退半间，屋脊也低于堂屋。各房间内都置床榻，有人坐之。院内几株树下数人在活动，门屋旁还有一人倒座，面向堂屋。外院的门是乌头门形式，门内有三间厢房，应是守门人居住。该住宅内所有房屋正脊上都没有鸱尾，说明它的建筑规模不大。用夯土墙作宅院围墙的做法，受早期坞堡宅院的影响，敦煌地区早在 20 世纪 50 年代至 60 年代还可见到类似的大宅院，现在很多地名如吕家堡、郭家堡等都是因为以前曾有过的这些大堡子、大宅院而得名。

第 244 窟 典型洞窟之一，位于南区崖面中段二层，建于隋末唐初。前室及盝顶形甬道为五代、宋代重绘。主室覆斗形顶，方形室。南、西、北壁设佛床，塑三世佛题材，即从南、西至北依次为过去佛、迦叶并二菩萨，现在佛释迦牟尼并二弟子二菩萨，未来佛弥勒并二胁侍菩萨。四壁壁画由上而下为飞天、天宫栏墙、说法图，底层有五代或西夏画壸门伎乐。窟顶藻井存木构十字梁架与部分斗木，垂角幔帷，四披画千佛。整个洞窟色泽以白、绿、灰等冷色调为主，加之高大的佛像，颇显宁静。白底色上的飞天伎乐，轻盈、美妙、灵动又出神入化。四壁壁画的排列布局与三世佛塑像题材结合，更显独特。

第 244 窟三世佛　敦煌彩塑代表作。一组三铺，位于主室南、西、北三壁佛床上，依次为：南壁过去佛立像并二菩萨；西壁现在佛释迦牟尼趺坐说法像并二弟子二菩萨；北壁未来佛弥勒并二菩萨。为敦煌石窟较早的三世佛群像。其造型已由隋代的敦实厚重、朴素典雅开始走向比例匀称、着重人物神态的刻画与神情的传神艺术，趋向唐人风格演变。

第 249 窟　西魏初建造，清代重修，位于九层楼以北的石窟群中段。窟平面方形，覆斗形顶，西壁开一大龛，为殿堂窟。西壁圆券龛内塑一佛、二菩萨，善跏坐佛居中。龛壁绘飞天、供养菩萨、尼乾子和鹿头梵志。龛外塑二菩萨。窟四壁上部画天宫伎乐绕窟一周，中部、西部画飞天和供养菩萨，南北壁中央画说法图、飞天化生、供养菩萨，四周围绕千佛。南北壁下部上画供养人，下画药叉。东壁残存天宫伎乐。窟顶莲花藻井，西披画阿修罗，赤身，四目四臂，手托日月，足立大海，水不过膝，身后须弥山忉利天宫，侧有雷公、电母、风神、雨师、乌获、朱雀、羽人。与之相对的东披是二力士捧摩尼宝珠，两侧是飞天、朱雀、孔雀，下有胡人与乌获百戏，及龟蛇相交的玄武和九首人面兽身的开明。南披画乘风车的西王母（大梵天），在浩浩荡荡的巡天队伍下方，有狂奔的野牛、黄羊和虎。北披画东王公（帝释天）乘四龙车，下方绘山林、黄羊等。四披壁画内容丰富，既有神话传说、佛道两教人物、天宫，又有古代建筑、人间生活、游牧狩猎的场景。四壁画千佛及说法图等。绘画技法上运用中原传统晕染法，人物清秀，面颊红润，线描更加熟练、潇洒、遒劲有力。

第 251 窟 开凿于北魏（439—534 年），经五代和清代重修，位于九层楼以北的莫高窟石窟群中段。窟形为前部人字披顶，后部平棋顶，窟内立中心塔柱。塔柱东向面开一圆券龛，内塑跏坐佛 1 身，龛外塑两胁侍菩萨，龛上绘化生忍冬，并有浮塑龛楣及供养菩萨 15 身。南向面上部开一阙形龛，内塑交脚弥勒，龛外浮塑供养菩萨残存 20 身，下部开一圆券龛，内塑禅定结跏坐佛 1 身，龛外塑两胁侍菩萨。北向面与南向面相同，只是上部龛外浮塑供养菩萨残存 39 身。西向面上部开一双树圆券龛，内塑禅定结跏坐佛身，龛外残存供养菩萨 4 身，下部开一圆券龛，内塑禅定结跏坐佛 1 身，龛外塑两胁侍仅存1身。南、北、西各向面下层龛均浮塑龛楣、龛梁、龛柱，龛楣画忍冬或火焰图案。塔座下部绘边饰及夜叉。中心塔柱的塑像表现了佛禅定、苦修、说法的场面。窟顶前部人字披上绘房屋的椽子，并有化生莲花图案，后部平棋顶画斗四莲花图案。窟内四壁上部绘圆形宫阁，每阁内一天宫伎乐，手执乐器，吹弹歌舞，委婉多姿。南北壁上部还绘有脊枋、檐枋，并有木质斗栱，由此可看到当时木建筑的情景式样，东壁上开明窗，四壁中部绘千佛。中央有释迦牟尼结跏趺坐说法，千佛8身一组，规律性交错排列，形成道道佛光。四壁下部均绘药叉与力士，形象粗壮强健，情绪热烈激昂。上中下三层在意境和情趣上形成鲜明对比。

第251窟飞天 飞天壁画代表作之一，位于窟顶平棋图中和说法图上方。面相丰润，头戴波斯风格星月冠，四肢修长，动态豪放潇洒，巾带动势对称如翼，是西域飞天接受了汉晋绘画影响后形成的敦煌本土风格之典型。

第254窟 建于北魏，隋代重修，位于九层楼以北的石窟群中段。窟形长方形，前部为汉式建筑的人字披顶，浮塑横梁和椽子，两头有木质斗栱，后部是平棋顶，中心塔柱东向面开一圆券龛，另三面上开一阙形龛，下开一圆券龛，内塑交脚菩萨或禅定佛，龛外有胁侍菩萨。浮塑龛楣绘忍冬莲花图案。浮塑龙首或凤首龛梁，束帛龛柱及供养菩萨。龛下塔座绘药叉。东壁门上开明窗。同时在南北壁前部各开一龛，内塑交脚菩萨，后部各开四龛，内塑禅定佛或说法佛。此窟塑像神态自然，体态匀称，比例适度；壁画内容丰富，构图巧妙，线描熟练，色彩凝重。北壁绘有尸毗王割肉贸鸽本生，难陀出家本生缘，南壁绘有萨埵以身饲虎本生和降魔变等故事。这些故事画都是在一幅画面中绘出许多复杂曲折的情节，如萨埵饲虎就绘出王子别父至起塔供养等十二个情节，构图简洁，紧凑。人物表情的刻画也很有特点，如尸毗王本生中，操刀取肉者的凶狠，尸毗王的平静大度，眷属的悲痛；降魔变中，魔王的狰狞，魔女的妖媚，释迦牟尼的镇静自如，都被刻画得栩栩如生，同时又有强烈的对比效果。

第 254 窟提系杆秤　敦煌壁画为我们留下了一些公元 4 世纪以来从天平到提系杆秤的衡器形象资料。如莫高窟北魏第 254 窟尸毗王本生故事画中所绘的称肉场面中，一披发人面带凶相，执刀割王股肉。旁有一提秤人，身穿袴褶，腰系带，穿长靴，戴毡帽。所画杆秤的单系提纽几乎在衡杆中央，称鸽子的秤盘悬挂在重臂上，掌衡者左手提着提纽，右手掌握秤的平衡。提系杆秤的另一端本来是作为平衡的秤砣，由于在本故事画中主要是为了达到两面的平衡，而不是称鸽子的实际重量，所以，提系杆秤的两端都画了秤盘。在新疆石窟的同类壁画中所绘提系杆秤与敦煌的不同，在力臂长的那一端画了下垂的秤砣，真实地反映了当时提系杆秤的实际情况。

第257窟　建于北魏，宋代重修，位于九层楼以北的石窟群中段。窟形为印度支提窟与中国汉式建筑相结合的形制，前部人字披顶，后部平棋顶，有中心塔柱。柱东向面开一大龛，内塑弥勒倚坐说法像，外存一天王像。南北向面均上开阙形龛，内塑菩萨像，下南开双树龛，北开圆券龛，均塑禅定佛像。西向面上下开圆券龛，内塑禅定佛像。窟顶人字披椽间绘莲花供养菩萨，后平棋顶有莲花童子、飞天及忍冬图案。窟壁绘画分三段，上绘天宫伎乐，中绘千佛和佛经故事，下绘药叉。南壁中段前部绘卢舍那佛像，后部绘沙弥守戒自杀品等。西壁中段绘九色鹿王本生和须摩提女缘品。北壁中段前部绘说法图，后部续画须摩提女缘品。此窟三幅故事画故事情节感人，人物造型生动，艺术语言精练优美，情节有起伏、有高潮，画面构图继承了汉画像的横卷式，并有山水、树木、车马、房屋作衬托，紧凑而有装饰性。它为我们提供了古代建筑、服饰民俗等形象资料。

第257窟坞壁宅院　北魏壁画唯一的高楼宅院图，位于西壁北侧下方。根据故事内容，展现了富豪人家宅第，宅院由有雉堞马面的城墙围成，重楼宅门，门后有堂，屋檐下帷帐轻幔，主人正在接待宾朋，堂后突起四层楼阁，下层挂帷帐，中有一妇女在睡眠，楼高院墙内花蕾朵朵。这种高楼坞堡宅院形式是河西一带坞堡制度的反映，也是古代住宅前堂后寝居住形式的反映。这幅宅院图还反映了双人胡床作为家具在室内的应用，为堂中接待宾朋所用，即交叉可以折叠式的胡床，其长度和高度同现在的长凳相似，它改变了汉人席地而坐的习惯。

第 259 窟　北魏早期洞窟，宋代重修，位于九层楼以北的石窟群中段。窟形为人字披顶前室，后部平棋顶。为表现多宝塔的内容，西壁凸出半塔，壁上开一龛，内塑释迦牟尼和多宝佛并坐说法像。龛外塑两菩萨像，塔柱南北侧各塑一菩萨。南壁现存上层二个阙形龛，内塑弥勒菩萨像。下层一圆券龛，内塑趺坐佛。北壁现存上层四阙形龛，内塑弥勒菩萨像，下层二圆券龛，内塑禅定佛、说法佛像。龛之间绘千佛和供养菩萨，壁下部绘药叉。此窟塑像以塑造手法概括出佛像的慈悲祥和，底纹线条洗练，神情端庄含蓄，而成为敦煌石窟雕塑的上乘之作。

第 259 窟坐佛　敦煌彩塑代表作之一，北魏塑造，位于该窟内北壁下层龛由里向外数第三龛内，坐佛高 0.92 米，波发高髻，脸面浑圆，耳大垂肩，挺胸收腹，体态端庄，比例适度、双腿盘起，结跏趺坐在长方形须弥座上，双手在腹前重叠作禅定印。深红色袈裟覆体，在膝前呈三莲瓣状自然下垂，阴刻衣纹流畅自如疏密有致，紧贴躯体。此像结构严整，脸面和胸部精刻细作，使之显得细腻滋润，富有血肉感；弯眉下微睁下视的双眼、约略隆起的鼻翼、嘴角微翘和深陷的两个酒窝、如半月形的双唇，都给人一种发自灵魂深处的会心的微笑，充分地体现出了我国传统艺术作品中，以形写神，有主有次，形神兼备的特点。

第 268 窟 莫高窟早期洞窟之一，位于南区崖面中段 3 层。洞窟形制属毗诃罗窟，又称禅窟，为一纵长方形平顶主室。西壁开一圆券形小龛，南北壁各开二对称仅容一人方形平顶小禅室，所附 4 个小禅室，编号分别为第 267、269、270、271 窟，一般以 268 为通用窟号。西壁龛内塑交脚坐佛像一躯，龛内外绘供养菩萨，龛柱所绘希腊爱奥尼亚式柱头，龛下壁面绘男女供养人，着汉装或胡汉混合装。主室南北壁绘有飞天、千佛、药叉等。平顶浮塑叠套斗四平棋，彩绘莲花、飞天、化生、火焰纹等纹样，壁画以土红为底色，使用西域的凹凸表现技法，风格朴拙浑厚，手法简练概括。另外，该窟又经隋代重修，主室南北壁有隋代绘千佛、飞天等。四禅室最初窟内仅以白色粉刷，专做坐禅用，隋代绘制千佛。

第 272 窟　莫高窟现存开凿最早的洞窟之一。建于北凉（397—439 年），位于九层楼以北。甬道接主室，主室长方形，覆斗形顶。西壁中央开圆拱形龛，龛内塑佛像一身，作善跏趺坐。甬道两壁五代重修，画观音变。主室南北壁画千佛和说法图，西壁龛内外画供养菩萨，姿态各异，扭腰屈腿颇具印度风格。东壁门两侧画千佛。在四壁和窟顶连接处，绘穹窿宫楼，内有天宫伎乐在演奏横笛、琵琶、腰鼓和海螺等乐器。窟顶藻井浮塑莲花火焰飞天图案，四披绘有千佛和飞天等。千佛以白、青、绿等冷色调绘制，五组交替出现，形成极具装饰性的道道色光，表现了佛教的"佛佛相次，光光相接"的意境。飞天靠双腿的伸展和衣裙的飞扬，极具动感。

第 272 窟飞天　早期飞天壁画代表作之一，位于窟顶天宫伎乐外圈及说法图上方和佛像背光饰带中，面相半圆，躯体短壮，戴花蔓，披大巾，飘扬如鼓双翼，腰裹长裙，姿态大方而略显生硬，体现莫高窟早期艺术特点。

第 275 窟　莫高窟现存开凿最早的洞窟之一，建成于北凉（397—439 年），位于九层楼以北，与第 272 窟相连。甬道接主室，主室纵长方形，盝顶。西壁塑交脚弥勒菩萨一身，坐在双狮宝座上，高 3.4 米，头戴化佛冠，身着天衣，羊肠裙，衣褶贴泥条隆起，加刻阴线。南北壁上部各开两个阙形龛和一个双树龛，龛内分别塑交脚弥勒和思惟菩萨，塑像体魄强健，比例适度，神态自然，恬静超俗。西壁围绕塑像绘有胁侍菩萨和供养菩萨。南壁中部画佛传故事，即太子出游四门，看到世间生老病死，决心出家修道等情节，壁下部画供养菩萨及垂幔。北壁中部画佛本生故事，有"毗楞竭梨王身钉千钉""虔阇尼婆梨王剜身燃千灯""尸毗王割肉贸鸽""月光王施头""快目王施眼"等情节，画面突出主要人物，构图简练紧凑，壁下部画男供养人。东壁门两侧画观音变及女供养人，门上画说法图。窟顶四披为宋代画飞天和千佛。北宋年间窟中加一墙，将窟分为前、后两室，20世纪90年代初将此墙搬移。

第275窟交脚菩萨 敦煌彩塑代表作之一，为该窟主尊。高3.34米，头戴化佛三珠宝冠，右手置膝作与愿印，左手已残，颈饰贴花镶宝的项圈及璎珞，腰束翻边羊肠大裙，裙上作贴条式襞褶，贴条襞褶中加阴刻衣纹线。菩萨面相浑圆，隆鼻圆眼，上唇较厚，下唇作半圆状，双足相交，端坐在比较高大的方形双狮座上，神情庄重宁静，威严肃穆，表现出西域佛教艺术的影响，具有十六国时期造像的显著特点。塑在两侧壁阙形龛内的四身交脚菩萨，也姿态自然，神情文静，均为早期彩塑佳作。

第 275 窟天宫伎乐图 位于南壁分段布局，画有楼阁数座，楼阁左右有四组站立演奏之乐伎，每楼阁中居有头饰宝冠，有光环的菩萨，旁有侍从，在聆听伎乐演奏，象征宫阙琼楼，玉宇千层，仙乐缭绕，歌舞升平的极乐世界。图中所用乐器有琵琶、箜篌、横笛、大角、筚篥五种，琵琶、箜篌的造型、结构、细部绘得十分具体，开创了敦煌石窟描绘音乐及乐器实物的先河。本图体现了中西文化交流中的佛教文化、西域文化的影响，如乐伎混杂于天人、菩萨之间，边奏边舞，人物的脸型、体型、服饰、巾带，皆具西域特征。同时它体现了中国汉文化、绘画艺术的传统，接受了汉画像的风格。如横向分层的构图形式，也接受融会嘉峪关、酒泉及敦煌本地墓葬画的风格，线条明快生动、造型简略、设色凝重的特点，比之前有明显进步和发展。

第 276 窟反弹箜篌伎乐天 飞天壁画代表作之一，位于窟顶藻井四周，隋代绘制，为本窟多种飞天之一种。其形象头饰双重髻，披巾长裙，依托流云，执箜篌于背后，双手反弹，怡然自得，具有较高的艺术价值。

第 285 窟 位于九层楼以北，西魏开凿，中唐、宋、西夏、元重修。窟内北壁有西魏大统四年、五年（538—539 年）的发愿文题记。它是莫高窟最早有纪年的洞窟，也是早期内容最丰富的洞窟。窟形呈平面方形，覆斗形顶，西壁开三个圆券龛，南北壁各开四禅窟。前室西壁门上为第286窟，门北为第287窟，甬道和前室壁画为五代重绘。西壁主龛内塑坐佛一身，胁侍菩萨两身，两侧龛塑结跏趺坐禅僧像。北壁四禅窟内画有禅僧像，窟顶四披绘飞天、雷神、飞廉、朱雀、乌获、开明、伏羲、女娲等，边沿画山居禅僧像35身。西壁龛外画供养菩萨、诸天、神将、力士。南北壁的壁画上下分段，各段分组，各自内容独立，但又有总体布局：上部画伎乐飞天12身，或奏乐或散花，飘逸多姿，气韵生动，其下方一横幅故事画五百强盗成佛，画有战争、受审施刑、剃度等场面，为我们提供了兵器、刑法、建筑、服饰等形象资料；中部画佛本生故事和因缘故事；下部画药叉。北壁上部画最早的七佛说法图7铺，每铺下方有愿文和供养人，中部画佛和菩萨。东壁门两侧画观无量寿佛，下画供养人，并有愿文题榜。所绘人物身体修长，俊秀，眉目疏朗传神。绘画技法上是西域艺术风格的北魏手法与中原的艺术风格的结合。又因此窟开凿于东阳王元荣任瓜州刺史之时，史载元荣曾在莫高窟造一大窟，故有专家认为此窟为东阳王窟。

第285窟飞天　飞天壁画代表作之一，绘于窟顶及四壁。数量较多，大体有三类：一为敦煌式的西域飞天；其二为传自南朝的中原式秀骨清像类飞天，面相清瘦，额广颐窄，眉目疏朗，动作潇洒，别具风格；其三是道家飞仙，长耳羽臂，半裸披巾，持节飞行，此为羽人转变为飞天的过渡形象。三种飞天同时并存一窟，反映出佛道杂糅及敦煌为中西文化交汇点等历史事实。

第288窟　位于南区崖面北段二层，建于西魏时期。敞口前室，平面呈南北向长方形，前室经晚唐、五代重修，主室前部人字披顶，后部平棋顶，有中心塔柱，柱东向面开一龛，内塑一倚坐佛，龛外二菩萨，其他三面各开上下二层券形龛，龛内塑有禅定佛或交脚佛，每铺均由一佛二菩萨组成。柱身四面绘有火焰龛楣、化生、供养菩萨、飞天等，并贴有影塑千佛，柱座四面绘药叉。四壁壁面分段布局，从上而下依次为天宫伎乐、说法图与千佛、三角垂帐纹，构图规整，有条不紊。窟顶人字披浮塑椽子，椽间画莲花、忍冬、宝珠、禽鸟及飞天图案等。后部平棋顶画斗四莲花、火焰、飞天方井图案。四壁千佛壁画传统的土红底色，画风沿袭西域叠染手法的特点。东壁下端所绘供养人，窟主戴大冠，曲领袍，束蔽膝，脚穿云头履，衣摆曳地数尺，有童仆随侍提携。童仆着裤褶。整个洞窟壁画极具图案装饰效果，如顶部摩尼宝珠与飞动的莲花众生，又有一个个斗四平棋、莲花图案等。四壁的各种栏墙图案，如有方块纹、菱形纹、化生、花枝、三角垂幔，着力讲求色彩的搭配效果。中心塔柱座之药叉，个个神态逼真，孔武有力，面目狰狞，或举臂承托，或相角斗，或作舞蹈。

第290窟 北周（557—580年）开凿，宋代重修，位于九层楼以北，石窟群中段偏北。窟形平面方形，前部人字披顶，后部平棋顶，有中心塔柱，柱四壁面各开一圆券龛。西向面龛内塑弥勒菩萨和两胁侍菩萨。东南北三向面龛，内塑倚坐佛和二弟子，龛外两菩萨。塑像的特点是面短，头大，身长，腿短。窟内四壁上部以伎乐飞天取代了早期的天宫伎乐。中部画千佛，下部画供养比丘、供养人和药叉像。窟顶人字披画佛传故事，情节完整，构图复杂，人物众多，汉民族特征明显。故事由西披展开，上、中、下三排，"S"形走向，后接东披三排，描绘了从释迦牟尼入梦投胎，至出家成道的86个情节，其中太子掷象、相扑得胜、一箭穿七鼓、树下观耕等情节，用笔简练，形象生动。

第290窟茅厕图 敦煌壁画中仅有的一幅茅厕图，丰富了敦煌建筑画的类型。这一茅厕图与延续至今的蹲坑式土厕所形式一样，是世俗生活中不可缺少的一种建筑类型。

第296窟 北周开凿，五代、清重修，洞窟位于九层楼以北，石窟群中段偏北。殿堂式窟，覆斗形顶，主室西壁开一龛。前室为五代画天王和文殊、普贤菩萨。主室西壁圆券龛内塑一倚坐佛，二弟子（北侧清塑），龛外二菩萨（清代重修）。龛壁火焰佛光两侧画飞天、弟子、菩萨、鹿头梵志和婆薮仙。龛外上方分别画帝释天、梵天，下画二菩萨。南北壁的壁画各分三层，上部画千佛，中部故事画，南壁画五百强盗成佛，北壁画须阇提本生，下部两壁均画药叉。窟顶在莲花、飞天等井心图案下，四披描绘了微妙比丘尼缘品（西披的北段至北披的西段）、福田经变（北披东段）和善事太子入海品（西披南段，南披至东披），三个情节复杂，场面交错，人物生动，景物错落有致的故事。故事画以民间生活为素材，充满了浓郁的乡土气息，展现了当时社会生活的真实情景。

第299窟 位于南区崖面北段二层，建于北周时期，前室及甬道为五代重绘。主室覆斗形顶，西壁开一龛，方形室。窟顶藻井画斗四莲花井心，垂幔铺于四披。西披龛楣南侧与南披画萨埵太子本生（起首），龛楣北侧与北披、东披画睒子故事。四披底层均有天宫伎乐一周。西壁龛内塑一倚坐佛、二弟子，龛外南北侧各塑菩萨一身。弟子塑像是这一时期新出题材，人物造型粗笨、短拙、朴实厚重，但又透露着艺术的灵巧与生动的情调。龛楣画莲花化生、伎乐禽鸟，浮塑龙首龛梁、莲花龛柱。东、南、北壁壁画布局为千佛、供养人、夜叉或三角垂幔，其中供养人隐约可见穿窄袖圆领袍衣、束口长裤男子等，又有穿窄窄短袖紧身袍衣或钗衣武士，也有穿裤褶之侍从男子等。

第 302 窟　位于南区崖面北段二层，据窟内题记可知建成于隋代开皇四年（584 年）左右。前室与盝顶形甬道，均经宋代重绘。窟形主室前部人字披顶，后部平棋顶，有中心塔柱，柱四面各开一龛，又南、西、北三壁各开一龛。中心塔柱作须弥山状，上部作圆形七级倒塔，上六级原有影塑千佛，最下一层塑仰莲及四龙环绕；下部作方形两层台座，台座上层四面各开一龛，龛内均塑一佛二菩萨或二弟子，龛外二菩萨。此中心塔柱在莫高窟仅二例，寓意深刻，设计巧妙。主室四壁壁画以土红为底色，内容布局分上、中、下三段：上段栏墙、垂幔绕窟一周，并天宫伎乐一周；中段以千佛为主体，千佛中安插一铺或两铺说法图；下层为宋画比丘、比丘尼及男女供养人。窟顶人字披画横卷式本生故事，东披为尸毗王、毗楞竭梨王、快目王施眼、月光王施头、睒子本生等，西披为萨埵太子本生、福田经变诸故事。其中福田经画中有十分丰富的社会生活场景。

第 303 窟　位于南区崖面北段二层，建于隋代，前室及甬道壁画经五代重绘。主室前部人字披顶，后部平顶，有中心塔柱，柱四面各开一龛。中心塔柱作须弥山状，上部作圆形七级倒塔，上六级原影塑千佛，现已大多脱落，最下一层塑仰莲及莲茎四龙环绕；下作方形两层台座，上层四面各开一龛，圆券龛内塑像均为清代作品。座沿所画水纹图案，色彩复杂、极具装饰性；下座几身隋代画男女供养像，下画药叉像。其中男供养人着窄袖圆领袍衣，束带，下着束口长裤，僧人着僧祇支，外袈裟，供养比丘则着窄袖裙。四壁壁画分上、中、下，底层四段，上段画天宫伎乐、栏墙、垂幔；中段画千佛中央说法图等；下段画供养人；底层画山石林泉。其中底层白底色配以各种山石、树木，动物出没其中，生活气息浓厚。窟顶东披画法华经变普门品之救苦诸难，西披画法华经变观音普门品之三十三现身。

第305窟　建于隋初，窟内北壁龛下有"开皇五年正月"的发愿文残迹，五代、清代重修，位于九层楼以北，石窟群北段第二层。覆斗形顶，平面正方形窟室正中设有中心方坛，坛上有清代塑佛一铺五身，坛各面向绘忍冬边饰、供养人等。窟顶绘莲花井心，飞天绕四角飞行。东西披各画摩尼宝珠，两侧共八身飞天。南披画西王母乘凤车，北披画东王公乘龙车，飞天护卫相随，姿态各异，有的左顾右盼，有的托盘散花，有的迎风飞舞，有的云间翱翔，满天花雨，五彩斑斓，气势流动，感染力极强。西、南和北壁中部有圆券龛，内塑倚坐佛，清代塑二弟子、二菩萨。东壁南北侧中部画说法图一铺。四壁下部画男女供养人，共139身，下为垂角幔帷。该窟在人物的造型、内容布局、窟形、色彩和装饰纹样的运用等方面都与北周窟接近。

第320窟 位于南区崖面北段二层，建于盛唐时期，中唐、宋、元重修，甬道为宋代重绘。主室覆斗形顶，西壁开一龛。窟顶藻井画云头牡丹团花井心，垂角幔帷，四披画千佛。西壁平顶敞口龛内塑一佛、二弟子、二菩萨，顶画弥勒说法图。南壁画千佛，中央画释迦说法图，其中部分在1924年被美国人华尔纳盗走。说法图上部绘两组双飞天，呈对称状相互追逐，极富想象力，为敦煌飞天之代表作。北壁画观无量寿经变并未生怨、十六观，两侧有中唐画菩萨。东壁为宋代画千佛、供养菩萨、供养人等。

第321窟 位于南区崖面北段二层，唐武周时建。敞口前室见唐代画地狱变等。盝顶形甬道均为五代画。主室覆斗形顶，西壁开一龛。窟顶藻井画团花井心，四披画卷草、团花、垂幔、千佛。西壁平顶敞口龛内有初唐塑坐佛一身，力士二身，有清代塑弟子、菩萨各二身，龛外两侧方形土台上塑天兽二身。南壁绘整铺十轮经变，画中各种譬喻之情节与观音经变中救苦诸难等相似。说法图佛东侧，1924年被美国人华尔纳粘走部分壁画。北壁画阿弥陀经变。东壁画有说法图、十一面观音以及五代男供养人等。

第321窟飞天 飞天壁画代表作之一，位于龛顶和北壁西方净土变上部的蓝色天空中，计20余身。飞天姿态优美，风采各异，或穿游于花幡中，天乐之间；或横贯长空，扬手散花；或结伴降落，作私语状；或遨游太空，悠闲自在；或双手抱头，倒体下坠，势若流星；或捻花踏云，缓缓徐降；或舒展双臂，浮空滑行。其后衬以宝池绿波，表现出和悦、欢乐的气氛，是唐代社会稳定，经济繁荣的历史反映。

第322窟 位于南区崖面北段二层，初唐前室残毁不清，甬道经五代重修。主室为殿堂式覆斗形顶，西壁开双层龛。窟顶藻井画缠枝葡萄井心，边饰缠枝葡萄及忍冬纹样，四周画伎乐飞天，四披千佛，联珠纹边饰。南北两壁均为千佛，中有说法图、净土变等。东壁绘有说法图。西壁双层龛内有唐代塑一趺坐佛、二弟子、二菩萨、二天王，为圆塑，天王像具有胡人形，菩萨头上以小辫编成高髻，呈现出少数民族风情。龛内壁画有乘象入胎、夜半逾城等佛传故事，还有人非人、鹿头梵志、婆薮仙、化生童子、佛、菩萨等形象。

第322窟群塑　敦煌彩塑精品之一，位于主室西龛，一佛、二弟子、二菩萨、二天王一铺七身，均为离壁独立的圆塑。塑像比例适当，造型优美，刻画细腻，肌肤的量感与质感均表现充分。特别是其北侧天王，厚眉、大眼、高鼻、大嘴、浓须，头戴兜鍪，身着皮制铠甲，披巾飘拂，足踏小鬼，表现出西域胡人将帅的风采。

第323窟　位于南区崖面北段二层，建于初唐，五代、西夏、清代重修。敞口前室顶存西夏团花，西壁门南北为西夏普贤变、文殊变，南北壁分别为第324、325窟，并西夏说法图。平顶短甬道为西夏团花、供养菩萨等。主室覆斗顶，西壁开一龛。平顶敞口龛内初唐塑倚坐佛一身、弟子、菩萨各二身（清修）。南北壁以佛教史传为主要题材：南壁有西晋吴淞口石佛浮江、东晋杨都出金像（大部分壁画被美国人华尔纳盗劫粘走，破坏严重）、隋文帝迎昙延法师入朝等；北壁有张骞出使西域、释迦牟尼浣衣池与晒衣石、佛图澄事迹、阿育王拜尼乾子塔、康僧会感应故事等；东壁门南北画有佛教戒律画，下画壸门供宝。

第327窟　位于南区崖面北段一层，建于西夏时代。洞窟前室残损，主室覆斗形顶，西壁开一龛，窟顶藻井为浮塑团花莲花井心，回纹、卷草铺于四披。西壁盝顶帐形龛内，马蹄形佛床上塑七佛、四菩萨，龛顶为平棋格团花，各披画垂幔。主室四壁均为西夏千佛，下画壸门供宝。

第328窟　位于南区崖面北段二层，初唐建，敞口前室及甬道经五代、宋代重绘。主室覆斗顶，西壁开一龛，南、北、东三壁均为宋代绘净土变。西壁斜顶敞口龛内有初唐塑一趺坐佛、迦叶、阿难、二半结跏趺坐菩萨、二供养菩萨，龛外两侧台上各塑一供养菩萨，是唐代彩塑之佳作。

第328窟群塑　敦煌彩塑代表作之一，唐代塑造。原为9身，为一佛、二弟子、二菩萨和四供养菩萨组合，因龛内南侧的一身供养菩萨在1924年被美国人华尔纳盗走，现存8身。两身供养菩萨胡跪在龛外两侧的方形小泥台外，其余6身均塑在宽敞开阔的方形敞口龛内。正中的主佛高2.18米，身穿贴金红色通肩式袈裟，左手抚膝，右手平举，掌心向外，做施无畏印，高髻螺发，脸面作蛋圆形，双肩宽厚浑圆，前胸略挺，腹部收进，结跏趺坐在整洁华丽的莲台上。下垂在莲台两侧及前面的衣裙，又被一个个莲瓣托起，形成规整而又自然的褶纹。半跏坐在两侧的二胁侍菩萨，高高绾起的发髻，丰润细腻的脸面以及袒露的上身，下着华丽厚重的锦缎式长裙，丰肌秀骨，晶莹玉润，冰清玉洁，绣裙摆动，温柔虔诚，显得雍容华贵、落落大方，超尘脱俗，文静典雅。主佛两旁的二胁侍弟子，一老一少，迦叶老成持重、睿智练达，阿难英俊憨厚、聪明智慧。

第 329 窟　位于南区崖面北段三层，建于初唐。敞口前室及甬道均经五代重绘。主室覆斗顶，西壁开一龛。窟顶藻井为莲花飞天井心，边饰卷草、方格、联珠、垂幔等，以深、浅红色为主，配以白、赭石、黄丹，色彩热烈，变化丰富。藻井外围又画伎乐 12 身，环绕飞行，动感十足。西龛内顶上以红色为底画乘象入胎与夜半逾城，画面天人飞舞、天兽引导，十分生动。南、北壁绘有巨幅阿弥陀净土变与弥勒经变，布局严谨，色彩艳丽。净土变天宫建筑金碧辉煌，净水池绿波荡漾，一派欢乐祥和的气氛。东壁门南下部画贵妇供养人与牛车，牛车造型精致豪华，美观大方，贵妇们帔帛彩裙。东壁说法图中一供养女像，双膝跪地，窄袖圆领彩裙，双手捧一小花供养，神情静穆、温婉可人，属莫高窟供养人像中之精品。

第 329 窟佛寺　初唐壁画中表现建筑组群的代表窟之一。初唐壁画中的寺院远不及盛唐的规模，还处于寺院建筑的初始阶段。该窟在南北两壁画有两幅寺院图，南壁阿弥陀经变中用水分隔出六个平台，以小桥相连。上面三个平台分布着五座二层阁，中间大平台上的三座阁呈品字形布局，下面三个平台是佛与菩萨、天人、伎乐等活动的场所，最下面两旁又各有一座二层阁，这些建筑互不相连，各自独立。北壁的弥勒经变中也与此相类似，但中轴线上不是建筑，而是佛，佛两旁各有相对独立的一座二层楼，最下面两旁又各有一座二层楼。楼与阁分别表现在一窟南北两壁的寺院中，在初唐还有很多例子，如第331窟，它反映出楼与阁在初唐时是有严格区分的，不能混为一谈。

第332窟　建于初唐，五代、元、清重修，位于九层楼以北，石窟群北段下层。因为窟前原有《李君（克让）莫高窟佛龛碑》，此窟由李克让建于武周圣历元年（698年），所以又称圣历窟或李克让窟。窟形为前部人字披顶，后部平顶，有中心柱，西壁开一横长圆券龛。中心柱东向面及前部人字披下的南、北壁各塑一佛、二菩萨立像，组成了释迦牟尼之法身、化身、报身的三身佛像。佛像外穿通肩袈裟，内着僧祇支，表情庄重严肃。菩萨像腰肢婀娜，呈唐代的"S"形造型，外表均为后代妆绘。柱的南向面画卢舍那佛，西向面画药师佛，北向面画灵鹫山说法图，人字披东披和后平顶均绘千佛。西壁龛内塑释迦牟尼涅槃像一身，是敦煌现存彩塑涅槃像中最早的一铺，像头朝南，脚向北，右胁累足而卧。龛壁有娑罗林等，释迦牟尼之母摩耶夫人从忉利天下来奔丧的场面。南壁画涅槃经变，情节丰富，场面宏大，人物众多。画面从下至上，分三排，第一排从右到左，第二排从左向右，第三排从左向右，画出了释迦临终前为众菩萨、弟子说法，到诸国平分舍利，起塔供养等十个情节。画面构图紧凑，安排适当，错落有致。北壁画维摩诘经变一铺，画面中大大小小几十位人物，有主有次，形象生动，各具情态。东壁门上画珞珈山观音，门南上画五十菩萨图，下画供养比丘。门北上画灵鹫山说法图，下画供养比丘。

第335窟 位于南区崖面北段第二层，开创于唐武周时，窟内存垂拱二年（686年）、长安二年（702年）等营造年代题记。敞口前室西披画千手千眼观音变，两侧画不空羂索观音变、如意轮观音变。西壁门南北为宋代画维摩诘经变，南北壁残。甬道均为中唐重绘。主室覆斗顶，西壁开一龛，窟顶画千佛。西壁平顶敞口龛内有唐代塑一跏坐佛、一弟子，清代塑一弟子、四菩萨，龛内南北侧画劳度叉斗圣变。南壁有阿弥陀净土变，北壁有整铺维摩诘经变，场面宏大，情节丰富。

第361窟佛寺 中唐壁画中表现建筑组群的代表窟之一。这时期壁画中反映出完整的寺院建筑，南壁阿弥陀经变中绘矩形平面的一所完整寺院，建筑物按轴线对称布置，正面下方是三座三间二层楼式的三门，院内稍后轴线上有三间二层楼佛殿，殿顶上有扁平的覆钵并置塔刹，使佛殿又兼作佛塔，整座寺院成为以塔为中心的塔院。院内中部两侧有钟楼与藏经楼，以回廊连接各处，转角处置一座角楼。寺院外水池环绕。

第365窟 位于南区崖面北端二层和三层楼之中层窟，又称七佛堂。据敦煌文书P.4640《吴僧统碑》记载为洪辩所建。又据主室佛床床沿吐蕃文题记及洪辩和尚汉文发愿文，此窟建于吐蕃统治沙州时期藏历水鼠年（832年）至木虎年（834年）。窟形为主室南北纵长方形，券形顶，四壁设佛坛，上塑七佛跌坐像，佛坛后有甬道可绕一圈。据《吴僧统碑》，此窟初建时四壁画有华严经变、药师经变、法华经变、报恩经变、文殊变、普贤变及贤劫千佛等，现已不存，现存壁画均系西夏重绘的团花图案。

第384窟 位于南区崖面北段三层，始建于盛唐，中唐续建完成，五代、清重修。前室为覆斗顶方形室，顶东、西两披各存中唐画千佛一角。西壁门上绘有中唐画说法佛，门南北画天王像、五代时期供养人等，门两侧二台上各为唐代塑一天兽。南北壁均存中唐画千佛等，短甬道平顶五代画地藏十王厅，南北壁分别为五代画弥勒经变、药师经变各一铺并男供养人。主室覆斗顶，南西北三壁开平顶敞口龛，西龛内一跌坐佛，二弟子、二胁侍菩萨、二供养菩萨，南北龛内各为一趺坐佛、二菩萨。窟顶团花井心、垂幔、千佛。各龛内及四壁为唐代画各种图案、佛、菩萨、化生、千佛等，底层有五代画菩萨等。

第390窟 位于南区崖面北段三层，建于隋末唐初，五代、清重修。敞口前室西壁门上五代发愿文榜书，两侧五代画毗沙门天王赴会。门南北分别为五代画不空羂索观音变、阿弥陀经变，下五代画供养人。南北壁存五代画弟子、菩萨等。甬道顶五代画地藏与十王厅，南北壁五代画普贤变、文殊变，下画女供养人。主室覆斗形顶，西壁开一双层龛。窟顶藻井莲花井心，垂角联珠纹幔帷，四披画千佛。西壁双层龛内隋塑倚坐菩萨一身、弟子二身、菩萨四身，龛内画飞天、佛光、化生、菩萨等。四壁壁画从上而下均为上层飞天伎乐、天宫栏墙，中层三排小型佛说法图，一排数铺不等，下层隋代画供养人，底层五代画供养人。窟顶为土红底色，四壁为白底色。伎乐天、飞天与火焰纹，使窟内满壁风动。联珠纹图案风格别致。女供养人均披帛彩裙、高髻。男供养人则小袖圆领长袍长裤装，有鲜卑胡风。

第39窟窟前遗址 莫高窟前窟檐遗址之一，原为西夏时代土石基窟檐建筑，元末被毁。遗址为一夯筑石基土台。地面南北面阔5.4～5.8米，西宽东窄。东西进深尺寸不明。铺花砖，地面下有四条地栿槽。南北壁均为利用凿平的崖壁。接前室岩体地面砌有土石地基，南北长为 8.6 米，宽 1.2～1.8 米。

第 3 窟　位于南区崖面北头沙坡与崖面立面交接处，为元代所建一小型窟。主室覆斗顶，西壁盝顶帐形龛。窟顶藻井浮塑四龙井心，四披画联泉纹图案。西龛外南北侧为披帽菩萨、执瓶菩萨等。主室南壁绘十一面千手千眼观音经变一铺，观音居中，两上角飞天各一身，东侧帝释天，西侧梵天女，东下跌坐梵天女，西下婆罗门。北壁亦绘十一面千手千眼观音经变一铺，观音居中，两上角飞天各一身，西侧吉祥天，东侧婆薮仙，西下三头八臂金刚、象头毗那夜迦，东下三头六臂金刚、猪头毗那夜迦。东壁门南画执净水瓶观音一铺，施甘露济饿鬼。门北画散财观音一铺，正放手散珊瑚、玛瑙、金银七宝，施一贫人。该窟壁画以线描为主，突出展示了线描造型的功能，运用了多种线描艺术，诸如铁线描、折芦描、游丝描、钉头鼠尾描等。该窟也是莫高窟唯一的汉密观音窟。又壁画地仗的制作，系以沙、土、石灰混合的三合土一次完成，色彩可以渗入壁画，黏结牢固。

第 3 窟飞天　飞天代表作之一，绘于南、北壁千手千眼观音经变的两上角。其形象为头束双童髻，作天女像，斜披天衣，一手持长篮莲花，一手托花欲散，乘黄云倾身下降，道教意味颇浓，反映了元朝时期我国佛道杂糅，汉密流行的历史状况。

第 419 窟 建于隋代，西夏重修，位于九层楼以北的石窟群北段上层。窟前部人字披顶，后部平顶，西壁开一龛。前室西夏画已残。主室西壁开一斜顶圆券龛，内塑一趺坐佛、二弟子、二菩萨，并画有忍冬火焰佛光、莲花化生等。龛外画维摩诘变。四壁上部画天宫、栏墙和飞天，中部画千佛、中央有说法图，下部画供养人及药叉等。窟顶绘本生故事和经变故事。前部人字披以长横卷式排成几行：西披上二行画法华经变譬喻品，下一行画萨埵太子本生，东披上三行画须达拏太子本生，下一行画萨埵本生。后部平顶画弥勒上生经变。其须达拏太子本生三行画面，53 个情节，从左到右，从上而下呈"S"形走向展开。图中亭台楼阁的建筑，郁郁葱葱的树木、众多的人物、动物、车船，安排有序，神态逼真，富有生活气息。画面表现的内容复杂丰富，各个情节以山石、林木作间隔，构图细密、紧凑而有节奏感。色彩以青绿为主。虽然含铅颜料变色，但色彩浓丽而朴素，为隋代代表作之一，亦为敦煌故事画之精品。

第 420 窟 建于隋代，宋和西夏重修，位于九层楼以北的石窟群北段上层，与第419窟毗邻。主室平面方形，覆斗顶，西、南和北壁各开一龛。西壁龛内塑一佛二弟子、四菩萨，南、北壁龛内各塑一佛二菩萨，塑像面部轮廓清晰分明，体魄健壮匀称，形象端庄典雅。尤其是菩萨像，神情恬静，含蓄内在，西龛南侧一身，面部光润洁白，历经一千四百多年，而未变色，被称为永葆青春之菩萨。菩萨衣饰上绘波斯式联珠狩猎纹样。弟子迦叶的塑像，面部表情严肃，皱纹满面，眼窝深陷，牙齿残缺，成功地塑造了一个饱经风霜、睿智达观的苦行僧形象。内外层龛壁及窟四壁上部与窟顶连接处，绘了一圈轻盈优美，动感十足的伎乐飞天。南、北、东壁中部绘千佛，四身一组，四色相间，上下错位，形成道道色光。西壁龛外绘制维摩诘经变，其中南侧绘制的"文殊师利问疾品"是隋代出现的新题材。四壁下部画供养菩萨和供养人。窟顶绘斗四莲花藻井，四披绘法华经变，北披序品，南披譬喻品，西披方便品，东披观音普门品，其中有灵鹫山、法华盛况、天人眷属赴会场面，有三乘彩车反映的"三乘归一"内容，有商旅驼队跋山涉水的情景。

第420窟住宅　隋代壁画中反映了大片的民居宅第，平、立面形式多种多样，仅第420窟窟顶《法华经变·譬喻品》中绘出大小九座宅第，这些宅第，堂阁高耸，廊庑曲折连绵，令人眼花缭乱。仔细分析，其布局形式有一门一堂一院式、一门一堂两院一室式、两门一堂一室两厢式等。窟顶南披西起第二宅院即为两门一堂一室两厢式。院前有门楼，门内有庭院，院中起堂，堂前两侧有左右两厢，堂后一室，最后设后门。前堂内坐男主人，旁边有家人或仆役多人。后室有女主人端坐其中，左侧女眷多人侍立。这种布局是典型的前堂后室或前堂后寝的形式，它是封建宗法社会中长期形成的一种布局规律。

第427窟　建于隋代，宋代重修并建木构窟檐一座，洞窟位于九层楼以北，石窟群北段上层，与第428窟毗邻，是隋代最大最具代表性的石窟之一。石窟分前后室。前室南北两壁前有隋塑天王各两身并西壁隋塑力士两身，形成四天王二力士格局，是敦煌隋代彩塑新题材。塑像虽经宋代重妆，但是基本保持原貌。天王身躯魁梧，高达3.6米，头戴花冠，披长巾，穿甲胄，着长靴，脚踏地神，威风凛凛。脚下地神弓背，头着地，肌肉凸起，做挣扎状。力士披长巾，裸上身，张目作怒吼状。后室（主室）平面长方形，前部人字披顶，后部平顶。设中心柱，柱东向面与窟南北壁前部各塑一佛二菩萨立像一铺，组成三身佛，亦为隋代新出现的题材。中心柱其他三向面各开一龛，内均塑一佛二弟子。四壁上部绕窟一周画飞天 108 身。四壁中部画千佛，北壁中央画说法图，南壁画卢舍那佛。四壁下部宋代画供养人共 103 身。整窟绘画带有浓厚的、华美细腻的中原艺术风采，重青绿、间朱赭、敷金彩，塑像也妆彩贴金，使之别于其他洞窟而更加富丽堂皇，光彩夺目。

第 427 窟飞天　隋代飞天之代表作，位于四壁上沿，绕窟一周，共计 108 身，为隋代飞天最多之洞窟。飞天们裸上身，着长裙，千姿百态，轻盈飘逸，手持筝篌、琵琶、横笛、竖琴等各种乐器，朝同一方向绕窟飞翔，满壁生风，极富动感和生气。

第 427 窟窟檐　位于窟群南区中部第三层。窟檐单层，三间四柱。四阿顶，檐下圆椽一层，方形飞子（又称"飞檐椽""飞椽"）一层，原窟檐的飞子已失，20 世纪 50 年代修复时根据相邻第 431 窟同时代的飞子复原而成。斗栱六铺作，三杪单栱计心造，没有补间铺作，当心间的栱眼壁位置设明窗。明间只有门颊，门板已失，现门板为便于管理而添配。由于窟檐高距地面，窟檐前有挑出的栈道，但柱子与栈道梁错位，所以另置一根方木横压在栈道梁后部，柱子下出榫立于横木上。此窟檐建造年代见于当心间承椽枋底的题字："维大宋乾德八年岁次庚午正月癸卯朔二十六日……西平王曹元忠之世创建此窟檐记。"乾德只六年，八年应为开宝三年（970年），是宋代初年的木构遗物。

第 427 窟阿难像　敦煌彩塑精品，阿难像之上乘佳作，位于中心柱西龛。为一立像，古代塑匠们匠心独具，把该塑像刻画得惟妙惟肖，人物性格表现得淋漓尽致。人物年少、聪颖、活泼而又可爱，眼圆嘴细，温顺虔敬，活现了一位年轻僧人的可爱之态。

第 427 窟三身佛　敦煌彩塑代表之一，位于主室中心柱东向面及南北壁前部人字披顶下，由南而北分别为佛之法身、报身、应身及各自胁侍菩萨三组，一佛二菩萨组合塑像。佛像高达 3.8 米，造型雄厚、古朴、庄重、大头、微俯、额宽颐满、鼻直唇厚、眼下视、颈精体壮。菩萨天衣、披帛、裙衣、涂金绘彩，服饰图案丰富而细腻，技艺高超，反映当时丝锦之华丽，工艺之精湛，系研究丝织史之极好资料。特别是其具有波斯萨珊风格的联珠狩猎纹等，为中西交流的结果。

第 427 窟塑像修复　莫高窟第 427 窟隋代在前室塑的四天王、二力士和窟檐均为瓜、沙二州节度使曹议金三子曹元忠重修。这六身隋代塑像塑得非常好。天王像盔甲严正，威武勇猛，脚下踩着"地神"。而力士则肌肉凸出，青筋暴突，双眼目光炯炯，给人一种即将迸发的力量感。南侧力士由于内部木架失去支撑力，早已倾倒在地下了。1965年，李云鹤、窦占彪等人对其进行抢救修复，把力士脚下的地神分割开，把力士扶正到原来位置上，然后对整体支架和基础部分进行加固修复。经过这样的扶正加固法，倾斜、歪倒的塑像都在原来的位置上牢固稳立了。

第427窟四天王二金刚 敦煌彩塑代表作，隋代塑造，后经宋代重妆上彩，但隋代原貌基本保存完好。位于洞窟前室南北壁各立二天王，西壁窟门两侧各立一金刚，塑像高达2.5米以上，雄厚朴实，沉稳庄重，并有身宽、头大、肩厚、挺腹、短腿、面部丰盈等特点。其中天王像着紧身薄甲，肢体有柔韧感，具有隋代天王女性化特征；二金刚力士赤裸上身，肌肉突起，怒目圆睁，脚踩假山，显其威猛剽悍。

第428窟 北周建，五代重修，位于九层楼以北的石窟群北段上层，是莫高窟早期最大的洞窟，也是莫高窟所绘供养人最多、裸体飞天最多、影塑千佛最多、绘涅槃变最早的洞窟。窟形为中心塔柱式，主室前部人字披顶，后部平棋顶，塔柱四面各开一龛，内塑一跌坐说法佛、二弟子，龛外二菩萨，龛沿绘供养人，共160余身。主室前部仿木结构的人字披顶画椽子，椽间画忍冬、莲花等。后平棋顶，斗方井心绘莲花，四角绘莲花或飞天。其中有受西域影响的裸体飞天形象8

身。四壁从上到下分四层。最上层影塑千佛 962 身，部分毁坏。第二层绘壁画，西壁南起为说法图、金刚宝座塔说法图、涅槃变、释迦多宝并坐说法图。南壁东起跌坐说法图、卢舍那佛、跌坐说法图、行经佛、跌坐说法图。北壁除东起第二为降魔变外，其余画面内容与南壁对称相同。东壁南侧绘本生故事萨埵太子舍身饲虎、梵志摘花坠死缘、独角仙人，北侧绘须达拏太子本生，其中西壁的金刚宝座塔，五塔组合，莫高窟仅此一例。同时画面按"之"字形走向的须达拏太子本生，和画面"S"形排列的萨埵太子舍身饲虎，以及独幅画面的降魔变，都构图巧妙简练，人物刻画生动，色彩凝重，气氛渲染强烈，为敦煌壁画的佳作。四壁第三层绘供养人三排计 1186 身。第四层绘垂角幔帷。史载建平公于义在北周时任瓜州刺史期间曾于莫高窟造一大窟，即此窟。

第 431 窟 位于南区崖面北段三层，建于北魏时期，初唐改建。北宋太平兴国五年（980 年）阎员清建木构窟檐于前室，窟檐三间四柱，柱作八楞形，斗栱六铺作三抄单栱造，内外栱眼、窗枋、柱间等位置画有飞天、伎乐、弟子、千佛等像。前室及甬道壁画均经宋代重绘。主室前部人字披顶，后部平棋顶，有中心塔柱，柱东向面开一龛，南西北向三面开上下三层龛，又东壁门上开一龛。除东向龛内塑倚坐说法佛一身外，其他均塑禅定佛，龛外均塑二胁侍菩萨。中心柱各面有北魏画供养菩萨、佛光、乘象入胎与夜半逾城等故事画，有初唐卷草边饰、说法图、供养人与宋画供养人等。四壁壁画布局基本为北魏天宫伎乐、千佛及千佛中央一佛、供养菩萨、底层药叉（被初唐画所盖）。初唐壁画位于南北壁底层，九品往生、未生怨、供养比丘、比丘尼及男女供养人；西壁绘供养牛车、马匹及男女供养人等。其中女供养人束有椎髻、丫髻等发饰，身着窄袖衫裙、半臂帔帛；男供养人幞头圆领袍衣，束革带，着束口裤。窟顶前部披椽间北壁画莲花摩尼宝珠图案，西披画莲花供养天人，后部平棋顶画斗四莲花飞天图案。

第431窟宫廷院落　莫高窟最早出现的唯一一幅以横卷方式表现《观无量寿经》的经变画，根据经文所讲内容绘出的"未生怨"不分时空变化，将全部情节纳入一个宫廷内，形成一个完整的宫廷院落。壁画绘制在北壁下部，整幅画大致可分为前、中、后三部分。前部首先是城门，上建城楼，城门左右有宫墙一周，形成封闭的院落，院内后部有堂，堂前正门有守卫，堂内幽禁着频婆娑婆罗国王。中部有殿三间，殿四周没有墙壁门窗，柱间完全开敞，殿内是王子欲杀其母韦提希夫人的场景，殿前阑额挂帘帷，歇山屋顶。后部是一曲尺形院落，中有一堂，全部用帘帷遮挡，中间留一门，可看见堂内有床，院内花木扶疏，这里是幽闭王后的后花园。后部两院之间的下部有一侧向的乌头门。这幅宫城图，概括地反映宫廷中前朝后寝及御苑的三个组成部分。

第445窟 位于南区崖面北段顶层，建于盛唐，五代、西夏重修。覆斗形顶，西壁开一龛，敞口龛内塑一跌坐佛、二弟子、二菩萨、二天王，龛外两侧方形台上各塑一菩萨。西壁及窟顶为五代及西夏画。南壁画阿弥陀净土变整铺经变，布局特别，场面宏大，气氛热烈，天宫建筑富丽堂皇，人物众多。北壁整铺弥勒经变，内容包括弥勒上生、下生经，下部中间画有儴佉王从七宝台献佛，两侧画儴佉王及后妃、太子、大臣、长者、彩女等纷纷剃度出家为沙门、翅头末城中罗刹鬼夜扫秽恶，女人五百岁出嫁，阎浮提内树上自然生衣、人命将终自然行诣冢间而死、弥勒托生父母修梵摩、婆罗门拆毁楼阁等，左上画有迦叶禅窟，右上画弥勒净土的一种七收。东壁门上画地藏菩萨一身，门南千佛等。

第454窟 位于南区崖面中段三层。建于曹氏归义军时期，清代时被改修作娘娘殿。前室多半已毁，残存有文殊、普贤、十方赴会佛等宋画。盝顶形长甬道，顶绘佛教史迹画一铺，南北披分别画瑞像图，南北壁画曹氏等男供养人及侍从。主室平面方形，中心佛坛清代人重修并绘花鸟屏风。覆斗形窟顶，藻井浮塑团龙井心，东披画弥勒经变，南披画法华经变，西披画法华经变见宝塔品，北披画华严经变，四角有四天王。主室南壁画楞伽、观无量寿、报恩、天请问经变，下画女供养人及屏风画。北壁画佛顶尊胜陀罗尼、思益梵天、药师、梵网经变，下画女供养人及屏风画。东壁画维摩诘经变，下画回鹘公主、于阗国王供养像。西壁画劳度叉斗圣变，下屏风绘故事画。该窟窟主及年代尚在讨论中，有曹延恭及其夫人慕容氏（974—980年）、曹元深（939—942年）、曹元德（935—939年）诸说。

第45窟 位于南区崖面中段底层，盛唐所建中型佛殿窟，中唐、五代重修。敞口前室及甬道残毁严重，壁画经五代重绘，窟前原建有五代殿堂遗址。主室覆斗形顶，西壁开一龛。窟顶藻井画团龙井心，四披画幔帷千佛。西壁平顶敞口龛内塑跌坐佛、阿难、迦叶、观音、大势至及南北天王各一身，均为莫高窟彩塑之佳作。南壁通铺观音经变，观世音菩萨居中，两侧分绘观世音菩萨三十三应身及救诸苦难，其中有观音变幻各种身份教化众生，例如现大将军相、现天王相等，人物形象众多，各具特色。救诸苦难中有犯人获救、海船遇难、胡商遇盗等情节，为研究唐代刑罚、监牢以及中西交通状况提供了翔实直观的材料，十分珍贵。北壁通铺观无量寿经变。

第 45 窟群塑 第 45 窟彩塑群像，是盛唐时期在敦煌莫高窟所作的又一铺最主要的代表作品之一。存一佛二弟子二菩萨二天王共 7 身，主佛结跏趺坐在束腰式金刚座上，二胁侍弟子、二胁侍菩萨及南北二天王均为立像，正壁（西壁）马蹄形敞口式佛龛内全部塑像基本保存完好。主佛脸面丰满圆润，双目修长，口端鼻正，内着僧祇支，外穿通肩式袈裟，衣纹流畅自如，色彩浑厚深沉，结跏趺坐，作说法相，身后的头光和身光，及一道道凸起的泥条金饰，绘塑互映，更显得层次分明，富丽堂皇。分侍在两旁的迦叶和阿难，一老一少，一个老成持重，一个年轻洒脱，一个睿智达练，一个童心外溢，形成鲜明的对比。两身菩萨，面带微笑，温婉慈祥，祖露的上身，肌肤洁白如玉，斜披的飘带以及华美的长裙，与婀娜多姿一波三折的"S"形躯体巧妙地结合在一起，既超尘脱俗，又雍容华贵。南北二侧的天王，上穿金甲，下着战裙，瞪目张口，一手叉腰，一手挥拳，威武凶猛，与温柔的菩萨和虔恭的弟子，一文一武，形成强烈的对比。整铺造像更显得有动有静，动静结合，内心世界外现，性格各异，实为我国彩塑艺术中之精华。

第45窟二弟子　即第45窟龛内的迦叶、阿难像。左侧的迦叶，身高1.72米，内穿花绣纹锦襦，上披绿色田相格山水衲，身躯略前倾，俯首恭立，左臂曲肘前伸，右手在胸前上举，五指分开，掌心向外。他面貌清癯，额头宽阔饱满，眉骨隆起，紧锁浓眉，双目下视，眸子半露，目光犀利且炯炯有神。鼻梁挺直，鼻翼饱满，双唇抿合，嘴角深陷，下颌约略上翘，喉结清晰，项下锁骨历历可数。点画在两腮、下颊一周的络腮胡须，及光头上的发根，绘塑结合。塑造出了一位资历高深、饱经风霜磨练、精研佛法、思想深邃的高僧大德形象。右侧的阿难，身穿花边绣纹裙襦和红色袈裟，头部右歪又微微前倾，身躯约略后仰，扭腰凹肚，双手置腹前后相重，举止闲适潇洒，一副悠闲自若的样子，更显出聪慧颖悟、潇洒英俊的年轻僧人的特性，与对面虔恭备至的迦叶形成鲜明的对比。

第465窟　位于北区崖面北端二层，建于西夏或元代，现莫高窟仅存以萨迦派艺术为题材和风格绘制壁画的洞窟。前室为一完整覆斗顶方形室，各壁均无壁画，仅绘以藏式佛塔几座，并有其他简单纹样。主室亦为覆斗顶，中央设多层圆形佛坛，其上原有密宗曼荼罗双身塑像。窟顶藻井及四披壁画表现五智圆通的大日如来、阿閦佛、宝生佛、无量寿佛、不空成就佛以及各自眷属。东壁门南绘有曼荼罗一铺、骡子天王等三组、火焰童子四身。门北绘曼荼罗一铺、毗那夜迦等二十四身。南壁绘曼荼罗三铺，东起执弓箭双身、牛座双身、披人皮双身。北壁绘曼荼罗三铺，东起为七头十四臂单身、十六臂执人头钵双身、一残毁。西壁绘曼荼罗三铺，南起执交手金刚杵单身，执金刚杵、铃双身，执刀、钵单身。各壁曼荼罗周围均为单身小像环绕，并有部分绘各种奇怪禽兽、人肢体各部位画面。四壁底层小方格内绘制各类匠师、职业者供养，原均贴有藏汉互译的纸条为题记。

第 487 窟　位于南区崖面中段底层，建于北魏时期，原被埋于现今窟前地面 4 米以下，于 1963 年窟前发掘时被发现，窟内堆积有北魏遗物。洞窟形制为中心柱式，前部人字披，后部平顶，窟内一方形台基，为原中心柱遗迹。南北壁各开四龛，介于北凉第 268 窟、西魏第 285 窟之间，综合以上因素定其为北魏窟，集禅窟与礼佛窟为一体。唐代，此窟成为开窟造像的画工、塑匠居住、贮藏物品、预制画塑的作坊。约 758 年后因火灾和洪水的危害而废弃不用。第 487 窟的发现，为研究莫高窟河床与崖前地面的变迁、莫高窟的水文变化等提供了十分重要的资料。

第 491 窟　第 491 窟为南区窟群北段下层第 321 窟前走道

下一小龛，原被流沙掩埋，1965 年清理重现，并在龛内发现了西夏时期的三身彩塑。正中一尊为半跏趺坐佛像，两侧各有一供养天女，佛像与左侧天女已残，唯右侧此身天女较完整。这身西夏供养天女是敦煌晚期彩塑代表作品。她头梳垂环髻，面相略方，颧骨微突，鼻挺唇薄，眼神含蓄，笑貌微露，且身材适中，比例合度，身穿袿衣，云肩，束腰，脚着尖头毡履，恰似一身尚未脱尽稚气和还未成年的乡间少女，娇憨朴实，十分逗人喜爱。

第55窟 位于南区崖面中段底层，修建于 962 年前后。盝顶形长甬道均为西夏重绘团花、璎珞幔帷、供养菩萨等。主室背屏式中心佛坛，马蹄形佛床上塑弥勒三会一铺。覆斗顶西、南、北、东四披分别绘弥勒经变、法华经变、华严经变、楞伽经变各一铺，四角绘四方天王。主室南壁西起绘观音经变、报恩经变、观无量寿经变、弥勒经变各一铺。北壁西起绘佛顶尊胜陀罗尼经变、思益梵天所问经变、药师经变、天请问经变各一铺。东壁门南绘金光明经变，门北绘密严经变各一铺。这些经变均为两侧条幅式构图。西壁画劳度叉斗圣变一铺。在南、西、北壁下部均绘屏风画《贤愚经变·梵天请法六事品》《摩诃萨埵以身施虎品》《海神难问船人品》《恒伽达品》《须阇提品》等，是这一时期常见壁画题材。另该窟的窟前有同时代殿堂建筑，三开间二间进深，花砖铺面，殿外有花砖铺面回廊，该建筑毁于元代。

第55窟窟前遗址　莫高窟窟前殿堂遗址之一，为台基和殿基遗迹。台基南北宽20.5米，东西深114米，高0.62米，周围立面包砖，作束腰形，包砖面内填充沙和砾石。台基面原应铺有花砖，见有五级踏步台阶。殿基南北面阔三间长9.9~10.05米，东西进深二间宽6.8米。南北夯土山墙，并见檐墙，地面整齐铺设花砖，南北30排，东西22排。亦有柱础遗存。殿堂内出土遗物有铜质圆形象头铺首，并有"开元通宝""元丰通宝""熙宁元宝"各一枚。殿堂建造年代，与第55窟为同时代，毁于元代。遗址现已拆除不存。

第55窟塑像修复　莫高窟第55窟修建于962年前后。主室背屏式中心佛坛，马蹄形佛床上塑弥勒三会一铺。佛台南侧、西侧的一身菩萨的骨架早已腐杇，失去了支撑力，有随时完全解体粉碎的危险。1966年，李云鹤等人对其进行抢救修复，采用了"脱胎换骨法"的修复方法，即给它巧妙地换上坚固的木架，并进行了修复，该塑像至今仍安然屹立在窟中。

第55窟托座天王　敦煌晚期彩塑代表作之一，位于莫高窟第55窟中心佛坛上弥勒三会群像其中南侧的弥勒倚坐像的佛座东侧。像通高不足 1 米，身着甲胄，属天王装，双脚用力，左肩极力顶靠佛座而保持平衡，在整个高大的塑像群中，显得小巧可爱。天王本无托座职责，此像系匠师的游戏之作。

第 57 窟　莫高窟典型洞窟之一，位于南区崖面中段二层，初唐修建。前室及甬道多经晚唐重绘，甬道南北壁各画供养比丘二身。主室覆斗形顶，西壁开一龛。窟顶千佛以上下斜线布局向双龙莲花井心对齐。西壁双层龛内塑一佛二弟子四菩萨。南北壁均为千佛，中为说法图。该窟在艺术上尚保留隋代风格，如双层龛、联纹垂帐、说法图等，同时唐风显露，如说法图中的菩萨像精细华美、珠光宝气。壁画上描绘精致，设色富丽，头冠项饰均以沥粉堆金，肌肤淡朱色晕染，显示出由隋代"细密精致而臻丽"的画风，向盛唐富丽灿烂新风格的转变。

第 61 窟　又名文殊堂，位于南区崖面底层，建于五代947—951 年间，窟主曹元忠。该窟的开凿破坏了隋代的第 62、63 两个小窟。盝顶形长甬道被元代重修，南壁有元代画炽盛光佛一铺，西端为扫洒尼供养像一身，上有汉文与西夏文并书记。北壁元代画助缘僧及诸星、天官、乐女等，均为莫高窟典型代表题材，为元代画之代表。主室背屏式中心佛坛马蹄形佛床上，仅存背屏上主尊文殊所骑狮像尾残迹。覆斗顶画团龙鹦鹉井心，垂幔铺于四披，四披上画四方诸佛，下画千佛，四角凹处画四大天王，为五代洞窟的特征。南壁西起画楞伽经变、弥勒经变、阿弥陀经变、法华经变、报恩经变各一铺。北壁西起画密严经变、天请问经变、药师经变、华严经变、思益梵天所问经变各一铺。东壁门两侧画维摩诘经变。西壁画巨幅五台山图。经变画之下，东壁门北两侧及南北二壁东部分别绘回鹘公主、于阗公主、曹氏女供养人等像。西壁下部及南北二壁西部为屏风佛传画。西壁中上部为通壁巨幅五台山图。该窟窟前原有宋、元时代的上下两层殿堂遗址，元代在此窟前建有皇庆寺。

第61窟窟前遗址 莫高窟窟前殿堂遗址之一，分上下两层。下层殿堂与洞窟为同时代建筑，原是西接该窟甬道和凿平的崖壁而修建起来的有包砖台基的附壁殿堂建筑，坐西向东，平面作长方形，南北面阔 12.15 米，东西进深 8.35 米，为面阔三间、进深二间之建筑。上层殿堂为元代所建，是在下层殿堂遗址的基础上缩小台基范围，并利用原殿堂台基重建。殿基平面作长方形，南北面阔三间 12 米，东西进深三间 8.1~8.3 米。殿堂中央偏西设一方形土台，南北两侧筑山墙，东面系当心间开门，两次间筑檐墙和边门。地面基本为硬土地面，内见有四处内柱础。遗址中出土元代重修庆寺碑一块，并有陶瓷器、骨刻残件等遗物。推测原为元代莫高窟"皇庆寺"建筑。两层遗址现均已拆除不存。

第61窟散花飞天 飞天壁画代表作之一，位于窟顶西披，五代绘制。散花是飞天的职能之一，有"六欲诸天来供养，天花乱坠满虚空""得道天仙，散花不倦"等说法。

第61窟五台山图 敦煌壁画代表作之一，位于该窟西壁中上部三分之二的壁面。整壁绘制，长13米，高3.6米，总面积达46.8平方米。画面分上中下三层，中层为主题五台山山形图及大圣文殊真身殿、十大寺等佛教建筑及佛教人物活动。下层为五台山周围的州县城池及山川河流、道路桥梁、客舍店铺和各类朝圣行旅等，上层为神仙幻境之描写。本图为本窟作为文殊堂的背景壁画，又是国内现存古代最大的地形图，如下部所绘包括今河北正定至山西太原五百里之内的山河地形。图中五台并峙，山峦起伏，川流蜿蜒，道路纵横，穿插各种感应故事、圣迹、瑞像，描绘了众多的高僧说法、信徒巡礼乃至商贾、行旅等人物活动。图中还描绘了大小寺院建筑多达67所。绘图所据为唐代五台山化现图之蓝本。该图既是一幅艺术精品，又是珍贵的历史地理资料。

第61窟五台山建筑画 五台山图的粉本据考证产生于唐代，在《新唐书》中有吐蕃索要五台山图的记载。五代第61

窟五台山图是作为文殊堂中文殊菩萨的背景，画出了五台山方圆250千米的山川地貌，不失为一幅古代地形图。在这幅地图中壅塞交错地绘制了大小近200处建筑形象，是敦煌石窟壁画中绘制建筑最多的一幅图。其建筑类型和数量情况如下：一是寺院，共有26处，其中的大清凉寺、大佛光寺等都见于历史记载，而佛光寺现在仍保存了一座七开间的唐代（857年）大殿，成为研究唐代建筑的重要范例。壁画中的佛光寺却不见有七开间大殿，只见院中一座三开间的二层楼，在寺院山门前台阶正对大门处，竟然没绘出大门，只有一窗户，这是当时画工的疏忽，这样的疏忽不止一处。二是塔，独立山中的塔共有24处。三是草庐茅庵，形制源于印度，形象相似，共有41座。四是楼，以两层居多，共有6座。五是堂，图中有很多形式简单、没有院落的三开间小殿堂，坐落在砖台基上，共有63座，其中很多堂旁边的榜题称其为"□□兰若"，是当时在家修行人的居所，同时还有许多旅店如榜题"龙泉店""太原新店"等。六是城池，共有11座，重点的城池有五台县城，从太原和河北正定两条道路出发到五台山的"河□（南）道太原"城和"河北道镇州"城。七是桥，共有12座，几乎在每座城池外都有桥，其中"五台县东南大桥"是这幅图中规模最大一座。

第 66 窟 位于南区崖面中段底层，建于盛唐。前室及甬道已毁。主室覆斗形顶，西壁开一龛。窟顶藻井画云纹团花井心，四披垂幔画千佛。西壁平顶敞口龛内塑跌坐佛、迦叶、阿难、二菩萨、二天王，龛内并画有飞天、弟子、菩萨、伎乐等，龛外南北侧各画菩萨一身。南北壁分别画未知名经变、观无量寿经变一铺。窟内盛唐壁画活泼大方、色彩艳丽。

第 71 窟 位于南区崖面中段底层，建于初唐时期。主室东壁坍毁，覆斗形顶，西壁开一龛。窟顶四披画千佛，西壁平顶敞口，龛内塑跌坐佛、二弟子、二菩萨。南壁画弥勒经变一铺，北壁画阿弥陀净土变一铺。画风自由，用色丰富，略显富丽堂皇的唐代人活泼、生动之气质。

第 72 窟 位于南区崖面中段底层，建于五代。前室及甬道残，毁坏严重。主室方形，覆斗顶，西壁开盝顶帐形龛。窟顶藻井井心已毁，周围回纹、卷草、璎珞幔帷等，四披画赴会佛并千佛。西龛内屏风画内容有萨埵太子本生、尸毗王本生、鹿母夫人故事等。西壁龛外南北两侧分别为圣者泗州和尚、毗沙门天王赴哪吒会、普贤变、圣者刘萨诃、毗沙门天王赴哪吒会、文殊变。东壁门南北存劳度叉斗圣变部分。南壁整铺刘萨诃因缘变相。北壁整铺弥勒经变。壁画均因沙埋水蚀而残毁严重。刘萨诃因缘变相为莫高窟佛教史迹故事题材之典型壁画，是珍贵的中国佛教史料，反映有关凉州瑞像佛头安置及其灵瑞故事等情节，涉及大量当时民俗及工匠雕塑活动，有很高的价值。该窟窟前原建有殿堂，遗址在1999年7月被考古发现。

第72窟窟前遗址 莫高窟窟前殿堂遗址之一，为1999年新发掘的台基和殿基遗迹。其中台基南北约11米，东西6米，高约为0.8米。周围也应为条砖包面，东部正中一台阶，内填以沙石。殿堂基础遗址南北面阔三间，长8.3米，东西进深二间宽4.5米。有南北二夯土山墙，并檐墙。地面为条砖、花砖铺面，并有二内柱、二山柱、二檐柱、二墙柱础遗存。该殿堂原建时代应与第72窟为同期，毁于元代。遗址现已回填。

第76窟 位于南区崖面中段底层，初建于唐，宋、元、清重修，现存壁画主要为宋代画。前室残毁严重，盝顶形甬道表层为元代画接引佛，底层宋、唐画。主室马蹄形中心佛坛上残存主尊宋代塑跌坐说法佛一身。西壁有未知名经变一铺。南、北、东三壁上部各画飞天十身，下部南壁西起画观无量寿经变、千手千眼经变、法华经变各一铺，北壁西起画药师经变、十一面千手千眼观音经变、华严经变各一铺，东壁门上画七宝，门南、北画八塔变二排。各壁壁画均残存上半部分，色彩艳丽、画面清晰，又有极为清楚的壁画榜题。

东壁八塔变相残存第一塔释迦牟尼降生、第三塔初转法轮、第五塔降服六师、第七塔猕猴献蜜，属佛传题材，莫高窟仅此一例。1999年7月在该窟前发现一大型宋元时期殿堂遗址，南北跨度达12米，东西约9米，规模宏大，有包砖台基，有殿堂并有宽阔的殿前活动场所，为硬土地面。

第85窟　位于南区崖面中段底层，又名翟家窟，系唐咸通三年至八年（862—867年）之间继任洪𬇹担任河西都僧统的翟和尚法荣创建，五代、元重修。敦煌遗书P.4640《翟家碑》记述该窟原营造的详情。

方城　莫高窟第85窟（晚唐）

前室残存部分元画，窟前原建有上下两层分别为元、五代殿堂建筑。盝顶形甬道，南壁五代画曹氏男供养人并侍从，北壁翟僧统等供养人像。主室覆斗顶，中心佛坛上存部分清代修唐代塑像，窟顶藻井画狮子莲花井心、卷草、垂幔铺于四披，四披分别绘楞伽经变、法华经变、弥勒经变、华严经变。西壁整壁画劳度叉斗圣变。南壁东起画报恩经变、阿弥陀净土变、金刚经变。北壁西起画密严经变、药师经变、思益梵天所问经变。南北西三壁经变画下均为屏风画贤愚经变。东壁门上及门南画金光明经变一铺，门北为维摩诘经变一铺，下均为供养比丘、比丘尼等画像。

第 94 窟 位于南区崖面中段底层的九层楼北侧，又称司徒窟，约建于唐乾符至光启年间（874—888 年），窟主为司徒张淮深，甬道内画有张议潮、张议谭之供养像并题记。S.5630《张淮深造窟记》记述有关开凿此窟之情况：该窟前室现存清代修木构窟檐，并有晚唐、宋代残画。盝顶形长甬道。主室背屏式中心佛坛，遗宋代画，清代塑像。窟顶藻井宋代浮塑团龙井心，卷草、垂幔铺于四披。主室四壁壁画均为上画飞天（宋），中画千佛，下部分别画有晚唐屏风贤愚经变及出行图等。

第 94 窟张淮深夫妇出行图残迹 晚唐原建时所绘。该窟南北壁底层壁画，旨在为窟主张淮深及其夫人陈氏歌功颂德，因宋代重修，四壁皆被后绘重层壁画覆盖，现北壁底部露出陈氏出行图之车、轿及侍从等残迹。

第 96 窟大佛 敦煌第一大佛，石胎泥塑之弥勒坐像。据敦煌遗书《莫高窟记》载，此像为唐代武周证圣元年（695年）由禅师灵隐和居士阴祖建造。大佛高 35.5 米，为敦煌石窟内第一大像，我国古代现存的第三大佛像，世界第五大佛（第一为我国四川乐山大佛，高 71 米；第二为阿富汗巴米扬石窟西大佛，高 53 米；第三为巴米扬石窟东大佛，高 38 米；

第四为四川荣县大佛，高 36.67 米）。因其他大佛均为露天，故此大像为室内第一大佛。因位于唐开元年间所造第 130 窟大佛之北，遂称北大像。大佛经后代多次重修，现存外表为 1928 年重修九层楼时妆绘，但基本上保持了初建时的造型。1987 年由敦煌研究院主持重塑了大佛的双手。

第 96 窟窟檐　第 96 窟是莫高窟最大的大像窟，窟檐依崖而建，该窟开凿于初唐时期。有关窟檐的建造，历史记载中曾有两次较大规模的维修，一次是晚唐乾符年间（874—879 年），据《张淮深碑》记："乃见宕泉北大像，建立多年，栋梁摧毁……旧阁乃重飞四级，靡称金身；新增而横敞五层，高低得所。"可知张淮深在修功德窟（今第 94 窟）之前对北大像进行了修葺。另一次是北宋乾德四年（966 年）。由曹氏家族的曹元忠夫妇组织重修，《宋乾德四年归义军节度使曹元忠夫妇修莫高窟北大像功德记》中："遂睹北大像弥勒，建立年深，下接两层柱木损折，大王、夫人见斯颓毁，便乃虔告焚香，诱谕都僧统大师，兼及僧俗、官吏，心意一决，更无二三，不经旬日，缔构已毕。"此次修缮仅下两层，晚唐时的五层高阁可能依旧。从 1906—1908 年法国人伯希和所拍照片中看到的则是四层楼阁，且结构简陋，用材细小，与《张淮深碑》记："玉豪（毫）扬采，与旭日而连晖；结脊双鸱，对危峰而争耸"的窟檐形象相差甚远。由此可见，从宋到清末的几百年间，可能还经过几次大的维修。现在看到的九层木构窟檐为民国二十四年（1935年）建造，俗称九层楼。此建筑攒尖高耸，檐牙错落，铁马叮咚，已成为莫高窟主要的旅游留念景点。

D

第98窟 位于南区崖面南段底层，九层楼南侧，后唐同光年间（923—926年）由当时节度使曹议金为窟主建成，后代又被称为"大王窟"。前室已毁，窟前原有同时代大型殿堂建筑。盝形顶长甬道顶上为佛教史迹画及瑞像图，南壁画曹议金父子供养像，北壁画张议潮、索勋等供养像。主室覆斗顶背屏式中心佛坛，塑像多毁。窟顶藻井画团龙鹦鹉井心，垂幔铺于四披，四披画十方诸佛赴会，下绘千佛，四角四方天王护持镇法，西壁通壁整铺劳度叉斗圣变，南壁西起画弥勒经变、阿弥陀经变、法华经变、报恩经变各一铺，北壁西起画天请问经变、药师经变、华严经变、思益梵天所问经变各一铺，东壁画维摩诘经变。四壁下部绘于阗国王李圣天及曹氏家族女供养人、屏风画贤愚经变。另外南壁、西壁及背屏底层绘归义军幕僚、高僧像，东壁门南绘于阗国王李圣天供养像。敦煌遗书P.3262与P.3781的卷子上，分别为开凿洞窟之初的发愿文与洞窟顶部完成后举办的"福会"祈愿文。

第 98 窟住宅 五代壁画中住宅建筑的代表作之一，绘于南壁的法华经变中，表现的大宅院主次分明，使用功能明确。宅院的主体以廊子围合成四合院，院中又用长廊分成前后两院，前院狭长，后院宽敞。前廊与中廊正中都设门屋，前廊门屋为单层歇山顶，中廊门屋为庑殿顶二层楼阁式。后院正中一座三间堂屋，下砌砖石台基，歇山屋顶，是宅院的主体建筑，前后院都有人物在活动。围廊上每隔一间设直棂窗，改变了墙面的单调。紧靠宅院旁用夯土围成的马厩一院，马厩正面乌头门里有低矮的草窝棚，是仆役的居处。马厩内牛马正在槽中悠闲地吃草料，牛马前两仆役一人持箕，一人持扫帚在扫地。晚唐第 85 窟南披、五代第 61 窟南壁也绘出这一类型的大宅院，只是每一院在单体建筑的形式与运用中有所变化，不拘一格。

第 98 窟窟前遗址 莫高窟前木构建筑遗址之一，1964 年发掘出土，为殿堂台基及殿基。台基南北宽 21 米，东西深 10 米。殿堂为南北面阔三间 11.6 米，东西进深二间 6.6 米，原为莫高窟大型木构殿堂之一，文献记载曾在此殿内有写经等活动。殿堂原建时代当与洞窟同时。遗址现已不存。

第 9 窟 位于南区崖面北头底层，建于唐僖宗大顺景福年间（890—893 年）。甬道供养人有司徒张承奉、节度使索勋、瓜州刺史李弘定、沙州军使李弘谏等，反映了当时归义军内部争权夺利的斗争。前室人字披顶，残毁严重。甬道顶画佛教史迹画。主室前部覆斗形顶，后部平顶，有中心塔柱，柱东向面开一帐形盝顶龛，龛内屏风画有施身闻偈本生、萨埵太子本生、须达拏太子本生、五台山图等内容。中心柱南向面、北向面均为元画跌坐佛与宋画供养像等。中心柱西向面画白描嵩山神送柱，为敦煌白画佳作与研究敦煌壁画底稿之原始资料。主室西壁绘楞伽经变，南壁为劳度叉斗圣变，北壁维摩诘经变，东壁门两侧分绘文殊变、普贤变及供养人画像。窟顶前部藻井画迦陵频伽莲花井心，垂幔铺于四披，东披画弥勒经变，西、南、北三披画华严经变各三会，后部平顶为千佛变。第9窟是莫高窟最晚的中心柱窟，又是莫高窟罕见北壁、南壁绘制整幅一壁大型维摩诘经变与劳度叉斗圣变的对称布局。

第9窟住宅　晚唐壁画中比较有代表性的一所大宅院，两重院落。外院呈曲尺形，有正门与侧门。内院呈方形，三面开门。进入正门之后，是一座歇山顶门屋，内置床榻一张，院子用单通道廊围成，内院中间一座歇山顶堂屋，与前门门屋在一条轴线上。堂屋两边有对称的门屋各一间，其中一门直接向外开，另一门进入曲尺形外院，再由外院侧门出来。

整座建筑布局严谨，主次分明。院内院外修竹弯弯，花木茂盛，有很多人物在院内活动，门前画阿难乞乳的场景，图中的牛、挤奶妇女与阿难等形象生动，有很浓的生活情趣。

电神 又名列缺，俗谓打闪。敦煌壁画早期电神为人兽合体，第285窟（西魏）电神人身兽头兽爪，双手持尖头铁杵，单腿站立作弓形，全力向下猛击，使发生闪电。又据藏经洞出土的S.3326唐代《电经》，电神作现实人物像，戴软脚高幞头，着圆领窄袖袍服，腰系革带，足蹬马靴，右手持弓，箭在弦上，大有一触即发之势，以射箭代表倏忽即逝的闪电。

店铺 在壁画中出现较晚，形象地反映了丝绸之路上的商业活动。这类建筑体量都不大，形式也较简单。晚唐第85窟东披壁画的边沿处，绘三间小屋，檐下斗栱只出一跳，正脊上也不见鸱尾等装饰，造型简单。小屋前有两张桌案，案旁一屠夫正操刀剁肉，另一案上有一只宰杀剥皮后的家畜，案下两条狗懒洋洋地躺在地上。室内整齐地挂着已剁成块的肉，使肉铺的形象跃然而出。五代第61窟西壁五台山图中，根据榜题能辨认出店铺的房舍共有7处，如龙泉店前有二人推磨。灵口之店旁有两人正用石臼舂米。太原三桥店的一侧有一牲畜在吃草，旁边两人正用铡刀铡草。这些店铺建筑绘得都很简略粗疏。它们的用途功能用人物的形象动作使之一目了然。

店铺客栈 随着商贸的发达，表现在丝绸之路沿线开设店铺客栈，为商队、行商小贩及使者等提供食宿场景的画面。在早期洞窟中称精舍，是佛教信徒的一种功德，如第296窟福田经变中的精舍，屋内有弹琵琶者，为行客提供休息、娱乐。第302窟福田经变中，精舍内行客在饮酒，身旁有女乐演奏筚篥、笛子、琵琶等，屋外树下有侍者捧酒浆而上。唐代以来的洞窟中，更趋向生活化，第61窟（五代）的五台山图，沿路都有店铺，如龙泉店有两人在推磨；太原白枧店、太原新店房前有马在饮水；灵口之店门前设马槽，两侧有拴马桩，二人在推碾。

钿盒 敦煌社会风俗壁画情节之一，见莫高窟第33窟的婚嫁图中。女傧相双手捧着一个用金银贝壳等镶嵌的精致小盒，内装金钿首饰之物。唐代称此为钿合或钿盒。唐传婚俗：定情之夕和婚礼之夜，男方需向女方送钿盒，一方面作为财礼，另一方面表示两两相合，如金钿般坚固。

奠雁 敦煌古代婚嫁风俗壁画情节之一，表现在女家成婚时所进行的一种仪式。拜堂成礼后，将预先用红绸裹头、彩线缚嘴的一对大雁，由新郎抛进新娘所在的屏障内，伴娘或女方侍者接住后，再由男方用钱物赎回放生。画面上对雁置于礼席与拜堂屏障之间的空地上，如莫高窟第9窟新郎新娘面前的对雁，红绸裹头，相互依偎；榆林窟第38窟（五代）的对雁不作装饰，双双翘首向着礼席。

殿阙式塔 早期壁画中将殿阙与塔组合而成的形式，仅见于北魏第257窟。莫高窟早期壁画中有许多绘出与塑出的殿阙式建筑，而此塔则是将一座窣堵坡（又作波）塔放置在双阙中间的殿屋顶上，这种形象看上去好像不太合理，窣堵坡塔由砖石建造，而木构屋顶的承重能力肯定不能承受，但是从新疆交河古城的很多塔庙建筑遗迹中受到启发，该塔应是由地上而建，于塔身四周建殿屋、阙门，塔刹穿过屋顶，成为塔庙建筑，古文献中称为塔寺（参见塔寺条）。它的形象是外来建筑形式与中国传统建筑相融合过程中的一朵奇葩。

殿堂 壁画中最主要的一种单体建筑，最早见于故事画宫廷和民居建筑群中。第285窟五百强盗成佛和第296窟须阇提太子本生故事画中都表现了宫廷内的高台式歇山顶殿堂。民居建筑中"前殿后寝"的院落布局在隋代第420窟住宅中有清楚的表现。唐代在《观无量寿经变·未生怨》故事画的宫廷内表现三间或五间的殿堂，庑殿或歇山屋顶，下有素平砖台基，室内置床榻及屏风，柱子间悬挂帘帷。第217、148

窟未生怨故事中，有八边形小殿堂，堂下素平砖台基，上为八边形攒尖顶，丰富了殿堂形象。自隋代出现寺院建筑组群画后，寺院中的主体建筑称为佛殿，因而殿堂在寺院中又可单独称殿或堂，在民居、园林中多称堂，形式为同一类型的建筑，只因使用场合不同而称殿或堂，或总殿堂。

靛蓝 靛蓝（靛青），又称蓝淀，是中国古代织物印染中最为常用的蓝色染料之一。靛蓝是由木蓝属植物蓼蓝、菘蓝、马蓝、吴蓝等的茎、叶发酵制成的。其主要成分为靛蓝，或称靛青，此外还含有蓝胶、蓝褐、蓝红等杂质。最早记载制靛方法和还原染色技术的是北魏贾思勰的《齐民要术》著作。据科学分析，敦煌古代壁画、绢画中曾应用了靛蓝颜料。莫高窟北凉第 275 窟的一种蓝色颜料经分析就是靛蓝。在唐代壁画、彩塑颜料中也发现使用了有机蓝（靛蓝）。

叠罗汉 敦煌生活风情壁画内容之一，绘于莫高窟第 217 窟观无量寿经变中。一群男孩光头裸体，正在做叠罗汉的游戏，上面站立的童子一手执莲蕾、一手提莲蓬，右脚踏在下一童子的背上。被踏童子弓背昂首，双手踞地。另一名童子提左腿，右腿单立，作金鸡独立之态，并以右掌和胸部支撑着上立的童子。前面站着观看的一位童子张嘴拍手叫好。这种游戏对儿童的体力、审美情趣及集体观念都是一种锻炼和培养。

叠染　敦煌壁画中凹凸法之一，是由古波斯及印度绘画风格（天竺遗法）在中原大地广泛应用中变化发展而来的一种敷彩技法。敦煌早期壁画中多用此法。如人物肤色，先敷以经铅白或锌白与丹朱调和的肉色，然后再用渐深之肉色，沿肌肤边、眼轮、鼻翼等凹处叠染数层，层层如阶梯状。再以白色于眼球、鼻梁等凸处勾绘，使肤色深浅有别，并以白色为高光，形成凹凸之感。后再以高古游丝描或琴弦描、铁线描勾勒出形象轮廓，形成较为立体、细致的工笔重彩的人物形象。现经千百年的人为及自然的磨损，这些曾经较为绚丽写实又立体的肤色因氧化，有的变成灰色，有的变成黑色，有的变成深褐色，使白色的眼、鼻更为突出，像一个"小"字形，所以又称之为"小字脸"。曾经勾勒得很细致的轮廓黑线也因氧化而褪色，甚至消失，只留下变成铜灰色的肌肤，那些叠染过肉色略深的凹边也变成黑粗的轮廓线，给人以粗犷写意的感觉。

钉马掌　敦煌社会生活壁画。莫高窟第 302 窟福田经变中有为过往马匹修补马掌的画面，即把马拴在树桩上，一只手托起一侧的马腿，另一手则高举铁锤钉掌。因画面模糊，马掌的具体形状不清楚，据推断是一块与马蹄相吻合的"U"形铁，以保护马蹄，增加耐磨度。沿路修补马掌为长途旅行及时解决了难题。

钉头鼠尾描　中国画和敦煌壁画线描之一。其特点犹如宋徽宗的瘦金体书法，落笔力透纸背，先行顿挫，形如钉盖；笔锋挺拔，运笔疾速，收笔轻起，线条头粗尾细，犹如鼠尾，故名。莫高窟第3窟和榆林窟第3窟壁画中使用此法。

定型线　壁画专用术语，亦即工笔画中之轮廓线。是在起稿线、敷色之后的一道重要技法过程，主要表现在中唐以前的工笔重彩壁画。到了中唐以后壁画的起稿线已臻于完全成熟的白描画，敷色以吴道子画风为范，形成壁画中的工笔淡彩，所以已无定型线、起稿线之分。

东方三圣　佛名，也称药师三尊，是指东方净琉璃世界的三位主像，在诸石窟所绘的药师经变中，居中者为药师佛，其左胁侍为日光遍照菩萨，右胁侍为月光遍照菩萨。

东千佛洞　敦煌石窟群之一，位于今甘肃省瓜州县桥子乡南35千米峡谷两岸。现存23窟，其中西夏5窟，元代1窟、清代3窟；东崖3窟、西崖5窟，其中存塑像、壁画者8窟。洞窟形制有长方形中心柱窟、方形平顶窟、圆形穹窿顶窟，多为单室窟。壁画内容有经变画、尊像画、密宗图像、装饰图案和供养人画像。其中经变画有：药师净土变、西方净土变、文殊变、普贤变、涅槃变等。密宗图像有坛城图、密宗曼荼罗、十一面千手千眼观音等。尊像画有说法图、禅定佛像、释迦行道图等。装饰图案有背光、圆光、边饰等，纹样有忍冬、卷草、火焰、宝珠等。供养人画像残存西夏供养人画像。壁画中以西夏第2窟水月观音及唐僧取经图为艺术精品和珍贵史料。

东千佛洞第2窟　位于西河岸下层，坐西向东，建于西夏时期。窟外崖壁两侧向内凿进，窟内略作龟兹式，覆斗形顶，西壁前设佛坛，两侧向后开通左右甬道和后甬道，南、北壁各设一像台。窟顶藻井画曼荼罗，四披画说法图各一铺。西壁中间壁画面二扇，各绘坐佛8身，两侧上部各绘一布袋和尚。左甬道南壁画菩提树观音，下方一饿鬼肩负另一饿鬼承接甘露。北壁画水月观音及唐僧取经图。右甬道北壁画菩提树观音，下方一饿鬼，南壁画水月观音一铺。后甬道画有涅槃变、说法图等。南北壁像台上残塑二菩萨，并绘西方净土变、八臂观音经变及药师经变、十一面八臂观音经变等。东壁门上画坐佛，门南画三面四臂观音变，门北画三面八臂观音变。

东千佛洞保护范围　根据文物保护的有关法令为东千佛洞划定的保护区域。1957年3月15日甘肃省文化局列其为第一批省级文物保护单位。1993 年 3 月甘肃省人民政府（甘政发〔1993〕60 号）文件公布其为第五批省级重点文物保护单位。1996 年 11 月国务院（国发〔1996〕47 号）文件公布其为第四批全国重点文物保护单位。1996 年 12 月国务院核定公布《第四批全国重点文物保护单位名单》中，将甘肃省瓜州县东千佛洞石窟（北魏—西夏）作为全国重点文物保护单位，划归榆林窟（第一批全国重点文物保护单位）。1999 年 2 月，甘肃省人民政府下发的《甘肃省人民政府关于公布我省全国重点文物保护单位保护范围的通知》（甘政发〔1999〕22 号），明确了东千佛洞的保护范围：东起干河床入口，西至冥安 17 号烽燧（麻黄沟），南起长山子顶，北至长山子北坡，15 平方千米以内为一般保护范围；东起河床入口，西至出口，南起山梁，北至河床北山梁，方圆 3 平方千米为重点保护范围（包括土塔、烽燧、宋—清代石灰窑址，野生动植物区）。东千佛洞文物保护区现由锁阳城遗址（东千佛洞石窟寺）文物保护管理站（现隶属瓜州县文体广电和旅游局）负责日常管理。

董保德 五代宋初沙州人，画师。曹氏归义军时为节度押衙知画行都料，通礼乐，善绘事，曾于沙州子城内北街西横巷本居修兰若一所，在莫高窟讲堂后建普敬塔一座，在莫高窟绘制壁画多铺，又"共诸施主，权修窟五龛"。参见"董保德功德记"条。

董保德功德记 敦煌遗书赞文，编号 S. 3929，全称拟为《节度押衙董保德重修普净塔功德记》，无标题、撰写人及题记。记归义军节度押衙兼知画行都料董保德，作为都料级画匠，通礼乐，精绘画，"或奉上命驱荣，或承信士招携"，为其他窟妆画佛窟，也自己作为窟主或施主联合他人一同修窟，又曾于沙州子城内北街西横巷东口本居创造兰若一所，并于莫高窟讲堂后建普净之塔。

动物损害 动物活动对壁画造成的损害，莫高窟的此类病害主要包括动物粪便、抓痕等。

洞窟玻璃屏风 洞窟中安装的保护设施。壁画和塑像是比较脆弱的文物，除了自然因素产生病害之外，人在洞窟中的活动也会使文物受到损害。例如历代游人朝拜拥挤，磨擦壁画，到处刻画题名、登攀佛坛、触摸塑像等。为了防止这些人为的损害，20 世纪 70 年代曾在一些供接待游客参观的洞窟内四角安装木质竖杆，竖杆上拉绳子，用以阻拦游者靠近壁画。20 世纪 80 年代初，为了应对游客对壁画的损伤，在对外开放的洞窟内制作安装钢管保护栏杆。这两种措施均不同程度地起了一些保护作用。1985—1987 年，利用邵逸夫先生的捐款，在莫高窟的 101 个洞窟中安装了铝合金框架的玻璃屏风，覆盖壁画面积近 4000 平方米。1988 年对西千佛洞的部分洞窟也安置了玻璃屏风。1997 年，在榆林窟的 8 个重要洞窟安装了玻璃屏风，覆盖壁画面积近 924 平方米。洞窟安装屏风，对于保护敦煌壁画、塑像效果良好，有效地防止游人损伤洞窟内的文物，受到国内外参观者和社会的好评。

洞窟环境监测　运用科学技术保护石窟文物的措施之一，利用国内外各种测试仪器，对产生风化、酥碱、起甲病害的洞窟内进行温度、湿度、光照、日照累计量、日照强度、二氧化碳、气流等进行监测，通过对环境数据的整理、分析研究，找出洞窟内外环境因素变化的规律，以便对石窟进行有效保护。

洞窟木制门窗　从 1907 年英国人斯坦因、1908 年法国人伯希和、1914 年俄国人奥登堡考察队拍摄的莫高窟照片可知，原来有前室或窟檐建筑的洞窟是有门窗的。根据莫高窟崖面上布满大小梁孔及椽孔痕迹考证，洞窟的前室大都应由木构窟檐来达到前室建筑结构的效果。除了五座唐、宋代窟檐外，清代和民国修建的洞窟前室或窟檐建筑的洞窟，由北至南为第 138、130（南大像）、177、96、94、454、16（三层楼下层）及 365（中层）、366（上层）窟等。由于历史上前室、窟檐倒坍等损毁所致，到 1943 年莫高窟由敦煌艺术研究所保护管理之时，残存的洞窟门窗寥寥无几。常书鸿先生为了保护洞窟，曾去敦煌县城动员士绅官商做功德捐献窟门，到1949年9月，募捐安装了30个窟门，一些具有代表性的较大的洞窟如第61、98、428等窟都安装了窟门。中华人民共和国成立后，敦煌文物研究所开始逐步根据不同类型的洞窟设计制作并安装了门窗。从1949年9月到1959年9月的10年间，安装了248个，共计278个。这些窟门一直使用到1963年加固工程时才拆除。从20世纪60年代末开始，又逐年制作安装洞窟门窗，一直持续到1984年。除南区没有进行加固的洞窟之外，大都安装了门窗。这些木制门窗在一定时期内对洞窟保护、管理起了重要作用。1985年开始制作安装铝合金门窗，更换以前的木制门窗。现在，只保留了10多个比较特殊的有前室或窟檐建筑的洞窟的木制门窗。

洞窟铝合金门窗　香港著名爱国人士邵逸夫先生听说莫高窟旅游的观众很多，担心文物受到损害，出于爱护祖国文物的热忱，特捐赠港币1000万元，用于直接保护敦煌石窟文物。对于石窟文物来说，一个洞窟就是一个艺术陈列馆，因此，窟门的管理非常重要。1985—1987年，敦煌研究院利用这笔捐款中的很大一部分，将莫高窟原来的木质洞窟门窗改换成坚固、耐用、美观的铝合金制品。在莫高窟内安装了398

个铝合金门窗，可以控制管理 442 个洞窟。1988 年又对西千佛洞石窟 16 个洞窟安装了铝合金窟门。1997 年，又对榆林窟的洞窟全部安装了铝合金窟门。从此，为加强三座石窟的保护管理提供了有利条件，敦煌研究院为邵逸夫先生在莫高窟大佛殿（九层楼）前竖立了纪念碑。

都料 具有最高等级的工匠。在敦煌石窟的开凿过程中，很多的行业都有"都料"级别的工匠。他们既是劳动者，又是该行业中的设计、规划、指挥者。敦煌遗书中有很多关于都料精湛技艺的称颂，见"画匠"条中对董保德的记载。

都僧统造窟上梁文 敦煌石窟营造文书。编号为 P. 3302v2，题头全文"维大唐长兴元年癸巳月二十四日河西都僧统和尚依宕泉灵迹之地建龛一所上梁文"，首尾俱全，文中用"儿郎伟"文学体裁，记 933 年继海晏荣任都僧统的王僧统，初登僧统，即助资兴工，"施工才经半月，楼成上接天河"。文中又记载有关工匠史料，弥足珍贵，如有李都料、康博士、张博士等木匠、泥匠，又有唐押衙及厨师海印等。另外从文中可知修建该窟檐过程中使用大量梁、柱、斗栱等木构部件。文中所记重修自己家族或自己先前所建窟之窟檐，可能为今莫高窟第 143 窟前木构窟檐，现已毁。

都师 对工匠中都料的尊称，一般只用于画匠与塑匠行业中，主要由于他们从事的绘画和雕塑本身就是艺术创造而受到尊敬。敦煌遗书中记："麦三斗，付都师炭贾（价）用"，"廿五日，粟一斗，塑师陈押衙用"。壁画里反映的画匠穿戴整齐。文献资料中有"家资丰足"的画匠都料董保德，也有卖儿度日的塑匠都料赵僧子。

都昙鼓 打击类膜鸣蜂腰型乐器。腰鼓的一种，棒状、细长、直径较小。莫高窟盛唐第124、148、217窟和中唐第188窟中绘有此图像。

都衙镌大龛发愿文 敦煌石窟营造文书，编号P.3550，计11行，无标题、撰写人及题记。记都衙"创发誓愿，镌成大龛"，据文中所记"司空"（节度使曹元德）、"刺史"（曹元深）、"国母天公主"等，知其成书于公元939年秋，"镌成大龛"的"都衙"为张淮庆，所建即今莫高窟第108窟。

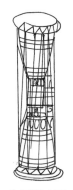

莫高窟第45窟
都昙鼓（盛唐）

兜鍪 又名"胄""盔"，古代戎装之一种。主要用于保护头部，其形制一般为罩住整个头部左右及后部，至颈，有两个硕大的保护左右的护耳，似半筒形，用金属或皮革制成。莫高窟西魏第285窟五百强盗成佛图中官兵，第194、159、

322窟彩塑天王，第217窟"未生怨"中相互对阵的武士，均着此装。

斗　古代量器之一种。古代用于衡量粮食的量器有几种，其中最为常用的是升、斗、斛等，这些量器都是木制的。在敦煌壁画弥勒经变农作图中反映粮食装袋、归仓的画面中就有。如莫高窟盛唐第445窟场景中，在扬净的粮堆上放着衡量粮食的斗、斛等器具。壁画描绘和敦煌遗书中所记叙的地主收粮、入仓、量数记账中，用升、斗、斛量器的历史文献相一致。在莫高窟中唐第202窟的打场、扬场、装袋、拉运场面中，两妇女装粮袋前的四方形量器，应是木斗或木升。中唐第231窟农作图画面中一妇女双手端簸箕扬粮食，地上放一木斗。榆林窟西夏第3窟千手千眼观音经变中绘画的木斗形象最清楚。

斗栱　壁画中表现木构建筑上的重要组成部分，也是中国传统建筑中最具特色的部分，它是屋架与屋顶之间的过渡。放在柱头上的方斗状木块称斗，斗上向前后左右层层挑出的弓形短木称栱，两层栱之间再垫斗，层层组合而成斗栱。壁画中各时代对斗栱的描绘为古建筑研究提供了斗栱的发展史。早在十六国第275窟塑出的阙形龛及壁画阙形城楼中就有一斗三升和人字形的斗栱，西魏、北周、隋代又出现连续的人字栱，隋代的斗栱有很多种形式，表明这时是斗栱的过渡时期。初唐的斗栱已初具规模，有出跳与不出跳两种形式，但角柱上的斗栱还没形成45°的角华栱，见初唐第431、220、329窟。盛唐时，斗栱的应用得到迅速发展，形制丰富，结构严谨，已进入完全成熟的阶段，反映在壁画中第172、148窟大殿上斗栱的出跳最多已达四跳，出跳越多表明屋檐的出檐越深远，房屋则显得气派大度。斗栱上采用昂的做法，犹如杠杆原理，能更好地将深远的屋檐挑起。中唐、晚唐、五代、宋以后，斗栱仍继续演变，但总体上都不能摆脱盛唐的大框架。莫高窟石窟中斗栱的实物有北魏第251窟南北壁上的8个插栱，与绘出的斗组成斗栱。晚唐第196窟以及宋代第427、431、437、444窟的窟檐下有完整成组的斗栱，结构简洁，比例雄大，反映出古朴的结构风格。宋代木构单层八边形慈氏塔下的几组斜向斗栱更是斗栱高难度制作技术的范例。它们与壁画中的斗栱相互印证，都具有很高的研究价值。

斗栱图案 建筑图案结构之一。顾名思义因其形如斗而得名。在木构建筑中泛指用来撑托栋梁与柱子之间的斗形木垫。据其位置与用途又可分为：栌斗、散斗、交互斗等。栱的形状为上部平直，或在平面两端三分之一处凿出凹沟，下部栱形凸起，中间（或在平面指泥道栱，凸面指斗栱）凿开凹形半卯，为使两个以上的栱相套，起到撑托斗架栋梁于柱墙之上，延伸屋檐、分散重量的作用。据其位置和用途，可分为泥道栱、华栱等。敦煌北朝的壁画中多画于阙形龛和故事画的屋宇、殿堂、门楼建筑图案中，如第275窟南北壁上部的阙形龛柱上部，与南壁的《太子出游四门》故事画中，在白色上用红线勾出斗栱之形，既表现出了简单的屋宇梁柱结构关系，又有极强的装饰效果。其最主要的特征就是画在有立体感的阙形龛上，但其画面仍是平面图案。唐以后随着整个建筑图案的立体化、结构的复杂化，斗栱等也变得更加写实，结构更加分明，细致地绘出了斗、栱和卯的各种用途和位置结构。如第172、148窟以及榆林窟西夏时的西方净土变等，是敦煌建筑图案中结构画较细的代表作。

斗四方井藻井 是敦煌现存最早的藻井图案，出现于十六国北朝至隋代。其造型结构源于古代宫廷木构建筑之"四梁八柱"层层隆起之意。方井从小到大，内外分为四层，每层的边饰为各种忍冬纹；内层方井的四角搭在外层方井边饰一边的二分之一处，形似殿堂的房梁间架，使方井的四角又形成四个等腰三角形，其间绘以飞天、火焰纹与忍冬纹等。井心以三色作环形叠染，绘成莲花，给人以法轮之感，如第268窟。另第272窟之斗四结构为浮塑形式。北朝早期无垂幔纹，至西魏如第285窟为两层三角纹垂幔，四色绘带状饕餮、葆羽、璎珞、绶带、璜、珠的流苏，既保持木构斗四结构藻井形式，又呈现出具有帷幔、流苏的织物"华盖"特征。莫高窟现存此类藻井者有11个窟，代表作有北凉第268窟、西魏第285窟、北周第461窟、隋代第305窟。

窦良骥 又作窦良器、窦骥。唐敦煌人。中唐时期任国子监博士。《吴僧统碑》《大番故敦煌郡莫高窟阴处士公修功德记》等作品的撰写者。

毒蛇狱 敦煌壁画地狱变情节，为八大地狱的十六小地狱之一。绘于榆林窟第33窟：三名罪人被投入毒蛇丛中，毒蛇纷纷出动，缠绕人身，有的罪人吓得逃窜，毒蛇在后紧跟；有的则被吓得双手高举，惊恐万状。毒蛇竞相来啮噬罪人，使其肉堕骨伤，痛苦万端。

独角仙人本生故事 敦煌故事壁画之一，现存莫高窟第428窟一幅，根据后秦鸠摩罗什译《大智度论》或梁僧旻、宝唱等集《经律异相》卷三十九绘制。故事讲：波罗奈国山中有一仙人，头长一角，双足似鹿，神通广大。一次因下大雨路滑，跌倒在地，他生气地发咒语让天一直不下雨，于是这个国家干旱，不长庄稼。国王张榜募聘有能力的人去破独角仙人的神通。淫女扇陀来应募后，带五百美女乘五百辆车，以及携淫药美食来找独角仙人。独角仙人被美女引诱，失去了神通。大雨下了七天七夜。最后扇陀施计，骑着独角仙人回城。

独轮车　独轮手推车。盛行于两汉时期，在民间普遍使用。近现代又名手推车、平车、二把手等。仅在车身中间安置一轮。独轮车在古代是一种既经济而又用得最广的交通工具，这在交通运输史上是一项十分重要的发明。它的最大特点是独轮，使用轻便，一人就可推运几百斤的货物，在很窄的地方都可以行走。《后汉书·烈女传·鲍宣妻》中有"挽鹿车归乡里"。《后汉书》的《杜林传》与《赵熹传》等众多史籍中都有"鹿车"的记载。武氏祠画像石、四川成都、彭乡等汉代画像砖上都有图像资料。"鹿"是"麤"的俗字，"鹿车"即"麤车"，指粗鄙简陋之车，也叫辘车。敦煌遗书中有"鹿车"的记载。莫高窟晚唐第 144 窟北壁，五代第 61、261窟华严经变中组成华严河的小圆圈内都绘有一辆独轮车。英国李约瑟（Joseph needham）博士在《中国科学技术史》中认为，独轮车西方落后于中国的大致时间是 9 世纪至 10 个世纪。敦煌壁画中绘出独轮车，不仅说明河西应用过这种车，而且为独轮车的西传提供了新的证据。

犊鼻裤　古代裤子的一种。合裆，两套腿，长度在膝以上，形似短裙，状如牛鼻，因形而名。属古代衬裤，极简便，多不外穿。敦煌壁画中的农夫、屠户、泥工、伐木工等下层劳动者多裸体着黑布或白布"犊鼻裤"，如第 296 窟福田经变中的伐木及建筑工人，第 196 窟及 S.0259v 中扬场男子等。另外大量夜叉、地鬼等画像也穿这种裤子。

段文杰敦煌石窟艺术论集　书名，是段文杰先生有关敦煌石窟艺术论文集，1988 年 6 月由甘肃人民出版社出版。之后，分别于 1994 年、2007 年、2017 年几次修订、增补、再版，并更名为《敦煌石窟艺术研究》。书中所收 20 篇论文是段文杰先生四十多年来研究敦煌石窟艺术的主要成果。论文从美学、美术史的角度，对敦煌石窟从早期到晚期的艺术成就与风格特点等均有宏观的论述。另外，有作者对敦煌壁画服饰、道教题材与佛教石窟、中西文化在莫高窟隋代壁画中的融合的专题研究，以及作者临摹壁画的体会与对飞天的研究等。卷末增加了由赵声良整理的《段文杰学术年表》和《段文杰论著目录》。

锻铁　敦煌古代社会手工业生产壁画内容之一。锻铁者统称铁匠，西夏时期榆林窟第 3 窟五十一面千手观音变锻铁图，两名铁匠腿裹邪幅（又名行藤），足蹬麻鞋，在砧上抢锤锻打器物，一旁矗立着一座梯形双门风扇，一人坐方墩上拉动木杆，火焰炽盛。此画说明鼓风技术已引进到锻铁行业，为中国现存最早的风扇锻铁图。另莫高窟元代第465窟亦绘锻铁图。

对鸟忍冬纹　敦煌壁画禽鸟纹图案的一种，以西魏第285窟的龛楣中之雉鸡忍冬纹为最佳。其图案以忍冬纹为主，藤草从中间下部生出至中间上部向左右分别和"S"形穿插忍冬纹，随藤而生，在靠近龛楣中部的两侧，绘两只相对的雉鸡鸟纹，有相对而站立的，有作斗鸡状的，形象生动，装饰感强。在一周用白色联珠纹将边饰隔开，其边饰是由中间向两边连生忍冬纹。是北朝壁画中较为独特的禽鸟图案。

敦煌八景　指敦煌境内八处名胜古迹。当代所说的"敦煌八景"是指清代道光十一年（1831年），县长苏履吉在主持编修《敦煌县志》时，重新修正的八景，其内容按地理方位从东向西数，分别是"危峰东峙、千佛灵岩、沙岭晴鸣、月泉晓澈、绣壤春耕、党水北流、古城晚眺、两关遗址"。清代乾隆二年（1737年），黄文炜所撰乾隆《重修肃州新志·沙州卫志》中也有"敦煌八景"，分别是"三危雪霁、沙岭晴鸣、月泉朗映、渥水澄波、千佛灵岩、两关遗迹、南陌平畴、北流润野"。

敦煌壁画（1）　敦煌石窟内的绘画，为敦煌石窟艺术的主要内容，现存莫高窟、榆林窟等处，有公元 4 世纪至 14 世纪历代所绘约 5 万平方米画作，大体分佛教经变画、装饰图案、历史人物画三类，其中经变画又可分为尊像、故事等若干类型，是一部活的美术史，同时又是古代社会政治、经济、军事、文化、民族关系、中外交流等历史形象资料宝库。

敦煌壁画（2） 书名，敦煌文物研究所编，1960 年 3 月由文物出版社出版。常书鸿作《敦煌莫高窟壁画》一文。书中收录有敦煌石窟从十六国至元代历代的代表洞窟壁画彩版 10 幅，黑白版 213 幅。内容涉及说法图、因缘本生故事、经变、佛、菩萨、弟子、仙人、飞天、供养人、动物、山水等各个方面，几乎包括敦煌壁画各类题材，是较早全面介绍敦煌壁画的著作。

敦煌壁画集 书名，敦煌文物研究所编，1957 年 6 月由文物出版社出版。常书鸿在序中对敦煌历代壁画从构图方式到题材内容等方面作了简论。书中收录原敦煌文物研究所的美术工作者对敦煌壁画各种代表题材的临本，如段文杰、史苇湘、李承仙、常沙娜、欧阳琳、董希文、范文藻、钟贻秋、张定南、黄文馥等人的临摹作品。壁画题材有佛传故事、伎乐天、边饰、供养人、藻井、龛楣、经变画、山水画等。本书采用大八开单页单面精制，是较早向外界全面展示敦煌壁画的著作，兼具资料、美术价值。

敦煌壁画乐伎 壁画中持乐器伎乐天，或伎乐人。为表现天界佛国的欢乐场景，用音乐及歌舞的形式，表示对佛的奉献和礼赞，构成一种理想的"极乐世界"，也有一部分表现人间歌舞、百戏及各个时代的社会音乐生活。反映天堂接近宫廷、人间接近民间的表现形式，形式多种多样、因地制宜、姿态万千。

敦煌壁画乐器 敦煌壁画所绘大量古代乐器。现存自十六国至元代有音乐内容的洞窟 200 余个，乐伎 4000 多身，不同类型的乐队约 600 组，各种吹奏、弹拉、打击乐器近 50 种、4800 余件，在壁画中主要是表现天宫、佛界和人间世俗的歌舞音乐场面，点缀于空间"不鼓自鸣"的器乐图案装饰和佛教仪轨护法所用手持之"法器"。敦煌壁画乐器是历代王朝礼乐、典章制度、宴食娱乐、歌舞管弦的形象化展现，是当时上层音乐生活的写照，具有浓厚的中国民族、民间特色。乐器都是各民族在长期音乐实践中互相吸收创造的，其中渗透着强烈的中国文化意识，尤其是汉民族的文化意识。乐器组合具有系统性及群体、族类、派生的特征。乐器的形制多变，几乎每一图像都是独立的形态，表现了乐器都处于相对稳定、持续发展的改革之中。敦煌壁画乐器的构图以宫廷乐器为模式，唐代以后，基本按隋唐乐舞的乐队编制为蓝本，以隋唐燕乐的多部乐为依据，以其中的坐、立部伎的编配为主要模拟原型，是我国古代西北地区音乐生活之反映，所绘乐器与演奏，与文献中的"西凉音乐"基本相符，尤其画中的世俗乐舞，从演奏形式、乐舞内容及人物服饰上可看出强烈的地域特征。它间接、曲折地反映了当时的社会音乐生活。

敦煌壁画乐器仿制　敦煌音乐研究成果。敦煌研究院音乐舞蹈研究室的研究人员，在多年的调查、分析、研究的基础上立项设计，由北京民族乐器厂制作，历时三年，制成系列性的壁画乐器35种、67件，包括吹、打、弹、拉四大类。于1992年在北京通过技术鉴定，并得到国内专家的高度评价。

敦煌壁画毡毯图　莫高窟唐、宋、西夏、元代壁画服饰和装饰图案中有大量地毯和花毡图案，为中国古代十分珍贵的毡、毯的形象资料。莫高窟初唐第220窟南壁阿弥陀净土变中绘舞伎二人，脚下踏小圆毯子起舞；北壁东方药师变绘场面宏大舞乐图，灯楼两侧铺设花毡。盛唐第130窟甬道都督夫人太原王氏礼佛图、第61窟东壁及南北壁东侧下部曹氏家族供养人像、西夏第409窟回鹘王礼佛图、榆林窟第15窟甬道两侧曹议金和夫人回鹘公主图等，均绘有不同图案的地毯，多姿多彩，美不胜收。盛唐的地毯叠晕层层，繁华缛丽。而五代以后的地毯则较为淡雅。五代第 98 窟东壁南侧于阗国王李圣天及其夫人、随从供养像中绘大幅地毯，结构是平行四边形，四周为梯形组织，花纹以茶花禽鸟间配构成，花叶形状较单纯，对称排列，色彩简洁。该窟甬道南壁供养人中绘的地毯也很精美。由敦煌遗书记载，唐至五代归义军衙门掌管的各种工匠中有专属于毛纺织业的"毡博士"和"褐袋匠"等。

敦煌壁画中的立机　莫高窟晚唐第 196 窟北壁华严经变中绘有一架相当简单的织机，它是敦煌壁画中最早出现的织机。第 98 窟北壁华严经变中绘有一架织机，绘得也很简单，有许多不明之处，但从型制来看，可认为它是一架脚踏式立机。遗书和图像相互佐证，说明踏板立机最迟在唐末五代已经出现了。敦煌所绘的脚踏式立机是继承我国传统斜织机的，一直延续到宋、元、明、清，中国历代均有立机图像发现。

敦煌彩塑（1）　敦煌石窟艺术的主体内容，现存上起东晋十六国晚期，中经北魏、西魏、北周、隋、唐、五代、宋，下至西夏、元，历经一千余年所造，莫高窟现存约 2415 身，其中圆塑、浮塑比例约为二比一，基本完好和保存原貌者近半数。造像种类有佛、菩萨、弟子、天王、力士、供养菩萨、地神等佛教偶像。制作方法及其表现形式大致可分为四种类型：①立体圆塑；②贴壁半圆塑和高浮塑；③石胎泥塑；④模制影塑。圆塑多用于塑造比较大的佛像、菩萨像、弟子和天王力士像，贴壁半圆塑和高浮塑，主要是在早期洞窟中用以塑造比较小的胁侍菩萨、弟子。石胎泥塑，主要是用来制作那些十多米甚至数十米高的大像。模制影塑，则主要是用来塑造小型飞天、供养菩萨、千佛以及佛龛上的装饰、飞龙、羽人、花卉等。它全面系统地反映了我国彩塑艺术从4世纪到14世纪的发展演变过程，是一部真实系统的彩塑史，表现了我国彩塑艺术中绘塑结合甚至绘塑不分的优良传统，展示了古代艺人在泥塑像身上加彩着色的方法和过程。

敦煌彩塑（2） 书名，敦煌文物研究所编，1960年4月由人民美术出版社出版。书首有常书鸿《敦煌彩塑》一文，作者从民族传统、外来影响，以及新的创造、题材和创作方式、时代特征和艺术成就等几个方面对敦煌彩塑加以研究。书中收录莫高窟洞窟从早期到晚期具有代表性的彩塑图片113幅，其中彩版12幅，内容包括佛、菩萨、弟子、力士、天王、飞天伎乐、地神等彩塑像。8开印制，精装，为最早全面向外界展示敦煌彩塑的作品。

敦煌地震活动 据地震资料记载，敦煌地区历史上只有小震发生。莫高窟周围地理坐标东经94°~97°，北纬39°~41°

范围内，自 1932 年至今发生的 5 级以上的现代地震共 8 次，其中 1932 年的昌马地震和 1952 年的肃北地震对莫高窟影响较大。昌马地震震中距莫高窟约 40 千米，第 211 窟窟顶被震掉一块 0.4 米×0.25 米×0.03 米的初唐壁画。虽然 1927 年的古浪地震震中距莫高窟 750 千米之遥，但对莫高窟的影响很大。第 196 窟窟顶顺层面脱开，掉下一块 2.0 米×1.5 米×0.25 米带晚唐壁画的岩体，将佛龛上塑像砸坏。莫高窟 50 年基准期 63.5%、10%、2%，超越概率地震烈度分别为 5.4（Ⅴ）度、6.9（Ⅵ）度、7.5（Ⅶ强）度，50 年基准期超越概率 10% 风险水平下的地震烈度为 7 度，相当于我国现行"建筑抗震设计规范"中的地震基本烈度，故莫高窟所处区的地震基本烈度为Ⅵ度。

敦煌的地理位置 敦煌位于中国西部甘肃省河西走廊西端，地理坐标为东经 92°13′~95°30′，北纬 39°40′~41°40′，东邻瓜州县，西部和北部界新疆维吾尔自治区，南连肃北蒙古族自治县和阿克塞哈萨克族自治县。从公元前 111 年西汉王朝在敦煌设郡算起，已有 2000 多年的历史，而有人类活动的时代可追溯到公元前 1600 年。汉唐时的敦煌，地处中西交通要道，向东经过河西走廊，直达京城长安、洛阳，向西过玉门关、阳关，经塔里木盆地南北两路，越葱岭（今帕米尔），过中亚、西亚，远达罗马。重要的地理位置使敦煌成为历史上中国与西域进行政治往来、商业贸易、文化交流的重镇。

敦煌飞天 书名，1980 年由中国旅游出版社编著并出版。书首常书鸿、李承仙《敦煌飞天》一文，是研究敦煌飞天较早的作品。书中收录敦煌石窟从十六国至元几十个代表洞窟中壁画飞天彩版共 97 幅，包括各类所见壁画飞天题材，8 开单面精印，是对敦煌壁画中飞天较全面的介绍，兼具资料、美术与观赏价值于一身。

敦煌工匠史料 书名，马德著，1997 年 11 月由甘肃人民出版社出版。作为世界人类文化艺术宝藏敦煌石窟的创造者，敦煌工匠作出了不可磨灭的贡献。本书是对原本扑朔迷离的敦煌工匠研究的揭秘，作者力求探索广大工匠们的真实面貌，翔实地展示了敦煌工匠的方方面面，进而阐释敦煌艺术的真正来源与敦煌工匠的奉献精神、创造精神及其杰出成就。全书分研究、史料二篇：研究篇论及敦煌各类工匠及其技术区别、工匠与石窟营造、工匠的社会地位、工匠的生活探索，进而认识敦煌社会经济文化特色等；史料篇详尽搜录有关敦煌工匠记载 3000 多条，分作 25 个门类和都料、博士、师（先生）、匠、工（人、生）等五个技术级别。全书首次系统展示了敦煌工匠这样一个非常特殊的历史现象与社会群体，具有极高的资料价值与研究参考价值。

敦煌古城　又称沙州故城，位于敦煌市西 1 千米处。古城呈长方形，东西宽 718 米，南北长 1312 米。城内外现今全为耕地，唯有西北角留有城墩，城墩残高 16 米，下部为夯土版筑，上部用厚土坯垒砌。据记载，此为汉武帝时设置的敦煌郡的所在地。公元 336 年前凉置沙州，因城南 3.5 千米处有沙山而得名。公元 400 年，李嵩在敦煌建西凉国，国都设在这座城中，后迁都酒泉。唐武德二年（619 年）复置沙州，宋景祐初年（1034 年）陷于西夏。元代仍为沙州，明代在此设沙州卫。清朝前期古城遭洪水，在东面另筑新城，即今敦煌市。古城晚眺为清代敦煌八景之一。

敦煌花砖的保护　指对莫高窟部分洞窟内及窟前遗址的部分铺地花砖的涂刷加固保护。敦煌莫高窟是我国中古时期花砖的荟萃之地。据 20 世纪 80 年代初的调查统计，洞窟内外保存着 20000 多块花砖，其中大部分仍然在近 50 个铺衬花砖的洞窟地面原地保存。另外一部分则是在窟前遗址发掘中从一些窟前建筑的殿堂遗址、走廊及台基上清理出来的，原来集中存放在几个大型洞窟中。敦煌石窟文物保护研究陈列中心竣工后，统一收集保存在文物库房中。1980 年 9 月，对莫高窟第 45、328 窟和第 130 窟窟前发掘遗址的部分铺地花砖分别用生桐油和聚氨基甲酸酯两种涂料进行涂刷加固保护实验。经过十余年的检验，从对比花砖试块上明显看出，经涂刷加固的部位依然如故，没有加固的部位已有明显磨损。

敦煌建筑研究　书名，萧默著，1989 年 10 月由文物出版社出版。这是第一本对敦煌建筑进行全面系统研究的著作与集大成者，到现在为止仍具权威性，也是中国古代建筑研究的巨著。作者以敦煌石窟中，主要是壁画中的建筑形象资料为题材，对洞窟形制、佛寺、城、阙、塔、住宅等各种建筑加以考证与论述，涉及各建筑部件与制作、建筑施工、建筑画等的研究。

敦煌录　敦煌地理文书，编号为 S. 5448，前缺，存后半部分共计 79 行，题为"敦煌录一卷"。主要记敦煌一些重要的地名及其地理环境、历史沿革、逸闻轶事或名胜建筑等。如有效谷城、二师泉、莫高窟、鸣沙山、甘泉、金鞍山、阳关、玉门关、玉女泉、石膏山、河仓城、长城等，其中记莫高窟最详。

敦煌莫高窟史研究　书名，马德著，是作者的博士学位论文，1996 年 12 月由甘肃教育出版社出版。这是一本首次对莫高窟洞窟营建史进行全面系统论述的著作。全书两篇，即营造篇和佛教与社会篇。书中通过各方面大量资料，系统地叙述了莫高窟创建、营造、发展的历史过程，重点考证了部分洞窟营建的具体年代，涉及敦煌历代统治者、世家大族及僧侣群体，也有广大劳动者阶层对莫高窟的贡献，如对敦煌工匠的研究等。在研究手段和方法上，作者运用石窟考古学上的崖面使用新理论，使敦煌石窟与敦煌文书相结合，在敦煌学各领域的综合研究方面独辟蹊径。书后附有莫高窟史料小辑、敦煌莫高窟洞窟总表、洞窟营造纪年表、历代洞窟营造统计表、敦煌文书编号索引与主要参考文献等。

敦煌莫高窟供养人题记　书名，敦煌研究院编，1986年由文物出版社出版。本书对莫高窟492个洞窟中有供养人画像题记并能辨识识读的一一加以收录。参录了史岩《敦煌石室画像题识》、谢稚柳《敦煌艺术叙录》、向达《唐代长安与西域文明》及《伯希和敦煌石窟笔记》等书中的录文，相互订正，辑录而成书。先后参加这一整理工作的有王去非、史苇湘、万庚育、贺世哲、孙修身、刘玉权、欧阳琳等，最后由贺世哲先生整理成书稿。本书资料辑录范围仅限于今人所见汉文供养人题记、画工随笔及历代游人题记，书中编有万庚育《珍贵的历史资料——莫高窟供养人画像题记》与贺世哲《从供养人题记看莫高窟部分洞窟的营建年代》二文，其中后者为题记研究之集大成者，又是敦煌石窟营建史研究的重要著述。书后附录有莫高窟供养人题记别体字简表、莫高窟供养人姓名索引。

敦煌盆地　是祁吕贺兰山字型构造体系西翼反射弧西部外缘的一个内陆凹陷带，呈北东向展布，北以一条山褶皱带南缘为界，南以三危山大断裂为界。盆地南北宽65～75千米，东西延伸数百千米，面积约11000平方千米。敦煌盆地的基底构造复杂，断裂较多，总体是南部凹陷幅度大，北部凹陷幅度小。

敦煌石窟　又称敦煌石窟艺术、敦煌艺术、敦煌佛教艺术等，指分布在敦煌境内及周围的莫高窟、榆林窟等10余处石窟群、800多座洞窟，集石窟建筑、彩塑、壁画三位一体，历经4世纪至14世纪千余年间的艺术遗存，是中华民族先民们伟大的艺术创造和留给后世的宝贵文化财富，也是古代人类文明历史的见证。

敦煌石窟探秘　书名，王进玉著，1994年8月由四川教育出版社出版。全书共62篇短文，"科技画廊""秘室珍奇""巧夺天工"三部分属于科技史范围，作者以敦煌科技史为主髓，将石窟艺术、藏经洞遗书、出土文物与史书记载中的有关资料有机地结合起来，分别介绍了敦煌文物中涉及的古代数学衡量、化学工艺、天文历法、地理物产、农牧、水利、医疗、卫生、建筑技术、纺织技艺、陆海交通、军事兵器、中西交流等方面的内容。"宝窟千秋""丹青之谜"两部分属于文物保护科技范畴，其中包括石窟加固、环境监测、沙害防治、抗震防灾、壁画和彩塑修复、花砖保护、烟熏壁画清洗、甬道搬迁、石窟安全防范、石窟现代化管理，以及现代仪器揭示彩绘颜料的种种秘密等。

敦煌石窟建筑　一是指敦煌石窟艺术的载体及重要组成部分，包括莫高窟、榆林窟等十余处石窟群，历经 4 世纪至 14 世纪，有中心柱、覆斗等形制的 800 多座石窟，近百处木构建筑遗址遗物等。二是指敦煌壁画中的各类各时代建筑画。二者均为古代建筑史及艺术史之宝库。

敦煌石窟分期断代　习惯上称敦煌石窟艺术断代，即按营建时代（艺术创造时代）将各个时期的石窟划分开来。敦煌石窟的创建发展延续千年，历经中国历史上的十六国北凉、北魏、西魏、北周、隋、唐（分初盛中晚四期）、五代、宋、回鹘、西夏、元等朝代，各个时代在石窟建筑、画塑内容、艺术风格等方面有各自的时代特征及相互间的明显区别，是中国各个历史时期社会经济、文化艺术的一种综合反映，故依上述各时期划分断代。但朝代或时代前后更替的时间界限在以中原王朝的基础上又参照了敦煌本地的历史特点及石窟崖面、艺术内容风格等因素，使其更显科学与合理。

敦煌石窟内容总录　书名，敦煌研究院编，1996 年由文物出版社出版，是在原 1982 年敦煌文物研究所整理、文物出版社出版《敦煌莫高窟内容总录》的基础上增订而成。内容包括敦煌研究院整理的莫高窟内容总录、霍熙亮整理的西千佛洞和安西榆林窟内容总录、王惠民整理的安西东千佛洞、肃北五个庙内容总录。详细记录各处石窟每个洞窟的编号、位置、时代、壁画内容等，是一部资料工具书。另在书中编有史苇湘的文章——《关于敦煌莫高窟内容总录》，是一篇关于敦煌石窟的集大成之作，详细论述莫高窟各洞窟时代及部分壁画题材的考证。同时编有王惠民的文章——《十年来敦煌石窟内容的考证与研究》。书后附录有部分壁画内容索引与敦煌石窟本生、因缘、戒律故事画一览表。

敦煌石窟艺术三十卷　书名，敦煌研究院编，由江苏美术出版社 1993—1998 年出版，已出版二十二卷。三十卷编排以一窟一卷或二窟一卷，内容基本包括该洞窟的所有壁画与塑像等彩版，并有对相应洞窟的综合研究文章及图版说明，均由敦煌研究院专家撰稿与编著，院摄录部负责拍摄洞窟照片。涉及洞窟有榆林窟第 25 窟，莫高窟第 45、61、290、12、9、14、254、154、57、322、156、285、420、419、321、249、

303、465 等窟，所选这些洞窟均是敦煌石窟历代洞窟最具代表性且保存较好的洞窟。

敦煌石窟预警监测体系 莫高窟预警监测体系的建立可以实现遗产气象监测、微环境监测、本体监测、载体监测、游客承载量监测和安防监控系统的信息集成和信息共享，促进各相关监测部门之间的协同合作关系，还可以确定遗产保护、管理、利用中所遇事件的轻重缓急关系，并依据事件重要程度，提出相应的报送、预警方式和响应措施，进而提高遗产地的管理水平。

敦煌石窟文物保护研究陈列中心 敦煌研究院下属部门之一，其建筑于 1994 年建成，占地面积 2 万余平方米，目前是中国敦煌石窟可移动文物收藏品类最全、典藏功能最为完备、展览展示力度最大的机构，形成了"一中心四展馆"的敦煌石窟大遗址展示格局，承担着典藏研究、展览展示、公共教育、导赏服务等职能。陈列中心本馆设有"沙漠瑰宝——敦煌石窟经典洞窟复制展""雪域·天界·佛土——藏传铜雕佛像展"和"千年营造——敦煌壁画中的建筑之美"3个常设展，同时设有"藏经洞文物陈列展""院史陈列展""历程——敦煌石窟艺术背后的故事""1650——文明的回响"4 个专题展，由通识展到专题展，全面展示敦煌石窟文化艺术的精华和几代守护人的心路历程。

敦煌石室画像题识　书名，史岩著，1947年由比较文化研究所、敦煌艺术研究所、华西大学博物馆联合出版。篇首有常书鸿书序、史岩所绘莫高窟南北两区洞窟立面图及洞窟编号。史岩于1944年对莫高窟做过调查，是较早注意到北区洞窟的国内学者，他在该书序文中借助斯坦因等资料，分别就画像艺术、题识类别、敦煌伽蓝、敦煌世家、洞窟创修之时代、功德主之考见等方面略加考证。书中主要收录作者抄自洞窟中之供养人画像题识，约106个洞窟共计940条，其中包括题名、题记、发愿文、功德记、功德铭、题梁、题额等。

敦煌唐代图案选　书名，敦煌文物研究所编，1959年5月由人民美术出版社出版。书首有常书鸿作序文《关于敦煌图案》。所选内容是由敦煌文物研究所一些美术工作者如关友惠、欧阳琳、李复、李承仙、霍熙亮、杨同乐、冯仲年等临摹唐代洞窟中的壁画图案精品，包括藻井、边饰、项光、华盖等共计54幅，用大八开纸单面印制、精装，既具观赏价值，又是最早向外界展示敦煌壁画图案的佳作。

敦煌图案　图案广义指对某种人造物体在制造前的设想、方案、图案。包括立体图案和平面图案等。狭义指器物上的装饰纹样。敦煌图案实际上就是指敦煌石窟壁画、敦煌建筑、敦煌彩塑、敦煌出土文物上的各种装饰纹样。

敦煌舞蹈 指敦煌文献与石窟壁画中的古代舞蹈资料及其研究。敦煌文献中有古代舞谱等文学记录资料。而壁画、绢画中大量本为娱佛、礼佛之用的舞蹈图像资料，其高超的技巧，完美的艺术形象，既是一部古代社会生活的写实及舞蹈发展史，又是一部中西文化交流史。

敦煌学大辞典 书名，季羡林主编，国内著名敦煌学家任编辑委员，邀请国内几十家敦煌学及相关单位的一百多位敦煌学专家学者撰稿，1998 年 12 月由上海辞书出版社出版。本辞典共收录敦煌艺术、敦煌遗书与敦煌学研究等 60 余门类的词条，计 6925 条。编排方法基本按各单独的门类进行，如有石窟考古、各时代艺术、代表窟、经变画、人物、服饰、寺院、佛教典籍等，后附有词目笔画与汉语拼音索引。收录彩图 123 幅，有石窟外景、石窟壁画、塑像、藏经洞遗书等。附录为各历史时期敦煌或瓜沙二州示意图，以及唐宋时期敦煌城绿洲诸乡位置及渠系示意图、莫高窟石窟编号对照表、敦煌莫高窟大事年表、敦煌学纪年等。

敦煌学和科技史 书名，王进玉著，2011 年 4 月由甘肃教育出版社出版。这是国内外第一部综合系统论述敦煌科技史的学术专著。作者从敦煌科技史内容及研究进展等 15 个专题，力求探索敦煌学中数学史、衡制器具、纺织品尺度、矾类铁矿的开发与应用、铁器生产与应用、唐宋时期纸的种类与用途、酿酒业、皮革加工及其使用、石油的开发应用、农业生产工具图谱、纺织机具研究、舟船、军事科技、铜弩机的应用等方面的历史价值、文化价值、科技价值，体现了敦煌学研究古代科技的特色。并有附录。配彩色图版 64 幅，黑白图版及插图 73 幅，图文并茂，具有很高的学术价值。被学术界推崇为"中国首部全面系统展示敦煌科技史著作""敦煌科技史著述的奠基之作"（柴剑虹书评语）。

敦煌研究院　敦煌研究院是负责世界文化遗产敦煌莫高窟、天水麦积山石窟、永靖炳灵寺石窟，全国重点文物保护单位瓜州榆林窟、敦煌西千佛洞、庆阳北石窟寺管理的综合性研究型事业单位。院本部位于敦煌市东南 25 千米处的莫高窟，分院位于兰州市城关区。敦煌研究院的前身是 1944 年成立的敦煌艺术研究所，1950 年改名为敦煌文物研究所，1984 年扩建为敦煌研究院。2017 年，敦煌研究院形成了"一院六地"的管理和运行格局。敦煌研究院设党委、院务委员会、纪律检查委员会、学术委员会和工会委员会，设保护研究部、人文研究部、艺术研究部、文化弘扬部等四大部统筹协调和管理 14 个业务部门，设置 12 个行政服务部门、5 个直属单位、6 个文化企业，也是国家古代壁画与土遗址保护工程技术研究中心，古代壁画保护国家文物局重点科研基地，甘肃省敦煌文物保护研究中心的依托单位。

敦煌艺术 又称敦煌石窟艺术、敦煌佛教艺术、敦煌佛教石窟艺术。包括敦煌莫高窟、西千佛洞，瓜州榆林窟、东千佛洞，肃北五个庙等敦煌石窟群的集建筑、雕塑、壁画为一体的古代艺术遗存及莫高窟藏经洞出绢画、纸画、刺绣等艺术品。其时间范围一般为 4 世纪至 14 世纪，历经中国历史上十六国、北魏、西魏、北周、隋、唐、五代、宋、西夏、元等朝代。它不仅是中华民族先民们留给子孙后代的一笔丰厚而珍贵的文化遗产，同时又是中国古代社会史的资料宝库，是中西方文化交流的结晶、人类古代文明的历史见证。

敦煌艺术叙录 书名，谢稚柳著，1957 年由古典文学出版社出版，1996 年由上海古籍出版社再版。作者 1942 年至 1943 年期间实地调查了莫高窟、西千佛洞、安西榆林窟、水峡口石窟，做了大量的记录，后作者整理编成此书。内容系作者以张大千编号为序，记录各窟洞口、窟顶、四壁、佛龛等壁画塑像内容，并有供养人题记抄录。资料较为翔实，可补现今洞窟之缺或不详者。作者在概述部分对敦煌石窟壁画的艺术成就及敦煌历史等加以考证。

敦煌艺术宗教与礼乐文明　书名，姜伯勤著，1996年11月由中国社会科学出版社出版，全书共分艺术、宗教、礼乐三篇，其中又各分上下编。艺术篇为图像解释、艺术史与交流，内容涉及敦煌的画行、画院、画师、绘画手、丹青上士及有关"天""人"（即邈真）图像艺术，又从艺术史、文化传播、交流史的角度讨论敦煌与西域坦密石窟寺、乌浒河流派、粟特、犍陀罗画派的相互关系。宗教篇分敦煌的中国道教精神与敦煌的大乘佛教。以敦煌《本际经》为中心讨论敦煌道教及相关问题，探讨佛教各宗在敦煌的流传情况。礼乐篇分礼论与乐论，讨论了唐礼及变迁与敦煌书仪、沙州傩礼、高昌胡天祭祀与敦煌祆祀，有关敦煌音乐、舞蹈，诸如寺院、官府音乐、音乐人与音乐机构、敦煌悉磨遮考、唐令舞、敦煌令舞曲谱等。全书还包括引论《敦煌心史序说》与后论《鸣沙余韵与中国情怀》。作者以大量的敦煌图像、遗书资料，参证丰富的中西文文献，在继承传统人文科学方法进行专题研究的同时，竭力关注当代学术界所思考的问题。从"文本"的解读到"意义"的解释，从道释相激中，探讨中国超越智慧的追寻。从"变文""令舞""傩礼"的新解中，探讨雅俗文化的互动。正是通过敦煌这个人类历史中少见的没有中断的文明窗口，揭示盛唐前后中华民族在强盛时期的博大情怀、青春心态和聪明智慧。

敦煌杂技　敦煌壁画中的古代杂技。主要见于莫高窟第156、61窟中的达官贵族出行图或民间风俗图中，以及药叉形象中的杂技表演，内容有顶竿、魔术表演等，技艺高超，生动活泼，或滑稽可笑，或惊险撼众。

蹲厕　敦煌壁画中表现佛教故事中悉达多太子（佛的俗名）降生后出现的32种祥瑞之一的"臭处变香"情节，绘于莫高窟第290窟：一胡人头束双髻，着圆领紧身窄袖袍，下着小口裤，足蹬尖头长靴。

E

阿阇世王　也译作阿阇贳、阿阇多设咄路，意译未生怨。按佛教的说法，其父频婆娑罗王，年老无子，卜者说：山内一道人死后当有他子，频婆娑罗王因求子心切，便派人困死道人，但还未能生子。卜者又告：道人死后已投胎变成了兔子，频婆娑罗王又派人捕捕了兔子，果然生了太子，因在未生之前已结下不解之怨而取名未生怨。阿阇世长大后，与背叛了释迦牟尼的提婆达多密谋，将其父频婆娑罗王困死在牢屋内。他后来虽然皈依佛教，释迦牟尼去世后还资助摩诃迦叶主持了佛教的第一次结集，为五百罗汉提供了衣食卧具，终因杀父罪重，死后坠入阿鼻地狱，所幸他皈依佛教而未受大的痛苦。敦煌壁画"未生怨"即描述其事迹。

阿弥陀佛 佛名，又名无量寿佛或无量光佛、接引佛。在石窟、寺院中，常将他和释迦牟尼、药师并列在一起供奉，称为横三世佛。敦煌石窟中既有单身的阿弥陀佛塑像和画像，又多被画在西方净土变、观无量寿经变的正中，并与药师经变相对立，亦为敦煌石窟中供奉最多的佛之一。

阿弥陀经变 敦煌经变画西方净土变之一。唐、五代、宋、西夏时代根据《阿弥陀经》绘制，莫高窟现存 38 铺。画面绘有佛、菩萨、楼阁、孔雀、迦陵、白鹤、宝幢等，表现出西方极乐世界的美好。

阿那律 又作阿尼律陀、阿菟楼驮等，意为如意或无贪等。佛经说他是释迦牟尼叔父甘露饭王之子，释迦牟尼成道后回家乡时其跟从出家，为释迦牟尼佛十大弟子之一。传说他因于释迦前坐睡受责，曾立誓不眠，遂得"天眼"，因能见天上地下"六道众生"，故被称为天眼第一。敦煌唐代以后部分石窟的佛龛中有其画像并题名。

阿难 亦作阿难陀，意译庆喜。据传，他为释迦牟尼叔父斛饭王之子，是释迦牟尼的堂弟。据说，最初他因贪恋美妻不愿出家，后因释迦牟尼施法力，让他看到天宫中众多美女刹那间全部变成了难看的骷髅，方才出家。此后随释迦牟尼25年。由于他长于记忆，在释迦牟尼的十大弟子中，号称多闻第一。据传，释迦牟尼在世时并没有正式文字记述的佛经，释迦牟尼死后，在摩诃迦叶主持的第一次五百罗汉集结大会上便由阿难主诵佛的说教，因而才得以整理出佛教总集《三藏》。所有佛经开头如是我闻或闻如是，表示是阿难听佛那样说的。敦煌历代石窟彩塑中，释迦佛的右侧一位年轻英俊、虔恭憨厚的小和尚，即阿难。其中以莫高窟第427、328、194、45等窟的阿难塑像最具代表性。

阿育王 亦作阿输迦、阿恕迦等，称无忧王等。阿育王为古印度摩揭陀国孔雀王朝创始人旃陀罗笈多之孙，是古印度最著名的国王之一。约在公元前273年（一说是公元前268年）杀兄休妻后继承王位，后用残暴手段征服羯陵迦国，统一了全印度。鉴于他在年轻时杀伐太重，年老时颇有悔意，便在国内设"大法官"专门主持宗教事务，立佛教为国教。据传，他在位时曾将释迦牟尼佛舍利分送在先后建立的八万四千多塔中，并在全国颁布赦令和教谕宣传佛教。据《善见律毗婆沙》等记载，他继位的第十七年在华氏城主持举行了

E

佛教第三次集结，有一千比丘参加，以目犍连子帝须为上座，对"法藏"进行了重新汇诵整理，从而使古佛经得以最后定型。结集后，他还派遣许多传教士到印度各地以及毗邻各国去传播佛教，甚至派人把佛教传到了叙利亚、埃及和希腊等国。敦煌唐代中期以后的石窟中多绘有表现阿育王事迹的故事画。

儿童嬉戏舞　壁画中的杂技形象，见于第361窟等。为六位全裸儿童嬉戏：中间一童子搭"前桥"，（上有）一童子右腿单立于"桥上"，双手及左脚尖各托一盘，其左右各有一童子作保护状，最处两侧各有一童子，一"虎跳"作乐，一"倒立"嬉戏。整个画面和谐生动，表演者天真幼稚，活泼可爱。

二层阁　壁画中楼有多层，而阁多为两层，下层柱网，上层有栏杆与殿屋，初唐壁画中二层阁的形象最多，见第71窟碑阁及第321窟北壁中用斜廊相连的三阁与单阁全是二层阁形式。

二七日燃灯　敦煌莫高窟唐宋时代每年固定的佛教仪式之一，由僧团及洞窟窟主们分头举行，莫高窟第192窟发愿文及敦煌文书P.3234V记此事，详情不具。

二十八宿天文图像　中国古代天文星图。是中国古代天文学家观测天象及日月星辰在天空运行所采用的标志。从划分到命名，都有明显的中国特色。所有恒星观都以它为基础，特殊天象的出现也以它作为记录方位的依据。星图和星象以二十八宿为基本要素，制定历法也需要二十八宿。具体划分为：东方七宿（角、亢、氐、房、心、尾、箕）；北方七宿（斗、牛、女、虚、危、室、壁）；西方七宿（奎、娄、胃、昴、毕、觜、参）；南方七宿（井、鬼、柳、星、张、翼、轸）。西方的黄道十二宫和东方的二十八宿，是两个不同的天文学体系，却有相似的作用。在天象图、星宿图以及占卜时日、计算历日等用具中，以圆点、划线、纹饰等符号表示，如甘肃武威磨嘴子汉墓出土的占卜时日的用具拭盘，木质，涂漆。由天盘和地盘组成，两盘以轴相连。天盘刻同心圆两圈，内圈嵌北斗星，中圈刻十二月神，外圈刻二十八宿。地盘内圈刻十天干、十二地支，外圈刻二十八宿。在新疆吐鲁番阿斯塔那属第三期的 65TAM38 号墓主室顶部和四壁，周围用白点表示二十八宿，星点间连以白线。唐开元年间梁令瓒所作《五星及廿八宿神形图》，用现实人物形象代表二十八宿。唐代以来，随着密宗的发展，对炽盛光佛及九曜、二十八宿的崇拜也盛行起来了。在炽盛光佛经变中，二十八宿为 28 位头戴高冠，身穿大袖长袍，手持笏板的人物立像，莫高窟第61窟甬道南、北壁画炽盛光佛经变、肃北五个庙石窟、西夏第1窟东壁的炽盛光佛经变，其上方背衬中绘出黄道十二宫及二十八宿神像。二十八宿分为七组，每组四位。这两幅画中的内容及形式与宁夏贺兰县宏伟塔出土的两幅绢画炽盛光佛经变的内容大致相似。

F

发霉壁画 壁画病害之一，或为产生生物霉菌病害的壁画。原因有洞窟内曾进水或积沙埋没封闭，造成潮湿、温暖、不透气和环境黑暗，致使霉菌繁殖，霉菌分青霉属、曲霉属、枝孢霉属、葡萄状穗霉属、交链孢属、根霉属六类属。此外还有细菌、放线菌。壁画上出现斑斑点点的霉菌，菌落会直接或间接地腐蚀壁画，整体上减弱了壁画的外观效果。

法华经变 敦煌经变画之一，又名妙法莲华经变，隋唐五代、宋时期根据后秦鸠摩罗什译《妙法莲华经》绘制。现存莫高窟、榆林窟、西千佛洞等70余窟中，内容囊括法华经全二十八品，绘制最多者有方便品、譬喻品、见宝塔品、观音普门品、化城喻品、药王菩萨本事品、妙音菩萨品、普贤菩萨劝发品、五百弟子受记品、陀罗尼品等。

法坚 唐沙州金光明寺僧人，俗姓马，僧官至三窟教授，事见《马德胜功德记》等。

法镜寺石窟 位于甘肃省西和县城北12千米的石堡村境内的飞来山崖壁上。石窟及窟前寺院创建北魏，唐乾元二年（759年）杜甫自秦州往同谷，以《法镜寺》一诗写该寺景况，时为法镜寺盛期。今窟前寺院已不存，石窟存31座，分南北两处，南崖15窟，北崖16窟，洞窟形制有长方平顶形、中心柱形、四面披形、穹窿形。窟群内共存造像13尊，题材有佛、菩萨，其中以高6米的释迦牟尼和寒山笑世佛像最为著名。

法良 十六国时期敦煌禅僧。史载为在莫高窟开窟之第一人，事见《李克让碑》及《莫高窟记》。

法荣 唐沙州僧人，俗姓翟。中唐时期曾任沙州法律、僧正。归义军初期，获唐廷"敕赐紫衣"，任河西都僧统。咸通三年至八年（862—867年）兴建莫高窟第85窟，事见《翟家碑》，该窟存有其供养像及题名。

法心 唐沙州僧人，俗姓王。净土寺僧谈广之仲父。出家前是张议潮手下麾将，参与收复伊州、凉州、河湟等军事行动。约于咸通二年（861年）出家，后晋归敦煌，居于莫高窟营窟禅修，事见《法心赞》。

法心赞　敦煌赞记文书，P.4640 辑录文献之一，全名《住三窟禅师伯沙门法心赞》，无撰写人及时代。从记载内容看，应属归义军前期作品。文中赞颂了法心和尚一生的功绩。包括法心原为"太保"张议潮麾下一员武将，南征北战，万里横戈，收复河湟，攻克北庭，功绩卓著、声威显赫；尔后卸盔解甲，回归故里，落发为僧，禅居宕泉，出任敦煌佛教教团"住三窟禅师"一职，在莫高窟精研佛学，镌龛造窟。莫高窟第 119 窟有法心供养像，但与此法心恐非一人。

矾　敦煌本地所出矿物之一，有黄矾、绿矾、绛矾、金星矾（铁矾）等种类。绿矾又名青矾，因用于染黑又称皂矾。为绿色结晶物，有天然产的，也有通过焙烧黄铁矿石而制得的。绿矾再经大火焙烧等工序而制成的棕红色粉末。古称绛矾，不仅是名贵的药品，而且也是自唐以来敦煌石窟壁画、彩塑中使用的红色颜料。如莫高窟第 5、378、245、265、465 等窟所用红色颜料均为绛矾所调制。

反弹琵琶　敦煌壁画舞姿。莫高窟今存十多处，主要见于第 172、231、112、156 窟等。其造型大多为舞者一人，单脚着地，另脚提起作舞蹈动作，反置琵琶于身后，作弹奏之姿。此造型具有很强的艺术感染力，对现代舞蹈艺术，特别是敦煌舞有很大的借鉴作用。

梵网经变 敦煌经变画之一。根据后秦鸠摩罗什口译，弟子僧肇笔录的《梵网经卢舍那佛说菩萨心地戒品第十》卷下绘制。现存莫高窟第454、456窟及榆林窟第32窟三幅。以榆林窟第32窟为例：正面绘千叶仰莲上坐卢舍那佛，佛髻上升云七朵，每云坐一化佛；仰莲莲瓣上各一化佛；卢舍那佛两侧为菩萨、力士及听法四众；四众两侧及仰莲座下绘十重戒及四十八轻戒。与上述情节相连，还绘一僧展经诵读，二男胡跪听教。

方格纹 几何纹样的一种。敦煌在南北朝时期就比较流行。如第285窟西魏南龛的禅僧彩塑，背后的三角上的方格纹，一个格中绘淡的团花，另一个格中平分九格，用黑白二色间隔，以圆与方、黑与白对比关系作为相互衬托，有极强的装饰感。

方胜纹 菱形纹的一种。胜是古代妇女美玉首饰，所谓方胜纹即是由两个菱形相套交的一种图案，所以又称相交纹，取同心的吉祥之意。在敦煌多流行于唐代经变画的边饰和藻井图案中，如第320窟盛唐藻井的边饰。

方舞 壁画乐舞。见于第156窟宋国夫人出行图内。其阵形为：舞伎四人分站四方，着长袖舞衣，裙长及地，披肩巾，举袖抬足而舞。旁有乐工七人伴奏。此舞曾传入唐代宫廷，是"西凉乐"部中的著名舞蹈。

方响　打击类金属体鸣乐器。为一种敲击发音，有音律的乐器。始于南北朝之梁代，由十六片薄厚不同、上圆下方、长方条状铁板组成，编缀于木架上。敦煌壁画方响始自隋代，悬挂方式为垂直悬挂于木架上和在铁板中间穿孔斜挂，一般都是上下两排，排八枚。古代不论雅乐和俗乐都把方响列入编制，但多用于宫廷。

放生　敦煌佛教风俗壁画情节之一。即赎取被捕之鱼鸟等诸禽兽，再放于池沼、山野。源于佛教的生死轮回及戒杀生食肉之俗。唐宋时广为流行，各地设放生池，每年四月初八举行放生会。莫高窟第12窟屏风画，绘有寺院正举办的放生法会，竖幢幡、立灯轮、设供台，僧人们正在忙碌；院内，一施主正在放生，第一只鸟已展翅远飞，第二只鸟刚离开施主之手上飞，第三只鸟尚在施主手中待归；一旁有人观看，或合十胡跪于前，或在后面双手平拱行揖礼；另有一人手牵一只羊给寺院布施。

飞马联珠纹　联珠纹之一种。在敦煌壁画中见于隋代，洞窟佛龛口边沿，如第277窟对马联珠纹和第402窟飞马联珠纹图案等。团形联珠纹样一般被认为是来自西域的装饰图案，尤其是以马为主的装饰图和纹样、绘画作品等。据史书记载，敦煌早在汉代就出名马，在当地出土的魏晋墓中亦有不少飞马或马的壁画和画像砖，另在中原出土的秦汉青铜镜等，也多有此图形。另一说法，联珠纹因源于青铜器之装饰纹样，所以此纹样为中原固有的传统装饰纹样。

飞天 敦煌石窟壁画形象之一。在佛教中，飞天一般指八部护法中的乾闼婆和紧那罗，她们仅仅凭借美丽的天衣和柔软的飘带，加上轻盈多姿的身态，便在天空中翱翔飞舞。据说他们本为佛国世界的香音、歌舞之神，每当佛在说法时，他们便在天空中弹琴歌舞、喷香散花，以资庆祝佛之所讲，均为至理真言。飞天形象早在印度阿旃陀等石窟中已出现，传入中国后，成为一种极富民族特色的艺术形象，遍布众多石窟。仅敦煌莫高窟内，现共保存从十六国时期到元代历代所绘飞天六千余身。呈现出各个时期的不同风格和特点，飞天造型优美动人，极富韵律感。

飞天髻 又称灵蛇髻，古代妇女发髻之一种。其形制是把头发束于头顶，作飞动状或灵蛇动状，有飘动感，因此而名。敦煌莫高窟西魏第285、249窟中飞天、羽人或女供养人等均饰此髻。

飞天伎乐 壁画伎乐天之一，指持乐器的飞天，一般绘于窟顶中心藻井、四壁顶端、沿壁四周绘成带状一圈、中心柱之佛龛内外和经变画中。早期飞天伎乐比较率意自由，形体粗犷笨拙，有浓厚西域风，身体的飞动凭四肢摆动，为男性特征，上身袒露，也有全身赤裸者，所持乐器品种不多，且画得简陋。隋代飞天身体逐渐灵活，人物形态由男性转为女性，衣裙裹足，有飘带飞动，多为牙旗状，线条粗犷而有棱角。进入唐代后，构图丰富多样，其造型特点为脸型圆润丰满，体态雍容，裙带线条流畅，轻盈飘曳，所持乐器品种也日益丰富，基本按隋唐燕乐的乐器编配，而且乐器细部交待得很清楚，可以看出当时乐器的形制及演奏者的表情。后期飞天乐伎，已进入程式化的衰落阶段，特点为白描勾线，施以淡彩的仕女画风，线条功夫已臻成熟，飞天的表现在于飘带的逶迤，加以云层、花草图案的陪衬，但构图相袭雷同，比较僵化。飞天乐伎所持品种剧增，有些在乐队中未曾绘制的乐器，在飞天中也相继出现，如：胡琴、手鼓、书鼓、锣、号筒等，描绘演奏状态时有突破，可看出乐器发展的形态特征、演奏状态及演奏技法和细微的表情状态，充分地表明了当时的音乐水平。

坟前舞蹈 敦煌壁画所示丧葬习俗之一。绘于莫高窟第449、454窟：一边是老人在亲人的护送下正步入茔域，另一边在茔域外有一人甩袖、扬臂、提腿作跳舞状。两处茔域均为少数民族形制，有较高的顶端作楔齿状。佛教认为老人入墓将是往生佛国，值得庆贺，名曰乐丧。

粉本 中国古代绘画及敦煌壁画技法之一。即绘画施粉上色专供复制用的纸本画稿，多用于壁画。元代夏文彦《图绘宝鉴》谓"古代画稿谓之粉本"。其法有二：一是用针按画稿墨线（轮廓线）密刺小孔，把白垩粉或高岭土粉之类扑打入纸，或者用透墨法印制，使白土粉或墨点透在纸、绢和壁上，然后依粉点或墨点作画；二是在画稿反面涂以白垩、高岭土之类，用簪钗、竹针等沿正面造型轮廓线轻划描印于纸、绢或壁上，然后依粉落墨或勾线着色，此法犹如现今常用的复写纸功效。魏晋至唐，不少名画家参与壁画的绘制。民间画师在长期创作实践中，师徒代代相传，总结制作方法和经验，形成口诀，利用粉本绘制大幅壁画。由此，粉本也引申为对一般画稿的称谓。在敦煌藏经洞出土的 P.4517 卷即是宋代以前莫高窟的画工们用过的粉本实物。

粉图 以彩笔在粉壁上所绘之画，壁画的别名，是古时对壁画的雅称。

粪秽狱 敦煌壁画地狱变之情节，为八大地狱的十六小地狱之一。绘于榆林窟第 33 窟：一方形池内全是粪秽之物，狱卒把一个个罪人抛进池中，一人从池中出来，已是气息奄奄，靠在池畔，不能行动。狱卒驱逼罪人，使粪秽之物着于罪人口中。

风沙地貌 风对地表松散碎屑物的侵蚀、搬运和堆积过程所形成的地貌。敦煌深居欧亚大陆腹地，加之地势开阔，无高屏障，冬季在强大的冷高压控制下，干燥寒冷，使得敦煌地区终年处于干旱，形成了典型大陆性气候的温带、暖温带干旱区。这里的气候具有干燥少雨、日照强烈、冷热剧变和风大等特点。因而，地表径流贫乏，仅有突然的暴雨形成的洪流冲刷地表，而风的活动十分活跃，特别是在植被稀少、地表裸露和物理风化作用强烈的地区，更加强了风沙作用，而大量松散的第四纪沉积物为沙漠的形成提供了沙源。此外，还有大量的风蚀地貌，如石窝（风蚀壁龛）、风蚀蘑菇、风蚀柱和风蚀垄槽，即所谓的雅丹地貌、风蚀洼地等。在莫高窟南由玉门砾岩组成的崖壁上发育大量的风蚀壁龛，月牙泉便是典型的风蚀洼地。

风沙活动 莫高窟是一个多风地区，年平均风速为3.5 米/秒，而且是一个多风向地区，偏南风多而风力较弱，偏西风少而风力较强，并且具有突发的特点，与大型天气过程的关系极为密切。偏西风是造成洞前积沙危害的主要原因。偏东风，频率占 14.8%，输沙能力占 27.5%，危害性质主要是对洞窟崖面的强烈风蚀与剥蚀。夜间多为南风。春、夏、秋多东风，冬季多西风，8级以上风力日数以5月为最多，4月次之，9月最少。年平均大风和沙尘暴日数分别为15.4天和15.8天。

风沙防治工程　主要包括防沙墙、防沙沟、输沙沟、树枝及芦苇防沙栅栏、草方格沙障、砾石压沙、化学固沙、尼纶网防沙栅栏及生物固沙。目前，以工程阻沙、生物治沙、化学固沙组成的综合治沙系统已初步形成。

风神　司风之神，又称风伯、风师、飞廉，能致风气，养成万物，有功于人。敦煌石窟的风神形象分两类：一类是早期外来的风神，如第249窟为人兽合体，双手擎条形风袋，高举过头，奔跑动态状，这是西亚和中亚的风神形象。另一类则作汉人形状，唐代以来，出现在劳度叉斗圣变之风神，形象汉化，第146窟的风伯怀抱大风囊，跣足奔跑，圆睁的双眼，上翘的胡子，反映他正用力鼓风；第9窟（晚唐）的风神则为女性，风姨束高髻，身着花铠装，璎珞飘曳，跣足，怀抱花风囊奔行。风姨的变化源于风伯名姨，后讹传为风姨。

风俗画　是以社会生活风俗为题材的人物画，亦是敦煌壁画的一个重要组成部分。始于汉代，如辽阳、望都等地的墓室壁画、画像石、画像砖以及长沙马王堆1号和3号墓出土的西汉帛画等。其特征为现实、写实和装饰相结合，线描规整劲利，色彩绚丽协调，显示当时写实画的艺术水平，是中国绘画现实主义传统的开始。尔后，历代均有佳作传世。敦煌壁画中的风俗画亦多为上品佳作，如出现在经变画中的乐舞图、耕获图、婚礼图、剃度图、得医图、学堂读书图、酒肆图、阿难乞乳图、射猎图、丧葬图等等，以表现人间生活万象。各个时期方方面面的生活情节出现在经变画和故事画中，是研究中国古代风俗的宝贵资料。

烽火台 一种独立的建筑物，壁画中此形象很少，仅两处，一是五代第454窟，二是榆林窟五代第38窟所绘，形状相同，都是四方夯土高台，有明显收分，台顶女墙一周，上有一人作眺望状。烽火台本是一种传递敌情信息的通讯，在壁画中能得以反映，是古代画家将自己所熟悉的形象运用到佛教题材中的结果。

凤笛 吹奏类横管乐器。见之于榆林窟元代第10窟飞天伎乐中，即在笛两端装饰有凤头凤尾，且笛身彩绘。古时史籍，载有龙笛、凤笛之称，龙凤相对，是古时宫廷乐器常见装饰，是汉族文化意识的反映。

凤冠 古代妇女冠饰之一。形制即冠上缀以凤凰，以凤饰首，属于中国古代妇女头冠中最为贵重者，按礼制规定只有一些后妃命妇方可戴此头冠。在敦煌壁画中这种冠饰较多，且形制各异，如瓜州榆林窟五代回鹘公主曹夫人像，头顶为一单凤。莫高窟第98、61等窟所见凤冠，有凤口衔珍珠串，又似步摇，有桃形凤冠。莫高窟第205、196等窟婚嫁图中新娘头饰凤冠，为一特殊礼制，表示在新婚出嫁时新娘可越礼饰凤冠。

凤鸟纹　敦煌装饰图案纹样的一种。原为古代青铜器、宫廷建筑和服饰图案，与龙纹同用，最早见于良渚文化出土的玉琮上、殷墟的青铜器上。西周时凤鸟的典型特征为长尾高冠，逶迤的长冠，垂于颈后或背部，凤尾长垂，羽翼装饰华丽，是西周人奉为神灵的吉祥鸟，与龙皆是想象中的动物。汉以后凤鸟亦即朱雀，与青龙、白虎、玄武共为四方之神。敦煌在北朝洞窟中的凤鸟多似汉画像砖中的朱雀，作站立之状，唐以后逐渐为飞翔状，至西夏即为今所见的鸡头、蛇颈、绶带和孔雀尾，如第431窟西魏平棋图案、第159窟中唐边饰、第16窟西夏藻井图案等。

凤鸟百花卷草纹　禽鸟百花卷草纹样的一种。多出现于晚唐，其中藤蔓呈上下起伏的横向S状，各种花叶枝蔓派生缠绕其上，生动活泼，艳丽多彩，凤凰飞翔其间，以其美丽的翎羽尾与百花卷草交相辉映。如第85窟之藻井外的边饰，四边边饰中东西两边为凤鸟卷草纹，南北两边为迦陵频伽卷草纹。

凤鸟石榴卷草纹　卷草纹样的一种。敦煌壁画中多见于晚唐佛龛边饰、龛楣、彩塑的背光、头光以及窟顶藻井边饰中。以第196窟晚唐的彩塑背光为最佳：卷草缠枝绕藤以茶花、石榴为主，凤鸟飞于其间，藤蔓婉转流畅，花叶正反叠卷，石榴开皮露籽，是敦煌凤鸟石榴纹的代表作品。

伏羲女娲　中国古代神话人物，既是日月神，又是创世神，第285窟（西魏）的伏羲女娲均作人首蛇身，相对奔驰状，伏羲右手持矩，左手执墨斗，胸前有日轮；女娲右手执规，左手持物模糊。执规持矩是规天矩地之意，女娲炼石补天，伏羲始画八卦、教民渔猎、初制礼仪等神话，代表着创造万物及人类的进化过程。

佛　音译佛陀的简称，旧译为浮屠、浮图等，意译为觉者。按佛教的说法就是大彻大悟觉行完满的意思，乃佛教修行中的最高境界。小乘佛教认为：只有教主释迦牟尼才达到了这种境界，所以只有释迦牟尼可称为佛。而大乘佛教则认为：凡是能"自觉觉他""觉行圆满"者皆可称"佛"。在敦煌诸石窟中，每一窟内都有佛像供奉。

佛传故事　敦煌故事壁画之一类，内容讲释迦牟尼一生的事迹。敦煌石窟现存北凉至宋各时代洞窟所绘近 40 幅。所据佛经分别有《佛本行传经》《修行本起经》《太子瑞应本起经》《过去现在因果经》《普曜经》《佛所行赞》《修行本专一经》《释迦谱》《异出菩萨本起经》等。其表现形式有整体全幅式，如北周第 290 窟长卷连环画式及五代第 61 窟并连屏风式，亦有单个情节画面，如北凉第 275 窟出游四门等。

佛殿　寺院建筑群里处于轴线上显要位置的主要建筑，用于供奉佛和菩萨。从隋代壁画出现组合式寺院建筑群中，就有佛殿形象，隋代第 419、423 窟绘兜率天宫，有七间大殿。后代佛殿的开间进深及局部有所变化，建筑形象由简到繁，逐渐发展成熟。敦煌壁画中保存的寺院建筑群约 600 幅，为佛殿的发展变化提供了大量的建筑形象资料。

佛殿与回廊　唐代壁画中佛寺建筑群的主要构图形式，它将隋末初唐由一殿两楼的佛寺演变成品字形佛寺后，又进一步发展，将三座各自独立的殿堂用回廊相连，组成凹字形的院落布局。初唐第 338 窟弥勒经变是这种形式的早期阶段。盛唐第 148 窟东壁两幅大型经变画中可以看到将佛殿用回廊连接配殿以及后院，组成纵向院落组合。南壁上部弥勒变中，佛殿与回廊连接配殿也连接两侧院组成横向的三院组合。

佛殿与双楼　早期壁画中佛寺建筑群的主要表现形式，

绘于窟顶西披上，正中一座五间或七间大殿，单檐歇山顶或庑殿顶，大殿两旁各立三层或四层的楼阁，腰檐与楼顶通作歇山式屋顶。隋代第419、423窟于窟顶西披位置绘出。唐代以后双楼逐渐前移成品字型布局。

佛殿与斜廊　佛殿与回廊的另一种变化形式，它可以将佛殿的地位提高，盛唐第45窟观无量寿经变中的佛寺两旁就是斜廊的形式。青海乐都县一座建于明代的瞿昙寺在其大殿两旁就有斜廊环抱，可见壁画中的建筑形式不是画工们随意杜撰的。

佛顶尊胜陀罗尼经变　敦煌佛教经变画之一。莫高窟现存8铺，有盛唐第23、31、103、217窟4铺，晚唐第156窟1铺，宋代第55、169、454窟3铺。此经变按构图样式可分成3个类型，即绘于洞窟南壁绘有经序内容的通壁式、绘于窟顶省去经序内容的通壁式，以及以条幅画形式表现经中情节的三联式。

佛幡　佛教绘画的一种。又名幡儿、帧画，敦煌藏经洞发现的一种佛教用具。画在单幅绢、帛、棉布上或刺绣于棉毛织品上，镶装边饰，后以衬布和纸装裱，上置挂带。稍小的，下方还饰以穗带，成为可以悬挂、折叠的画幅。为佛教壁画发展到卷轴画的过渡形式。敦煌藏经洞出土佛幡内容多为佛、菩萨、天王等画像及密宗曼荼罗等，当时称"功德画幡"，便于佛教徒供奉、祈福、供养瞻拜之用。

佛光图案 敦煌石窟中绘塑于佛、菩萨、弟子身后及维摩诘故事画中的国王、长老等身后的图案（包括壁画、彩塑等）。有单层或多层圆形、椭圆形、桃形等图案，边饰用叠染、晕染等形式组成，以表示佛、菩萨身放祥光，在佛教术语中又称常光相，其内容又分为头光、背光两种。图案纹样在北朝主要以多层不同造型和色彩的火焰纹边组成，间有忍冬纹。早期千佛和佛本生故事、因缘故事中的佛光多以同色之浓淡叠染，不绘边饰。隋代佛光除了绘火焰纹外内层又加绘忍冬和卷草纹边饰。唐代除保留外圈绘火焰纹外，有的也只有头光上方绘少许火焰纹，有的火焰纹完全消失，而多种团花、宝相花、卷草、石榴、葡萄、禽鸟等纹样出现在佛光中，造型形式、边饰多样化，色彩亮丽。五代宋以后随着绘画风格的变化，佛光也变得较为简单，多以单色浓淡晕染，或多色彩环形叠晕。

佛教的日月神 壁画中反映密教十二天的日天、月天图像。日天又称宝意天子，为观音菩萨之化身，来源于古印度太阳神苏利耶。月天又名宝吉祥天，为大势至菩萨的化身，来源于古印度月神苏摩。莫高窟第144窟千手千钵文殊经变，日轮中菩萨戴佛冠，身上璎珞飘带，有项光、背光，双手合十，结跏趺坐于五马座上。月轮中的菩萨形象与日天同，结跏趺坐于五鹅座上。日天月天与外来的日月神比较接近，不同之处是马车、鹅车为马座、鹅座，均结跏趺坐，突出了佛教色彩。

佛寺建筑　又称寺院建筑，是壁画中数量最多的群体建筑，最早出现于隋代，多为一殿二楼的组合形式，如第419窟、423窟弥勒变中兜率天宫建筑，初唐逐渐演变成"凹""凸"形的院落式布局，如第338窟天宫建筑。盛唐出现了以横向排列或纵向排列的多重院落组合。第148窟弥勒变中兜率天宫即为横向的三院，而观无量寿经变中的建筑就以纵向方式透过廊子看到另一重院落。中、晚唐直到五代、宋、西夏，在佛寺前布置了三门，围合成完整的院落。其中中唐第361窟，五代第61、100窟，西夏第3窟中都可看到由楼、长廊、圆亭等组合而成的三门形象。从隋代到西夏的佛寺建筑，充分表现了寺院内单体建筑由少到多，由简到繁的发展历程。各时代的佛寺中，又因各自不同的建筑风格，利用楼、台、亭、阁、小桥、飞虹、回廊等多种建筑形象在佛殿、配殿间巧妙搭配，增强了建筑的空间感，也使众多的佛寺建筑各具特色，无一雷同。

F

佛塔　塔是随佛教传入中国的一种建筑类型。壁画中早期的佛塔还保持塔的本意，即埋藏佛或高僧舍利的墓塔，以后逐渐演变为供奉佛和菩萨的场所。塔传入中国后。与中国的传统建筑和文化相结合，形成的塔的造型，远远超出了它原有的形式与本意，仅壁画中反映的塔就可分出许多类型。以造型分类大致有：①窣堵坡式塔；②殿阙式塔；③亭阁式塔；④楼阁式塔；⑤密檐式塔；⑥金刚宝座式塔。若以建筑材料分类又有：石塔、砖塔、土塔、木塔、砖石混合塔、砖木混合塔等。壁画中的塔包罗了中国大地上现存所有的古塔建筑类型，如五代第61窟五台山图中就有各种类型的塔22座。据不完全统计，莫高窟壁画中绘出各类型塔的数量约有200座。

佛塔病害　佛塔上发育的病害类型主要包括裂隙、空鼓、饰面层脱落、表面龟裂、酥碱掏蚀、构件残损、台基破损开裂、泥痕、人为刻画等。

佛塔保护加固　自20世纪80年代以来，对莫高窟周边的佛塔开展过多次的保护加固，系统性的保护主要包括1999年对佛塔空鼓、饰面层等的保护修缮和2021年以来以酥碱区域加固、构件残损修复、裂隙充填封护、空鼓灌浆、门窗替换、台明替换、饰面层修复和排水等为主的全面保护修缮。

福地石窟　位于陕西省宜君县城东 15 千米的福地水库附近。西魏大统元年（535 年）开凿的佛道合一石窟，坐西面东，高 2.1 米、宽 2 米、进深 1 米，方形平顶，后壁中央开尖拱形大龛，龛中造释迦牟尼结跏趺坐像及左右胁侍菩萨。龛左下方雕一供养人在博山炉前跪拜礼佛，旁刻有"香火□"的题记。大龛左右壁面雕有供养人骑马、手持芭蕉扇的老君像，以及火焰纹、莲花、鸡、鹿、蟾、双鹤、蛇、猴、山峦等。

福惠等修窟约　敦煌造窟契约文书。S.3540，无标题，署有"庚午年正月廿五日立凭"。记比丘福惠、录事李延会、押衙阎愿成、押衙马文斌等 18 人，发心于宕泉修窟一所，并有遵守事项及凭验依据。庚午年为公元 970 年，立约所修窟疑为莫高窟第 449 窟。

福田经变　敦煌经变画之一。莫高窟现存 2 铺。根据西晋法立、法炬译《佛说诸德福田经》绘制。见北周第 296 窟、隋第 302 窟。壁画构图为横幅式，内容有"植果园""施清凉""立佛图""画堂阁""施医药""旷路作井""架设桥梁""道旁立小精舍"等。

幞头　又名巾子、折上巾。中国古代男子常见服饰，可以代冠，属常服。最初只用皂帛一幅，从额上向后裹发，后加四带，用布一方，前二角缀二大带，后二角缀二小带，用以裹头扎巾之用，又有以漆纱、桐木为之。幞头之后垂二脚，既具时代特征，又显身份等级，敦煌石窟壁画中反映得十分清楚。隋唐壁画人物所戴幞头均为软脚或垂脚幞头，两带垂于脑后，长短不等，号软裹，如莫高窟第45窟观音普门品与观经中男像均头裹幞头。晚唐流行翘脚幞头，似牛耳略硬，系以桐木等插入而为，如莫高窟第196、12、9等窟供养人像所戴。到五代开始基本为直脚幞头，即乌纱帽，长而平伸于两侧，如莫高窟第98、454、61等窟所见曹氏官宦供养人像所戴。

幞头靴袍　古代男子服饰。常见于敦煌隋唐五代壁画，是隋唐时代吸收西北各族和中亚各国"窄袖长袍"之服与幞头相结合而形成新服饰，属百官之服。隋代第281窟疑似大都督王文通的供养人着窄袖黄袍，幞头，乌皮靴。唐代第341、329、323、217等窟供养人均着窄袖长身袍，幞头，乌靴，革带。归义军时代张氏、曹氏男供养像及其他如第220窟翟氏、第196窟何姓男供养人均着此服，袍衣有黑、红等色。

复原临摹　壁画临摹技法术语之一。为敦煌壁画临摹的专用术语，即在整理临摹的基础上，将已氧化变色的色彩恢复原貌，临于纸或绢、泥板、墙面等敷着体上，使画面的形象完整，色彩艳丽，似初绘时的效果。

富楼那 全称富楼那弥多罗尼子，简称富楼那，意译满慈子。佛经记，他是迦毗罗婆（即迦毗罗卫）国人，国师婆罗门之子，从母得名，曾与朋友三十人出家修行，释迦牟尼成道后，遂前往皈依，为释迦十大弟子之一，因善于分别义理，广说佛法，辩才著称，故称他"说法第一"。敦煌唐以后诸多石窟的佛龛中有画像并题名榜。

覆斗形窟 又称殿堂窟，平面大多为方形，窟顶中心凹入的部分呈方形，四个梯形披面形如倒斗而得名。它最早出现于北凉晚期第272窟，以西魏第249窟最典型。这种覆斗形殿堂窟内部空间开敞明亮，适于信徒瞻仰礼拜，因此在石窟修建中，贯穿始终，是敦煌石窟中最多见且延续时间最长的一种石窟空间形式。这种形式大多在正壁开有佛龛，塑佛与菩萨数身，窟顶中心绘华盖藻井，四披面绘各种经变、千佛或图案，早期以绘千佛为多。

覆库 即检点仓库库存，敦煌僧团在莫高窟、榆林窟和西千佛洞都设有储存各类物品的仓库，每年岁首或年末都要进行清点工作。敦煌文献中对此有较多记载。

G

溉灌像　榆林窟第19窟五趣生死轮回图的第四圈（由内向外），通过一圆形水罐，罐的后者是前世的形象，即死者出足。罐的前者是今生的形象，即生者于罐出头。画面反映一匹马转生成男身，一条蛇转生成女身。水罐是佛法和本身善恶行业的象征。

钢惠　亦作钢慧，五代宋初敦煌僧人。宋初为沙州都僧统，辨证大师，赐紫袈裟。乾德四年（966年）助节度使曹元忠及夫人翟氏重修北大像，事见《曹元忠及翟氏重修北大像记》。莫高窟第443窟禅僧像拟为钢惠塑像。

高昌石窟群　位于新疆维吾尔自治区。包括伯孜克里克石窟、吐峪沟石窟、雅尔湖石窟、胜金口千佛洞以及吉木萨尔高昌回鹘佛寺石窟。开凿于东晋至元代，多以凿与砌相结合的方法建造。洞窟形制以支提窟、毗诃罗窟为主，窟内塑像已损，现存有残壁画。题材多绘飞天，另有头着幞头长飘带的星宿图和头上有桃花形髻或花冠的回鹘供养人像、蒙古骑士装束的供养人像以及山、水、朵云图案纹饰。石窟群中有突厥文、回鹘文题记。其中以伯孜克里克石窟壁画保存最为完整。

高崇德　西夏甘州人，小名那征，乾祐十四年（1183年）在榆林窟画密宗壁画，榆林窟第19窟后室甬道北壁墨书题款记此事，所绘密宗洞窟疑为榆林窟第29窟，该窟有浓郁密宗色彩与风格。

高古游丝描　中国画和敦煌壁画线描之一。形同"行云流水描"，纤细而柔韧，连绵不辍，为东晋画家顾恺之首创，其后流行于画界。西魏第285窟东西二壁的壁画，造型秀骨清象，褒衣博带，线描周密，紧劲连绵，设色敷染容貌，以浓色微加点缀，不求晕饰，更使其飘飘如仙，皆顾恺之"洛神赋图"之风。另第249窟窟顶的白描画"群猎图"是敦煌壁画中"高古游丝描"之典型。

高岭石　壁画中普遍使用的颜料之一，又名白土、瓷土。质纯者为白色，含有杂质而被染成微带浅红色、浅褐色、浅黄色、浅绿色、浅蓝色等。北凉、北魏、西魏、北周、隋、唐、五代、北宋、西夏、元、清等历代都有应用，常与白垩、滑石、石英等白色颜料混用。

高台建筑　壁画中单体建筑类型之一。最早见于北周，盛于唐代。多用方砖贴面。高台建筑盛行于战国秦汉，由夯土筑成。《释名》说："台，持也，筑土坚高能自胜持也。"历史记载中有很多有名的台。壁画中初唐第431窟十六观中有四个高台建筑，其中有三台并峙，中间一台较大，表面有方砖贴面，用拱形虹桥相连左右两台，三台均下大上小，收分明显。高台平坐上建三间殿屋，曹魏时邺城有名的铜雀三台，就是以"飞陛"联系于三台间。盛唐第217窟十六观中是一组高台建筑群，曲折的高台上用不同色块表示方砖贴面，高台边沿平坐上建三座三间单层殿堂，台中间殿屋高出边沿殿屋，好似二层楼阁。寺院建筑群中，高台建筑常见的形式为钟台或藏经台，对称布置于大殿前或大殿后。盛唐第217窟钟台布置在大殿前，中唐第158窟钟台布置在大殿后，这时的钟台造型精巧华丽，下层为台，上层攒尖屋顶上起塔刹，刹杆上相轮宝珠齐全，并系四链于檐角，将古老的传统建筑形式与西域东传的佛教建筑巧妙结合为一体。

阁道　又称复道，其形式是下层立柱，柱头斗栱平坐上再建殿屋，由此成为阁，由很多的阁相连成长廊，就是阁道或复道。《营造法式》中将平坐解释为阁道、飞陛或飞阁。是建筑物之间的一种双层通道廊，壁画中仅见于盛唐第446窟南壁。以后的廊桥是由汉唐以来复道制度的发展，将木支柱改为石桥墩而成。

各国王子举哀　敦煌壁画涅槃经变情节之一，绘于莫高窟第158窟，实为汉族与各少数民族举哀习俗的记录：画面上出现四位少数民族，削鼻者，下坐，右手持匕首在削自己的鼻尖；刺胸者，下跪，左手挂膝，右手持长剑刺入自己的心窝处；割耳者，站立，左手拉左耳，右手用匕首割耳；剜心者，站立，左右手各持一短刀，正向心窝处动手。他们脸上流露着万分沉痛的表情，在匈奴、吐蕃、回鹘等国均有这种习俗的记载，认为这种行为使生者与死者保持血肉联系，是一种最诚挚的哀悼方式。

工笔画 亦称工笔、细笔、细密画，中国画和敦煌壁画技法之一，也是中国画之一种，属于工整细致一类的密体画法或画种。工笔画包括人物画、山水画、花鸟画以及宗教壁画及墓室壁画。又有工笔重彩和工笔淡浅彩之分，与写意画对称。敦煌壁画即为中国古代工笔画之集大成者。

工匠 敦煌石窟艺术的创造者。他们担负着从石窟选址，空间开凿，墙壁整修敷泥，绘制壁画，塑像制作上彩，窟檐、栈道、阶梯等各项工种的制作与修建，涉及的工匠主要有"打窟人""泥匠""画匠""画师""画博士""塑匠""塑师""都料""木匠"等。他们的社会地位低下，石窟内除少数级别较高的工匠有虚设的官衔，在墙壁上留有他们的供养像及题名。其余大多数工匠的生活，只在敦煌遗书中，从供给各工匠饭食的情况中有所反映，如"泥匠工人，早上馎饦，午时各胡饼两枚；供七日，食断"。敦煌遗书中保存的《塑匠赵僧子典儿契》正是敦煌石窟艺术创造者的生活写照。

供养菩萨　除上首大菩萨外，凡无具体称谓而作礼佛或供养状的菩萨，均可称之为供养菩萨。他们或手持供品、或手持鲜花、或手持器乐、或双手合十、或单腿胡跪、或双腿跪地，都面向主佛和上首大菩萨做礼拜和供养状。敦煌石窟历代均有绘塑，其中以莫高窟十六国第272窟，初唐第220、431、401等窟，盛唐第328窟、元代第465窟内所绘最具特色。

供养人　出资建窟的窟主或施主等，将自己的像请画工绘于洞窟内，称其为供养人。莫高窟的供养人像有地方长官、僧尼、名流、平民百姓、工匠、奴婢等各类人物。有钱的画大像，钱少的画小像，甚至可以捐几个小钱只在墙壁上留一行名字者。供养人像大多绘于甬道两侧及主室东壁门两边，如果人数很多，可以向主室南北西壁发展。第428窟由于供养人数多达1186身，所以主室四壁下部分三行排列。

供养人画像　敦煌壁画专用名词，人物画的一种，属肖像画之列，专指佛教及墓室主人形象画。在敦煌壁画中特指出资营造石窟的功德主，即窟主及其家族或结社合资造窟者的画像。

供养人乐伎 敦煌壁画中的伎乐人，即供养人中的乐伎，又称供养乐伎。这种乐伎规模较小，只具象征意义，但比较直接客观地反映各个时代民间的世俗乐舞生活。如北凉第275窟，为最早期的供养人乐伎图像，有两个吹大角的供养人乐伎，类若后来出行图中画角，但无花纹，角体呈瓠弯形，这种角显然不是兽角，似为皮革、木质合成之物质，后面还有海螺及竖笛演奏者。北周第297窟有一组供养伎乐，为树下乐舞图，舞者为男性二人，另有三人乐队伴奏，不加修饰，即兴表演，浓郁的西北地区乡土气息。隋代第390窟之东南隅绘制了一组乐舞伎，其中乐伎八人，舞伎三人，全为站立表演之女子乐舞，乐伎高髻细腰，长裙委地，披有巾带，体态修长娟秀，舞态轻盈。此图面积不大，但构图精美，具有装饰性风格。所用乐器，最前者奏方响、箜篌，有两面琵琶并列，后排为排箫、横笛等。

供养人题记 敦煌壁画专用名词，是中国绘画的款识、榜题的一种，记录和标明供养人（窟主、施主）的姓名、身份等，大多数是写在供养人的旁边。莫高窟在长达十多个世纪的壁画资料中现存汉文供养人题记1570多条，这是敦煌历史及石窟建窟历史的宝贵资料。

宫城 壁画中表现王者居住的地方。早期多在故事画中出现，如第285窟五百强盗成佛中绘出的宫城有殿堂、围墙、门楼，第296窟须阇提本生故事中的宫城平面近方形，前后城墙中部有城门，上置城楼，城墙一周施雉堞，城中有楼阁房屋。唐代多在《观无量寿经变·未生怨》中表现，如第148、172窟，以竖条幅的形式反映多重的院落，高大的城墙，城墙上门楼、角楼等防御措施逐渐加强，院内草木扶疏，亭台水榭，王者气派十足。晚唐、五代的宫城多出现在屏风画的佛传故事里，如晚唐第12窟、五代第61窟都有宫城的形象。宫城是壁画中城的重要组成之一。

宫殿 壁画中帝王的居所，多绘于故事画、观无量寿经变及佛传故事中，因时代不同而各具特色。如第257窟九色鹿中，国王与王后坐于宫殿内，此殿为一大间，下有台基，一

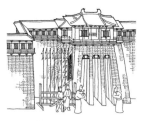

**盛唐第172窟南壁壁画
未生怨故事中的宫门**

侧有厚墙，墙中有壁带，檐下张挂帷幔，悬山屋顶，殿前门楼高耸。唐代第431、172、148窟中，在观无量寿经变的未生怨中将宫殿表现得较为具体、完整，有宫城、宫门、回廊、殿堂、花园、水榭，是宫

殿建筑画的精品。五代第 61 窟西壁及毗邻的南北壁下部佛传故事屏风画内，亦有宫殿建筑群，可以从中看出宫城、殿堂的概括布局。

共命鸟石榴卷草纹 壁画卷草纹样的一种。共命鸟又名迦陵频伽，人首鸟身。唐前期出现于净土变中，中晚唐时多出现于卷草纹边饰图案中。共命鸟以各种各样的舞姿摆弄着不同的乐器，使严谨繁杂的构图、庄严沉闷的内容显得活泼轻松俏丽。以第 159、156 窟中晚唐边饰的共命鸟石榴卷草纹图案为最佳。

勾栏百戏 敦煌社会生活壁画内容之一。其形式为用条状粗围成的三角形帷帐，于栏内表演寻橦，俗称爬杆、顶杆。莫高窟第 85 窟楞伽经变中有三名童伎着百戏衣，一人头顶竿，一人在竿中部单腿侧立，一人在竿顶亮相。三角形勾栏外两侧，左侧为乐伎演奏，右侧为说话人，栏前围坐观众。第 61 窟的画面与此基本相同，只是乐伎人数较多，在栏外围成半圆形，各持乐器表演。勾栏百戏是一种非常灵活便利的民间游艺性演出方式。

勾勒 中国画、敦煌画技法名。用笔顺势称勾，逆势称勒，也有以单笔为勾，复笔为勒，以及称左勾、右勒的。通常指用各种不同的线条勾描各种不同物象的轮廓，不分顺、逆、单、复，称为双勾。亦指绘画作品的初稿，近似较工细的白描（着色前的轮廓线稿）。

构图 造型艺术术语。指绘画、雕塑、工艺品、戏剧、舞蹈等创作时依据题材和主题思想的要求，将所要表现的形象、造型等加以适当布置，构成一个完整协调画面的艺术整体，使画面与立意相统一。敦煌壁画中有以主大宾小的主体式，以故事情节的连续性为重，横向发展的长卷式，叙事向上下延伸的主轴式。经变画中既突出大场面主体，又要突出多方内容的主体式并两侧附以立轴式形成一个整体统一的三联式，以多幅长、宽相同的主轴式并列叙事的屏风式等。

骨法用笔 中国画术语。古来中国画以线造型，书画同源，又称书法用笔，敦煌壁画多用之。

故事画乐伎 敦煌壁画伎乐飞天之一。指在壁画中一些有故事情节的乐舞图像，以人世间的事物表现佛教天界佛国，其中伎乐天和伎乐人交织在一起，较真实地反映当时民间乐器演奏习俗。乐伎规模小、一组为一二人，表演场合是日常生活中即兴式表演，其类型主要有法华经变之火宅乐舞图、佛传之太子娱乐图（五欲娱乐图）、东方药师变之十二大愿乐伎图和九横死乐伎图、报恩经变之树下弹筝等，另有一些故事画插入有弹琵琶、抚琴、弹筝或持其他乐器演奏的图形。

顾姑冠　顾姑，原系蒙语，汉语亦作罟罟、固姑或篐，系蒙古贵族妇女特有之礼冠，是一种用桦木制成的长冠，高二尺许，外表用皂褐笼之，富贵者包以红绢，上用四五尺长的柳条或铁打成枝，外裱青毡，并用翠花、彩帛及野鸡毛饰之。元朝妃及大臣之正室，皆戴此冠。莫高窟第332窟及瓜州榆林窟蒙古女供养像均有呈现。

瓜沙古事系年　敦煌历史文书。P.3721、S.5693，系节度孔目官兼御史中丞杨洞芊所撰，撰记时间不明。所记瓜沙二郡自汉高祖至唐开元年间史事系年。其中记唐开元九年（721年）莫高窟南大像（今第130窟）始建事。

观无量寿佛经变　敦煌经变画之一，简称观经。唐、宋时期根据《观无量寿经》的内容，将《无量寿经》和《阿弥陀经》合为一体，在巨幅说法图两边绘"未生怨""十六观"的故事，"未生怨"讲频婆娑罗王为求太子造杀孽，后被其子篡位又欲弑父的因果故事，"十六观"讲善男信女们通过观想等了解和"往生"西方极乐世界之事。莫高窟、榆林窟、西千佛洞等处现存此经变近90幅。

观音井　敦煌名胜，位于莫高窟对面的山谷中，有泉出水，质极佳，甘甜沁心。相传观音菩萨经此上空时，净瓶滴水落地成此井。现井上建亭，井旁有寺庙等，均为现代建筑。

观音菩萨 菩萨名，本译作观世音、光世音，因唐人讳"世"而称观音，正译观自在，也称阿弥陀佛的左胁侍菩萨，为"西方三圣"之一。为佛典所描述"慈航普度，大慈大悲，救苦救难"的大菩萨，因此广为佛教徒和世人所爱戴。按佛教的说法，当人们遇到灾难时，只要诵念观音名号，菩萨则"即时观其声音"，前往拯救解脱，有求必应；同时，他还可以根据念他名号者的不同根器而显示三十二应身前来拯救世人。因此又有六观音、七观音乃至三十三观音等不同的称号，其主体称圣观音。相传，他显灵说法的道场是中国浙江省的普陀山，生日是夏历二月十九日，成道日是六月十九日，涅槃日是九月十九日。敦煌历代石窟都有大量精美的观音造像和壁画，其中以莫高窟第45窟南壁盛唐时期所画观音普门品最为完备。

观音三十二应身 据《楞严经》卷六载，观世音菩萨为拯救苦难的众生，能示现三十二种应化身，以为之说法和救护。这三十二应身是：①佛身；②独觉身；③缘觉身；④声闻身；⑤梵王身；⑥帝释身；⑦自在天身；⑧大自在天身；⑨天大将军身；⑩四天王身；⑪四天王太子身；⑫人王身；⑬长者身；⑭居士身；⑮宰官身；⑯婆罗门身；⑰比丘身；⑱比丘尼身；⑲优婆塞身；⑳优婆夷身；㉑女王及国夫人身；

㉒命妇大家身；㉓童男身；㉔童女身；㉕天身；㉖龙身；㉗药叉身；㉘乾达婆身；㉙阿修罗身；㉚紧那罗身；㉛摩睺罗伽身；㉜人身或非人身。其中二、三重复，十、十一、二十一皆为合身，而非一身。莫高窟第45窟、西千佛洞第15窟有较详描绘。

观音崖造像龛　位于四川广元市城区东南15千米处的盘龙乡嘉陵江南崖的云罗山，又称五佛崖。开凿于唐代公元751年至833年，因观音的造像较多而名。现存造像108龛，7000尊左右，题材有"说法图"和"观音"、一佛二菩萨、一佛二菩萨二力士、一佛二僧二菩萨二力士、一佛一僧、一佛一僧二菩萨二力士二天王、天龙八部等，多数造像保存完好。雕像龛形制有方形单口龛，矩形单口龛，双叠室龛等。

棺上立鸡　敦煌社会习俗壁画内容之一。即于出殡的辅车顶端立一鸡，莫高窟第148、61窟出殡场面有绘丧葬用鸡，其意有：①鸡有辟恶的功能，中国汉代以来，凡去邪除恶的祭祀多以鸡作牺牲；②"鸡"与"吉"谐音，取祥瑞之意；③佛教以鸡为西方神兽，居住在西方颇梨山誓愿窟中修持，棺上立鸡寓意把亡灵引向西方往生净土，民间称"引魂鸡"。

盥洗　敦煌佛教生活风俗壁画内容之一。画面所示主要有两种方式，一是个人盆洗，包括洗脸、洗头及揩身，以高脚束腰圆盆盛水，还可用水囊盛净水浇淋。莫高窟第146窟劳度叉斗圣变中，反映外道洗心革面皈依佛教的景状，各人在进行盥洗。二是水汤浴，在室内浴池或浴槽，可同时供多人淋浴，如莫高窟第302窟福田经变中便出现一规模不大的浴池，而且有排水设施，如专供僧人使用者，名曰温室。

广插簪钗梳篦 古代妇女头饰。即在妇女头髻上插有簪子、钗子、梳子、篦子等各类饰具，使头饰显得繁丽缤纷，颇具装饰效果。莫高窟盛唐第130窟都督夫人供养像，发髻正前方插一带长柄小头梳子，右鬓侧插一小圆弧形篦子。另一娘子在正中偏右髻上插一小圆弧形篦子，篦子上均贴画有各色小圆点饰，是为单插梳篦。归义军时期洞窟中所见张氏、曹氏女供养像头饰为广插簪钗梳篦，多顶戴凤冠，发髻左右两侧插钗子、簪子，并间插花枝，梳篦正插于前额上方，分单排、双排两类。

广元千佛崖 位于四川省广元市城北5千米处的嘉陵江东崖，长417米的范围内，分为南、北两段，现存54窟，819龛，大小造像7000余躯，建造于北魏、西魏、北周、隋、唐各时代，洞窟形制多为马蹄形平面与三壁三龛式窟形，造像题材，主要有释迦、弥勒、药师、观音、地藏、如意轮、文殊、十一面观世音等。显密双修是唐代广元石窟的显著特点之一。

裹肚 又名肚兜、抹肚，敦煌壁画儿童服饰。其形制是仅在肚子部位裹一块缝制扁圆或葫芦形衣物，以带子系于脖颈或后背。莫高窟初唐第 220 窟阿弥陀净土变中童子，第 329 窟龛饰化生童子，盛唐第 23 窟药草喻品中堆土塔二童，均裹肚兜。

H

海螺 吹奏类胴腔乐器，也称贝、梵贝，系天然之海螺，磨穿为吹口，吹气后螺腔发音，音量甚大，吹之长鸣，但只发一音。敦煌壁画中，具有三种用途：一作乐器，见于天宫伎乐、飞天伎乐，或经变第 112 窟乐队之中；二作护法神手持仪轨，礼器之象征物；三作供佛礼品。早期洞窟北凉、北魏为乐器，后因发音简单，不宜乐队合奏而逐渐被淘汰，作为法器供品之用。

**莫高窟第 112 窟
海螺（中唐）**

海晏 唐末五代沙州人，俗姓阴，

阴季丰长子。出家居乾元寺，任河西应管内外都僧统，敦煌遗书存其主政沙州僧务文献多件。莫高窟第138、139窟拟为海晏所修功德窟及影堂。

汉长城与烽燧　敦煌境内有汉长城遗址。最早修筑于敦煌郡设置初期，魏晋时继有修建。从敦煌与交界处起，沿疏勒河南岸到阳关、玉门关都有汉长城的遗址，其中玉门关西北方向的一段保存最完好，高度3米以上，墙垣由沙土夹芦苇压造成。沿长城有烽燧70余座，大多是底宽上窄的方柱体，由土坯夹柴草筑成，其中西湖一带有保存完整的烽燧，有的高达10米以上。烽燧（俗称烽火台）原为报警而修筑，从遗址推断，敦煌烽燧既是瞭望台，又是商旅过往的给养站。

何员住　唐代敦煌人。世为纸匠，都料级。莫高窟第196窟何法师窟有供养像并题名，称"故父"，因此可知为窟主何法师之父。

河西节度使尚书镌大窟发愿文　敦煌遗书造窟发愿文稿。编号P.2762，残存十四行，无标题、撰写人及年代题记。据考该文稿是五代后梁时期河西节度使尚书曹议金在修造今莫高窟第98窟开工典礼法会上使用的一件发愿文，其成书及所记第98窟的开工时间当在公元914年后不久。文中又记述了当时社会动荡的背景与祈福之愿，符合曹议金掌权初期瓜沙归义军政权内忧外患的局面。

河西节度使司空造大窟功德记　敦煌造窟文书，编号P.3457，首尾全，计25行，无标题、撰写人及题记。文书是用于建窟落成的法会，记河西节度使司空在莫高窟建窟及该窟内所绘壁画的详细内容，如释迦四会、贤劫千佛、报恩经变、法华经变等计21项。该文成书于公元941年，节度使司空为曹元深，文记所建窟有今莫高窟第454窟、256窟二说。

河西节度使尚书造大窟绘上层功德记　敦煌遗书造窟功德记，P.3781-1。首缺，存30行，无标题、撰写人及年代题记。据考文中所谓"妆画上层"指绘制今莫高窟第98窟窟顶壁画，壁画内容计有十方诸佛、贤劫千佛、护法四天王、侍从龙天等，文书所记与今存洞窟壁画内容相符，P.3781是在第98窟完成窟顶壁画后举办的"福会"上的功德祈愿文。其成文时代在五代后梁时期，即公元920年之前。

河西石窟　指甘肃省河西走廊的诸石窟群。河西走廊包括今武威、张掖、酒泉、玉门、瓜州、敦煌，因处黄河以西，又因地处祁连山和合黎山、马鬃山、龙首山等南北夹峙连成东西长约1000千米、南北宽数千米至百余千米的狭长地带而名。河西石窟主要包括敦煌莫高窟、西千佛洞、瓜州榆林窟、东千佛洞、玉门昌马石窟、酒泉文殊山石窟、武威天梯山石窟、张掖马蹄寺石窟群等，时代为十六国至元代。

贺喜的客人 敦煌社会生活风情壁画情节之一，表现参加婚礼的客人送物、致礼以求祝贺的场面。如莫高窟第12窟一对夫妇前来祝贺，女客怀抱包袱，男客抱拳作揖。榆林窟第20窟三位贺喜的客人抱拳作揖，并面向新郎新娘致贺词。敦煌婚礼有"咒愿"之俗，即祝愿。另有人被婚礼的魅力所吸引，站在屏障外面偷看，如莫高窟第445窟的婚礼图，画家的笔触就捕捉了两位妇女窥视的镜头，使画面妙趣横生。

莫高窟第61窟
横笛（五代）

横笛 吹奏类横管乐器，即今日流行之竹笛。为吹奏乐器中主要乐器，敦煌壁画现存北凉至宋元历代绘500余只。其形制、挖孔及演奏形式，都与今日传世横笛相似，主要特征是不用笛膜。早期洞窟绘制简单，仅用一条黑线表示，后来逐渐丰富、具体。有的还绘有彩色花纹可看出挖孔及规格，一般是六孔。在乐队中居重要的领奏地位，凡有乐队，一般都有横笛，有时一组乐队连用数支横笛，是为增加音量，突出高音声部之音响效果。另莫高窟第159窟绘有一只与横笛连奏之带花纹横笛"篴"，两端封闭，全身髹漆，为敦煌壁画所仅见。

烘托 中国画技法名。其法有两种：其一是由晕染发展而来，与晕染不同的是指用水墨或淡彩在物象的外廓烘染衬托，使物象明显突出。古时多用于白描人物画及山水画，如烘云托月、画雪景、雨景、雾景、城郭、流水、白色的花鸟等，一般采用外罩、围染的烘托方法。但敦煌壁画中极少见此法。其二是绘画构图中突出主题的一个法则，即疏与密，或大与小，或静与动的相互烘托，如敦煌北朝的壁画，多以形象小而密的千佛烘托造型，大而疏的佛说法图，用随意而又生动的乐舞、飞天等烘托静坐或直立而又庄重的佛像等。

虹桥 壁画中的一种木构拱形桥，桥上有纤巧华丽的栏杆，使造型显得轻盈秀丽。莫高窟第205窟北壁绘出水中的虹桥飞跨三阁，第148窟东壁南侧净土变绘画中有很多虹桥的形象，有用于角楼上的，有用于平台间的，美丽的弧线穿插于殿、堂、楼、台之间，为庄严的寺院建筑群于肃穆中增添了生动的气氛。

洪䛒 亦称吴僧统、吴和尚，唐沙州僧人。俗姓吴，父绪芝，母南阳张氏。早年出家，谙蕃语，传译佛书，精研唯识，知大蕃沙州释门都法律兼摄教授十数年，后任释门都教授。蕃历水鼠年至木虎年（832—834年）于莫高窟开七佛堂，即今第365窟，坛下功德文中有其题名。又建有法华无垢之塔，也建有"吴和尚窟"（第16窟）及禅室（第17窟）。大中二年（848年）力助张议潮起事，议潮遣使入朝奉表，晋亦派弟子悟真从行。大中五年（851年），唐宣宗敕为京城内外临坛供奉大德，充河西释门都僧统，摄沙州僧正，法律三学教主并敕黄牒。约卒于咸通三年（862年），族人及弟子就禅室为影堂，内塑真容并立《告身碑》。其事迹见于《吴僧统碑》《洪晋告身碑》及有关寺院文书记载。敦煌藏经洞文献中编号S. 1686、S. 1947、S. 1519、P. 2913、P. 4640、P. 4660 等都对上述内容有所记载。

洪晋碑　唐代莫高窟碑记，又称洪晋告身碑。石碑高149厘米，宽66厘米，立于莫高窟第17窟（即藏经洞）西壁。碑文内容包括有关洪晋的告身、诏书和信物名牒等三个方面，三部分内容在碑上依次分上、中、下三段排列布置。其中上段刻唐敕河西都僧统洪晋及沙州释门义学都法师悟真告身，中段刻唐宣宗诏书，下段刻唐宣宗所赐洪的信物名牒。该碑刻立于唐咸通三年（862年），与洪晋圆寂时间相当。

后土之制　敦煌社会风俗壁画内容之一。后土即地神、土神，在择得墓地后，孝子必须持酒脯、纸钱等物，于域西南角立坛设祭，表示购买此地，设墓安厝。榆林窟第19窟地狱变之茔域内的坟后一角便设有祭坛，坛上尚有袅袅香烟，以祈后土护佑亡灵。

胡粉　即铅粉（铅白），它既是一种高级化妆品，亦是石窟彩绘、幢幡等纺织品绘画常用的颜料，是迄今为止中国和世界上最早的人造颜料之一，敦煌石窟北凉、北魏、隋、初唐各时代的壁画、彩塑中都有应用。

胡人服饰　敦煌壁画中大量的西域各国及西北各民族人物服饰，集中反映在唐五代壁画维摩诘经变之各国王子画像中，以及隋唐五代《法华经变·观音普门品》中胡商、涅槃经变之"各国王子"等画。这些人物服饰中，有穿盘领窄身小袖袍、腰束革带，脚穿乌皮长靴者，有戴各式毡帽、绣帽、毡笠、浑脱帽，或头束缯彩者，疑为葱岭以东疏勒、龟兹、吐谷浑、高昌等地人物；又有多着卷领窄袖长袍或披毡裘，穿豹皮靴，戴卷檐毡帽者，有项饰瑟瑟珠，双耳垂肩、深目高鼻、浓眉虬髯者，疑即西域昭武九姓诸国人物；又有高鼻深目、虬髯卷发、赶驴赶驼的胡商，或穿窄袖袍，或穿贯头衫、乌靴，即来自中亚、西亚的商人；另外还有面部扁平，眼大唇厚，鼻孔朝天，肤色紫黑，卷发，裸体跣行，斜披锦巾，穿短裤，绫锦缠腰，项饰宝珠璎珞，手脚均环钏的南海诸国人物，如南海昆仑王等。

胡旋舞　壁画乐舞，见于第220窟。其阵形为：舞者四人分左右两组，每组的两人，呈相对旋转而舞之状，是为旋舞，又因此舞以女子为主，来自西域，故名"胡旋舞"。此舞传入内地，风靡于盛唐，对唐代文学艺术产生深远影响。

虎纹　敦煌装饰图案纹样的一种。源于中国传统图案，早在殷墟出土的青铜大钺上，后母戊方鼎的耳上就出现了虎纹，通常取虎的侧视形象。另在中国的建筑上如殿堂屋脊上也常出现。而敦煌壁画其纹样中最早出现于北朝，如第428窟北周之窟顶平棋边饰图案中。

护膊　又称掩膊、臂鞴，古代戎装之一种。用以保护武士膊及手腕。敦煌壁画中所见多为红色，似皮革制成，紧束于前臂。莫高窟第98窟背屏后"凉州瑞像"中的射鹿手，第53、346窟五代射手，即着红巾抹额与红色护膊。

护膝　又名护腿，古代戎装之一种。用于保护小腿，以布或皮革扎制而成。如莫高窟第45、55窟彩塑天王，均有护腿，上至膝部，下至脚踝，上下用革带束紧。历代毗沙门天王画像亦多见此装。

花鸟纹　敦煌禽鸟纹的一种。多出现于晚唐五代，以第9窟的供养人服饰中的花鸟纹最佳，其图案以树、花叶等组成团花形状，凤凰与绶带鸟、燕子翱翔其间，画风新颖，装饰感强，造型生动，为花鸟纹之代表作品。

花塔　又名华塔，坐落在距莫高窟约2.5千米的宕泉河谷南岸山岗上被称为成城湾的地方。塔全部由土墼建造，八边形平面，直径3.98米，高9米余，由基座上两重须弥座承接塔身，出挑的塔檐上是凹曲屋面。其上再建须弥座承托巨大的圆锥形塔顶。该塔从下至上在每一层的交接处都以覆莲或仰覆莲作装饰。塔顶由七层宝装莲瓣组成，每个莲瓣尖上有一单层小方塔，莲瓣上下交错，逐层收小，至顶尖在八边形基座上立一较大的单层方塔作结。塔身西面开圆券门，另三面塑相同的假门。圆券门旁塑束莲柱，承托火焰状门楣，左右飞龙相对共捧宝珠。四斜面根据损毁痕迹，应有四天王塑像。塔身各角作八棱柱，覆莲柱础，柱间用仿木结构隐塑出额枋、斗栱以及补间的卷草形人字栱。塔内小方室穹窿顶。整座塔在造型古朴厚实的基础上，凹曲分明，层层收分及仿木结构的斗栱、卷草纹和飞龙、莲瓣等装饰，浑厚中透出活泼、精美、细腻感。根据塔的造型、装饰纹样和室内壁画风格，修建年代应是宋代。在2007年对该塔的维修工程中，发现塔身全部有彩绘装饰，与莫高窟崖面上的露天壁画相同。

花砖 主要用于铺设窟内及窟前地面，此类地砖多是30厘米见方，厚约6厘米，图案以八瓣莲花纹为主，其他还有蔓草卷云纹、桃心卷瓣莲花纹、火焰宝珠纹等，以植物花纹为主。现在少数的石窟地面上还有铺设。另有一种用于建筑基座立面上的花砖，其形式多为长方形，图案以动物纹样为主，有龙纹、凤纹、狮纹、翼马纹、胡人牵骆驼纹等，如"慈氏塔"的基座上就镶有龙凤花砖。

华严城　壁画中自中唐以后在华严经变中出现的一种反映古代里坊制度的城。《华严经》中有所谓莲花藏世界的含义，古代的画师们依据自己的想象力，绘出一朵大莲花，莲花中心有许多纵横成方格形的街道，每一方格自成一座小城，城周围开门数量及开门位置没有严格规定，城的形象很简单，中唐第159窟、晚唐第85窟中都有华严城的形象。根据古籍与考古发掘资料表明隋唐的长安城就是由许多纵横排列的里坊组成，壁画中的华严城是唐代城市布局的反映。

华严经变　敦煌后期石窟主要经变画之一，中晚唐及五代、宋窟中共出现29幅，据《华严经》绘制。内容为表现世界是毗卢遮那佛的显现，一微尘世界，一瞬间永远。宣传法界缘起的世界和圆信、圆解、圆行、圆证等顿入佛地思想。壁画构图多为七处九会、莲花藏界及屏风故事。其下方大海上的巨大莲花中无数方形莲孔内的城坊，表现香水海中生大莲花，花中含藏不可胜数的微尘世界，象征毗卢遮那净土。

化生乐伎　敦煌壁画伎乐天之一。分为两种类型：一为化生菩萨乐伎，二为化生童子乐伎。佛教往往用莲花寓意化生，凡是在莲花上奏乐的即可统称为化生乐伎，其分布情况如下：①佛龛内外，立或坐于莲花之上的菩萨或童子，手持各种乐器。龛楣画化生乐伎重点表现乐舞，中心大多为两臂平伸之领舞者，然后对称依次排列，形成环状的化生乐伎图形，乐舞相间，有奏乐器、做舞姿、持花者、有正面、侧面、倒立表演者，有全身、半身者，均于莲花之上，造型千姿百态，无一雷同。②壸门，唐以后在佛龛下或佛床下，常横画许多方格，每格画有一或二身化生乐伎，也有时画不鼓自鸣乐器。多为头上梳有双髻之少女形象乐伎，或立或踞坐于莲花之中，乐器画得也很精细。③经变画说法图，在礼佛乐队前，常画有莲花池，有一群裸身儿童，在水中嬉戏，即化生童子，表示一种纯真无邪的生命现象，其中莫高窟第9窟劳度叉斗圣变下，画两朵盛开的荷花，张开的花瓣中，坐有两组奏乐童子，一组有筚篥、琵琶、拍板、竖笛，一组为拍板、竖笛。④其他，即分散于各个角落，譬如有时在千佛之中也出现童子乐伎。

画粉　滑石是含镁的水合硅酸盐，化学组成为 [$MgSiO(OH)$]。古称画石，滑土，又名画粉、腻粉。作为白色颜料，滑石在敦煌石窟壁画中，除了作为颜料代用品外，还能起润笔的作用，使颜色具有滑腻感，所以常以杂质出现在其他颜料中。

画匠 石窟开凿过程中使用的工匠之一，专门从事壁画制作。画匠的等级比较全面，从都料、博士、匠、工各级都有，由于他们的劳动就是艺术创造的过程，所以壁画中反映的画匠着袍服，足蹬靴。供养人行列中有挂虚设官职的画匠，如榆林窟五代第35窟供养人题记："施主沙州工匠都勾当画院使归义军节度押衙银青光禄大夫检校太子宾客竺保一心供养。"正是这些良工巧匠辛勤劳作留下的艺术珍品，使得敦煌石窟艺术得到世界的公认。

**莫高窟
第156窟
画角（晚唐）**

画角 吹奏类胴腔乐器，即绘有花纹的角，我国古代军营乐器，其形即将原兽角放大，列队吹奏，以示威严。花纹、颜色标志军营等级、官职。莫高窟第156窟张议潮出行图中，有军乐一组，四名骑士鼓手前导，后有四名骑士，引颈吹奏大画角，画角为白色，绘有网状花纹、图案清晰，军乐队气势威武而雄壮，是一幅古代军乐阵容的写实图像。

欢喜佛 佛名俗称，藏传佛教密宗本尊像之一。又称双身像或双身佛，欲天或爱神等。在藏传密宗佛教寺院中，多制作成二男女赤身相抱作交接之形状。是佛教密宗传入西藏后，与西藏地方的原始宗教相结合的产物。据传，有一法力很高的魔女，淫欲特甚，危害人类极大。一次，她听说佛法无边，便去找佛，佛见面知意，遂命一明王与其交接，使她得到了满足，悟出了成佛的道理，皈依了佛教，得到了佛果。在藏传密宗佛教中作为本尊供养，有人也称双身像为佛公佛母。莫高窟元代第465窟中，多绘有此像。

皇泽寺摩崖造像　位于四川省广元市西1千米的嘉陵江西岸，与东岸的千佛崖隔江遥相望。皇泽寺原名乌奴寺，亦称川主庙，相传为纪念李冰与二郎而建。因广元为武则天出生地，后人改名皇泽寺。现存皇泽寺系清代建筑。摩崖造像镌造于寺后临江绝壁上，现存南北朝、宋、明时期石窟和摩崖54处，造像1000余尊。主要的石刻龛窟，有中心柱窟、大佛窟、五佛亭、则天石龛等。造像题材有一佛、千佛、二弟子二菩萨等。寺内写经洞中有颜真卿手书的经文题刻。

黄丹　又名红丹，指铅丹，是中国最早的化工合成产品之一，敦煌石窟北凉、北魏、西魏、北周、隋、唐（初、盛、中、晚）、五代、北宋、西夏、元历代壁画、彩塑都有应用。其用法多系铅丹和二氧化铅（PbO_2）的混合物，或是大量的二氧化铅中含有少许铅丹。由于铅丹不稳定长期缓慢氧化而生成二氧化铅，使壁画变色。

回鹘髻 古代妇女发髻之一种，是一种少数民族发饰，其形制发髻束于顶，前罩以桃形冠帽，仅露扎红色绢带的鬟根。敦煌石窟五代壁画中所绘回鹘公主、王妃及曹氏女供养人像中常见此发髻，但上加有众多花、钗、簪、梳篦、步摇等妆饰，更为艳丽，当系胡汉结合所致，亦为敦煌壁画回鹘服饰形式之一。

回鹘装 即敦煌壁画中有关回鹘之服饰，基本为回鹘族妇女服饰。其形制为头束高髻，金凤冠，广插簪钗梳篦步摇妆饰，脸贴花子金钿，项饰繁丽珠宝，穿翻领大袖袍衣。着此装者为五代、宋初壁画中的回鹘女供养人，系因曹氏与甘州、西州回鹘世代联姻所致。

回鹘敦煌石窟 或曰回鹘敦煌石窟艺术，敦煌石窟分期之一。指回鹘控制敦煌时期（1014—1036 年）的敦煌石窟，主要分布在莫高窟、西千佛洞、榆林窟、五个庙等处，洞窟型制为覆斗帐形殿堂西壁开龛或中心设佛坛式窟，但多为对前代洞窟之重修或改建。彩塑题材为佛、弟子、菩萨、天王组合，壁画内容以千佛、菩萨为主，新出现罗汉及行脚僧题材，重视图案装饰效果。代表窟有莫高窟第 409 窟、榆林窟第39 窟，艺术风格显示出回鹘族的特色。

回鹘女供养人　五代时归义军节度使曹议金与回鹘联姻，敦煌石窟亦相应出现回鹘女供养人像，如榆林窟第16窟的回鹘夫人供养像就是一位嫁到敦煌的回鹘公主。回鹘贵妇的主要特征是头戴桃形冠，插横笄，步摇，云鬓抱面，脸上饰花钿，或贴小鸟、或贴花朵，颈项珠翠璎珞，着大翻领、小袖口袍服，翻领及袖口处绣花鸟纹，双手捧香炉。后面着花衣、戴桃形冠者是亲属，另两人为侍女。回鹘女供养人像还见于莫高窟第61窟。

回纹　也称为云雷纹，曾盛行于商代至战国时代的青铜器上。敦煌壁画中出现于中晚唐、宋至西夏时期的藻井图案

回纹

中，如第9窟之二层井的回纹边饰。其基本特征是以连续的回旋形线条构成的几何图形，作圆形的连续构图单称为云纹，作方形的连续构图称为雷纹。回纹色彩的特殊处理使图案有明显的立体感。

绘画　美术之一种。指用笔、刷、刀等工具，墨、颜料、油脂、溶释剂等物质材料，在纸、木板、纺织品、器皿、墙壁或其他的平面上，经过构图、造型、色彩、线条和明暗处理等表现手段，绘制可视形象，并借以表达情感。按使用材

料、技术、表现方法的不同，大致分为：帛画、水墨画、工笔画、绢画、写意画、指画、年画、油画、水彩画、水粉画、粉笔画、版画、漆画、胶画、丙烯画、蜡染画、皮影画、素描画、速写、白描、镶嵌画、磨漆画、贝壳画、羽笔画、工艺画、装饰画、壁画等。绘画题材内容有：人物画、仕女画、肖像画、风俗画、文人画、宫廷画、风景画、山水画、花鸟画、静物画、漫画、动物画、卡通画、道释画（宗教画）、历史画等。画面形式有单幅画、对画、三联画、组画、长卷画、册页画、连环画、屏风画等。目前世界上分东西两大系统，以线造型，东方画系以中国画来讲，着重达意畅神；以结构组织为主，色彩明暗为辅，诗、书、款、印与画相结合为艺术特征。敦煌壁画即为中国绘画形式。西方绘画则以塑造物体的体积感、质感、量感、空间感、光感、远近虚实、焦点透视、色彩冷暖来造型等为特点。

绘画技法　即用笔墨、色彩和艺术的手法表现物体造型的方法。敦煌壁画是以中国画的形式表现出来的，所以离不开中国画传统的表现技法。即南朝齐谢赫之"六法"：一是根据佛经内容而"经营位置"；二是以线造型，打草稿（画起稿线）；三是布局设色，随类赋彩；四是应物象形，细致形，勾勒轮廓线；五是气韵生动，提神点睛，勾提神线；六是佛教壁画最初是随佛教东传的西域艺术，敦煌壁画的内容及画稿便是由西域佛教艺术融合中原绘画风格发展而来的，所以便少不了"传移模写"。

慧苑 唐鄯州龙支县（今青海化隆）圣明福德寺僧人。吐蕃统治后期流寓敦煌。张氏归义军时期为敦煌管内释门都监察僧正兼州学博士。敦煌遗书存其撰写邈真赞数件及《报恩吉祥之窟记》等。

浑脱帽 古代帽式的一种，因跳浑脱舞时所戴而名。其前身为毡帽，状如笠，以厚实质料制成。唐高宗时，赵国公长孙无忌对毡帽做了些改易，取乌羊毛围帽檐，即为浑脱帽。莫高窟第159窟吐蕃妇女像，头戴厚实的毡帽，帽式如笠，四周有皮毛出锋，形似帽檐，即浑脱帽。

火焰纹 以火焰的形象绘制的图案纹样。在敦煌壁画中，多出现于佛像的背光、头光、窟顶的平棋图案和人字披上，佛龛龛楣上等。如北凉第275窟弥勒菩萨塑像的头光上，北魏第248窟中心柱上的佛龛楣上，北魏第248窟、西魏第249窟佛塑像后的背光上，西魏第285窟禅僧塑像的头光上、隋代第427窟三身佛像塑像的头光，初唐第57窟南壁说法图中观音像头光，盛唐第45窟佛塑像的背光边饰及菩萨弟子塑像的头光上方、第205窟西壁盛唐壁画施珠菩萨画像的头光外沿等。

以上而言，十六国时期仅限于主尊塑像的头光上。北魏广泛应用于佛的头光、背光、龛楣，并从短、粗、疏发展到细、长、密而多层次。西魏至唐发展到禅僧、菩萨、弟子等皆用。盛唐以后多用于佛、菩萨、弟子的头光、背光的上部，广泛而又精炼。元代壁画中应用更为广泛，并有很大的发展，如莫高窟第3窟千手千眼观音像中的两个护法神的火焰纹。

火焰纹佛光图案 敦煌佛光图案的一种。指北朝石窟中主要以火焰纹边饰为特点的多种造型、色彩的组合，从外形看是圆形、椭圆形、桃形的头光和背光等图案的边饰。其头光多为三层边饰组成，背光却在四层以上不等。如第248窟中心柱佛龛内的佛光，第249、285窟佛龛中佛光和禅僧的头光等。

火葬 敦煌佛教风俗壁画内容之一。表现聚柴焚烧释迦遗体及灵柩之场面，绘于莫高窟第148、61等窟。棺木及遗体在烈火中燃烧，火化后的骨灰置于容器内安放和埋葬，并建塔供养。

镬汤狱 敦煌壁画地狱变中的一个情节，八大地狱的十六小地狱之一。第431窟的镬汤狱，平底铛下炉火熊熊燃烧。榆林窟第33窟地狱变中，有狱卒用长柄铁叉将罪人捺进大火燃烧、镬汤翻滚的锅内烹煮，身肉消烂，唯剩骨头，再用铁钩取出镬外，喂狗食之。

J

迦陵鸟乐伎 敦煌壁画伎乐天之一，为鸟身人首、体似仙鹤、两腿细长、翅膀张开、头戴菩萨冠首之迦陵频伽鸟。持乐器者或做舞者出现于壁画的部位是：①经变画说法图中，在主尊佛的下方，礼佛乐队的两侧或前方，于水池前曲桥或平台之上。一般系对称排列，与礼佛乐队相似，有时单独成为一组，只是阵容略小，往往中间一、二身做舞状，左右各一、二身手持乐器伴奏。有些大型经变画还设两层迦陵鸟乐队，也有不持乐器，单独做舞蹈飞跃姿势。②经变画说法图在佛的周围，壁画两侧边沿处，一般是左右对称。③藻井的中心。④佛龛之内。⑤少数飞天乐伎带有双翼，如第180窟飞天与迦陵鸟同时出现。迦陵鸟在壁画中以乐舞形式出现在唐代经变画的成熟时期，根据佛经描写构图，完全是中国式仙鹤的造型，与中国道教的羽人、飞鹤升仙有关。

迦陵频伽莲花藻井 莲花藻井图案的一种，敦煌壁画中出现于中晚唐时期。如第9窟藻井中央的莲花井心中画一弹琵琶并翩翩起舞的迦陵频伽，方井的四角各绘一整两个半边花瓣和扇形花蕊，在二重方井内绘回纹、团花纹、联珠纹、菱形纹、石榴卷草纹、三角、垂幔、璎珞、风铃等十多种边饰纹样，使藻井图案显得静中有动，疏密相间，繁简有度，为此类藻井中的代表作。

龟裂 壁画表面微小的网状开裂现象。

鸡娄鼓 打击类膜鸣直胴型乐器。球形两端张以皮革，鼓面直径甚小，演奏时夹于腋间，一手拍击，夹鼓之手臂还持鼗鼓，摇晃同时发音。敦煌壁画存北周至五代共绘图形74幅，独奏、合奏均用，演奏方式为或操两件乐器或单独打击鸡娄鼓。唐代石窟所绘雕漆彩绘，异常瑰丽，如莫高窟第12、220窟，榆林窟第25窟，均为典型图形。

莫高窟第321窟
鸡娄鼓（初唐）

几何图案 中国传统装饰图案，早在东周时期的青铜器中就盛行用各种直线、曲线及圆形、三角形、方形、菱形、回字形等构成规则或不规则的几何纹样作装饰图案。敦煌壁画中应用极为广泛。如第251窟北魏天宫伎乐与千佛之间的三角形上下交错连续纹样和第254、257、288、430等窟的人字披椽子上绘的长三角形金钉纹出现在中唐以后的方胜纹、回字纹等。

挤奶图　敦煌社会生活风情壁画内容之一。乳浆、奶酪、酥油都是敦煌地区的重要食品，所以挤奶就成为劳动妇女日常生活的一项内容，画家借此表现佛经所谓"阿难代佛乞乳"的情节。莫高窟第159窟的挤奶图，一边是农妇蹲在母牛腹下挤奶，另一边则是小牛犊昂首、全身用力要奔向母牛身边，一少年拼命拉住牛犊脖子上的缰绳往后拖，母牛张开大嘴巴，使人仿佛聆听到舐犊情深的呼叫声。第146窟的挤奶图另是一种气氛，挤奶的同时，小牛犊偎依在母牛身旁，给人一种慈祥、温馨的感受。

伎匠都料张胜郎供养像　榆林窟五代第33窟主室东壁甬道南壁绘男供养像十二身，自北至南，其中第十身，绿地墨书，题名："清信弟子伎匠都料张胜郎一心供养"。虽然"伎"字还需要详加考证，但是，张胜郎作为某一行业的都料级高级工匠被绘制在壁画上。

伎乐人　也称供养人乐伎，指壁画中描绘人间世俗音乐活动中的伎乐。见于供养人出行图、宴饮图、嫁娶图、娱乐图等，或经变画中喻示世俗生活的乐舞场面中，一般规模较小，但比较写实，是反映各个历史时期社会音乐风貌的珍贵资料。

伎乐天　敦煌石窟壁画形象之一，一般多指在各个天宫和各类佛国净土中奏乐歌舞之神。多画在洞窟四壁上部一周的围栏图饰和各种经变的下部，包括天宫乐伎、飞天乐伎、化生乐伎、护法神乐伎、迦陵鸟乐伎、经变画乐伎等，具体形象特征是头有光环，脚踏莲花，以区别伎乐人，表示其为神灵。他们或手持乐器，或扭身作舞，千姿百态。以莫高窟第272、254、251、257、263等窟内所画最具代表性。

迦兰陀　意为山鼠或鸟。据载，他本为古印度摩揭陀国王舍城的"豪贵""迦兰陀长者"，曾把自己的大竹园捐给乾尼外道（即耆那教）。皈依佛教后收回竹园，增建精舍，施与释迦牟尼作为说法的住地。佛教称"迦兰陀竹园"，与"祇树给孤独园"一道为早期佛教说法的二圣地。敦煌石窟佛传等故事壁画中绘有相关情节。

迦叶　全称摩诃迦叶波，意译称饮光。摩诃是大的意思，迦叶波是他的姓。因他年高持重，又称大迦叶，或迦叶波、迦摄波，是释迦牟尼十大弟子中第一上首弟子、左胁侍弟子。由于他少欲知足，常修"头陀行"，故称"头陀第一"。据说他是古印度摩竭陀国王舍城人，婆罗门种姓，释迦牟尼传法时，点化他出家，遂成为释迦最得力的助手。释迦去世后，他召集五百个大罗汉第一次集结会，才有了佛教正式的经藏、律藏和真正的僧伽组织，佛教始得以继续广泛流传。在所有石窟寺院造像中，不论是塑、是画、是雕、是刻，总是把迦叶塑造成一位老成持重、饱经风霜磨难之苦，而又睿智深邃的高僧形象。敦煌莫高窟第 45 窟和第 328 窟盛唐时期彩塑迦叶像最具代表性。另外，麦积山第 87 窟北魏中期所塑的迦叶，完全一派高鼻深目的西域高僧形象，颇具特色。

迦旃延 旧译迦旃子、迦旃延子等，常称摩诃迦旃延或大迦旃延。佛经说他是古印度阿槃提国婆罗门之子，姓大迦旃延，名那罗陀，先学外道，后从释迦出家，为释迦十大弟子之一。因能分别诸经，善说法相，故称他"议论第一"。敦煌唐代以后石窟的佛龛中多有其画像及题名。

袈裟 佛教之法服。梵语 Kasaya，巴利语 Kasaya 或 Kasava，意译作坏色、不正色、赤色、染色。指穿着于僧众身上之法衣，以其色不正而称名，又称三衣、缁服、出世服、道服、离尘服、消瘦服、莲花服、慈悲服、忍辱服、田相衣、离染服、无垢衣、幢相衣、去秽衣等，象征脱俗超尘、解除烦恼，获取净土福田之意。其颜色一般为黑、灰等深色，布料为麻、毛等，规定不准用艳色及绢、帛等，并先割成小块，然后拼凑缝制而成。其目的为使佛弟子能对衣物舍弃欲心，并去除盗人夺取之念，亦不能再供其他贩运贸易之用，专为修行、禅修之用。袈裟传入中国之后，变化很大，并不怎么严格要求其颜色及布料，敦煌石窟大量的壁画、彩塑、绢画、佛、弟子、罗汉、僧侣等皆服袈裟，色泽、质料、形制多样，彩色或赤色袈裟多见。其具体穿着有通肩式、右袒式、对襟式等"袈裟三式"，其中通肩最早，对襟最晚，流行于北魏。同时袈裟与僧祇支相配套使用。

甲胄　古代戎装。敦煌壁画塑像中的天王、武士服饰。甲有明光甲、锁子甲、马甲等13种类型，依其质分铁甲与皮甲。隋唐时代多用较简单的铁甲，是一般战士和将官作战的服装，以长方形铁片或铜片连缀而成，如莫高窟隋代第420窟、盛唐第217窟天王武士、莫高窟第322窟彩塑天王，戴头弁、顿项、掩膊、背韝、胸甲、身甲、战裙。盛唐时代多用较复杂精细的"金甲"，如第319、384、45等窟天王，头束髻，着掩膊，兽头含臂，胸甲，身甲，髀裈，战裙，行藤，乌皮靴，护手。形状有鱼鳞、长方等形，均为铜、铁等金属做成，并有亮光，故名"金甲"，第45、384窟中的连环拓叠的甲，疑即"锁子甲"。

嫁娶图乐伎　敦煌壁画伎乐人之一。出现于弥勒经变画中，以莫高窟第445窟及榆林窟第38窟二幅最有情趣：婚礼场面中，为表示欢乐气氛，多用歌舞场面，大家围观音乐歌舞表演的形式，加上新人跪拜仪式，以表达婚礼仪式。如第

445 窟婚礼是在用布幔搭成的帐篷中进行的，图上右角有五位乐手，中心—独舞者身着红袍，头戴幞头，舞姿优美，伴奏乐器选用鼓、拍板及击掌的形式。

犍陀罗佛教艺术　犍陀罗地区位于巴基斯坦北部与阿富汗一带，原为南亚次大陆古代十六国之一，1世纪时成为贵霜帝国之中心。贵霜文化是古印度、希腊、大夏文化之混合，受希腊影响尤甚，因而公元1世纪至5世纪的贵霜佛教艺术呈现出独特的风格，被称为犍陀罗艺术。犍陀罗创作了最早的佛像，而不再以脚印、宝座、菩提树来表现佛，佛像特点是刚健丰满，面部椭圆，鼻挺目端，波浪式发髻，披大衫，袒右肩。同时犍陀罗的佛塔建筑也较桑奇大塔有发展，层级加多、塔身加高。犍陀罗艺术和建筑，对中亚和中国的佛教艺术和建筑发展，产生了很大影响。

减笔　中国画技法名，亦为十八描之一，又称写意、简笔。多指隋以前敦煌壁画中的起稿线，其特征为用笔概括粗放。如在北朝很多敷彩不全或色彩脱落的壁画中可见。

建房　初唐第321窟宝雨经变（近年也有学者考证为十轮经变）中有两个施工场面，一为造塔，一为建房。图中一座三间硬山顶房屋已基本建成，屋顶上有一半已施工完毕，一半正在施工，两人一蹲一立于房顶，立者上身前倾，双手

J

伸出作接物状，房下两人，一人正在镘抹墙壁，一人似向上抛物，四人皆裸上身，着短裤，头上包头巾。房门不是开在明间，而是开在次间，双扇板门一扇关，一扇半开，门板上门钉五行，门环一对。从房子的规模和形式看，是一座民房。这种硬山顶边开门的房屋形式壁画中仅此一例。

建房彩绘图　隋代第296窟造塔图下方就是建房彩绘图。图中一座三间歇山顶房屋即将完工，有四名工匠正在劳作，其中两人裸上身，着短裤，一人在房顶，一人在地面，共握一根长杆，可能在拆除建房所搭的架杆。屋檐下前后各有一人，一手托碗，一手执笔正在墙壁与柱上涂抹，从二人着袍服、足蹬靴的着装中看出，应是从事技术等级较高的匠师之类。据敦煌遗书中的记载，从事修建石窟的工人分很多等级，其中绘画的工匠比较受尊敬。这幅建房彩绘图就是很形象的资料。彩绘出的房屋白墙壁、红柱枋、灰瓦顶、绿台基，用鲜明的色彩将建筑各部分充分显现出来，是壁画中表示建筑画的基本特征，不知古代的房屋是否有这么多的色彩。

建造佛寺图　宋代第454窟西壁有一榜题记"木工缔构精舍"，精舍即佛寺。旁边的画面是一幅正在修建中的房屋，素平砖台基上已立柱九根，柱与柱之间用额枋连接，两山面各有一大叉手，其中有二人骑在梁架上，正在安装大叉手上的斗栱，四角柱头上已安装好大斗及华栱、泥道栱一组。屋架下很多人正各自忙碌着，一人肩扛木头正在运材料，一人正用锛子砍木头，屋架旁有一人着宽袍大袖，似正在指挥修建的技术人员，地上有两组组装好的斗栱。此图形象反映了古代的建房过程，对斗栱的安装应是在地面上先组装好，然后安装在相应部位上。

建筑彩画　莫高窟木构件上的建筑彩画主要集中在第427、431、444窟三座宋代窟檐内部，各类构件用不同图案绘出。柱子以朱红打底绘束莲，阑额用朱红色分成若干长方格，格内涂白色，《营造法式》中称此图案为"七朱八白"，也有用色彩鲜艳的连续菱形加连珠纹边饰的整体性图案。栌斗和各小斗用单色，栌斗是石绿或暗灰，各小斗为朱红或白底红点等，栱侧面彩画为青绿半团花、青绿忍冬纹等，柱头枋绘七朱八白或连续的一整二破青绿菱花纹及杂色龟背纹等。门框、窗框等或全施朱红或在两端与中间绘束莲。乳栿底涂朱红，侧面用白地红色线描海石榴花图案。各木构件的空当处，用柳条编笆，草泥白灰抹面，面上依据其大小位置巧妙地绘出飞天、佛、菩萨、伎乐。除此外，莫高窟最早的彩画当属北魏第251窟崖壁插栱上的云气纹图案，其他零星的彩画有第444窟西龛内宋代木装柱子上的锁纹图案，第428窟前室乳

J

枋上的团花图案，第 233 窟西夏所修天棚时，在柱子、斗栱等构件上绘出各种图案。莫高窟木构件上丰富的彩画图案是建筑彩画史上的宝贵资料。

建筑图案 壁画图案的一种。敦煌北朝至隋代壁画中，多绘于故事画中和阙形龛上，为单纯的殿堂门阙、屋脊、围墙。唐代以后，建筑图案随着经变画的兴盛而遍布于经变画中，以净土变为多，表现宏伟华丽的楼台、亭、阁、宫廷廊沿、水中楼台等。但早期简单随意的门廊屋脊、阙形龛的纹样，和唐代以后的界画楼台、宫廷廊沿等，都较为细致地描绘出木构建筑中的柱、斗、栱、梁等。如第 172 窟盛唐观无量寿经变的建筑图案，其结构、布局、构图的细微周详，可作为建筑设计图的色彩效果图看待。

建筑各部分局部图 敦煌壁画中的建筑画随着时代的推移，在唐代达到巅峰，这时的建筑画足可以成为建筑设计图。特别是在大幅经变画中，对建筑的台基、须弥座、阶陛、散水、栏杆、柱枋、柱础、门窗以及各种斗栱有详细描绘。屋檐及檐下的"护殿檐雀眼网"，在盛唐第 217 窟观无量寿经变西侧高台檐下有详细描绘。东西配殿门窗上的障日板，见初唐第 338 窟龛顶"兜率天宫"中配殿檐下，这些小木构件在元、明、清建筑上已消失。其他还有各式屋顶、瓦饰、脊饰、鸱尾上带铁刺的拒鹊（见盛唐第217、445窟建筑鸱尾上的拒鹊）。这些细小的局部都具有各自的使用功能，在唐代建筑画中几乎都能看到。

降水与蒸发特征　莫高窟地区多年平均降水量为23.2毫米，年内各月分配极不均匀，以夏季为最高，达13.6毫米，占全年降水量的58%；而10月到次年3月长达6个月的降水量，仅为4.9毫米，仅占全年降水量的21%。其原因是由于冬春季节，本区主要受西伯利亚—蒙古冷高压气流控制，导致温度低、多晴日、降雨量极少；而在夏季，则主要受太平洋暖湿气团影响，具有温度高、湿度大、降水量大的特点。这种年降水变率大，季节分配极不匀的现象反映了沙漠气候特征。莫高窟年平均蒸发量为4347.9毫米，年蒸发量是降水量的187倍，而敦煌市区年平均蒸发量仅为2486毫米，与敦煌市区相比，莫高窟年均蒸发量高出敦煌1861毫米。

角　吹奏类胴腔乐器。多为兽角制成，以牛角为主，是一种最简单原始乐器，故以角命名。其发音高亢凌厉，由于远传声音，所以成为古时军营乐器。至今还在少数民族地区流传应用。角的材质初为自然兽角，后

**莫高窟第156窟
角（晚唐）**

改竹木皮革等，最后发展为铜制。敦煌壁画中，清晰地反映了角—画角—铜角的衍变过程。角最早的形像为北凉第275窟北壁，有两个吹大角的供养乐伎，角为画角形态，但早期壁画中多为小型兽角。隋唐以后，角因为简单粗犷，只发一音，不适于参加乐队而逐渐消失。

角技议婚 敦煌佛传故事画情节之一。故事讲道，净饭王想为太子选妃，在宫门前堆放了许多宝物，命令城里的女子均来见太子，并将宝物一一送给她们。最后婆私吒族释种大臣摩诃那摩的女儿耶输陀罗来见太子，太子与耶输陀罗一见钟情，太子送她一枚指环。净饭王则遣国师前往摩诃那摩家求婚，摩诃那摩说，如果想娶我的女儿，配她的人必须文武双全，超出常人，否则不同意。国师将此意转告净饭王，太子答应父王，要与他人试技，净饭王下命令，将全城释种男子与太子角逐各种技艺。莫高窟现存仅北周第290、294窟，五代第61窟等少数洞窟中有此内容。

角楼 壁画中大寺院围廊转角上或城墙转角上的建筑。晚唐第85窟西披弥勒经变天宫图中可以看到12个形式不同的角楼，中间院子是开间进深均为三间的庑殿顶角楼，两侧院四角为多边形攒尖顶角楼，侧院里用墙再分出前后两进，墙与墙交汇处，又立一座圆形攒尖顶角楼。角楼是具有防御与观赏双重性的单体建筑。

角台　壁画中城墙上的重要设施之一，是城墙转角处的墩台，它凸出于城墙外，可以从侧面保护城墙。最早见于盛唐第 103、217 窟西域城四角，第 103 窟的角台上叠涩出较大平台，周围有浅边，好似一方

六角形的角楼
莫高窟第 359 窟—中唐

盘。第 217 窟的四角台在浅边平台上有一半圆状砌体，宋代壁画中有角台的城逐渐增多，如第 55、76 窟佛传故事画里的城都有角台，由于城墙呈下大上小的收分状，有一定厚度，角台上有一小平台，城墙边与角台边都有雉堞和堞眼，具有很强的防御功能。

节鼓　打击类膜鸣直胴型乐器，即今日全国通行之堂鼓。鼓框木制，两面蒙皮，以小钉固定，鼓腔中间直径大于两侧鼓面，大小不等，是汉族传统鼓。壁画中出现于唐代后，数量仅十余只，多出现在零散伎乐场面，如第 148 窟东壁一菩萨乐伎就敲击此鼓。

结庐守墓　敦煌社会风俗壁画内容之

莫高窟第 156 窟
节鼓（晚唐）

J

一。殡葬结束后，孝子需在墓旁或茔域前搭棚或结草庐而居守。榆林窟第19窟地狱变坟墓前绘一草庐，孝子全身穿戴白色孝服，面前案几上放书卷、经卷，边守墓边读诵。此举亦可保护陵墓安全。

结社修窟功德记 敦煌石窟营造文书。编号为 P．3276v，无有标题及撰写人，撰写时间不详，后缺，残存 14 行，字迹粗拙，似出自一位初学者或稚童之手。记社人于莫高窟重修某一洞窟之事，但全文残缺严重，详情不具。据文中"托西大王曹公（议金）仙逝"，可知其成书及其所记修窟应在公元935 年后不久。

羯鼓 打击类膜鸣直胴型乐器。羯，为中国古时民族之一，源于小月氏。羯鼓从西域传入中原，改革发展成为重要的打击乐器。其名始见于南北朝，盛行于唐。唐代羯鼓发达，为乐队首席，居指挥地位，曾有羯鼓专用乐曲，以独奏形式出现于社会上层音乐表演之中。在敦煌壁画中，莫高窟北周第 248、431 窟就有羯鼓图像，但出现数目最多的还是在唐代洞

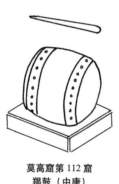

**莫高窟第 112 窟
羯鼓（中唐）**

窟，如莫高窟唐代第 341 窟就出现了 10 个羯鼓图形，这充分反映了唐代羯鼓的主导地位。羯鼓一般置于乐队前列，或居于高处，看来有控制全局、统领乐队节奏的意义。敦煌壁画中羯鼓有两种形状：一为直胴状；二为直胴而又有绳索牵连。两者均横于小床上，演奏者或手拍或杖击，只参加乐队合奏。在敦煌壁画中尚未发现有羯鼓独奏的图像。

界画　即画划，中国画和敦煌壁画技法名。指用界笔、直尺画直线的绘画方法。明代陶宗仪《辍耕录》所载"画家十三种"中有"界画楼台"一科，指以宫室、楼台、屋宇等建筑物为题材的绘画。如敦煌壁画中大量出现于唐代的经变画内的楼台、宫室及殿阁等，以笔直的界线条描绘的建筑细致工整一丝不苟，为整个画面添色。

金碧山水　山水画的一种。明代唐志契《绘事微言》以金碧为青绿山水。另有一说认为用泥金、石青、石绿三种颜料为主的山水画，泥金一般用于勾染山廓、石纹、坡脚、彩霞及宫室、楼阁等建筑物。敦煌石窟画多用以金碧山水为青绿山水，若以金碧山水言，敦煌无此画种。

金箔　北朝以来，敦煌石窟壁画上开始敷金，即用金箔贴金为饰，使色调更为辉煌夺目。北魏第 263 窟的菩萨臂钏，西魏第 285 窟西壁天王像的手镯、项饰、战袍等处均贴金为饰。隋代壁画、彩塑上敷金最多。特别是第390、397、398、401、402、404、407、419、420、427等窟，由于大量应用金色，使色彩靓丽灿烂，金碧辉煌。唐代壁画、彩塑用金色虽然没有隋代多，但装饰性加强。

金粉 敦煌石窟唐代壁画、彩塑用金色，也大都用在佛像面容、肉体、佛弟子、菩萨的装饰等方面。如初唐第57窟的双龙莲花井心，佛龛外南侧的菩萨，从头饰、胸前的璎珞、臂钏等佩饰均用金色描绘。描金线在唐代敦煌壁画中也不多见，盛唐第172窟净土变中一尊菩萨锦裙上有一块金线织金纹，近年来考证为截金工艺。唐代彩塑上也大量用金装饰。

金刚宝座塔 称其为金刚宝座塔是指释迦牟尼成道时的坐处，喻其坚不可摧，后人为纪念佛陀而在附近建大塔，其形式为五塔组合式，后来通称此为金刚宝座塔。古代犍陀罗的雀离浮图就是由五塔组成，新疆交河古城遗址塔林中有一大塔，四角各立一小土塔组成五塔。壁画中最早见于北周第428窟西壁，由五塔组成，中间一大塔，四角各立一小塔，各塔刹都由七重相轮及仰月、宝珠组成，中央大塔刹顶悬挂长幡四幅。此塔用砖木混合材料修建。第340窟五代所绘的单层砖石塔，其造型于塔身上部叠涩出檐的四角各有一小塔，中间是大塔上的覆钵，上又是叠涩小覆钵、山花蕉叶、重重伞盖，成五塔形式。榆林窟西夏第3窟东壁画有一座花塔，其上部亦是五塔组合。此类型的塔直到明清时还有修建，如北京真觉寺内的五塔和呼和浩特五塔寺金刚宝座塔等。

金刚杵莲花藻井 莲花藻井的一种。在敦煌多出现于中唐至西夏期间，主要特点是在藻井的团花中心莲花芯中绘两件三股金刚杵，作十字相交状。金刚杵又名降魔杵，是佛教密宗的降魔法器，此种图案出现在敦煌，为藻井图案中的一种新的形式，它展示着藏密在敦煌的出现。其代表作如第361窟中唐的藻井图案。

金刚力士 略称金刚，本为金中最刚之意，比喻坚硬、牢固、锐利、不可战胜和能摧毁一切，力士因手执金刚杵而得名。其形象为头不戴盔，长发绾髻，裸上身，腰系战裙，飘带纷飞，赤足，筋骨暴起，形貌凶狠，手握拳或执金刚杵的勇士像，给人以力大无比、气吞山河的感觉，整个隆起的肌肉筋骨和暴突的眼目、大口基本上符合人体解剖结构和力学原理。如莫高窟第427、194等窟和麦积山第14、43窟内塑造的金刚。

金刚力士乐伎 敦煌壁画伎乐天之一，即持乐器之金刚力士。敦煌晚期壁画金刚一般手持金刚杵及金刚铃，即今之

J

手摇铃，属摇撼发音的乐器，为佛教规定之法器。

金光明经变 敦煌经变画之一。现存十幅，隋、唐、宋时期据《金光明经》《金光明最胜王经》《合部金光明经》绘制。十幅中仅一幅为金光明经变，其余为金光明最胜王经变。壁画形式有横卷式、西方净土式、中间西方净土两边条幅式、上部西方净土下部屏风式，内容有如意宝珠品、大吉祥天女品、流水长者子品、十方菩萨赞叹品、梦见忏悔品等。

金精 唐代对阿富汗青金石的中文名称。又名青金、蓝赤、回回青、佛青、天然群青，即青金石，古今有名的玉石，可做颜料。唐玄奘《大唐西域记》记载："淫薄健国……有山岩中多出金精，琢折其石，然后得之。"淫薄健国约在现今帕米尔高原的西南部。美国东方学家劳费尔说："唐时金精似指'青金石'，生产在巴达克山国的名矿。"阿富汗自古以产青金石闻名于世。唐贞观十七年（643年），东罗马帝国（古称拂林，大秦，又称拜占庭帝国）遣使来唐，带来了赤玻璃、石绿、金精等物，唐太宗回信答聘，赠送了绫绮。

金青 在敦煌文书和史书中还出现了"金青"这样一种颜料名称。通过对古代颜料命名的考证可知，由于"唐时金精似指'青金石'"，而敦煌藏经洞遗书 S.3553《咨启和尚》中的"金青"实际就是青金石。牧羊人信上所说的"金青"

即是五代时期"金精"的另一种叫法和写法。这在史书上也有记载：五代后唐同光四年（926年）二月沙州曹议金进贡皇后的贡品中就有用金青雕琢的神符。在敦煌寺院籍账类文书中记载了当时应用的多种颜料，其中关于记载金青颜料的文书有 P.2032 号《后晋时代净土寺诸色入破历算会稿》、S.5050《年代不明（10世纪）某寺诸色斛斗入破历算会稿残卷》等。

金塔寺石窟　位于甘肃省肃南裕固族自治县，松山西面深山中的大都麻河西岸的红石崖壁上凿有东西二窟。窟内存十六国与西夏作品。石窟形制为中心塔柱式，造像与壁画题材有一佛二菩萨说法图，一佛二菩萨二弟子以及千佛、飞天等。东窟前半部已毁，中心塔柱露于山崖边沿，窟内中心柱四面分三层开龛，现存四壁绘画有两层，四周塑千佛。西窟内绘一佛二菩萨说法图、千佛、供养菩萨、思惟菩萨等。

金弦　唐代沙州乾元寺僧人，俗姓张，吐蕃统治时期为释门都教授。莫高窟第155窟西壁龛下有其供养像并题名。

金银行都料郁迟宝令供养像　榆林窟五代第34窟东壁甬道南壁绘男供养像六身，自北至南，其中第二身，绿地墨书，题名："社长押衙知金银行都料银青光禄大夫检校太子宾客郁迟宝令一心供养。"由此可知，他是位都料级高级工匠，并在节度府衙担任一定职务。同时，他还是民间社组织的三官（社长、社官、社老）之首——社长。

紧那罗 亦作紧捺洛，意译称歌神、乐神，或人非人，和乾闼婆一道同为帝释天的修乐神和法乐神，后又同为佛教八部护法之一，和乾闼婆合称飞天。但因手持乐器而异于乾闼婆称伎乐飞天，以莫高窟第276、161等隋唐时期所画的弹筝篌、琵琶、吹箫、拍板等最具代表性。

进贤冠 侍臣及文儒者冠饰。一般前高七寸左右，后高三寸，长八寸左右，黑色介帻，色如其绶。冠饰之梁，分级而定，一般三品以上三梁，五品以上二梁，九品以上及国官一梁。六品以下私祭者皆服之。梁即冠上的横脊，展筒即以缃为筒，裹于梁及梁柱。莫高窟晚唐五代维摩诘经变中的汉族群臣及第154等窟金光明经变中的天子、大臣像多着此冠，形制大同小异。

经变 亦称变或变相。凡依据佛经绘制的画，均可称为"变"，但通常专指将有关佛经的主要内容组织成有始有终、主次分明的大幅画。莫高窟现存经变33种，有报恩经变、福田经变、无量寿经变、阿弥陀经变、观无量寿经变、维摩诘经变、法华经变、贤愚经变、梵网经变、十轮经变、涅槃经变、华严经变、劳度叉斗圣变、西方净土变、东方药师变、弥勒经变等。这些经变内容丰富，形式多样。

经变画乐伎 敦煌壁画伎乐天之一。大多数经变画，都绘有乐舞场面，其中最多的药师经变、观无量寿经变、阿弥陀经变（即西方净土变）等。在中央说法图主尊佛的前沿，一般绘有礼佛的乐舞，左右对称有乐队持各种乐器伴奏，中间有舞蹈表演。乐队人数不等，排列形式、所持乐器同。在乐舞之前有水池，中绘化生童子，在莲花池中嬉戏。也还有迦陵频伽乐伎，乐队左右对称排列，呈现一派和谐欢乐的气氛。其形式有：礼佛乐队乐伎，故事画乐伎，胁侍菩萨乐伎，文殊、普贤经变乐伎。

经楼 亦名藏经楼、经台，壁画佛寺建筑群之一，与钟楼相对而立。见"钟楼"条。

经营位置 又称布局、构图等，中国画、敦煌壁画术语，指画工、作者在创作前的总体构思及安排，出自南齐谢赫所谓"六法"之第一。在敦煌艺术中指石窟建筑、壁画、彩塑个体风格：窟内整体结构即画与画之间，画与彩塑之间，画面本身内容、情节的布局，与空间的统一协调等。如壁画有主体式、横卷式、主轴式、三联式、屏风式等。

净齿 漱口刷牙，敦煌佛教风俗壁画内容之一。佛俗称杨枝净齿，又称嚼齿木，于早晨、饭后进行。齿木材料用杨柳、槐树之枝，以食辛辣味者为佳。齿木或扁或圆，长不超过12~16指，短不过4~8指，大如小指。用时一头入嘴缓嚼咬烂，或砸烂成纤维状，即可剔刷牙齿。净齿之后还可用齿木刮舌头。此风俗原流行于印度，随佛教传入中国。莫高窟第159窟弥勒经变，一位僧人上身赤裸、脖间围巾。右手执齿木正在净齿，左手握盛水的净瓶，佛教名"君持"，旁有一沙弥捧巾侍候。

净饭王　亦译作白净，声译首图驮那。迦毗罗卫国王，是释迦牟尼的父亲。据《释迦氏谱》记载，净饭王有二子，释迦牟尼为长子，次子名阿难陀。

净土变　敦煌壁画内容之一，自隋至西夏约有400铺。为西方净土变、十方净土变、弥勒净土变、东方净土变的统称。东方净土变即东方药师净土变。西方净土变包括无量寿经变、阿弥陀经变、观无量寿经变。十方净土变即东、南、西、北、上、下、东南、东北、西南、西北的净土变。唐代敦煌石窟出现了大量的净土变，代表作见初唐第217、321窟，盛唐第45、171、172、320窟，中唐第158、159窟，晚唐第85、156窟等。

鸠摩罗天　也称大自在天，据佛经说他住在色界之顶，为三千大千世界之主，本为婆罗门教主神之一，佛教把他作为守护神，为守护东北方的护世八方天和十二天之一。莫高窟第285窟西壁佛龛北侧西魏画诸天中有此天形象是：头顶留三片孩提式发型（因鸠摩罗有童子之意），裸上身，着裙，四臂，乘孔雀，胸前一手捧一白色小鸟，另外三手，一持戟，一举莲苞，一拿葡萄。

九层楼木建筑的涂刷保护　据1936年所立《重修千佛洞九层楼功德碑记》记载，第五次重新修建九层楼是民国17年至24年（1928—1935年），由刘骥德等筹资，将原五层改为九层。窟檐九层，层层都有鲜艳瑰丽的飞檐，飞檐下是土红的大柱和栏杆。1956年，敦煌文物研究所对第96窟（大佛殿）前窟、窟柱及全柱涂刷土红进行保护。1986年，敦煌研究院对九层楼木建筑上两层作了一次规模较大的落架大修，并在楼顶外侧增筑了保护围墙，对九层楼重新用土红涂刷了一次，使面貌更为绚丽。

九色鹿的故事　敦煌著名故事壁画，见莫高窟第257窟，据三国吴译经大师支谦译《佛说九色鹿经》绘制。故事讲：有一人掉入恒河，美丽的九色鹿将他救上岸，溺水人因之许诺不将遇见九色鹿事往外泄漏，并发誓若违背诺言，让他口吐白沫、周身生疮。后来这个国家的王后梦见九色鹿，她要求国王捕捉，要用九色鹿的皮做衣服。国王布告悬赏，溺水人见利忘义，到宫廷告密，并带领国王捕捉九色鹿。此时九色鹿正在山中入睡，一无所知。好朋友唤醒九色鹿时，溺水人带国王及大队人马已到面前。九色鹿毫无畏惧，向国王诉说了溺水人忘恩负义的经过，国王深受感动，放了九色鹿，并下令全国保护这只美丽的九色鹿。落水人因违背了自己的誓言，口吐白沫、全身生疮而死。

九曜神像 九曜亦称九执，实即七曜（五星、日月）加上罗睺、计都，成为九曜。九曜分吉、凶二类，分执人类的行为。九执：梵音 graha，为执持之义。罗睺、计都的概念最早见于题为"吴天竺三藏竺律炎共支谦译《摩登伽经》"卷上。《大毗卢遮那成佛经疏》卷四："诸执者，执有九种，即是日、月、火、水、木、金、土七曜，及与罗睺、计都，合为九执。罗睺是交会蚀神，计都正翻为旗，旗星谓彗星也。除此二执之外，其余七曜相次直日，其性类也有善恶。"九执历是从古印度传入中国的历法。P. 3779 首全尾残，首题"推九曜行年容（灾）厄法"。S. P. 10《中和二年壬寅岁（882年）具注历日》，仅存开头三行的上部大半，有全天天数及推男女九曜星图等。罗睺、计都的名义与运行规律详见于《七曜禳灾诀》卷中。僧一行撰印度占星学著作《梵天火罗九曜》中详述了九曜真言和星神图像。此二星原为日、月的蚀星，是两个假想的天体——"隐曜"。《史记·天官书》中载："在天为隐星。"《希麟音义》六说罗睺云："此云暗障能障日月之光明，即暗曜也。"早期大都以"暗曜"的形式出现，如P. 3995 炽盛光佛画中，在图左上、右上和左下三个角分别绘有三个愤怒相的面具，上部的两个面具中分别绘有两个蛇头和九个蛇头（有残，应是十一个），应为罗睺与计都。下左的面具也应为"隐星"。S. 4279、S. 5666 彩绘《岁星禳解符》，两件大体相同，分上下两栏，上栏绘一神煞，面目狰狞，下栏有几行文字，S. 4279 虽仅存一半，但两件中都有"罗睺星神"的记载，上栏应是罗睺单身像。榆林窟第 35 窟炽盛光佛画中残存的榜题中有"火星""水星"等诸星题名。此图下部左右两侧画了两个愤怒相的面具，其中右侧的榜题中有"计[都]星"，应为罗睺与计都。罗睺、计都神像除出现在与九曜、十一曜相组合的画面中外，也以单独或与其他诸曜并立双身像的形式作为供养像、符箓等。藏经洞皮纸符画Ch. lvi. 0033，画幅上半部画有两星神。右侧为计都星神，男性，披发，裸上身，赤足，拱手立于绿色云朵之上。朱红色榜题为："谨请计都星护身保命，弟子一心供养。"此计都的形象与 Ch. lvi. 007、P. 3995、榆林窟第 35 窟等图中之火星神相似。莫高窟第 61 窟甬道南北壁各绘一铺炽盛光佛图，其中南壁较完整，九曜神像形象一一可辨，与《梵天火罗九曜》所记完全一致。此外，同壁还绘出黄道十二宫及二十八宿形象。

酒泉砾岩 因该类砾岩岩层剖面在甘肃酒泉出露最完整、最典型而闻名。其岩性在山前一带为单一砂砾石，钙泥质胶结，结构较密实，局部稍疏松，具微层理构造，中夹不规则的中细砂透镜体，底部夹直径 0.5~2.0 米的大漂砾，砾石约占 60%~70%，砂占 25%~30%，泥物质占 5%~10%，砾石直径一般为 2~5 厘米，最大 15~20 厘米，砾石磨圆度一般，三危山前较差，粒径稍大，最大达 30 厘米，分选性不好，砾石成分主要为花岗岩、石灰岩、硬砂岩、片麻岩等。底部大漂砾成分为白云母石英片岩、绿泥石绢云母石英片岩，呈不规则的棱角状与下更新统呈不整合接触。地貌上属老洪积扇顶部，沟谷两岸属河流侵蚀阶地，莫高窟、榆林窟、西千佛洞均开凿于这类地层上，故又称洞窟地层。老洪积扇前缘岩性为含砾砂、亚砂土、亚黏土互层，结构松散，层次较多，砂层多为中砂、粉细砂，土层多为亚砂土、亚黏土，越向北粒度越小，莫高窟北区洞窟即开凿于其上。

酒肆 维摩诘经变壁画中表现维摩诘居士在酒肆中宣传佛法，劝说众生，使酒徒醒悟，立志做人的画面。酒肆因房屋设备、饮食内容及相应活动的差异而不同。一般酒肆中设伎乐表演，其来源有三：一是店内专设，以招徕顾客；二是属于"赶趁"者，乐舞艺人为了谋生，不呼自至，歌吟强聒，以求钱财；三是客人自娱，或是家伎，带来助兴。敦煌古代社会饮酒成风，不论达官显贵，还是普通百姓都可喝酒。每逢社团集会、迎来送往、节日喜庆、奖励惩罚、日常佐餐等都饮酒，所以境内有各种酒肆，是为此画之生活原型。

居士服 在家佛教徒着装的服饰，敦煌壁画以维摩诘为代表，自隋至宋，维摩诘所着服装形制如一：着大袖裙、戴透明的白纶巾、披棕色羽毛大衣、凭几持麈尾，当为汉晋以来士大夫的服饰装扮。

局席 即小型宴会，用以招待常在窟上从事管理或营造的中下层僧人、官吏及工匠吃饭，为窟上日常活动之一，敦煌的寺历中记述此事较多。

桔槔 又作桔皋。从井中汲水的工具。这种提水工具是我国劳动人民早在春秋时期利用杠杆原理发明的。《庄子·外篇·天地》第十二中记载这种工具可以"一日浸百畦，用力甚寡而见功多"。《庄子·天运》："且子独不见夫桔槔者乎？引之则俯，舍之则仰。"此后又进一步发明了更科学的辘轳。山东嘉祥宋山发现的汉画像石上，就绘有水井上使用桔槔和辘轳的图像。嘉峪关魏晋墓画像砖上也绘有辘轳提水的图像。莫高窟北周第296窟和隋代第302窟中各画了一幅福田经变。第296窟的第五个场面是反映"五者安设桥梁、过渡羸弱"的画中有一座桥，桥头上一辆载人的骆驼车正在过桥。桥南有一口井，井上建有方形的高围栏，两人正用一架桔槔提水。井的两旁，一旁是马匹埋头在水槽里痛饮，一边是有人提着水罐递给索水的人。水井上安置桔槔，井旁设水槽。第302窟的第六个场面是反映"六者近道作井，渴乏得饮"。井旁竖立一根上有叉的木杆，叉中间安一根横木长杆，长杆的一头挽有水桶可放入井中，另一头挽一大坠石，这样水桶汲水后可凭借木杆另一头坠石下垂将水桶提起，从而节省人力。水井上面建有井栏，说明当时已采取了保护水井清洁卫生的措施。隋代第419窟须达拏太子本生画面中，在"婆罗门美妻井旁被调笑"画面为：婆罗门年轻美貌的妻子在井上用桔槔汲水，井旁立二少年，调笑正在汲水的美貌妇女。井上的桔槔，截树杈为支杆，树杈中间插一横木，横木一头坠着石头，靠近井口的一头以绳挂水桶，结构与第302窟中的大致相似。唯水井上面建有砖石和木材修建的二层井栏。

桔槔汲水　　敦煌民俗生活壁画。莫高窟第296（北周）、302（隋）窟的福田经变中，在路旁作井，桔槔汲水以解行旅之困厄。其方法为用一根支撑的木杈，上架一横竿，竿的尾部悬挂铁块。这是利用杠杆原理，伴随着桔横竿的俯仰运动，以及重心和力臂的变化，用桔槔汲水省力而快捷。

矩尺 木匠工具。敦煌壁画中描绘出了木工用矩尺的图形。如西魏第285窟东披所绘伏羲、女娲两手所持之物就有矩尺和墨斗。这两种工具还出现在唐、五代、北宋时期壁画中阿修罗的双手中。高台县骆驼城魏晋墓画像砖上，所绘伏羲图是一手持规，一手擎日轮；女娲一手持矩，一手攀月轮。隋代第302窟福田经变建塔场面中，塔下一人正执矩尺在指挥施工。五代第454窟甬道顶佛教史迹画中木匠工作场面中，屋顶上一位手执矩尺的木匠都料正在工作。榆林窟西夏第3窟东壁千手千眼观音经变中的矩尺等多种木匠工具非常清楚。

举重 古称扛鼎、翘关，是古代武试科目之一。莫高窟第290窟绘太子习武中，太子单手举起一头白象要掷出墙外。第61窟西壁屏风画太子习武中，太子右手举象，右脚单腿直立，又太子右手抓举大钟并翻转使钟口朝上，高高擎起。

锯解狱 敦煌壁画地狱变情节八大地狱的十六小地狱之一。绘于榆林窟第19、33窟：牛头阿傍把有罪的亡人固定在地面上，然后由一人或两人用锯对罪人进行肢解，一旁还有狱卒高擎大铁夹等待处理。罪人无法忍受，拼命叫唤，所以此狱又名叫唤地狱。

聚沙为戏 敦煌佛教风俗壁画内容之一。聚沙本是一种儿童游戏，佛教却以聚沙成佛塔为升天成佛的功德行为之一，因此在法华经变中常出现三五成群的童子聚沙为戏的画面。如莫高窟第23窟有一幅较大的聚沙图，四个胖乎乎的童子在田间做聚沙游戏，沙堆已高出童子的身高，他们仍在努力上攀。敦煌境内多沙，故聚沙之戏相当盛行。

卷草忍冬火焰纹 佛光图案的一种。出现于北朝后期、流行于隋代的一种佛光图案，主要绘于佛的背光上。如第427窟中心柱两龛中的佛背光，以石青、石绿等色为主色，叠染、晕染出火焰纹、忍冬纹、卷草纹等，使造型整体安详庄严的佛及弟子菩萨等更为突出、生动、庄严。

卷草纹

卷草纹 又名蔓草纹，植物图案纹样。叶形卷曲，呈波浪状，连绵不断，以忍冬纹、云气纹结合变化而成。流行于唐代，是敦煌唐代图案中主要纹样之一，因而称为唐草，有共命鸟石榴卷草纹、白花蔓草纹等。敦煌壁画中主要分为疏体和密体两大类，疏体主茎和藤蔓成波浪纹状，枝茎和草叶等距串联排列，布局疏松，如初唐第

332窟和盛唐第130窟等。密体茎多叶
繁，随意卷曲，花形图案内容繁多。

军鼓 打击类膜鸣胴乐器。古时
军乐队之专用鼓。见于晚唐第156窟
南壁之张议潮出行图之大型军乐仪仗
场面，雄壮威武之鼓角为前导，前面
有四骑，为鼓手，驮有四只军鼓，鼓
的造型为直胴，类似放大之羯鼓。鼓

**莫高窟第156窟
军鼓（晚唐）**

手左手挟于腰上，右手持槌。此图为古代军鼓及仪仗音乐重
要的图像资料。

K

龛楣 圆拱券形浅佛龛外上部的浅浮雕尖拱券形装饰，
具有西域风格，存在于北魏、西魏、北周的洞窟中。拱券的
中部绘伎乐，两边以忍冬、卷
草、莲花等纹样装饰，两侧下
部向上反卷，呈龙、凤头或忍
冬纹，边沿多画火焰纹，装饰
效果极佳。

莫高窟第389窟龛楣白描图

坎赫里石窟　位于距离印度孟买城 40 千米的桑贾伊·甘地国家公园内。石窟群是在 2 世纪到 10 世纪期间开凿，现存109 个石窟。此石窟是印度佛教石窟中第二大石窟遗址，其中还包含有凿岩通道和运河，用于将雨水储存在大型水箱中，是古代石窟寺中相对罕见的大型排水、储水系统。

康通信　唐代居住在敦煌的粟特人。归义军初期随张议潮收复河西地区，历任兵马使、番禾镇将，官至"甘州删丹镇遏〔使〕充凉州西界游弈防採营田都知兵马使兼殿中侍御史"。中和元年（881 年）冬调往镇守凉州，未行而病卒。敦煌遗书中有《康通信邈真赞》（法藏 P. 4660），其中记载有："助开河陇，效职辕门……番禾镇将，删丹治人。先公后私，长在军门。天庭奏事，荐以高勋。"康通信曾与同仁联合营造莫高窟第 54 窟，窟内存其供养像及题名。

克孜尔石窟　又称赫色尔石窟，位于新疆维吾尔自治区拜城县的克孜尔乡南侧，即被木札提河切割成断崖的明屋达格山中部的山峭壁上。断崖以苏格特沟为中心，分成谷西、谷东几部分，洞窟大部分集中于此一带，现存洞窟约 250 个，已编号者有 236 窟。初始开凿时代在 3 世纪至 4 世纪，终于 7世纪至 8 世纪，窟形主要有僧房窟、中心柱窟、方形窟等。壁画题材为佛教故事画，其中以佛本生故事、佛传故事、因缘故事内容最为丰富，此外尚有尊像、伎乐飞天和边饰图案等，晚期主要为千佛题材。

克孜尔尕哈石窟　位于新疆维吾尔自治区库车市西北12千米处雀尔达格山南麓的山沟岸壁上。现存洞窟约46个，洞窟形制保存较完整的有38个，其中毗诃罗窟有19个，保留有壁画的洞窟11个，壁画内容有佛传故事、涅槃图、说法图以及飞天、千佛、三宝标、天雨花、摩尼珠等。从总体上看，艺术风格、洞窟形制接近于克孜尔石窟。

客观临摹　壁画临摹技法术语之一，为敦煌壁画临本专用术语。用来表现壁画现状的临摹方法，即以石色、矿植物颜料等，将壁画的变色脱落等现状如实临摹复制于宣纸或泥板上，忠实反映壁画现状，以保证壁画的残缺美。

空鼓壁画　壁画病害之一，壁画地仗层与洞窟石壁局部分离的现象。一般产生于大型洞窟中。原因主要有：①壁画地仗与崖壁粘接不牢，在地仗自身重力的作用下，地仗局部分离空鼓。例如莫高窟第94窟甬道晚唐、宋代重层壁画就发生这种现象。②壁画面积过大，长期在温差的影响下使地仗脱离崖壁，此种病害的发展可导致壁画大面积剥落。如莫高窟第130、85、98等窟均属此类。③壁画受水、沙土等物的影响，致使泥浆、流沙、积土、鸟窝等淤塞于崖壁与地仗层之间，致使壁画层鼓起。④酥碱引起的空鼓，如第216窟西壁及第85、98窟西壁皆是。⑤窟壁变形所致，如第245窟前部南北壁与顶部藻井东边相连的崖壁及地仗层，由于洞窟前倾而开裂，造成对地仗层的挤压而致使壁画层空鼓。

空青　石青的古代名称之一。据史料记述，具有悠久的历史。因形若杨梅，因而中空，故名空青。据《本草纲目》记述："空青，亦名杨梅青……凉州高平郡有空青山，亦甚多，今空青但圆实如铁珠，无空腹者……多充画色。"唐代张彦远所著的《历代名画记·论画体工用拓写》记载的朱砂、空青、曾青、扁青、铅丹、铅白、雌黄、胭脂等8种全国所出名产颜料，其中就有"越隽（四川西昌）之空青，蔚（山西）之曾青，武昌（湖北）之扁青（上品石绿）"。

窟厂　敦煌遗书编号为 P.2641v 的《莫高窟修功德记》，就记载了石窟各组成部分的局部名称。窟厂的厂应为敞，是主室前开敞的前室部分。莫高窟石窟的窟前多数都没有东壁而形成敞开的前室，古人就形象地称其为窟厂（敞）。在前室的顶部，仰头看到的部分，则称为窟厂（敞）仰。

窟厂仰　洞窟局部古俗名，指洞窟前室的顶部，仰头看到的部分。

窟前佛塔　莫高窟遗址区域内共计分布有佛塔29座，这些佛塔主要分布在宕泉河东岸、莫高窟崖顶及崖体边缘、三危山顶及山脚、窟前平地和成城湾均有零星分布。1号塔位于宕泉河西岸红房子东北约50米处，2、3、5~8号塔位于接待部南侧的空地上，4号塔（道士塔）位于接待部东侧，9~19号塔位于东岸6号山周边，20（天王堂）~23号塔位于莫高窟崖顶及边缘，24号塔（慈氏塔）位于美术馆对面的小广场上，25号塔（大华塔）、26号塔（小华塔）位于成城湾，28号塔位于三危山顶部的乐僔堂东侧，27、29号塔位于三危山脚下。有覆钵式圆塔和单层亭阁式佛塔两类，其中有14座覆钵式圆塔和15座单层亭阁式佛塔，而单层亭阁式佛塔又有4座平面呈正方形的佛塔和11座平面呈八边形的佛塔。这些佛塔多建造于唐代、元代。

窟上活动　指于敦煌诸处石窟上从事的各项活动，主要分三大类。第一类为营造、管理、修缮活动，包括凿窟、画窟、塑像、修建窟檐，洞窟的补修与维修，窟区的日常管理等；第二类为佛事活动，包括燃灯佛会、盂兰盆会、各类斋会、抄经等；第三类为佛教色彩的社会活动，如官府、僧团在洞窟上迎送各地使臣及游方高僧等。

窟上燃灯　敦煌诸石窟群每年中固定的佛事仪式之一。分岁首（正月十五日）燃灯、二七燃灯及腊八遍窟燃灯，分别由地方官府或僧团主持。此外，窟上燃灯又是一种平常的朝拜形式，不受时间限制，由礼佛者个人、家族或团体随时举行。窟上大型燃灯仪式上要诵读《燃灯文》，或在其他佛事文献中记颂燃灯之功德。

窟上写经 即在洞窟内抄写佛经，为窟上佛事活动之一。抄写佛经者为僧俗经生或书手，可供写经的洞窟内一般有较大的活动空间，文献记有966年曹元忠与翟氏请僧俗于大王窟（莫高窟第98窟）内抄写大佛名经事。

窟檐伎乐 宋代绘于莫高窟第427、430、431、444等窟之窟檐上的伎乐。伎乐们瘦削秀美，飘带花样繁杂，乐舞造型生动多样，或盘坐弹筝，或持拍击节，或轻盈飘舞，或屈腿腾跃。

窟主 石窟开凿的发起人与组织者。莫高窟最早的窟主应是沙门乐僔与法良禅师。他们本是出家人，一切生活必须由施主供给，而开窟的一切费用，必须有参与营造的捐资者。以后敦煌地方的豪门世族利用其社会地位和经济实力，几代人出资，开山凿岩不绝，他们既是石窟的窟主，又是投资者，开凿的石窟则成为本家族的家庙，如李氏家族修建第331、332、148窟。阴氏家族修建第96、321、231、138窟。翟氏家族修建第220、85窟等。

库木吐拉石窟　位于新疆维吾尔自治区库车县城西南约30千米的渭干河流经雀尔达格山山口处的东崖间。分布于谷区和谷口区两处，现编号112个。石窟形制主要有中心柱形支提窟，方形穹窿顶窟，长方形纵券顶正中设高坛基窟。壁画内容有因缘故事、本生故事、降魔图、迎佛图、西方三圣图以及供养人、护法神、飞天、莲花等。此外，其中回鹘高昌时期开凿的第79窟，窟中设坛、佛坐莲花座，坛基前壁绘出一行六个大人，双手合十，四人着僧衣，两人着回鹘装，一个小孩也着回鹘装，双手合十，跪在地上，在人物上方或头旁有龟兹文、回鹘文和汉文题记。

袴褶　又名裤褶，古代服饰之一种。其形制一般为下着两只裤管肥大而宽松的大口裤，上身着窄瘦紧身之褶，两相配套即称袴褶。最初为军旅之服，南北朝时盛行，隋代承袭之。隋唐时成为官服，曾一度用于朝会，如莫高窟第220窟帝王图中持障扇的侍卫，戴进贤冠，内着白纱中单，外套绯褶盖裆，穿白裤，芒屩、腕有臂韝，膝有缚裤。但壁画中多见着此服者为下层劳动者，如农夫、商旅、舞伎、乐工等。又见第202窟摩耶夫人出行图中抬肩舆的童仆，头梳双童髻，着青褶白裤，缚裤，芒屩，褶也是戎装，如第285窟作战图中的官兵、强盗中均有着此服饰者。

K

矿物颜料　用于石窟彩绘着色的无机矿物颜料，历代常用的有朱砂、赭石、石黄、雌黄、雄黄、孔雀石、铜绿、石青、青金石、绛矾、胡粉、铅丹、蜃灰、云母、金粉、银粉等。

盝顶图　攒尖屋顶的变形，屋面的上部凸出成拱形，下部凹曲，各条屋脊亦成"S"形，壁画中最早见于晚唐、五代，如第8窟的钟楼，第61窟药师变中的塔形佛殿等，最晚在榆林窟西夏第3窟的文殊经变、普贤经变中的茅草屋顶也采用盝顶形式。

壶门　建筑物台基中间一个部位装饰性的名称，壶门的意义是尊贵的入口。横长椭圆形，上部中间一点高起，向两边对称呈几道弯曲线滑到下部。壁画中用得非常广泛，在殿堂台基的须弥座束腰中间、佛床、佛座下，宫廷、住宅中的床榻下。最早见于隋代第303窟的床榻下。石窟内佛床、中心佛坛的须弥座中间也有壶门作装饰，壶门里绘火焰纹或伎乐等，见五代第61窟中心佛坛重层须弥座中间。

L

拉梢寺石窟　位于甘肃省武山县城东北25千米处的鲁班

峡谷中，又称大佛崖，建于北周、隋、唐各代。主体崖面高60余米，北周造大型浮雕一佛一菩萨组像，其中释迦牟尼结跏趺坐像约高40米。侧崖有同时期石窟数座，造像内容有一佛二菩萨、一佛二菩萨二弟子、五佛、十佛等。

腊八遍窟燃灯 敦煌莫高窟每年12月8日夜固定的佛事活动。通常由敦煌僧团派驻于莫高窟的高级僧官主持，安排由僧俗一体的敦煌民间某社团承担燃灯任务。主持人要在燃灯的前一天作出详细的计划，把整个莫高窟窟群崖面分为若干燃灯区域，将每一区域的燃灯任务布置到每一位承担燃灯任务的"社人"，并规定有对不尽职责者的惩罚条例，然后张榜公布。敦煌文书Dy.322（敦煌研究院藏第D0671号）《辛亥年十二月八日夜□□□社人遍窟燃灯/分配窟龛名数》，即公元951年十二月七日由主持人僧正道真所发布的燃灯榜文。

腊八燃灯分配窟龛名数 敦煌榜文文书，Dy.322（敦煌研究院藏第D0671号），全称"辛亥年十二月八日夜□□□社人遍窟燃灯/分配窟龛名数"。吴曼公先生1931年在北京收得，1959年捐赠予敦煌研究院。卷长47厘米，高24.9厘米，正面为佛经，背面裱纸即为本文书。内容为"辛亥年（951）十二月七日释门僧正道真"分配社人于腊月初八夜在敦煌莫高窟"遍窟燃灯"的公告。文中将莫高窟南区崖面划分为十个燃灯区域，并指定各区域的燃灯负责人及各窟燃灯数量，并规定有严格的惩罚措施，以示古代莫高窟遍窟燃灯习俗。文中所记洞窟名号（俗称）如司徒窟、张都衙窟、大王窟、天公主窟、灵图寺窟、翟家窟、宋家窟、文殊堂以及第二层阴家窟、令狐社众窟、太保窟、七佛堂、吴和尚窟、宋家八金光窟、普门窟、陈家窟、何法师窟、李家窟、杜家窟、吴家窟，还有崖面之外的天王堂、神祠等，这些都是莫高窟的珍贵史料，其中大多已经由专家学者考证出相应洞窟。

兰叶描　中国画和敦煌壁画线描之一。出现于唐代为吴道子所用。在敦煌唐代壁画中一直以"兰叶描"占主导地位，此后各代亦多见，后代出现的"蚂蝗描""柳叶描""莼菜描"等皆近似兰叶描，或由兰叶描发展而来，或是兰叶描的别称。

栏杆　建筑物下部的装修与装饰。壁画中表现的栏杆多以木材制成，栏杆的横向构件由地栿、华板、盆唇、寻杖组成，竖向构件由望柱、蜀柱、瘿项组成。华板是栏杆装饰的重要组成部分，有直棂、卧棂、勾片、华板等式样，以勾片为多，且应用时间最长，所以栏杆又称勾栏。壁画中最早出现在第257窟坞壁楼阁的二三层上，华板部位由直棂与勾片相间组成。唐代壁画中的栏杆数量大，形式多，而且装饰华丽，如初唐第329窟、中唐第201窟栏杆的横竖构件相交处用不同色彩表示，边沿密密地排出小钉点，看去好似以金属薄片包镶节点，提高了栏杆节点的强度，还有一定的装饰作用。壁画中多姿多彩的栏杆形式也为各类建筑物增色。

蓝毗尼花园遗迹 佛教圣地，在今尼泊尔境内，古为印度迦毗罗卫国。传说是善觉王为夫人蓝毗尼建造的一座花园，净饭国王夫人摩耶途经此地时，在一棵无忧树下生下释迦牟尼。孔雀王朝的阿育王到此朝拜，并建石柱以纪念佛陀的诞生。后石柱被雷击倒。玄奘亦到此朝拜，并在《大唐西域记》中对石柱有记载。1896年阿育王石柱被考古学家发现，证实此处为释迦牟尼诞生地。此后的考古发掘中，多有遗物发现。

劳度叉斗圣变 敦煌佛教经变画之一。敦煌石窟现存19铺，其中早期内容据《贤愚经·须达起精舍品》绘制，晚期据降魔变文绘制。内容讲古印度舍卫大臣须达以黄金铺地购得祇陀太子的园地建立精舍，请佛说法；但六师外道依仗国王权势反对，提出约佛斗法，以胜负决定是否建立精舍；外道劳度叉出面，佛弟子舍利弗应约；斗法期间劳度叉先后变成宝山、宝池、毒龙、白牛、大树等，又使魔女以美色诱惑舍利弗；舍利弗以金刚击宝山、白象、宝池，金翅鸟啄毒龙，狮王咬白牛等破劳度叉之变，最后制服魔女，拔起大树，摧倒劳度叉坐帐，迫使外道归降。

老君堂 敦煌名胜，位于莫高窟东面约 15 千米的三危山谷中，唐、宋时为佛教寺院，清代改为道教活动场所。原佛教建筑遗存较多，其中宋代建慈氏塔已移建莫高窟。

老人入墓 敦煌壁画弥勒经变所示一种特殊的丧葬方式。行将就木的老人，在亲人的护送下，活着走入坟墓。敦煌唐宋石窟保存有 39 幅，其代表作有：第 33 窟戴风帽的老人佝偻着向坟墓走去，旁有一披长巾的妇女，后有两位穿袍服的男子相送，另一人肩扛食品和生活用品，坟墓中有土台，供老人坐卧之用。第 116 窟坟墓内放有大屏风长椅的靠背。第 358 窟老人右手抱经卷，两人头顶食物用品相送，坟内铺圆毡。第 474 窟是用木板车把老人推向坟墓。榆林窟第 25 窟老人安坐墓内床上，亲人正在哭别。

乐庭瓌 莫高窟第 130 窟甬道北壁西向第一身供养人，有题名"朝议大夫使持节都督晋昌郡诸军事守晋昌郡太守兼墨离军使赐紫金鱼袋上柱国乐庭瓌供养时"。甬道南壁有其夫人太原王氏供养像。

乐僔 前秦僧人，莫高窟开窟创始人。他于前秦建元二年（366 年），"杖锡西游至此，巡礼其山，见金光如千佛之状，遂架空镌岩，大造龛像"，为莫高窟并敦煌石窟创建之始。事略见于《圣历碑》及敦煌遗书编号为 P.3720、莫高窟第 156 窟《莫高窟记》。

了空 唐敦煌大乘寺尼。俗姓张，名媚媚，张议潮之姊。莫高窟第 156 窟有供养像，题衔"姉女登坛大德兼尼法律"，P.2669《敦煌诸尼寺比丘尼籍》"大乘寺"下第九位记"了空，沙州敦煌县神沙乡，姓张，俗名媚媚，年五十七"。

雷神 司雷之神，又名雷公、雷师。自古以来雷与鼓相连，秦汉时雷神就是手持椎叩击连鼓而发出"隆隆"的雷声。敦煌石窟的雷神是人兽合体，鼓围作圆形：第 285 窟的雷神共 12 个鼓，每鼓作圆形剖面，雷神人身，头部及手足为兽形，双翅，以手脚同时敲鼓，腾空飞跃。第 329 窟 9 鼓作圆形，每鼓为侧面立体状，各鼓之间通过声波曲线连接，使人感到隆隆之声不绝于耳。

雷延美 五代沙州刻印工匠。藏经洞所出 P.4514《观世音菩萨像》刻印本题记有"于时大晋开运四年丁未岁七月十五日纪""匠人雷延美"；又 P.4515 刻印本《金刚般若波罗蜜经》第三十至三十二品残卷尾题"天福十五年（949 年）己酉岁五月十五日记。雕版押衙雷延美"。

楞伽经变 敦煌经变画之一，据武周时期实叉难陀译《大乘入楞伽经》绘制。莫高窟现存 12 铺，为中唐以后所绘，以第 85、61 窟为佳，该图中央绘海，海中绘细腰山，山顶平阔有楞伽城。佛说法，海周围有十余铺说法图则为佛解答大智慧菩萨的提问。图中尚绘有多种故事画及社会生活场景，如育儿、杂技、制陶、狩猎、屠宰、照镜、服药等。

离缠 唐代沙州僧人，俗姓阴，僧官至都法律。阴嘉政弟，莫高窟第 231 窟施主之一，事见《阴处士碑》。

犁耕图 犁，耕地的农具。中国古籍早有记载。《管子·轻重》："今君躬犁垦田，耕发草土，得其谷矣。"《急就篇》颜师古注："犁亦耕具也。犁之言利，则发出而绝草根也。"用犁耕地。《后汉书·王景传》："景乃驱率吏民，修起芜废，教用犁耕，由是垦辟倍多，境内丰给。"犁耕多用牛拉犁，陕西绥德东汉墓画像石上的《牛耕图》即其一例。甘肃武威市磨嘴子西汉墓出土有犁模型。甘肃高台县骆驼城、嘉峪关市、酒泉市等众多魏晋墓的壁画和画像砖上的《犁耕图》，有一牛、二牛拉犁者。在敦煌石窟的 90 多幅各种农作图中，描绘犁耕场面的就有 60 多幅。其中，最早的耕作图绘于北周时期修建的第 290、296 两个洞窟中。分别描绘了两种耕作方式：即一牛拉犁和二牛拉犁，同样就反映了双长辕和单长辕两种直辕犁的形象。犁辕直者称直辕犁，如陕西绥德县东汉墓画像石上所刻犁、甘肃嘉峪关市西晋墓壁画和酒泉市丁家闸北

L

凉墓壁画中所绘犁等。犁辕曲者称曲辕犁，如莫高窟第 445 窟壁画所绘犁等。历代各地因地制宜，加之不断改进，故其形制有同有异。

犁铧 又称铧。安装在犁头上用以翻土的工具。大体为三角形。唐释玄应、释慧琳撰《一切经音义》卷十八："犁铧，犁刃也。"中国出土过战国时的铁犁铧，在陕西临潼秦始皇陵园也出土过铁犁铧。在陕西出土的汉代铁犁铧种类多，如铁冠铧、长方形小铧、舌形大铧等。在甘肃多处汉代墓中出土过铁犁铧，各地发现的古代犁铧，形制有不少差别，这是生产需要决定的，同时，也有习惯等方面的影响。汉代以来，牛耕已经普及。敦煌也是如此，1964 年甜水井遗址曾出土了铁犁。敦煌故城出土汉代铜犁，长 28 厘米，中宽 18 厘米，中为一直径 4 厘米圆孔，为木副柱柱杖。悬泉遗址中出土铁器中也有犁、铧。在甘肃武威磨咀子汉墓群第 16 号墓的随葬品中，就出土了一件铁铧。在甘肃张掖民乐出土有汉代铁犁，在甘肃张家川县出土有汉代铁犁铧。在嘉峪关长城博物馆陈列有安西长沙岭 4 号烽燧出土的汉代铁铧。数十件敦煌遗书中记载的生产工具中就有铧，例如，S. 11332 和 P. 2685《戊申年（828）善护遂恩兄弟分家契》。在一些敦煌壁画犁耕图中也绘出了犁铧。莫高窟北周第 290、296 窟描绘了一牛拉犁和二牛拉犁的形象，盛唐第445窟绘制的曲辕犁为当时最先进的耕具。中唐第159窟华严经变"华严河"的圆形图案中就有单画的铁铧、犁铧。

礼佛乐队乐伎 敦煌壁画伎乐天之一。指经变画说法图中之乐队表演，其规模、阵容因说法图之画幅大小不等，绘制的精细程度而异，一般排列于说法图中央佛座下的平台两侧，平台中间为舞伎表演。乐队规模，大者每侧八人以上，中型每侧六至八人，小型者二至四人，中间舞伎有一二人或四人不等。最早出现于隋代石窟，为小型乐队合奏。初唐出现大型礼佛乐队，莫高窟第220窟的药师经变乐队，共绘有28人，中间舞伎四人，是莫高窟壁画中人数最多的一组，而且乐器绘制精细，品种也最多。一般大型经变画绘两铺或三铺乐队，均为两侧对称排列，席地而坐，中间的舞伎表演是全画的焦点，特点为穿着华丽，婀娜多姿，有持乐器舞蹈者，多为反弹琵琶或击腰鼓，亦有持彩巾者，有的以弦乐为主（如盛唐第172窟、中唐第112窟），有的以吹打乐为主，甚至前沿一排都是鼓（如晚唐第337窟）。乐队演奏状态十分逼真、具体，一些细微的演奏技法，甚至面部表情都绘得惟妙惟肖。

礼席 敦煌社会风俗壁画情节之一，表现婚嫁设筵席宴请宾客，俗称喝喜酒之情景，以表示喜庆和公开宣布婚事以求得社会确认。壁画礼席场面有大小之分，大者设在露天庭院中，以青布帷幕搭成帐篷，帐内设一长桌，上置食物，男女宾客分坐两侧，如莫高窟第148窟、榆林窟第20窟等。小者设在室内，显得狭窄和拥挤，如莫高窟第360、449窟等。

李大宾　唐代敦煌人，字颢，曾任朝散大夫、郑王府咨议参军。他在莫高窟建大涅槃窟，即今第148窟，其事见《大历碑》。

李弘定　唐代敦煌人。李明振次子，龙纪二年（890年）李明振死时，李弘定仅仅是文散官将仕郎。乾宁元年（894年）李氏掌权，其官至使持节瓜州刺史、墨离军押蕃落使兼御史大夫，后为检校官，曾至左散骑常侍，事见《乾宁碑》。莫高窟第9窟存其供养像并题名。

李弘谏　又作弘简、弘间，唐敦煌人，李明振第三子。乾宁元年（894年）李氏掌权，其官至使持节甘州刺史兼御史中丞，又至朝散大夫、沙州军使、银青光禄大夫、检校、左散骑常侍，事见《乾宁碑》等。莫高窟第9窟有其供养像及题记。

李克让　名义，字克让，又称怀让。唐代敦煌人。官至左玉钤卫、效谷府校尉、上柱国。武周圣历年间曾于莫高窟建今第332窟并立碑记其事，即《圣历碑》，是莫高窟历史的珍贵文献资料。

李明振 唐代敦煌人张议潮之婿。曾随张议潮收复河西，出使中原时与唐王朝攀亲，并受封凉州司马、检校、国子祭酒兼御史中丞，赐紫金鱼袋。曾重修其曾祖李大宾所建第148窟，事见《乾宁碑》。敦煌遗书存其墓志铭录文。

李圣天 即尉迟沙缚婆。五代宋初为阗国王。后晋天福三年（938年）十月册封为"大宝于阗国王"。多次遣使入贡中原，并与沙州归义军曹氏联姻，娶曹议金长女为后，其第三女适归义军节度使曹延禄。莫高窟第98窟东壁南侧有其夫妇供养像并题名。

李庭光 唐代敦煌人，西凉李暠之后。任通义大夫、使持节、沙州诸军事、沙州刺史兼豆卢军使、上柱国，曾在莫高窟建造一窟，事见李庭光之碑。

李庭光碑 唐代莫高窟碑记。全称"通义大夫使持节沙州诸军事沙州刺史兼豆卢军使上柱国李庭光莫高灵岩佛窟之碑并序"。原碑已佚，今存写本，即敦煌遗书 S.1523 开首 25 行与上海博物馆 40 号残存 18 行前后相接，共计 43 行，后缺。无撰人署名，此卷书写工整，字迹秀丽典雅，内容主要记李庭光在莫高窟造窟事，同时借赞佛界之种种妙相与国家之盛大而宣扬李氏先祖久远与累代功名圣誉。原作可能为武周至

L

开元之际。

李圆心 五代宋初敦煌画匠。榆林窟第 32 窟残存其供养像，题名"画匠弟子"。

立机 又称竖机，织机之一种。为了适应特殊织品生产的需要，中国古代还发明织出经纱平面垂直于地面，也就是说形成的织物是竖起来的，故又称为竖机。早期的立机可能用于织造地毯、挂毯和绒毯等类的毛织物。新疆民丰尼雅东汉遗址出土的毛织彩色地毯、若羌县米兰故城出土的唐代几何兽纹挂毯，均为立机所织。中国的立机与西方的竖机有着极大的差别。西方竖机有重锤式和双轴式多种，均靠手动提综或挑花而织，而中国的立机则是延续汉代斜织机的传统，用踏板脚踏提综开口，因此，中国的立机可称为踏板立机。据初步查阅统计，共有 30 余件敦煌遗书中均提及"立机""好立机""立机𬘘""立居"等名，应是立机所织布的代称。P. 2992v0（3）《归义军节度使致甘州回鹘顺化可汗状》，这件遗书的年代是 914 年，其中就有"立机细𬘘"。这是到目前为止发现最早记载立机的敦煌遗书。从 30 余件材料可知，敦煌地区五代初到北宋的 80 余年间这种立机布的使用一直存在。与此相应的是，敦煌莫高窟第 98 窟北壁五代壁画华严经变中也有一架立机的图像。文书和图像相互佐证，说明踏板立机至迟在唐末五代已经出现了。山西省高平县开化寺宋代壁画上也画有踏板立机，比敦煌壁画细致。元《永乐大典》卷18245 收录元代薛景石《梓人遗制》一书中所记载的立机是目前所见最为完整的踏板立机资料。明代《宫蚕图》中就有一架高大的立机现藏于中国国家博物馆。

沥粉堆金　壁画设色专用方法。始于初唐，宋与西夏多用之。整面凸起然后贴金叫堆金，如成线条状凸起的花纹叫沥粉。常用于佛及菩萨的衣冠花纹、璎珞等饰物及装饰图案上，使之呈现富丽堂皇的装饰效果。

连枷　连枷是一种脱粒农具，《释名·释用器》曰："枷，加也，加杖于柄头以挞穗，而出其谷也，或称罗枷，三杖而用之也。或曰丫丫，杖转于头，故以名之也。"甘肃河西地区何时用连枷虽然没有明确记载，但也应始于汉武帝建立河西四郡之后的军屯、民屯之时，在嘉峪关新城魏晋墓画像砖上描绘军屯的农业生产场面中打场、扬场的砖画有好几幅，都是画农夫、农妇持叉扬场或用连枷打场。如 4 号墓图 5 为一农妇持连枷打场、5 号墓图 30 为一农夫持连枷打场。打场、扬场的场面在酒泉丁家闸晋墓中也有。这种农具至今在河西走廊农村地区广泛使用。莫高窟盛唐第 148、445 窟，中唐第186、191、200、202、205、231、240、360 窟，晚唐第 12、

141、156、196 窟及 S. 259V0 白描画、P. 3193V02 白描画，五代第 98、53 等窟的 18 幅打场图中的工具唯有连枷一种。有一人单打和两人对打两种形式。S. 259V0《弥勒下生经变》白描画中特别清楚，如农作图中的镰刀、六齿叉、连枷的转轴、扫帚上的铁匝等。P. 3193V02 白描画，画一农夫双手高举连枷打场。从图形来看，当时的连枷已由魏晋壁画中的单棒枷发展成相当完善的连枷了。元代王祯《农书》对连枷的形制、尺寸大小及用料都讲得很清楚："连枷，击禾器……其制用木条四五茎，以生革编之，长可三尺，阔可四寸。又有以独挺为之者。皆于长木柄头造为掉轴，举而转之，以扑禾也。"

莲花冠　敦煌壁画古代头冠之一。以金玉等制，戴于发顶，形似莲花，桃形，故又称桃形莲花冠。榆林窟第 25 窟婚嫁图中一妇女头冠，莫高窟第 45 窟观无量寿经中韦提希夫人侍女的头冠，敦煌遗画 SP. 83 白描妇女头冠，均为此冠饰。另第 158 窟金光明经变中之男性王者亦有戴此冠者。此冠饰为珍贵、罕见之服饰史料。

莲花藻井　敦煌藻井图案的一种。指方井内和井心多以莲花图案为主，其中包括三兔莲花藻井、莲花飞天藻井、金刚杵莲花藻井、团花藻井、迦陵频伽莲花藻井等，为敦煌图案中为数最多的图案品种之一。尤以隋至盛唐为发展的高峰期，如第 320 窟盛唐的莲花藻井，从井心的莲花之团花图案到斜披的璎珞珠宝纹的十一种造型的纹样中有八种是莲花和莲花瓣的不同变形花纹，另其方井中外沿的花瓣犹如一朵朵祥云，是现存莲花藻井和云纹团花藻井图案中的上乘佳作。

莲花寺石窟 位于甘肃省合水县平定川境内，存一大龛及窟 25 座、造像千余尊，均为唐宋时期所造。唐代小龛中，有咸亨五年（671 年）、上元二年（675 年）和天宝十载（751 年）等纪年题记。龛内造像题材有一佛二菩萨、一佛二弟子二天王等。崖面上雕刻罗汉群像，分别围绕着佛涅槃像、金棺、屋楼阁、宝塔等四个中心举哀。三教诸佛龛内正中刻坐佛，两侧为汉装人物像，应为孔子和老子，是儒、释、道为一体的造像。

联珠纹 亦称球路纹、圈带纹。此纹样在中国出现很早，在二里头文化出土饰有实体联珠纹的青铜器。花形由若干白色圆珠组成的环状外边，如同联珠所串而得名。环内绘植物、莲花纹、忍冬纹、飞马、狩猎图等。敦煌出现的代表作如隋代第 420、401、277 等窟。

联珠狩猎纹 敦煌壁画纹样之一，源于青铜镜图案，联珠图案纹样的一种。如现藏于上海博物馆的唐代青铜"骑猎镜"。第 420 窟塑像之服饰图案，在联珠圈内绘马作急步之势，骑马的猎人作持标枪回首急刺状，猎人所刺似虎之兽已被刺伤而又扫扑等画，简练生动，富有装饰感。

联珠团花纹　敦煌壁画纹样之一，联珠纹图案的一种，是由隋代的画工创造出的新联珠纹样，如第401窟的佛龛沿边饰等。

梁幸德　五代敦煌人。曹氏归义军左马步都虞候、银青光禄大夫、检校国子祭酒兼御史中丞、上柱国，死于出使中原返归途中。曾与其子愿清重修莫高窟第36窟，事见《莫高窟功德记》。

两裆铠　古代戎装之一，又名两裆甲、两裆铠甲等。形制与两裆衫接近，多用坚硬的金属或皮革制作，分胸裆与背裆，故名。铠甲之甲片，常见者为小型的鱼鳞纹，以便俯仰活动。为防金属甲片磨损肌肤，武士在穿着两裆铠时，贴身衬有厚实的两裆衫。穿着这种铠甲时，须戴兜鍪、穿袴褶。敦煌壁画历代均有此普通武士服装。莫高窟西魏第285窟五百强盗故事中骑马官兵均着两裆铠，头戴兜鍪，身穿袴褶。

两披屋顶装饰　早期石窟中的装饰之一。早期的中心柱窟前是模仿两披屋顶的人字披形式，在装饰上时代越早，模仿越具体。如北魏的人字披上塑出并彩绘椽檩、望板，完全模仿木构的两披屋顶形式。在第251、254窟的檩端下还存有木质斗栱和替木。西魏时，人字披上的椽檩改用土红色绘出。椽间望板上仍满绘图案。北周的人字披上一是继续沿用西魏以绘画表现椽檩、望板，如第428窟。二是在人字披上绘佛经故事或千佛，如第295、298窟的人字披不再模仿木构屋架，而绘经变画或千佛。

两种墓形　在敦煌石窟壁画中，出现两种不同的墓形：一种是穹庐形的土堆，所谓"一人一个土馒头"，如第296窟、第33窟、第358窟、第9窟、榆林窟第19窟等，这是中国汉族传统的墓形，在敦煌是由亲友大家用土垒成；另一种坟墓是地面高基座，墓形矗立较高，顶端作楔齿状，分前后两重，这是西域少数民族的墓形，如西藏定日县吐蕃时期的苏日古墓群中，至今还保存有下为三级台阶的梯形墓。

猎户　敦煌社会生活壁画内容之一。受境内及周边少数民族的影响，狩猎成为敦煌地区经济生活的一项重要内容，因而有了专业猎户。壁画所绘有两类，一是雇佣猎手的猎主，如第321窟宝雨经变中大杂院的猎户，猎主坐床上，猎手臂上驾鹰，站立一旁禀报；二是自食其力的个体猎户，如第85、61窟。楞伽经变中的猎户，三五结伴，手牵猎犬，臂上驾鹰，肩扛长柄铁锤和斧头，背上弓箭，共同出发狩猎。出猎时必以鹰犬为助，鹰善飘击，从空而降。犬则走陆，快捷凶猛。

铁锤斧头是击杀猎物和自我防御的工具。

裂隙 壁画错位、开裂的现象。

临摹 中国书画术语，敦煌壁画技法之一，学习书画的一种手段和过程"六法"中最后一条"传移模写"。临摹是敦煌艺术研究的重要项目和手段之一。敦煌壁画彩塑临摹属于研究性临摹，分为原壁"客观临摹""整理临摹"和"复原临摹"等三种，是敦煌壁画、彩塑所特有的临摹方法。

灵俊 唐末五代敦煌灵图寺僧人，俗姓张，金山国时任沙州释门都法律、福田司都判官，曹议金时升任都僧正加紫绶。敦煌遗书存其撰启状余件，P.2991 有其写真赞，莫高窟第 329 窟甬道南壁有供养像及题名。

灵应山石窟 位于宁夏回族自治区盐池县青山乡方山村灵应山东坡山腰。开凿于明代，从明万历年间到清初多次重修。现存窟龛 13 座，其中有娘娘庙、龙王庙、药王庙、十殿阎罗庙、眼光菩萨殿、观音庙、八岔庙、关帝庙、三皇庙、吕祖殿、财神庙、双音洞等。窟内有泥塑佛像和壁画，其中第 6 号窟为圆券顶，高 3.1 米，长 8.4 米，正中释迦牟尼，左为普贤菩萨，右为文殊菩萨。窟内存清代康熙三十九年（1700 年）所立《灵应山碑记》，后殿的窟前有砖木结构残迹。

L

菱形纹 几何纹样的一种，又称菱格纹。在敦煌北朝壁画中就有近似于马家窑文化陶器图案中的"鱼网纹"。如北魏第257窟"九色鹿本生故事"下方的边饰，每三种图案为一组，作多次重复，其中就有网状菱形格纹样，如西魏第288窟有斗四平棋图案中的菱形纹，表明在北朝时期菱形图案的应用很广泛。隋以后多绘于藻井边饰图案中，如隋第407窟三兔莲花藻井边饰，盛唐第320窟团花藻井的边饰等，其特点以菱形方格之锐角相互连接，格内以近似"十"字宝相花的莲花纹样作装饰。隋唐时期的壁画和彩塑菩萨人物服饰的图案中也有，如隋第427窟菩萨彩塑的狮凤菱格纹图案。菱格纹还存在于中唐第237窟四披瑞像图的边饰，晚唐第141窟经变画的边饰等。

令狐信延 五代宋之际敦煌画匠。榆林窟第20窟留有其绘窟题记："雍熙五年（880年）岁次戊子三月十五日沙州押衙令狐信延下手画副临使窟，至五月卅日具画此窟周□"，提供古代画匠的工作量及画窟时间、进度。

刘世福 宋代临洮人，画匠。榆林窟第12窟有其画窟题记。

流失海外敦煌文物数字化 通过国内外协商合作，运用新兴数字化技术，多渠道、多方式获取（采集）流失海外敦煌文物的数字化资源，并建立统一完整的数据和资源共享平台，实现流失海外敦煌文物的数字化复原和全球共享。

六道轮回图 敦煌佛教风俗壁画内容之一。佛教立三世因果、轮回转生之说，以今生为前生之后生，今生之苦乐由前生之业因，后生之苦乐亦由今生之善恶业所造，如此循环往复，永无尽世。这种循环通过六道轮回进行，过去世、现在世。行善者，死后进入三善道：天道、人道、阿修罗道。作恶者进入三恶道：畜生道、饿鬼道、地狱道。六道轮回图绘于地藏菩萨顶后或身后左右两侧的光纹上，具体形象是：天道——有头光的菩萨。人道——怀抱经卷或正在升天的人。阿修罗道——或一人，四臂，手托日月；或两人手持器械争斗。畜生道——牛、马。饿鬼道——身带猛火，无法进食的瘦鬼。地狱道——两人赤身，受火煎熬，或受夜叉追逼。完整的六道轮回图出现于五代、宋、元，见第384、390窟及榆林窟第15窟等。

六法 中国画术语，指中国画和敦煌壁画的表现技法。南朝齐谢赫的《古画品录》所举"六法"为："气韵生动，骨法用笔，应物象形，随类赋彩，经营位置，传移模写（又称传模移写）。"敦煌壁画虽然是佛教艺术，但其笔墨中、形色间，无不流露出中国画"六法"的理论造诣，形成敦煌地区性的独特艺术体系。

六观音 指观音菩萨的六种形象。天台宗所传有大悲、大慈、狮子无畏、大光普照、天人丈夫、大梵深远观音；密宗传有千手千眼、圣观音、马头观音、十一面观音、准胝观音、如意轮观音。据称：千手千眼观音，即大悲观音，破地狱道三障（烦恼障、业障、报障）；圣观音即大慈观音，破饿鬼道三障；马头观音即狮子无畏观音，破畜生道三障；十一面观音即大光普照观音，破修罗道三障；准胝观音即天人丈夫观音，破人道三障；如意轮观音即大梵深远观音，破天道三障。佛教一般把圣观音（即头戴化佛冠，上身穿天衣，下身着长裙，身后及两侧披绕臂飘飞的帛带，手内持净瓶和柳枝者）当作诸观音总体代表。敦煌石窟中多有绘塑。

龙凤藻井 敦煌藻井图案之一。多以凤在中作团凤纹样，龙在其四周腾跃给人以游龙戏凤之感。如第16窟，藻井成两层阶梯状，向上凸起，井心以红色为底，一只浮塑金色团凤，绘制于绿色的莲花中，四条浮塑的金龙腾跃四周，犹似凤翔碧空，龙腾四海；二层井内绘一周卷草纹边饰，外绘一周方胜纹边饰，造型生动，色彩和谐，为藻井图案中的佳作。

龙凤山石窟 位于宁夏回族自治区隆德县西南2.5千米的龙凤山。石窟开凿于北宋绍圣年间，现存石窟五处，即大雄殿、文昌殿、无量殿、大力殿、子孙殿；其中大雄殿，平顶直角，高 2.3 米，宽 2.8 米，进深 2.7 米。券门横额阴刻"磨日岩霄"四字，右侧小窟"玄圣官官"内的壁上有"大定四年"（1164 年）……题记，窟外尚有明神宗万历三十四年（1606 年）重修石窟寺碑。

龙门石窟　位于河南省洛阳市南 13 千米处的龙门口。为中国最大的石窟群之一。现存北魏至唐代造窟龛 2100 多个，造像约 11 万尊，造像题记和其他碑碣 3600 多块，佛塔 40 余座。石窟窟型主要有马蹄形，窟顶近圆形，类似穹窿顶和唐代出现的窟顶方形、平顶的形式。题材内容有佛传、本生故事、涅槃变、降魔变、西方净土变。佛龛主像大多是阿弥陀佛、弥勒佛、卢舍那佛、药师佛、观音、罗汉像等，代表洞窟有宾阳洞、莲花洞、古阳洞、奉先寺等。

笼冠　又名武冠、惠文冠。其形制状如筒形，束发而耸于头顶，多见以纱笼之，故名笼冠，其冠文轻细如蝉翼。敦煌石窟西魏壁画，如莫高窟第 288 窟供养人头戴笼冠，第 285 窟沙弥守戒自杀品之国王、长者均于小冠上加白纱笼冠。从壁画可知笼冠属帝王、贵族及武官等首服，以白纱笼冠为多。

陇东石窟　指位于甘肃省平凉地区和庆阳地区境内的石窟群，包括北石窟寺、南石窟寺、石空寺石窟、保全寺石窟、张家沟门石窟、莲花寺石窟、丈八寺石窟、王母宫石窟、石拱寺石窟、主林寺石窟、云崖寺石窟、罗汉洞石窟、陈家洞石窟、张家沟门石窟、高显寺和禅佛寺石刻造像等，其中主要石窟为创建于北魏的庆阳北石窟寺和泾川南石窟寺。

楼阁 楼与阁本是两种形式的建筑，由于它们都是高层建筑，区别不是很大，久而久之，就将这两种形式统称为楼阁。反映在壁画中，楼与阁却是泾渭分明。楼的特征是"自地面建殿屋，又在上面建平坐、殿屋，则是楼"，即每一层都有屋檐的为楼，而阁的特征是"自地面立柱网，柱网上安铺作即是平坐，上面再立柱网建殿屋即是阁"。下层没有房屋，只有柱子。于柱子上再建栏杆、房屋的即为阁。初唐第71窟南壁的碑阁，第321窟北壁的阁与斜廊，第329窟南北壁的佛寺建筑中南壁用阁，北壁用楼。盛唐第208窟南壁佛寺用阁，北壁天宫建筑用楼。第217窟北壁的佛寺则用殿、楼、台、阁、廊等多种建筑组合，极大地丰富了群体建筑的多样性。中唐以后，壁画中阁的形象逐渐消失，以楼取而代之，称楼阁。

楼阁式塔 壁画中塔的类型之一，数量不多，但各时代都有它的形象，楼层从二层至七层不等，以三四层最多，平面有方形、六边或八边形、下方上圆等多种形式。北魏第254

窟舍身饲虎故事画中的墓塔，是最早的楼阁塔，塔下三层台基，中有踏步，三层方形塔楼，以45°角的方向立于台基上，使之看到塔的两面，两面中间层层开一圆券门，楼顶上置高大的塔刹。中唐第159窟中一座二层塔，下层六边或八边形，上层圆形，屋顶置宝珠为塔刹。五代第61窟五台山图中大悲阁是一座四层塔，下三层为面阔三间的重楼，第四层作覆钵形塔身，上有叠涩出檐与山花蕉叶，以上又作覆钵及相轮塔刹。榆林窟第33窟五代绘一座七层塔，将第七层塔身作窣堵坡式。宋代第55窟中有三层六边或八边形塔，上置覆钵，叠涩出檐、山花蕉叶、火焰宝珠作结。从以上诸多形式看出，楼阁式塔是用民族传统建筑形式的楼阁，加上佛教建筑的符号或标志——覆钵与塔刹，就演变成具有宗教性质的佛塔。

楼橹图 楼橹是只有在壁画或传世古画中才能看到的一种古建筑形式。如今"楼橹"的名称只保留在文献中，却不见实物遗存，据《释名·释宫室》篇记："橹，露也，露上无屋覆也。"它的功能是登高望远，或作为军事设施，在平地的战车或战船上起楼。《后汉书·南匈奴传》："初，帝造战车，可驾数牛，上作楼橹，置于塞上，以拒匈奴。"现在留存于世的古代名画顾恺之的《洛神赋》图中有一高大的楼船，上面就是一楼橹，四角立柱挂帐帷。敦煌唐代壁画中，有多种在屋顶或城墙上起平坐栏杆，而没有再覆盖屋顶的建筑，应该就是文献中的楼橹形式，表现用在船上的楼橹有中唐第238窟佛龛屏风画。在唐代壁画中有初唐第335、341窟，盛唐第445窟，晚唐第138、156窟等，用于城墙上，楼橹有晚唐第138窟北壁下部的屏风画里。楼橹形式自宋代以后在敦煌壁画中就绝迹了。

耧犁 壁画中的粮食播种工具。出现于莫高窟第454窟（五代）的弥勒经变中，为三脚耧，一人扶耧、一牛牵耧，种子盛在耧斗中，耧斗与空心的耧脚相通，边行边摇，种子便自行落下。能同时完成开沟、下种、覆土三道工序，一次能播种三行，而且行距一致，下种均匀，大大提高了播种效率和质量。

鹿头梵志 佛教所谓"外道仙人"之一，据说他善起死回生之医术，凭听敲打头骨之声可知死者性别及死亡等原因。一次释迦佛特意取一个罗汉的骷髅让他叩打听音，结果他不能辨别，因而皈依佛门。敦煌早期石窟中，多画在佛龛内主佛的一侧，与尼乾子相对，手持骷髅，以示其原凭骷髅之声辨其死因之意。如莫高窟第254、257、428等窟所画。

露天壁画 绘制在洞窟外岩壁上的壁画。莫高窟崖面曾因崩塌而造成外貌残破。五代、北宋敦煌曹氏家族在莫高窟普遍修建窟檐，窟檐周围的岩壁或大块空旷岩壁上绘制壁画，以美化石窟外观和防止岩面风化。绘制的内容有飞天、伎乐、金刚、力士、天王、比丘僧、团花图案等。今第427、428、429、430、431、454、94、231、203、130、170 等窟附近尚残存 18 块大小不等的露天壁画，大者百余平方米，小者不足 1 平方米，总计约 300 平方米。其制作方法是在修整的岩面上抹草泥两层、表层用掺红土的碎麻灰浆抹面，在碎麻灰面上绘画，因当地气候干燥，表面石灰层逐渐形成为坚硬的碳酸钙，因而对大自然的风化等有较高的抵抗力，故得以保存至今。

露天壁画的保护　对绘制在莫高窟窟外崖面的壁画的防护措施。1953 年对第 94、130、203、431、432、428、454 窟等 18 处窟外崖面上的五代、宋初露天壁画做了边沿加固。在这些露天壁画的边沿剥落处，用麻刀石灰浆作加固处理，原露天壁画的表面是用石灰浆内掺和麻刀及少量的红土，在修复中，所用石灰浆中也加入麻刀和少量红土，使其与原壁画协调。20 世纪 60 年代初，又在崖面上的露天壁画上部修建了防雨棚。经过加固、保护的壁画至今保持完好。

露天酒肆　敦煌社会生活壁画内容之一，绘于莫高窟第 360 窟维摩诘经变中。无房屋，在宽敞的原野、花树环抱之

L

中，摆放一张长条形酒桌，客人坐在桌两侧的长条凳上，开怀畅饮，同时还欣赏着舞伎的表演。露天酒肆又名花园酒店，多设于城外，或利用城中原有的园馆。露天酒肆充分利用自然环境，虽设备简单，亦颇有雅兴，这也与敦煌地区干旱少雨的自然条件有关。

罗汉 又作阿罗诃、阿罗汉，略称罗汉。为佛教初期小乘教徒所修持的最高果位。意谓：杀尽一切烦恼之贼，备受天人供养，永远进入涅槃，不再进行生死轮回，著名的有十六罗汉、十八罗汉乃至五百罗汉。

罗睺罗 又作罗护罗、罗怙罗等，意译覆障、执月，多称作罗云。按《佛本行集经·罗睺罗因缘品》《翻译名义集》卷一的说法，他本来是释迦牟尼出家前与妻耶输陀罗所生，即释迦牟尼的亲生儿子。释迦牟尼成道回乡时他跟随出家做沙弥，为佛教有沙弥之始，后成为释迦牟尼的十大弟子之一。因他很小出家，不光"诵读不懈"，且从不"毁破禁戒"，故称"密行第一"。敦煌唐以后部分石窟的佛龛内有画像及题名。

裸体飞天 飞天壁画之一类。源于印度，形象多以男性为主，舞姿豪放有力。敦煌壁画中主要见于莫高窟第285、428、290、257等窟。其形象性别鲜明，全身裸露，挥巾起舞，充分表现了人体之美。对研究我国乃至东方美术史都是很重要的资料。

落石 莫高窟窟区支挡构筑物覆盖保护的崖面范围有限，洞窟上方未受到保护的裸露岩面及崖顶斜坡部位，在剧烈的温度变化条件下，经受长期的风蚀和雨蚀，发生严重的风化破坏。在降雨、风沙等天气，常常有砂石落下，对窟区游人安全威胁很大。

M

马德胜 唐代沙州龙兴寺僧人，俗姓马，法号德胜。父马时清，叔僧前三窟教授法坚，弟龙兴寺临坛大德法真。马德胜于大中五年（851年）起先后在龙兴寺任寺主、上座，敦煌遗书 S.6350《大中十年（856年）寺主德胜，神喻交割匹段文书》、S.1313《辛未、壬申（851年、852年）粮食账》、P.2613《咸通十四年（873年）敦煌某寺器物账目》中均有德胜或马寺主之记载；乾宁三年（896年）于莫高窟北大像（今第96窟）南边创造新龛一所，即今第97窟，事见于 S.2113《唐沙州龙兴寺上座马德胜和尚宕泉创修功德记》。

马德胜功德记 敦煌遗书营窟记稿。书写于 S.2113 卷背，全名《唐沙州龙兴寺上座沙门俗姓马氏香号德胜窟泉创修功德记》，系由"行敦煌县慰（尉）兼管内都支计使御史中丞济北氾唐彦述"，撰于"（唐）乾宁三年（896年）丙辰岁四月八日"。保存完好，共计四十五行。记有马德胜"于北大像南边创造新龛一所"，并记叙窟内及窟檐所绘制壁画内容。经考证，该窟可能为今莫高窟第96窟（北大像）南邻之第97窟。

麻布　麻布，古代麻纤维纺织品。敦煌遗书中有不少种麻、沤麻、纺麻的文献。敦煌莫高窟藏经洞文物中有相当多的丝绸等纺织品。据斯坦因（Marc Aurel Stein）在《塞林迪亚》（Serindia）第二卷第845页所说，他所劫取到英国的敦煌绢画、敦煌麻布画、敦煌纸本画共计536件。这三类的比例大约是绢画62%（约332件），麻布画14%（约75件），纸本画24%（约129件）。现存法国的敦煌丝绸等纺织品的数量仅次于英国。根据法国发表的敦煌幡绘画目录统计共216件。这三类的比例是：绢画63%（约136件），麻布画22%（约48件），纸本画15%（约32件）。俄罗斯艾尔米塔什博物馆敦煌文物收藏品包括雕塑、壁画、绢画、纸画和麻布画以及丝织品残片等。现编号363号，其中绢画96件，粗麻布画66件，俄藏麻布画完整者较多。如Дх-210是观音菩萨像，为一站在莲花上的观音菩萨，左上角榜书"南无观世音菩萨"。还有

Дх-57，画一坐在莲台上的虚空藏菩萨，一面四手，戴化佛冠，头顶上的头发梳成两个椭圆形，长发垂肩，红帔帛，红裙，右上手有以树木为象征的月，左上手有以三足乌为象征的日。莫高窟发现的北魏太和十一年（487 年）广阳王佛像绣，它是两层浅黄色绢中间夹着一层棕色麻布。莫高窟北区洞窟也发现了一些麻纺织品。

马报达 宋代敦煌塑匠。敦煌遗书有记其在伊州作客时的写经题记等。

马镫 悬挂在鞍子两边的皮带上的骑马踏脚的装置。马镫出现以后，骑马的姿势转而矫健可观。越来越多的文物证明，马镫是中国发明的。陕西兴平汉武帝茂陵附近的霍去病墓前伏牛石刻上的镫，是目前为止世界上发现最早的镫。1979 年青海省互助土族自治县东汉墓出土的青铜饰牌上马腹下的两只方马镫，为汉代已有马镫的又一例证。这件青铜饰牌上的马镫，足可证明我国北方游牧民族至迟在公元 1、2 世纪就使用马镫。这类镫形在阴山岩画和内蒙古自治区锡林郭勒盟苏尼特左旗岩画中都见到过，青海海东地区平安县发现的东汉画像砖上的甲骑武士所骑的骏马也是鞍镫俱全。甘肃武威市凉州区辛家河滩南桥采石场魏晋时期墓中发现铁镫 1件，呈扁圆形。宁夏固原北魏墓出土 2 件铁制马镫。宁夏北魏时期的陶马，在马鞍两侧刻画出了马镫。宁夏固原北周李贤墓出土1件铁制明器马镫。敦煌石窟北周、隋、唐以来的壁画中描绘了骑马者使用马镫的形象。其中最早绘出马镫的是莫高窟北周第290窟的佛传故事。在其中的太子逾城出家后，命车匿牵马回归的场面中，有三处出现了备鞍的马，鞍上均画了马镫。此外，在该窟的"驯马"画面中，马鞍上也有马镫。在新疆吐鲁番阿斯塔那十六国时期的墓中出土的木马，也在障泥上画出马镫的形象。考古发现表明，中国东北方的草原地区，约在公元3世纪中叶到4世纪初的十六国时期鲜卑人活动的区域，曾多处发现马镫。李约瑟（Needham Joseph）博士在《科学与中国对世界的影响》论文中说："直到8世纪初期在西方（或拜占廷）才出现脚镫，但是它们在那里的社会影响是非常特殊的。林思·怀特（英国科技史学家）说："只有极少的发明像脚镫这样简单，但却在历史上产生了如此巨大的催化影响。"马镫把畜力应用在短兵相接之中，让骑兵与马结为一体。……我们可以这样说，就像中国的火药在封建社会的最后阶段帮助摧毁了欧洲封建制度一样，中国的马镫在最初帮助了欧洲封建制度的建立。中国人发明马镫后，才使中世纪的欧洲进入了骑士时代。

马都料 敦煌工匠。敦煌遗书中所记有四处：S.3905记

901 年，木匠马都料营建莫高窟今第 44 窟窟檐事；S. 64521、
S. 6452-2 及 Д. 0366 所记公元 982 年前后的同一位马都料，行
业不详。

马科动物畜力挽具　　马、骡、驴等马科动物使用时所必
需的挽具。通过挽具才能使马科动物在驾驭车、拉犁、耙、
耱、爬犁、磨、碾、水车等各种畜力用途中发挥最大效力而
不会使牲畜受伤。挽具包括马科牲畜的胸挽具（包括肚带、
牵绳、挽绳等），颈圈挽具（肩套挽具）包括颈圈、挽绳等。
中国古代发明的马科动物挽具对整个世界都有重要影响。英
国李约瑟（Needham Joseph）博士在《中国科学技术史》巨著
的总论第七章和《中国与西方在科学史上的交往》等论著中，
列举了 26 项从中国向西方传播的机械和其他技术，其中第十
一项就是牲畜的两种方便挽具，即胸挽具和颈圈挽具。他认
为，这项技术，西方晚于中国 6~8 个世纪。他在《科学与中
国对世界的影响》这篇长论文的第六部分对中国发明的两种
挽具进行了详尽的考证和论述，他说："除了脚蹬之外，中国
是唯一的解决了给马科动物上挽具问题的古代文明国家。在
这方面的意义也是十分重要的。"他指出，莫高窟 5 世纪末到
6 世纪初的壁画为肩套挽具提供了确凿证据，而在这个年代到
9 世纪之间莫高窟中有更多的此类壁画。北魏第 257 窟鹿王本

生故事中王后所乘马车明显画出肩套挽具。北周第 290 窟"神送宝车"和"聘娶二妃"场面绘两辆马车均有环形肩套挽具。晚唐第 156 窟张议潮夫妇出行图所绘诸辕马挽具肩套呈软垫状，口向上开，与今天的骡马挽具相同。晚唐第 9 窟、五代第 146 窟等均绘有肩套挽具的形象。李约瑟博士对古代欧洲使用的颈前肚带挽具的不合理性和中国挽具的科学性作了令人信服的分析。文中以莫高窟第 156 窟马车上的挽具为例论述了中国马挽具的科学性。敦煌壁画马骡挽具是研究中国这一重要农具发展及其传入欧洲历史的珍贵资料。

马郎妇观音 观音菩萨的化身之一。据《释氏稽古略》卷三引《观世音菩萨感应传》称：唐元和十二年（817 年），观世音化为一提篮卖鱼美女，求婚者甚多；约以一夜能背诵《观音普门品》《金刚经》《法华经》者归之，有马氏子如期诵经，女令具礼成婚；至迎归，客未散而女已死；数日后，有老僧至女葬所，以锡杖开坟验尸，尸已化，唯余黄金锁子骨。僧曰："此乃观世音菩萨的化身，因悯汝等障重，故垂方便化汝身。"语毕腾空飞去，众人以为此乃观音所化，因此，便以原作一手提鱼篮的少妇形象，为鱼篮观音者，其中以明代甘露寺所作者最佳。敦煌诸石窟中尚未发现此像。

马面 壁画中城墙上的重要设施之一。在城墙上按一定

距离设置向外突出墙面的墩台，台顶有雉堞与堞眼，为御敌而筑。宋《梦溪笔谈》

马面　莫高窟第249窟　（西魏）

卷十一记："若马面长则可反射城下攻者，兼密则矢石相及……今边城虽厚而马面极短且疏，若敌人可到城下，则城虽厚，终为危道。"由此可见马面在城墙上的重要性。北魏第257窟，西魏第249窟城墙上的马面突出且高于城墙。晚唐第138窟的马面在城墙中段突出的墩台上有木构建筑一座，与城门楼、角楼形成统一的城楼形式。马面形象除防御功能外，也使城墙的形象有进退曲折、高低错落的变化，丰富和完善了城垣的壮美。

马骑　又称马技、马术、马戏。是一种马术绝技，表演时可供观赏娱乐，但多为习武之艺。莫高窟第61窟西壁屏风画《佛传·太子习武》中就出现各种马骑的镜头：手举铁排、铁架、火盆，举双弓跨六马，侧立马上，单腿立马，腾跳双马、四马，立马上射弓等等，这些动作都是在马匹奔驰过程中完成的。

马圣者造窟记　敦煌石窟营造发愿文抄本。编号为P.2668V，首尾共六行，70余字，记后唐同光四年（926年）马圣者造一大龛并菩萨内龛事，据考当为公元926年马圣者重修莫高窟今第53窟及其北壁之第469窟之记录。

马思忠 唐沙州乡人。据编号为P. 3720及莫高窟第156窟《莫高窟记》，又P. 3721《瓜州史事系年》所记，开元九年（721年）乡人马思忠与僧人处谚等于莫高窟发心造南大像（今第130窟），历时三十余年，为莫高窟第二大弥勒坐像。

马蹄寺石窟群 位于甘肃省张掖市南62千米处的肃南裕固族自治县马蹄区的祁连山境内，现存石窟包括金塔寺、千佛洞，上、中、下观音洞和马蹄寺南、北二寺七部分。马蹄寺因现编号第八窟的地面上有相传为二郎神的天马踩蹄印而名，或因藏语"母亲的印章"与汉语"马蹄"近似而名。据记载，马蹄寺创建于十六国。现存窟龛70余个，洞窟形制有中心塔柱不开龛，主室正壁塑大佛像的大像洞，中心塔柱不分层、四面开龛、下有基座，中心塔柱四面各开一龛、龛上分层、每层系三身坐佛，平面作纵长方形的平顶大窟。造像与壁画内容有一佛二菩萨，一佛二菩萨二弟子，一佛二菩萨说法图以及罗汉、护法以及曼荼罗、释迦、多宝二佛说法图和飞天等。

马头观音 菩萨名号，音译为何耶揭梨婆，为藏传佛教密宗六观音之一，因头顶多作马头像而名，亦称马头大士或马头明王，为观音的自性身，形貌愤怒威猛，能摧伏妖魔。

敦煌莫高窟中有两种形式出现，一是画马面人身，上身着天王装，下着菩萨装，如第98窟甬道顶部五代时所画。二是也作马面人身，但上身全黑，下身着斑马裙，斑马裙正中有缝，左为红白相间，右为黑白相间，乃独特之斑马，如第146窟所画。

马文斌　宋初敦煌人，为归义军节度押衙知司书手。开宝三年（970年）与比丘福惠及将头、乡官、押衙、都头等十八人共同立约于莫高窟修窟，事见《福惠等修窟契》。另敦煌遗书 S. 2973 有其书牒状一件。

麦积山石窟　位于甘肃省天水市东南约5千米的小陇山区。创凿于东晋十六国后秦时期，为后秦国主姚兴"凿山而修"，后经西秦、北魏、西魏、北周、隋、唐、五代、宋、元、明、清诸代不断扩建重修，至今尚保存有各代洞窟194个，各代精美泥塑、石雕造像7800余身，壁画1000多平方米，特别是泥塑之精美，堪称全国之首，被誉为东方雕塑馆。所有洞窟都开凿在距山基二三十米乃至五六十米高的悬崖峭壁上，十分惊险陡峭。1976年到1984年，国家先后拨款300多万元，进行了比较彻底的抢修加固。它是国务院公布的第一批全国重点文物保护单位，又是国务院公布的全国风景名胜区之一，为我国最负盛名的集人文、自然景观为一体的旅

M

游胜地。

幔纹 敦煌图案纹样的一种。以描绘纺织品的垂坠皱纹为特点的装饰图案。北朝及隋代多绘于四壁上端及少数斗四藻井的外边饰，也有绘于四壁下部的，如第275窟北凉的壁画下部，以较粗的单线绘出等腰三角形，中间绘一垂线，将其分成两个直角三角形，在两个三角形之中也绘一垂线以表示垂带流苏，向四壁横向排列重复。第285窟四壁上部垂幔皆为横向排列的连续弧弦形纹，藻井四周的垂幔为三角形纹样，以表示窟顶就是多层宝盖。隋以后主要绘于窟顶藻井四周，多为三角纹、方形莲瓣纹，璎珞彩铃纹，以华丽取胜。经变画中亦多出现在佛和菩萨、维摩诘等的华盖上，胡床上的多种帐幔，且形式多样。中唐以后的垂幔纹，品种更加繁多，而且在佛龛和四壁上端，窟门及甬道的两壁上端等，均由垂幔、吊带、璎珞、彩铃、流苏等并绘以各种图案组成。

漫步敦煌艺术科技画廊 书名，王进玉著，1989年11月由科学普及出版社出版。作者首次对敦煌石窟艺术从科技史的角度进行了系统研究，调查挖掘出了若干鲜为人知的科技史资料，提出了敦煌科技画这个创新观点。在详细考察敦煌石窟500多个洞窟的基础上，以壁画中所见的科技画面为主髓，以敦煌遗书、出土文物以及历代史书中与此有关的史料

M

为佐证，独辟蹊径，以通俗生动的语言、漫谈的形式，从科技史的角度，详细介绍了敦煌石窟艺术、藏经洞绢画、纸画中所反映的我国古代农业、医疗卫生、天文地理、化学工艺、衡量器、印刷术、交通运输工具、建筑、纺织、军事装备等方面的多彩多姿的科技画面，论述了这些形象史料所反映出的历代科学技术所达到的水平及其发展情况。

毛员鼓 打击类膜鸣蜂腰型乐器，腰鼓的一种。腰鼓中稍大型，不用绳索，鼓面隆起，腰身略粗者为毛员鼓。莫高窟第277、258窟有此图像。毛员鼓本用手拍击，不用鼓槌，但壁画中两种方法兼而有之，还有一手执槌敲击、一手拍击者。

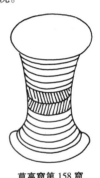

**莫高窟第158窟
毛员鼓（中唐）**

茅庵 又称草庵、草庐，是一种用草搭建的简陋住处。壁画中用来表示苦行僧们在山中坐禅修行时的居处。五代第61窟五台山图中有茅庵30座，另外也用作世俗宅院旁、马厩前仆役们的住房，见于晚唐第85窟，五代第98窟法华经变"穷子喻"中。茅庵平面圆形，立面作钟形，一面开门，顶部束草作结，仅能容身。

M

没骨 中国画技法名，亦称没骨山水，山水画、花鸟画的一种。不用墨线勾勒为骨，直接用色彩描绘物像，相传为南梁张僧繇所创，唐代称没骨山水，五代有没骨花卉之称，后人以此为没骨法。敦煌壁画中此法以北朝为最明显，其时之山水为"人大于山、水不容泛"，多为故事画中画图案装饰，以三种色叠染成"山"字形连续图案，为了突出故事情节或图中人物，所以不用线，有最早期"没骨山水"意味。又，盛唐以前的壁画中有些造型，因以调和色涂或染，经千年氧化其墨线退却或隐去，所以也给今人以没骨和写意画之感。

美术 社会意识形态之一。包括绘画、雕塑、建筑、工艺美术、书法和篆刻等。泛指含有美学情趣和美的价值的活动及其活动的产物。欧洲在17世纪始用这一名词，当时的美术包括绘画、雕塑、建筑艺术、文学、音乐、舞蹈等以别于实用美术。近数十年来欧美各国以"艺术"一词概括称之。中国"美术"一词于"五四运动"前后由海外传入，开始普遍应用。敦煌艺术从内容上讲，是以佛教的面目展示于社会。从形式上看，却是以美术的形态陈列于石窟中的艺术博物馆。所以敦煌壁画、雕塑、建筑及其敦煌出土的各类美术作品不单是在世界佛教文化史上，而且也在世界美术史和造型艺术

M

史上有着巨大而深远的影响。

门　建筑物台基中间一个装饰性部位。石窟中广泛应用，在殿堂台基的须弥座束腰中间、佛床、佛座下，宫廷、住宅中的榻下。最早见于隋代第303窟的床榻下。石窟内佛床、中心佛坛的须弥座中间也以壸门作装饰，绘火焰纹或伎乐等，如第61窟中心佛坛重层须弥座中间。

门额　与"窟厂"条同出一篇，洞窟局部俗名。指前室西壁甬道上方部位。

门楼　壁画中城墙、围墙上主要单体建筑之一，是佛寺宫殿或宅院的正门或中门，位于轴线最前边。隋代第423窟故事画住宅前多有2~3重的门楼。晚唐第85窟住宅与五代第61窟宫殿前均有两重门楼，歇山式屋顶。而在中唐第361窟与五代第100窟东方药师净土变中，有三间二层门楼，一层上设平座栏杆及腰檐，庑殿顶。据文献记载和壁画对门楼的描绘，可以看出建门楼一是总括交通，二是以其形象高大以壮观瞻，是古代寺观、宫殿、宅院建设中的重要建筑设施。

门内两颊　敦煌遗书中记载的石窟局部名称。指主室甬道两边的部位，既现在主室东壁门两侧。

门仰　与"窟厂"条同出一篇。所指门仰应是甬道的顶部。由于敞开的前室与主室之间只有从甬道进入，所以甬道也可以称为主室的门。洞窟局部古俗名，指甬道顶部。

蒙古装 即敦煌壁画中元代绘蒙古族供养人服饰。以莫高窟第 332 窟甬道壁男女供养人像较为典型。女像头戴高耸的"顾姑冠"，身穿缬花大袖长袍，着靴，长袍宽大曳地，须由侍女牵提衣襟，为蒙古贵族妇女的一种礼服。男像头戴卷沿笠帽，帽后垂巾，窄袖衫外套半臂，饰云肩，毡靴，即当时所谓"搭护"的蒙古族骑士装束。莫高窟第 464 窟，榆林窟第 3、6 等窟男供养像，笠子帽、垂辫䯼、交领窄袖长袍、坎肩、长勒靴为蒙古装之特点。

蒙古族女供养人 见于莫高窟、榆林窟等处的蒙元时代洞窟，头戴高帽，形如束口的高瓶，这就是顾姑冠，又称姑姑、罟罟等，是蒙古族贵妇所戴的一种礼冠，高三尺许，以铁、桦木或柳枝为骨，外裱皮纸绒绢，包以红罗金吊，冠顶还另插细枝若干。身着红色大袍，饰以缬花，曳地数尺，后有二侍女提拽随行，脚穿六合靴。

蒙元敦煌石窟 或称蒙元敦煌石窟艺术，敦煌石窟分期之一。指蒙古占领及元朝统治时期（1227—1368 年）的敦煌石窟，主要分布在莫高窟、西千佛洞、榆林窟、五个庙等处，洞窟型制多为覆斗帐形殿堂西壁开龛式，另有部分纵长型殿堂窟。彩塑题材为佛、弟子、菩萨、天王组合，壁画内容以大幅经变或尊像画为主，密教题材居多，汉藏两大系统佛教内容兼而有之，艺术风格显示时代特征。

弥勒佛 佛名，又名慈氏。根据记述：弥勒本是释迦牟尼的弟子，释迦牟尼在世时曾为他授记说，由于他前世的种种修为，将会在释迦牟尼涅槃前先行圆寂，作为补处菩萨即可上生兜率天后院（即弥勒净土），为诸天人众说法。经过56亿万年以后，便降生人间继释迦牟尼成佛，故称他是未来佛。并说弥勒成佛以后，不光在龙华三会上将释迦牟尼未超度完的282亿人都要成就阿罗汉果，而且在他降生的世界里，都是风调雨顺，稼禾滋润，一种七收，树上生衣，人人皆可取着，人人视金银财宝如沙土。同时，世间永无水火刀兵之祸，亦不受饥馑毒害之苦。每个人都可活到84000岁，500岁时始婚嫁。寿终时，自动辞别诸亲友，进入墓穴而逝，无任何痛苦。全国各地的石窟寺院中，有众多的弥勒造像与弥勒经变画像，敦煌石窟尤甚。

弥勒经变 又称弥勒净土变，敦煌著名经变画之一。合弥勒上生、下生经变为一，现存唐以后所绘80余幅。以第445窟及榆林窟第25窟最为完美。

弥勒菩萨 菩萨名号，弥勒形象之一，弥勒的形象原分为弥勒菩萨和弥勒佛两种，后世人们又把拿布袋、笑口常开

M

的大肚子契此和尚（即布袋和尚）作为弥勒的化身来供奉，遂成三种。弥勒菩萨的形象与其他上首菩萨无大区别，但因早期刻有弥勒名号的菩萨被雕塑成双脚相交之坐像，又有交脚弥勒的称谓，即弥勒菩萨。但交脚菩萨中也有成佛前的释迦牟尼和其他大菩萨。莫高窟北朝石窟中，有许多弥勒菩萨被作为双足下垂的倚坐像和结跏趺坐像，为中国两晋至南北朝时期弥勒信仰广为流行的产物。

弥勒三尊　佛名，指弥勒净土中的三身主像，正中一身自是弥勒，其左侧为法华林菩萨，右侧为大妙相菩萨，三身像合称为弥勒三尊。

弥勒上生经变　敦煌经变画之一。据《佛说观弥勒菩萨上生兜率天经》绘制。隋时成为独立的画面。初唐以后，与弥勒下生经变合成一幅，一般绘于画面的上部分。

弥勒下生经变　敦煌经变画之一。据《弥勒下生经》绘制而成。描绘弥勒菩萨从兜率天下生阎浮提，于龙华树下成佛，三次说法和弥勒世界里的许多愉悦之事等。唐代始出现，一般与弥勒上生经变合绘一幅，多绘于画面下部。

密教舞蹈　壁画中的乐舞。见于元代第465窟。此窟壁画题材均为密教内容，西壁、南壁、北壁各绘曼荼罗三铺，内绘舞蹈小图像，舞者多呈吸腿而舞状，独南壁有一舞伎，双手合掌举于头顶，抬右腿勾搭于右肘部，动作难度较大，造型优雅柔妩，多为现代舞蹈所借鉴。

密陀僧 一氧化铅（PbO）的古代名称。因为色黄，最早也称为黄丹等名。密陀僧和铅白、铅丹都是中国创造发明的。早在公元前200多年前，密陀僧就作为黄色颜料应用在秦始皇陵兵马俑的彩绘中。东汉末年就以"密陀僧"之名出现在中国炼丹术著作《出金矿图录》中。汉末、西晋时，密陀僧作为中药名称出现在医药学论著中，后来成为中医医学科的一味重要药物。经对莫高窟最早的7个北凉时期的洞窟颜料进行科学分析，其中在北凉第268、272窟的四个颜料样品中分析出PbO，而且这4个样品都是单一的PbO，没有铅丹（Pb_3O_4）及其他红色颜料混入。唐代以来，密陀僧作为绘画颜料已很普遍。陕西乾县唐懿德太子墓壁画中应用的密陀僧颜料就是明证。在敦煌莫高窟盛唐第205窟壁画中也发现有此颜料。学术界流行的密陀僧首载于唐《新修本草》，唐以前是从波斯输入的，其名称是波斯语音译的说法应该得以纠正。

密严经变 敦煌经变画之一。根据唐地婆阿罗译《大乘密严经》绘制，莫高窟现存四幅。其构图形式有二：一是画面分为三段，上段绘显示密严图；中段绘释迦牟尼佛说法，四周弟子听法，场面为佛说《密严经》；下段绘多组说法图，

M

表现出释迦牟尼与诸菩萨问答情节，如第61、150、85窟。二是在第一种构图两侧各绘一条幅，画诸菩萨与释迦牟尼佛问答情节，如第55窟。

冪篱帷帽 古代妇女头饰之一种，用于外出时遮面。冪篱由面衣发展而来，其形制是用较大的纱罗（多为黑色）将头部及上身部分遮盖，用法有直接顶在头上或垂于帽檐四周两种。帷帽是由冪篱发展而来，亦为黑色罗纱，形制为仅遮住面部，小而简便。莫高窟第323窟迎佛图，第217、103窟中有骑马行于山间妇女着此饰，形制大小介于二者之间，或兼而有之。

冕服 又称衮冕服。古代帝王所穿戴衣冠，其形式为头戴冕旒，身着十二章服，为帝王飨庙、远征、纳后等吉日受朝之服装，礼制规格最高。冕旒以冕板为上覆盖者，称延或綖，前后各垂以五彩玉所制五藻十二旒或垂旒。十二章服，又称十二章纹，以十二种纹饰所绣制衣，有日、月、星、龙、山、华虫、宗彝、藻、火、粉米、黼、黻等，各有相应色彩与象征意义。敦煌壁画维摩诘经变中文殊像下的汉族帝王所着即为冕服，如莫高窟初唐第220、335、103窟，晚唐第6、9窟，五代第8、61窟等。其中第220窟帝王所着冕服最具代表性，头戴冕旒，冕板前圆后方，前低后高，前后垂旒十二。

着深衣，青衣朱裳，曲领、白纱中单，蔽膝、大带、大绶，衣上作日、月、山等纹样，大绶画异龙之像，为典型的冕服之制。另第98窟于阗国王李圣天供养像亦着冕服，与传统冕服略有别。

面饰 即古代妇女面部妆饰，包括涂脂抹粉、黛眉艺术、额黄、花钿、花子、点唇等项。敦煌壁画历代女供养人像或菩萨等像均有以上各种面饰，涂脂抹粉是以白粉或略红粉底，胭脂广泛使用。画眉艺术如盛唐的八字眉、阔眉，晚唐的柳眉，五代却月眉等。额黄、花钿、花子，即在面部贴花或其他妆饰，其中于额头前点红或贴花，因历代广用于佛、菩萨等佛教尊像又称佛妆。莫高窟第130、156、159、9、12等窟供养女像，不仅饰额黄，又于面部各处贴花饰，其中所贴金玉质鸟形饰，又称花钿。曹氏归义军时期，曹氏女眷等供养像中可见脸部贴花、鸟雀、金箔、玉等面饰多种，饰于面部额头、眉上、脸颊、酒窝等各部位。

描金 即描金线，为装饰线的一种，中国画和敦煌壁画技法之一，即用桃胶或固胶调和的泥金勾描出的线条。敦煌唐以前壁画上各种轮廓线，多已褪去或被下层色彩氧化变色后掩盖，所以保存完好的尚少。

妙高山造像 位于重庆市大足区城西南37.5千米处的季

家镇东风水库之南。现存窟龛编8号，均为宋代作品。第1号凿于悬崖的半部为阿弥陀佛立像，面相呈方圆，身高6米左右，螺髻，身着双领下垂式袈裟，双手在胸前结印；第2号为三教合一龛，内有释迦牟尼、刘志君、文宣王孔子和"天元甲子"的年号；第5号窟内刻有观音、善财、龙女和题记；第6、7号为残像；第8号为释迦、观音合像龛。

妙施 唐敦煌普光寺尼，俗姓张。曾与其兄僧潜建同在莫高窟建造一龛，事见《潜建、妙施造窟赞》。

民俗壁画 敦煌石窟壁画中出现许多反映民俗风情的画面，包括经济生产、各行各业、生老病死、婚丧嫁娶、家庭男女及宗教信仰等诸多方面内容。有佛经明文记载的，如《维摩诘所说经》记述维摩居士到妓院、赌场、酒肆、学校等地去化度人。有画家据经文结合现实所创作的，如画家根据《弥勒下生经》"五百岁女人尔乃行嫁"，把生活中的婚俗场面搬上壁画。有当年现实生活的直接反映，如众多的供养人画像等。民俗壁画大大丰富了壁画的内容，是弘扬和普及佛教的重要方式之一。

明光铠 古代戎装之一种。其形制为在胸背二处装有圆形铠甲，以被打磨得极为光滑的铜铁等金属制成的，在战场上因日光照射而放光故名。此铠样式较多，且繁简有别，简者只在两裆的基础上前后各加一块圆护，繁者还另装护肩、护膝，更复杂的还装有数种护肩。身甲大多长至臀部，腰间用革带系束。敦煌壁画彩塑天王像中多见此装，如唐第194、113、45等窟唐代天王彩塑均着此装。

鸣沙山　敦煌山名，又称神沙山、沙角山等。位于敦煌城南4千米处，由细沙堆积而成，东西长40千米，最高峰250米。山形美观，山峰陡峭，红、黄、绿、白、黑五种颜色的沙粒在阳光下发出光熠。群人登山顶向下滑，沙子随人体下流，发出隆隆之响，鸣沙山因此而得名。据记载，在晴朗的天气，鸣沙山会发出管弦音。相传，古代两军正在交战时，一阵黄沙随狂风铺天盖地而来，两军将士全被黄沙埋没，以后沙地上竖起一座座沙山。

鸣沙山地质构造　敦煌地区分布有大量的第四纪沉积物，中更新世以后，河流作用明显减弱，沙漠的雏形开始形成，尤其是到了全新世，干旱程度加剧，形成沙漠景观——高大的鸣沙山。其东起大泉河，西止党河，东西长达20千米，南北宽约10~15千米，面积约160千米，海拔1200~1700米，地形相对高差200~300米。由风积细砂组成高大沙山，呈新月形链状、垄状，主要岩性为细砂，其次有中砂和粉砂，分选性较好，成分主要为石英、长石、角闪石，有少量云母。

M

莫高窟背靠鸣沙山，强劲的西风和西南风挟带大量的鸣沙山沙物质磨蚀着莫高窟崖体和窟内的壁画和彩塑。

摩诃波阇波提 又据其意为"大爱道""大生主"。为释迦牟尼生母摩耶夫人之妹，净饭王之第二夫人。因此，她即为释迦牟尼的姨母和庶母。据《佛本行集经》卷十一和《中阿含经》卷十八的说法，当释迦牟尼出生后的第七天，生母摩耶夫人便死去，释迦牟尼便由她抚养长大。释迦成佛后，她也随之出家，成为佛教的第一个尼僧。

摩耶夫人 全称摩诃摩耶，也译作摩诃摩邪，意译大幻化、大术等。据《佛本行集经》卷五和《方广大庄严经》卷一记载，她原为印度天臂国善觉王之女，迦毗罗卫国净饭王之王后，释迦牟尼的生母。

摩耶说梦 佛传故事画情节之一。讲摩耶夫人在梦中见有白象从空中飞来，弹琴鼓乐，天空中散花烧香，白象投入她的身中又突然消失。梦醒后，她向净饭王讲述梦中所见。莫高窟第390、61窟现存此画面。

磨面 敦煌社会生活壁画内容之一，反映古代敦煌农家以磨、碾方式加工粮食的场景。莫高窟第321窟十轮经变有两位妇女用手磨磨面，一人往磨眼加注粮食，另一人以手推磨旋转。这种石磨的特点是：体积小、重量轻、操作方便，一人亦可独立操作，所以深受广大小农经济家庭所欢迎。从画面看，此手磨是曲柄摇手，即安装一个与磨盘成90°直角的把手，力臂短，与磨盘同向转动，有省力、效率高的效果。第61窟五台山图的"灵口之店"，室外有二人推碾，在大磨盘上设一长把的滚动石碾，人用长把推动碾子。碾子与手磨相比，碾子磨盘大，一次加工的粮食多于手磨，碾子还可用牲畜拉，节省人力。但碾子重、体积大，需有固定场所，不如手磨灵巧方便。

抹额　古代头饰之一种，又称红巾抹额。即在额部扎裹布巾。莫高窟第156窟《张议潮出行图》之舞女裹抹额，长至身后，形如飘带。第225窟女供养人扎红巾于发髻一圈，中唐壁画《弥勒经变》婚嫁图之新郎多扎此巾。抹额又是古代武士装之一，敦煌壁画中刑吏、射卫、门吏等均服之，如第285窟西魏五百强盗成佛图中的挖眼刑吏、第346窟五代射手、第98窟射鹿射手等。

莫高窟　俗称千佛洞，敦煌石窟群中的主要代表窟群。位于今甘肃省敦煌市东南25千米处的鸣沙山东麓的断壁上，坐西朝东，面对三危山，洞窟密布岩体。上下错落如蜂窝状。莫高窟始建于前秦建元二年（366年），历经北凉、北魏、西魏、北周、隋、唐、五代、宋、回鹘、西夏、元等时代，历时千年。窟区全长 1600 余米，分南北两区，现存有壁画与彩塑的洞窟 492 个，窟内有壁画 45000 多平方米，彩塑 2415 身，唐宋木构窟檐 5 座。石窟以彩塑为主体，四壁及顶均彩绘壁画，地面铺花砖，窟外有窟檐、栈道，是以石窟建筑、彩塑和壁画三者合一的佛教文化遗存。石窟形制主要有中心柱窟、覆斗顶形窟、中心佛坛窟等。彩塑有佛陀像、菩萨像、弟子像、天王像、力士像、罗汉像及高僧像等，壁画题材有表现佛陀、菩萨、弟子、天王、力士、罗汉等。描绘佛陀度化众生的因缘故事画，叙述释迦牟尼从入胎、出生到成长、悟道、降魔、成佛等神化了的传记故事，有表现佛陀在成佛前的若干世忍辱牺牲、救人救世的本生故事画，有以汉族传统神话为主包括道家的某些神话的故事画，有描绘佛教传播中佛陀、菩萨、高僧事件为题材的历史事件、历史人物、灵异事迹和圣迹的佛教史迹画，有以佛教经典为内容的佛教经变画，以一佛二菩萨表现的简单画幅，也有包括众多人物、飞天水鸟、重阁高楼、亭台水榭的巨制，有包括造窟主及其家族眷属画像以及供养者出行图的供养像，还有包括石窟藻井、壁画边饰、画像、塑像衣饰的装饰纹样的图案画。这些文物遗存，反映了中国古代精湛艺术水平和绘画雕塑艺术发展历史。莫高窟第 16 窟发现藏经洞（今编号为第 17 窟），洞内密藏近千年的绢纸书画文献出土，随之俄、英、法、日、美等国"探险家"闻风而至，藏经洞内大批遗书和文物被洗掠，石窟壁画亦遭劫掠。1921 年沙俄白军入敦煌、扎营莫高窟，在窟内烧火做饭，壁画被火燎烟熏，多有损坏。1944 年敦煌艺术研究所成立，开始有专职人员的管理和壁画临摹。1961 年莫高窟被列为全国重点文物保护单位。1987 年 12 月联合国教科文组织第十一届全体会议批准将敦煌莫高窟列入《世界文化遗产名录》。

莫高窟保护范围　根据文物保护的有关法令为莫高窟划定的保护区域。据《甘肃省人民代表大会常务委员会公告》（第 60 号）：《甘肃敦煌莫高窟保护条例》已经 2002 年 12 月 7 日甘肃省第九届人民代表大会常务委员会第三十一次会议通过，现予公布，自 2003 年 3 月 1 日起施行。本条例第二章第十一条：敦煌莫高窟保护范围分为重点保护区和一般保护区。重点保护区：东以大泉河东岸为界；南至成城湾起向南延伸500 米；西以石窟崖沿起向西延伸 2000 米；北至省道 217 线11000 米里程碑处。一般保护区：东至三危山西麓；南至整个大泉河流域，包括大泉、条湖子、大拉牌、小拉牌、苦沟泉等水域；西至鸣沙山分水岭向西 2000 米；北至省道 217 线1000 米里程碑处，并以公路为中心向东西两侧各延伸

M

3500 米。

莫高窟北区洞窟 莫高窟北段石窟群崖面长 700 余米，保存有历代洞窟 243 个及原编莫高窟第 461、465 窟。新编 243 个洞窟均为小型洞窟，按其性质分为七类：①僧房窟：供僧人起居生活之用，内有炕、灶及其他生活遗迹；②禅窟：即为僧人坐禅修行的洞窟，内有禅床，其中又可分单室和多室禅窟；③僧房窟附设禅窟：即不仅有僧房窟又有禅窟，其组合式有南北并列共一前室的、僧房窟后一小禅室等；④瘗窟：即用作埋葬僧人或俗弟子的洞窟，内置棺床，其中发现有诸如波斯银币、衣物疏、木俑、佛经等重要遗存；⑤仓库窟：即用作储存物品的洞窟，内有方格或圆形储柜；⑥佛殿窟：为有塑像、壁画供人礼拜的洞窟；⑦其他。洞窟多系方形小室，人字披顶最常见。敦煌研究院考古研究所 1988 年至 1995 年进行了对北区洞窟清理发掘工作，出土大量的珍贵文物，基本弄清了北区洞窟的数量、形制及其性质，整理研究工作正在进行当中。莫高窟北区洞窟的考古工作，对我们全面了解敦煌石窟有着十分重要的意义。

莫高窟北区加固工程 对莫高窟实施的重要保护工程。该工程于 2004 年 10 月 28 日开工，2005 年 10 月 15 日竣工。该工程在总结榆林窟加固技术的基础上，又因地制宜地采用了一些新创意。崖体南北长 700 米，高（包括崖体上方斜坡）60~70 米。加固工程主要技术为：危岩锚固；崖面、斜坡防风蚀、雨蚀加固；坡脚掏蚀部位块石砌体支护；崖体裂隙灌浆及填充；修建栈道。工程主要对北区濒危崖体进行加固，共完成预应力锚索 185 根（总长度 2808 米），砂浆锚杆 336 根（总长度 3024 米）。另外，局部支顶崖体 10 处，在崖顶修挡水坝 3 处，对崖体大裂隙灌注水泥砂浆 80 立方米。另外，还对北区风化崖体进行化学材料的防风化加固，采用 PS 材料加固崖体风化表面 15012 平方米（其中洞窟加固 4352 平方米）。崖体裂缝封闭灌浆长度 518 米，洞窟保存的抹泥层边缘加固 867 米。加固工程竣工后，既确保了石窟的安全，又保持了崖面的原貌。

莫高窟北区崖体病害　莫高窟北区崖体的主要地质病害归纳起来有风蚀、雨蚀、洪水冲刷、裂隙发育、岩体坍塌和根部风沙堆积等。

莫高窟地下水环境　莫高窟窟区地下水主要来自南盆地潜水径流大泉河，其补给源有季节性雨洪和来自西南方向党河水的入渗形成的地下水，水径流继续向北东方向流至盆地中心。莫高窟处在洪积扇上部，吸收三危山区和大泉河汇集的雨洪垂直渗入补给，潜水的埋藏深度亦有明显的水平分带

M

性，即由南往北逐渐变浅。地下水水质也有着明显的反向水平分带，洪积扇顶部的莫高窟，地下水首先接受水质差的大泉河的补给而与其水质类型一致，在洪扇前缘，因接受了党河古河道的优质潜水的补给，淡化了该区的地下水。

莫高窟第四期危崖石窟加固工程 1984 年，经国家文物局批准，进行了莫高窟南区南段（第四期）加固工程，并批拨 70 万元专款，加固了第 130~155 窟之间 26 个洞窟长达 172 米的崖面，为了使外观的风格一致，仍按前三期措施进行施工，彻底改变了此段沙石壅塞，岩体破碎的荒凉景象。加上 20 世纪 50 年代进行的实验性加固工程，总计加固岩壁 798 米，洞窟 407 个，分别占南区岩壁的 84% 和洞窟总数的 82%。由于莫高窟是我国最早进行加固工程的石窟，限于当时的条件，单纯地采用了建筑工程上的撑托吊拉等措施，虽在一定程度上增加了石窟的稳定性，但却使那些具有室外壁画等艺术品的部位以及石窟建筑的外貌受到了影响。目前，所有经加固的岩壁和洞窟至今尚未发生过坍塌、倾覆等地质病害。

莫高窟风化岩体加固 必须遵循当时"保持原貌，修旧如旧，最小干预"的文物保护基本理念，选择成熟度高、有效性强 PS（高模数硅酸钾溶液）材料，对崖体表面风化层进行了渗透加固，取得了良好加固效果。

莫高窟功德记 敦煌石窟营造文书。P.3564，后缺，存23行，有标题，无撰人及撰写时间，记释门僧正愿清及其故父梁幸德于莫高窟出资重修已被摧毁的"积古灵龛一所"，建造窟檐，于"出门两颊绘八大龙王及毗沙门神赴哪吒会，南北彩绘普贤、师利并侍从"，与今莫高窟第36窟现存五代壁画相符。另记有愿清、道琳等"于宜秋本庄上创建浮图一所"。该文成书于934年。

莫高窟记 晚唐莫高窟题壁记。墨书于第156窟前室北壁左上方，撰者不详，末署咸通六年（865年）正月十五日。P.3720有其稿本。主要记录莫高窟创建与发展历史、重大事件及现状，如前秦建元之世乐傅创窟、唐代南北大像之修建、时有五百余龛等，是研究莫高窟历史的重要文献。

莫高窟监视控制系统 为了加强石窟文物的保护工作，国家有关部门于1988年批拨专款110多万元，在莫高窟安装声控、微波、磁控三种功能控制的现代化监视、报警系统，该系统由电脑与人工控制双套组成，能有效地控制监控范围内的石窟文物安全。

莫高窟九层楼落架大修 对莫高窟实施的重要保护工程。莫高窟第96号窟（即大佛殿），俗称九层楼，雄伟壮观的九层楼是莫高窟景观的主要标志，位于莫高窟南区中段，建在

M

石窟群靠南侧的崖壁上，是一座形式特殊、巍峨壮观的高大木结构窟檐建筑，楼总高 45 米，窟檐 9 层，层层都有鲜艳瑰丽的飞檐，飞檐下是土红的大柱和栏杆。下七层依山靠岩而建，上两层是上翘的星状的顶盖，它是为保护 35.5 米高的倚坐弥勒大佛而建的。据《重修千佛洞九层楼碑记》记载，第五次重新修建九层楼是民国十七年至二十四年（1928—1935年），由子和等筹资，将原五层改为九层。由于年久失修，上二层梁枋已断裂，1986 年敦煌研究院对上二层进行落架大修，并在楼顶外侧增筑了保护围墙，最后将全楼木件涂刷了土红加以保护。

莫高窟窟名　莫高窟一名，早在隋代就已出现，目前主要有三种说法：①古代敦煌地名中，有漠高乡，鸣沙山称作漠高山，为此，莫高窟由漠高山或漠高乡演变来的；②莫高窟修建在沙漠中鸣沙山的崖壁上，鸣沙山比周围的地形高，沙漠的"漠"与莫高窟的"莫"字，古汉语中相通，在沙漠高处开凿的石窟，所以叫作"漠高窟"；③在莫高窟开窟最早的乐僔和尚，道行高超，周围的和尚道行都"莫高于此僧"，故为纪念创窟人而称莫高窟。

莫高窟窟前遗址　即莫高窟窟前殿堂建筑遗址。莫高窟从唐代开始在部分底层洞窟的前室建造了土木结构的窟前殿堂与石窟主室形成一组完整前殿后堂建筑。前室殿堂建筑不仅扩大了窟内活动空间，而且窟前中国式大屋顶建筑使崖面外景更具观赏性。五代、宋初，窟前底层洞窟全部建窟檐、殿堂以罩风沙。元代以后，窟前殿堂渐次段坏殆尽，其残迹均被沙石掩埋。20世纪60年代开始，莫高窟前唐宋殿堂建筑遗址被陆续发掘出来，计有大型遗址20多座。

莫高窟窟前殿堂遗址　书名，潘玉闪、马世长编著，1985年由文物出版社出版。1963年至1966年期间，为配合莫高窟危崖加固工程，敦煌研究院对窟前遗址作考古发掘，此书即为这次发掘的报告，内容包括第98、100、108、85、22~21、61、55、53、130、3、467、27~30、44、45与46、39等窟的窟前殿堂遗址，并有相应出土花砖、调色碗、壁画、塑像等遗物，又有新发现的洞窟和小龛，如第487、488、489、490、491、492、493等窟龛，为了解莫高窟窟前建筑极为珍贵的资料。书后附萧默撰《莫高窟第3窟窟前宋代木结构建筑复原》一文并图。

莫高窟窟区气象站　不同时期建立在莫高窟的气象观测站。1962年，为了给莫高窟治沙工程提供气象数据，在距离莫高窟九层楼山顶西侧约四五十米平坦处建立了气象观测站。观测的项目有：风向、风速、降水、蒸发、日照、温度、相对湿度、地表和地中温度。在每天的 8、14、20 时做三次记录。积累了一些资料，这项工作对石窟环境保护和文物产生病害的自然因素分析具有重要意义。由于各方面的原因，于1965 年拆除。1989 年国家文物局与美国盖蒂保护所签署关于合作保护敦煌莫高窟项目中，《莫高窟窟顶流沙治理研究》作为重要研究课题之一。1989 年 9 月，在美国盖蒂保护所的支持下，在莫高窟窟顶建立了具有国际先进水准的全自动气象站，首次对莫高窟区域环境要素开展系统的监测。并在敦煌研究院保护所建立了环境监测实验室。对环境、气候多项参数进行采集和在线测量，通过实验室中的气象自动监测系统，可以接收到气象站传来的数据，包括空气温度、相对湿度、日照度、风速、风向、降雨量、地表温度等多项，对莫高窟整个环境进行监测。莫高窟山顶与洞窟区域环境差别很大，九层楼山顶的气象站不能准确观测窟区的环境。因此，窟区的环境应加强监测，1999 年，敦煌研究院和大阪大学开展合作项目，在莫高窟窟区第 71 窟前安装了一套全自动气象环境监测仪，以期与山顶气象站、若干洞窟内气象站的数据对比，全面弄清莫高窟窟区的气象环境特征。2001 年 3 月，由中国科学院寒旱所、日本三家科研单位、敦煌研究院合作项目——《风送沙尘的形成、输送机制及其对气候与环境影响

（ADEC）的研究》中，在莫高窟崖顶设置了自动气象站。气象站收集了有关风、空气温度、湿度、气压、辐射、可见度、土壤温度、水分、热流以及风尘颗粒等数据。至今，莫高窟窟区的三座气象站一直正常工作。

莫高窟窟区主要环境问题　问题有三点：①莫高窟崖体及窟内文物的风蚀将日趋严重，莫高窟前大泉河东岸的沙漠化趋势将加快。②水资源短缺形势将更加紧张，突发的暴雨又引起莫高窟顶层洞窟的渗水，形成诸如壁画地仗层酥碱等病害，由暴雨引发的大泉河洪水也威胁莫高窟的安全。③地震活动将在一定时期内威胁莫高窟的安全。

莫高窟南区中段木栈桥加固　莫高窟在唐、五代、宋时期的崖面上普遍有窟檐建筑。据唐代文献和碑文中多有记载。"计有窟室千余，悉有虚栏通达"，立于莫高窟第 148 窟的《大唐陇西李府君修功德碑记》中有"构以飞阁，南北霞连"，法藏编号为 P.3608 的《大唐陇西李氏莫高窟修功德记》中有"檐飞雁翅，砌盘龙鳞……前有长河，波映重阁"。可见在唐宋时期，匠师的设计已很精巧，楼台亭阁，互相辉映颇为壮观。通过窟前遗址发掘情况和遗留在洞窟崖面上梁椽孔眼的遗迹可以证明。洞窟前面有木建筑的木桥廊相连接。由于历史上自然和人为的原因，前室、窟檐倒坍等损毁所致，到清代末年，只有几处洞窟前残存着摇摇欲坠的木桥廊。1957年在对莫高窟南区中段局部崖壁进行加固工程时，在该段中层由南至北第248～259窟的12个洞窟前面修建了70米长的木栈道。经过40多年，由于长期风吹日晒，木构栈道的构件脱落，木板材质糟朽、开裂，严重处已从檩条处滑落。檩条与挑梁存在不同程度的变形，已直接威胁着洞窟和旅游者的安全，该段代表洞窟集中，观众密集，急需进行抢救性加固维修。1999年，在对此处崖壁进行加固工程时，同时进行了木栈桥加固工程，主要包括崖面化学加固、土建加固、木结构加固等技术。栈桥和护栏都更换了坚硬、耐磨的木材，使其牢固、美观与石窟环境和谐。

莫高窟南区中段局部崖壁保护工程 对莫高窟实施的重要保护工程。莫高窟南区中段长60米、高20米，崖壁上分布着上、中、下三层北朝和唐代的洞窟共28个。这个地段是莫高窟南区的中心地段，洞窟内的壁画和彩塑有很高的价值，保存尚可。但因此段崖壁洞窟塌毁严重，在1957年进行过临时性支顶和木栈道维修。限于当时技术条件，没能对地基进行处理，造成基础不稳，1957年施工加固的70米长的木构栈道也出现构件脱落、木板糟朽、开裂等多种病害。莫高窟南区中段局部崖壁抢修保护项目由国家文物局批准立项，1999

年完成。为了保持整个洞窟面貌外观统一，采取 1963 年加固莫高窟南区其他段面崖壁的维修方法对崖壁的危石、松散砾岩进行清刷，用浆砌片石将崖壁进行支、顶、挡，为了增加崖体的稳定性，在适当部位采用拉锚加固。木桥廊加固工程主要包括崖面化学加固、土建加固、木结构加固等技术。

莫高窟塑画功德赞文　敦煌造窟文书残卷，编号为 P.2991，存前半部分 10 行，赞文书写者署"瓜沙境大行军都节度衙幕府判官释门智照述"，记载"敦煌官品社□公等□人彩集重建"某洞窟事。莫高窟第 205 窟属盛唐开窟未完，吐蕃时期再修完工，又有社人供养像题记。有学者认为该文书所反映即是吐蕃时期重修 205 窟功德记。

莫高窟文保区地质构造　莫高窟位于青藏高原西北缘，塔里木古老断块的东南边缘带，地质构造属我国北方构造域，华北—塔里木地台区的敦煌—阿拉善古陆上。前震旦变质岩构成了统一的结晶基底，以三危山断层为界，把区内划分成三危山隆起带和敦煌盆地两个小构造单元。

莫高窟文保区历史气候环境　莫高窟周边地区的气候总体上以干燥为主。但暴雨或集中式降雨仍时有发生，由此引发的山洪袭击使顶层洞窟出现疱疹状，底层窟有地仗层酥碱等病害，洪水也淹毁过一些底层洞窟。唐宋时期，窟前大量修建木构殿堂，说明气候干燥、降雨减少，但也因不时骤降暴雨，使得唐宋的木构窟檐所剩无几。

莫高窟崖体　莫高窟崖体是位于鸣沙山东麓、大泉河左岸的直立岩壁，该崖体及其下伏地层划分为下更新统玉门组砂砾岩层（Q1）、中更新统酒泉组砂砾岩层（Q2）、上更新统戈壁组砂砾岩层（Q3）。其中，玉门组砾岩仅出露在莫高窟上游的地震台附近，洞窟均分布在中更新统酒泉组砾岩中，戈壁组砾岩主要出露于莫高窟崖顶。

莫高窟崖体加固工程　目前，已经开展了 4 期的崖体保护工程，主要包括 1963—1966 年莫高窟崖体保护三年工程，开展了以支、顶、挡、刷为主的加固工作，为莫高窟的保护利用奠定了基础，也开启了我国石窟崖体保护加固的先河。2004—2005 年的莫高窟北区保护加固工程，使用了锚固、灌浆、防风化等手段对北区崖体进行了加固，这也开启了莫高窟崖体的科学保护。2010 年南区裸露崖面上危险块体的锚索锚固、裂隙灌浆加固和崖面 PS 防风化加固，该阶段的保护措施，引入风蚀、雨蚀等因素的考虑，对保护加固措施进行了效果评价，使得莫高窟崖体的保护加固形成了"研究—计算—加固—评价"的完整闭环。2021 年以来，针对莫高窟南区局部危岩体开展了加固工作。

莫高窟岩体风化　　主要类型是物理风化。随着环境温湿度随天气、季节、昼夜的反复变化，一方面，石窟砂砾岩中的砾石与胶结物之间发生明显的温差应力；另一方面，泥质胶结物中的黏土矿物，如蒙脱石、绿泥石等反复吸水膨胀，失水收缩，导致砂砾的胶结结构破坏。

莫高窟一、二、三期危崖石窟加固工程　　1962年文化部报经国务院批准进行莫高窟加固工程，周恩来总理批拨100多万元专项资金，1962年进行勘测，1963年开始施工，到1966年秋完成了第一、二、三期石窟加固工程，共加固岩壁576米，洞窟354个。在加固技术上因地制宜地应用了片石挡墙、洞门墙、支顶、挡、刷等工程手段，根除了莫高窟崖壁开裂、倒悬等地质病害所造成的危险。此外还加固和修复了敦煌石窟的围檐、窟廊，并在石窟群上下层之间架设了桥廊和通道，使上下几层南北长约一千米内岩体上开凿的所有洞窟均能安全通达和上下往来，使面临崩溃的莫高窟恢复了整体性和稳定性。

莫高窟再修功德记　　敦煌石窟营造文书。P. 2641v3，标题原有，无撰人及撰写时间，首尾全，计29行。记"弟子节度押衙某甲及弟等"于莫高窟再修其先父未完工之洞窟甬道及前室壁画事。文中记载所绘壁画内容，如文殊、普贤、地藏

M

十王厅、药师琉璃光佛三会、四天王、金刚藏菩萨、虚空藏菩萨等，可在今莫高窟第375窟找到相对应关系。另文记中古时期敦煌人关于洞窟结构的部分俗名称，如门（甬道）、门仰（甬道顶）、窟厂（前室）、窟厂仰（前室顶）、门额（前室西壁门顶），是十分珍贵的建筑史资料。

秣菟罗佛教艺术　秣菟罗又译作马图拉，古称孔雀城，为古代印度的秣菟罗国。在今新德里东南，朱木那河流域。2世纪时，受犍陀罗艺术的影响，秣菟罗地区开始雕刻佛像。到了笈多王朝时期形成了秣菟罗雕像的新风格，即从希腊式佛像过渡到印度式佛像，有更鲜明的印度本土特色。佛像形体健壮、生动，衣纹随身贴体。

墨　墨在敦煌石窟艺术中具有绘画和书写两种功能，所以从北凉、北魏、西魏、北周、隋、唐（初、盛、中、晚）、五代、北宋、西夏、元、清11个朝代500多个洞窟中历代都有应用。经对北朝时期洞窟的调查，全都应用了墨，广泛用在壁画、彩塑的各个方面，如千佛、佛及圣众衣饰，说法图、故事画中人物衣饰、山川、河流、动物、飞天、建筑画、莲座、佛龛背光及装饰图案、藻井、人字披及各壁装饰图案，以及树木花卉等。作为书写出现的是壁画中的墨书题字，多为绘画中的榜题和供养人题记等，历代绘画中都很多。

墨斗　木匠工具。用于在较长木料上弹直线，以便加工。也适用于在较长的墙面上弹直线，如莫高窟北周第290窟，该窟中心柱南、西、北侧平棋均绘莲花、忍冬、飞天斗四藻井图案十一方，其中藻井中心有一条用墨斗弹的直线将几个藻井连通。中心柱南侧平棋也是用墨斗弹的直线。敦煌壁画中描绘出了木工用墨斗的图形。如西魏第285窟东披所绘伏羲、女娲两手所持之物就有矩尺和墨斗。这两种工具还出现在唐、五代、北宋时期壁画中阿修罗的双手中。榆林窟西夏第3窟东壁千手千眼观音经变中的墨斗等多种木匠工具都绘制得非常清楚。

耱地图　耱是一种碎土平地的工具。耱，又称耢，耱地的农具早在汉代文献中就有记载。据《说文》曰："摩田者耰"。《说文》曰："耒尤，摩田器也。"《淮南子·氾论训》注曰："椓块者曰耰"。山东滕县汉画像石上有畜拉耢耕种的图像，图中牛拉的农具——耢，便是今天河西农民还在使用的"耱"。"采据经传，爰及歌谣，询之老成，验之时事"而成的《齐民要术》记载了耱（即"耢"）的用途，并说它有两种不同的用法。一种是使用时负重（耢上站人或加重物），如嘉峪关新城魏晋墓1号墓图34，3号墓图22都是。5号墓图27为二牛拉耱，耱上站人。6号墓图53的"耢地图"画像上便是这种用法。酒泉西沟村魏晋墓7号墓西壁第5层的第1块绘一农人右手持缰，左手举鞭，身体前倾站在耱上，赶一犍牛耱地。另一种正是高台县骆驼城魏晋墓《牵牛耱地图》所反映的不负重的使用方法。前者在《齐民要术》中称为"不空曳劳（耱）"，后者称之为"空曳劳（耱）"，正如《齐民要术》中《耕田》篇、《旱稻》篇所载，用于秋犁、春播后较湿润且土壤松软土地的碎土保墒。耱上站人，可使种子和土壤结合得紧密，利于保墒。耱与耙的主要功能相同，即碎土保墒。《齐民要术》中还记载了"耕而不耱，不如作暴"的谚语。王祯《农书》更指出："耙与耱制同，耱与耙功异"，这是指耱可将耙所耙细的小土块进一步碾磨得更细。还说："凡已耕耙欲受种之地，非耱不可"，强调耱的重要性，耱和耙同是旱地耕后整地用的农具，耙的作用在于耙碎土块，疏松土层；耱的作用在耱平土壤表面，并使土粒更酥碎些。这种农具在河西多用红柳枝煨火软化后拧编于木制框架上制成。莫高窟晚唐第196窟华严经变组成华严河的圆形图案中就有犁、耙、耱。五代第61窟的农作图中就有耱地图，驾着二牛直立耱上的农民，平视着前方，在愉快地从事这一比较轻松的劳动。

某兄弟造三窟等记　敦煌石窟营造文书。编号 P. 3302v1，前缺，残存 30 行，无标题、撰写人及年代题记，文亦无主人某氏兄弟姓名、身份等有关情况。文记某氏兄弟，于"宕泉窟内，创修三龛"并立前窟檐事，可能即为今第 27、29、30 诸窟及窟前殿堂遗址，另记其建造在庄园和水渠内外的浮屠塔则无迹可寻。

木雕彩绘　木雕为敦煌艺术的必要组成部分，敦煌石窟主要以泥塑像为主，但也有木雕，但却因历次盗劫，现已分散藏于各地，流失到英、法、俄罗斯等国的敦煌莫高窟木雕及其彩绘约有数十尊，敦煌研究院现存一件五代时期的木雕六臂观音像，已残，有烧痕。莫高窟第 326 窟为西夏洞窟，其西壁盝顶龛内存木雕立佛三身，是在木雕上涂刷了一层薄泥，然后敷彩。从洞窟窟形、佛龛都具有与所有洞窟不相同的特殊情况，以及木雕佛像风格考证，应是西夏所雕。

木风扇　古代冶炼炉上的鼓风工具。北宋曾公亮《武经总要》所载行炉图中，可以抬运的方形化铁炉侧面即装有梯形木风扇。安西榆林窟西夏第 3 窟千手观音经变壁画中左右对称绘了两幅形象相同的锻铁图。图中铁匠师徒两人正在铁砧上锤锻，师傅身后一人推拉竖式梯形双扇木风扇，风扇之后有火焰在炉中熊熊燃烧。这种冶炼炉上鼓风用的木风扇上装有两个活动盖板，利用它们的开闭来鼓风。扇动盖板，两活门交替开闭。同时用工具木风扇，即可不断鼓风。元代王祯《农书》卷一九"农器图谱利用门"有一幅《水排图》，"水排"就是利用水力使木风扇吹火。王祯说："此排古用韦囊，今用木扇。"元末陈椿《熬波图》第三七"铸造铁拌图"，就用双木风扇，其形体较大。用两人操作一个木风扇，似较西夏壁画中的双木风扇又有进步。中国采用木风扇鼓风进行熔冶，比欧洲早五六百年。

木骨泥塑　以木构骨架作内部支撑物的塑像。敦煌石窟彩塑多属此类。其制作方法为：先根据塑像的大小及动态制作相应的木构骨架，在木骨架上绑扎芨芨草、芦苇等做成的草胎，再在草胎上用粗泥（麦秸泥）塑造基本形态，再用内掺碎麻或棉花的细泥塑出尊像的细部，有的还要装上用泥范预制的构件（如头饰、手指及各种装饰品），待泥层干燥后装色敷彩完成。

木匠　石窟开凿过程中使用的工匠之一。石窟空间凿成后，对窟内外需要进行木装修的地方，如佛床、佛坛上小木栏杆、窟檐、栈道、蹬道等的修建都要靠木匠来完成。敦煌遗书中记载："（二月八日）又粟二斗，沽酒，塑匠及木匠早午食用。"

木匠工具　敦煌石窟历代壁画中都绘出了一些单一的木

匠生产工具，如矩尺、墨斗、斧等。但是，比较典型的还是出现在有木匠工作的画面中。如莫高窟五代第55窟弥勒经变中，一座正在建造中的房屋的木构间架，众多的木匠们有的在加工材料，有的在扛运材料，有的在屋顶及四面安装，还有一位手握矩尺指挥施工的都料匠，还有几位木匠手持锯、刨等木工工具正在加工材料。五代第454窟甬道顶佛教史迹画中，几位手执斧、锯、刨、凿等各类工具的木匠们正在紧张地从事各零部件的加工，屋顶上手执矩尺的都料匠正在仔细地丈量和计算，丈量好的地方由别的高级工匠（木博士）在认真地套接和安装，榆林窟西夏第3窟东壁千手千眼观音经变中，绘出斧、锯、锛、墨斗、矩尺、铲、钉钯、锄、簸箕、木斗、木升、铁钳、铁锤、熨斗、剪刀等工具和日常用具，特别是木匠工具锯、锛、矩尺、墨斗等，形象准确、细致，说明西夏在农业及牧业方面都有发展。

木锨　扬场工具之一，敦煌莫高窟中唐第240窟，五代第61、454窟和榆林窟五代第20窟等几幅持木锨扬场图，元代王祯《农书·农器谱图》对锨等工具的形制及用料都讲得很清楚：“锨，臿属。但其首方阔，柄无短拐，此与锹臿异也，锻铁为首，谓之铁锨，惟宜土工。剡木为首，谓之木锨，可撩谷物，又有铁刃木锨，裁割田间塍埂。”敦煌壁画中的木锨形象与史书中相同，如五代第 61 窟弥勒经变农作图中的扬场图。

目犍连 全称摩诃目犍连，即大目犍连，简称目连，意译采菽氏。佛经说，他是古印度摩揭陀国王舍城人，属婆罗门种姓，与舍利弗一同拜外道六师之一的删阇夜毗罗胝子为师学道，后一同改信佛教，为释迦牟尼十大弟子之一。先为释迦最主要的上首弟子，常和舍利弗分侍佛的左右，后来才让位于迦叶和阿难。传说他神通广大，既能飞上兜率天，又能直接到地狱去，故称他"神通第一"。他的主要事迹是拯救前世造孽太多，死后坠入阿鼻地狱使受难的母亲脱离苦海，即我国民间广为流传的"目连救母"的故事。敦煌石窟唐以后洞窟佛龛中多绘有目连像，榆林窟第 19 窟存五代绘目连变相一铺。

墓园 壁画中根据佛经宣讲的内容而绘出的坟墓及围墙。最早的墓园出现于北周第 296 窟，方形墓园，前后围墙中间各开一阙门，坟墓位于墓园中，方形砖砌台基上起园坟，园内树木成行。唐代以后，根据《佛说弥勒下生经》"人寿八万四千岁……人命将终自然行冢间而死"的内容需要，在很多弥勒经变里都绘墓园，墓园由夯土墙围成方形，四角有墩台，正面留有阙口，阙口两边各有一墩台，有的又从阙门墩台向外再接出一段围墙，又以墩台作结，成为神道。中间起半圆穹窿状坟堆，正中开半圆门，老人安详地坐于墓中，家人围拜哭别。从考古发掘资料中得知，凡古墓的墓门墓室都深埋于地下，地面只有坟冢一堆。壁画中老人坐于开敞的墓室中只是依佛经内容的需要而绘，与现实有一定差距。

N

纳西克石窟 开凿于公元前 1 世纪至公元 1 世纪，共开凿 24 座洞窟。其中第 18 窟是塔堂窟，石雕题材多样化，有观音菩萨和弥勒菩萨像，还有观音菩萨八难解救图。此外有密教图像，如多罗菩萨、金刚萨埵等。构图上出现了曼荼罗的趋势，是印度早期的密教像。

衲衣 僧衣之一种，又名粪扫衣、弊纳衣、五衲衣、百衲衣。即从世人所弃之朽坏破碎布麻片拼凑缝缀所制成之法衣。比丘少欲知足，远离世间之荣显，故着此衣；粪扫衣就衣材而名，衲衣就制法而言；又比丘常自称老衲、布衲、衲僧、衲子、小衲等，僧众呼为衲众，皆取着衲衣之义。敦煌壁画、彩塑中多见着衲衣佛僧，如莫高窟西魏第 285 窟塑像禅僧，身着黑、白、棕绿、红等五色方块镶成之裂袋，即通肩双履五衲衣，又西夏第206窟禅僧着通肩式彩色斑斓杂布料之百衲衣，而中唐第205窟塑像迦叶着薄纱山水衲，晚唐第17窟禅僧洪䩁所服亦为山水衲。

男跪女揖行礼　敦煌壁画所绘古代婚礼习俗之一。拜堂时，新郎双肘、双膝、双脚均着地，匍匐拜头，新娘一旁站立，双手敛于胸前作揖，即男跪女揖。敦煌壁画40幅婚嫁图中，男跪女揖17幅，占42.5%，如莫高窟第91、445、231、358、12、138、454窟，榆林窟第38窟等。拜头即地是重礼，双手作揖是轻礼，这种拜堂方式为入夫婚，在女家成礼；新郎面对岳父、岳母须行重礼；新娘在家面对自己父母行轻礼，古代称肃拜。而且新娘当时钗钿满头、长帔绕身、长裙曳地，无法行稽首拜礼。

男女跪拜行礼　敦煌壁画中的婚礼情节之一。新郎新娘并肩面向礼席跪拜，如莫高窟第113窟所绘在全部婚嫁图中只此一幅。跪拜为比较隆重的拜礼，名目、花样繁多。

男女相对互礼　敦煌壁画所绘古代婚礼风俗情节之一。拜堂时，拜天地、父母后，新郎新娘相互对拜。莫高窟第148窟绘新郎新娘各站一边，相向行礼，全部婚嫁图中仅此一幅。跪拜是汉族的古老礼仪，因重男轻女，所以互拜时行侠（音夹）拜，即女先拜，男再拜，女又拜。

男女站立作揖行礼 敦煌壁画所反映的婚礼情节。拜堂时新郎新娘均站立在花毡上，面对礼席，作揖行礼，如莫高窟第 205 窟、116 窟；在 40 幅画面较清楚的婚嫁图中，这种方式有 21 幅。揖礼是汉族礼仪的古老传统，作揖的方法是以手指指，双手拱于胸前，新郎可以持笏作揖，新娘可俯手下至胯。揖礼分特揖、面揖和略揖，特揖是对君长、长辈或重要人物，行三揖，新婚夫妇拜堂时行的是特揖。

南石窟寺 位于甘肃省泾川县东 76 千米的泾河北岸崖壁上，现存洞窟 5 个，仅第 1、5 窟有残迹。第 1 窟开凿于北魏永平三年（510 年），第 1 窟高 11 米，宽 18 米，深 13.20 米，方门盝顶，门上设明窗，门外二力士立像经后代补塑，窟内壁台基上造七身立佛和十四身胁侍菩萨。内壁门两侧各雕弥勒菩萨一身，窟顶正披及东、西披浮雕佛传故事，内容有树下思维，树下诞生，逾城出家，犍陟辞别，窟顶前披浮雕舍身饲虎本生故事。第 5 窟系唐代开凿，又名罗汉洞，现有十八罗汉像。

难陀出家缘故事 敦煌故事壁画之一，绘于莫高窟第 254 窟。故事讲释迦牟尼的弟弟难陀，出家后仍迷恋世俗生活，常偷偷回家与妻子相会。释迦为让他割断尘世中的一切因缘，

N

先带他到天堂，看美好幸福，后带他到地狱，看无数苦难，最后使难陀去掉了一切杂念，专心苦修。

莫高窟第360窟
铙（中唐）

铙 打击类金属体鸣乐器，也称铜铙，与钹同类，大者为钹、小者为铙。发音清越，随佛教自西方传入之法器。敦煌壁画中屡见描绘，大、中型乐队常用，形如今日之小镲，但古时中间小碗略大，边沿稍窄。

泥匠 石窟开凿过程中使用的工匠之一。石窟空间凿成后，对墙壁敷泥，是绘画前一道工序的工匠，又称托壁子。泥匠由各种工序的难易而分不同等级，敦煌遗书中记载泥匠等级较高的为"博士"级，有："粟一斗，沽酒，修寺院日看泥匠博士用。"从事的工作是抹窟（屋）顶的泥层，称上仰泥，是难度要求较高的技术活。

泥渍 泥浆在壁画上留下的痕迹。

捻线图 原始的纺织工具纺轮是陶制的，后来也有铜、铁或木制的，由缚盘和缚杆组成，纺轮中的圆孔是插缚杆用的，当人手用力使纺盘转动时，缚自身的重力使一堆乱麻似的纤维牵伸拉细，缚盘旋转时所产生的力使拉细的纤维捻成麻花状。在纺缚不断旋转过程中，纤维牵伸和加捻的力就不断沿着与缚盘垂直的方向（即缚杆的方向）向上传递，纤维不断被牵伸加捻，当缚盘停止转动时，将加捻过的纱或毛缠绕在缚杆上，即"纺纱"或"纺线"。敦煌莫高窟西夏第465窟"藏密"壁画中的北壁人物画中，绘有一尊者头光，高髻长发，长眉大眼，有须，裸身短裙，作游戏坐式，手持缠有毛的双叉金属纺轮进行手工捻线，毛杈下垂着纺缚及线团。千百年来，放牧者一直使用这种简便的纺轮捻毛线。

酿酒　敦煌社会生活壁画内容之一。敦煌的酿酒业相当发达，有高档麦酒、普通粟酒及葡萄酒，有酿酒的专业户，分官酒户、寺院酒户和众多的私人酒户。榆林窟第3窟千手千眼观音经中有酿酒图，酒房内女性司炉，一人向炉膛内添柴，一人端碗品尝酒味。最主要的是酿酒采用了蒸馏技术，有一套四层方形套叠的蒸馏器具，置放于大锅上。蒸馏技术，大大提高了酒的浓度，得到较为纯净的烧酒。此画为中国现存最早的蒸馏酿酒图。

涅槃窟　主要指第148、158窟的涅槃大像窟，窟室根据塑像的需要，变成横矩形。建于盛唐第148窟，窟顶为横长拱券形，塑像身长14.4米。窟前有两根方形石柱形成窟廊，廊阔三间构成前室，前室西壁塑天王，力士及狮子像，相当于

N

寺院中的天王堂。窟内的塑像经清代重修，已失去原来的面貌，唯有四壁的壁画艺术还体现出大唐盛世的繁华与精美。建于中唐的第158窟，窟顶为长方形盝顶。塑像身长15.8米，涅槃像塑出一副温馨祥和的安睡状，使人们不再感到死亡的恐怖，而是到达了抛却人间烦恼的极乐世界。

涅槃经变 敦煌经变画之一。根据《大般涅槃经》等经绘制，敦煌莫高窟现存其中北周、隋、唐所绘共15铺。北周仅第428窟绘入般涅槃、大众举哀、迦叶抚足情节；隋绘增加佛母奔丧、摩耶恶梦、金刚力士哀恋、外道答迦叶问、须跋陀罗身先入灭等情节；初唐绘新增临终遗教、双树病卧、棺盖自启、阿那律报来、为母说法、商办入殓、力士举棺、八王分舍利、起塔供养、外道欢乐等情节；唐后期因受吐蕃影响，出现了割耳、刈鼻、刺胸等画面。

牛车出丧 敦煌民间习俗壁画内容之一，表现普通百姓出殡之场面。莫高窟第290窟佛传故事中有太子游四门时，所见庶民出殡的画面：牛车放灵柩，外一箱体形罩，上置乘鹤仙人及引龙等明器；顶为人字披形白帐，四角垂流苏；车前一人头顶祭盘，盘内供品为一对鸡。

农舍 敦煌古代社会生活风情壁画内容之一，绘于榆林窟第3窟普贤变中。简朴的农舍坐落在山树掩映间，乡间阡陌蜿蜒于周边，房外是错落有致的篱笆围墙，房子是土木结构、木柱、泥巴墙、茅草盖顶。特别是农舍门前有方石一块，在向外的一面连接一斜坡形石条，即古人的浣衣晒衣石，人坐在方石上，斜坡石条供捶打、搓洗衣服用，所谓"长安一片月，万户捣衣声"。此图为敦煌社会生活画之精品。

农具图 农业生产工具图像。敦煌壁画北朝至西夏各个时代的 90 多幅农作图中绘画了数十种农业生产工具，集中反映了我国古代农具制作和使用方面的成就。计有：单辕直辕犁、双辕直辕犁、曲辕犁、三脚耧犁、铁铧、牛衡、耱、耙、锄头、铁锨、镰刀、扁担、尖叉、连枷、四齿叉、六齿叉、扫帚、簸箕、牛车、木斗、木斛、木升、秤等。尤其是莫高窟盛唐第 445 窟弥勒经变中绘制的曲辕犁、五代第 72 和第 454 窟东披弥勒经变、南披法华经变"农作图"中的三脚耧犁等更是十分珍贵的形象资料，具有重要的科学研究价值。

农作图 描绘在敦煌北朝及西夏各个时代壁画、藏经洞绢、纸画中的"农作图"就有 90 多幅，它们根据不同题材分别穿插在历代壁画中。其中大多描绘在弥勒经变、法华经变中。佛传故事、卢舍那佛、千手千眼观音经变等壁画中也有一些，而以弥勒经变的"一种七收"画面中绘出的情节最多。为我国古代农业生产方面的十分珍贵的形象资料。图中反映的农事活动有犁耕、耧播、撒肥、耙耱、锄草、收割、打场、扬场、归仓等等。壁画中表现的耕—播—耙—耱一整套适应干旱地区的耕作程序和制度，即使今天，仍在西北地区流行。大量的庄稼收割、脱粒、加工和牲畜饲养等方面的画面，生动反映了我国中古时期农业技术发展状况。

农用牛车 由于牛车有别于马车的一些特点，所以东汉以来倍受贵族喜爱。河西走廊也是如此，嘉峪关魏晋墓画像砖上大量描绘的长檐高棚牛车就是例证。载人的牛车分"通幰牛车""偏幰牛车"和"敞棚牛车"三种，通幰牛车地位最高。敦煌壁画中的牛车以法华经变之火宅喻绘出的最多，莫高窟61窟南壁火宅喻中画的就是"通幰牛车"。这种车车顶自前到后有一顶大幰子。大多火宅喻壁画中则是只遮住车前半部的"偏幰牛车"。北朝、隋、唐部分洞窟"供养人"行列中的牛车也都属于以上三种类型。壁画中还有一些古代劳动人民用的牛车。如莫高窟盛唐第148窟，中唐第202窟、晚唐第85、156、196窟的农作图中，就有卸辕等待拉运粮食的农用牛车。有的车上还有装运庄稼或粮食所必需的木架子。这与敦煌藏经洞社会经济文书中所记载的寺院、农户大多所用牛车相同。

女坐马鞍 敦煌婚俗壁画内容之一，新娘在举行奠雁仪式时坐马鞍。"鞍"与"安"同音，婚礼中取吉祥之意，寄托深情与祝福，预示今后的生活道路一帆风顺。莫高窟第25窟拜堂行礼的屏障，一周结彩，新郎新娘站立在花毡上，新娘脚下置马鞍一具。

P

耙地图 耙是一种碎土平地的工具。它是由一个长方形的木框上装硬木齿或铁齿制成的。耙地是农业耕种的一个环节。《汉书·贡禹传》曰："农夫父子，暴露中野，不避寒暑，捽草耙土。"即手持铁齿耙碎土块。牛耕普遍推广后，出现了畜拉的铁耙，犁耕过的土壤经过耙后，土细地平，使土壤更疏松保墒，也节省了人力。甘肃嘉峪关魏晋墓壁画中就有多幅耙地场面。如3号墓23图为一牛拉耙，耙上蹲一人。4号墓11图，6号墓29、37、39图，12号墓的30图，13号墓的36图，酒泉丁家闸十六国时期的5号墓中，也为一牛拉耙，耙上蹲一农夫驱牛耙地，农夫头发飘起。耙地人站或蹲在耙上，是为了加重耙的压力，耙碎土块，手拉缰绳，主要为了控制牛的行动。酒泉西沟村魏晋7号墓西壁第5层的5块画像砖表现的都是农耕画面。其中第2块绘一白一黑二犍牛合力拉着一钉耙，一农人在后吆赶着耙地。第5块砖仍是耙地图。7号墓前室西壁画像砖中也有一人挽一牛拉耙耙地。莫高窟五代第98窟华严经变中华严河的小圆形图案中也有一副六齿耙。

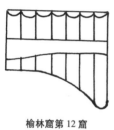

**榆林窟第 12 窟
排箫（五代）**

排箫　吹奏类编管乐器。古称箫、参差、比竹、胡直等。敦煌壁画中存北魏以后仅莫高窟就各朝代所绘有 300 余只，主要形制为两种，一为单排两端竹管同样长度，史称底箫；二为一边长，一边短呈三角状，史称洞箫。壁画早期绘制多为洞箫，唐以后，五代至元，多为两边竹管相等之底箫。早期所绘形象模糊，有的仅画一个方框，常涂以绿色，或画几条线，以表示竹管，无法分辨细部结构，唐代后画得比较细致，但大小、长短、管数都不尽相同，难以从其形态上及花纹装饰上，找出确切的规律性的形制。排箫的形象，多见于不鼓自鸣与迦陵频伽鸟乐伎之中。

帔帛　又称帛巾、披肩、披巾，古代妇女服饰之一种。其形制为一条或宽或窄的轻纱、丝带，从后至前绕肩颈一圈，两头垂于前，纯属妆饰之用。宽者较短，挂披在肩上，形似披风。窄者较长，多缠绕于双臂，酷似两条飘带。莫高窟第288、285窟北魏、西魏画妇女已着帔帛。隋唐之际的女供养人大量使用帔帛，如莫高窟第390、375窟，但均与窄衫小袖的"胡服"共用。唐代妇女凡着衫裙者均饰帔帛。

配殿　位于佛殿两厢对称布置，用廊子与佛殿相连，建筑体量小于佛殿，形式有单层殿堂式、二层楼阁式或殿堂与楼阁组合式。多为歇山屋顶，素平或须弥座台基，有的檐下挂帘箔，室内置床榻，供菩萨坐其上或供莲花一朵。比较典型的配殿图在盛唐第172、148窟，中唐第112、158窟，晚唐第12、85窟，五代第61、98、100窟的观无量寿经变和药师净土变中都表现得十分清楚。

毗沙门天王　为佛教护法四大天王之一，即镇护北方之天神。按佛教的说法，由于他经常守护佛道场，常得听闻如来说法，所以又称"多闻天"。其形象一般多作头戴宝冠，身穿甲胄，足踏二鬼或夜叉，左手托塔，右手执剑，或执戟，或持棒。第285窟西魏壁画中画为赤足重铠，站立于莲花之上。中晚唐以后如第9、12、159等窟内绘作身着长甲胄，头戴翼冠，手执长戟，腰横短剑踞坐或立于二鬼身上的西域武士形象。

琵琶　弹拉类弹弦乐器。产生于汉代，原指圆形的阮，东汉晚期出现梨形样式。南北朝以后趋向定型，唐代圆形为阮，梨形为琵琶。敦煌壁画中凡画有音乐形象处必绘有琵琶，现存北凉至元代 700 多幅，分为 50 余种类型。早期琵琶图狭长、窄瘦型，隋代以后逐渐朝宽、圆形发展。唐代以后基本稳定在宽圆形。早期直项较多，唐以后曲项稍多（宫廷多用曲项，民间直项居多）。早期所绘只有四相及缚平，唐以后出现凤眼及捍拨，凤眼初为圆形，后逐渐变为月牙

**莫高窟第 435 窟
琵琶（北魏）**

形，隋后发展到通身彩绘髹漆，在腹板背后绘有花纹图案，工艺性突出。演奏形式多为踞坐、横抱之演奏，手弹与用拨弹并存，唐以后多拨少手弹。

刈刺　窟上农牧业生产活动之一。刺即"白刺"，系戈壁中柴草的一种，刈刺即刈割白刺。每年大约在秋、冬进行，今莫高窟及周围尚存许多刺草。刺在当时常与柽（即河柳、柽柳，今名红柳）同为燃料，敦煌官历、寺历中记述此事颇丰。

频婆娑罗王　亦作频毗娑罗、瓶沙、洴沙等，意译影坚、影胜、影牢等。据说他本是古印度摩揭陀国王，为最早皈依

佛教的国王。他曾把王舍城的竹林精舍捐给释迦牟尼，作为弘扬佛法的场所，后来被其子阿阇世所害。在敦煌壁画观无量寿佛经变中的"未生怨"，即为他和阿阇世的故事，其中以西千佛洞第15窟西壁所画最完备。

品字形佛寺图　佛寺建筑画中早期统一完整的建筑群体的一种表现形式，最早出现于隋代，是凹形佛寺的雏形，如初唐第338窟佛龛顶兜率天宫的布局。

平底铛　古代敦煌地区主要的炊具之一，铁制、平底，既可烧汤水，又可烙饼，无足称釜，相当于釜，有足曰铛，多作三足或四足，在其下直接烧火，无需固定的炉灶，用途多且便于流动炊事，在当时被广泛使用，因之也出现于佛教石窟壁画中。莫高窟第23窟庭院左侧一妇人所用即是，第468窟药师经变中所绘的铛亦是。

平咄子　隋代敦煌人，画工。莫高窟今303窟（建于隋代）有供养像并题名曰"尽（画）师平咄子"，为敦煌石窟最早和罕有的画工题记。

平阁　壁画中只出现于盛唐时期的一种单体建筑，其形式下部像阁，到二层平坐即止，没有屋顶，平坐周边设栏杆，上坐乐队数人演奏。据《邺中记》记十六国时邺都："石虎正会置三十六部鼓吹，三十步置一部，十二皆在平阁上，去地丈余，又有女鼓吹。"盛唐第 445 窟南壁阿弥陀经变中的平阁形象，正与此吻合。初唐第 329 窟弥勒经变中在平台间的小桥上，利用桥栏杆转角处的四柱，加高加大桥栏杆柱，其上建平阁。不同之处是柱上有短檐伸出，檐上建平坐栏杆，四伎乐在上面演奏。由于平阁的建筑形象只见于文献记载，现已无法揣摩它的具体形象，壁画中所见有伎乐活动的平阁形象，填补了这种建筑形象的空白。

平棊 也写作平棋，是建筑物室内顶部的棋格状天花。早期洞窟内多用于中心柱四周的平顶上，绘以较大块的斗四方形棋格图案，图案中心绘莲花，四内角绘飞天，斗四边沿绘各种连续的花边图案作装饰。至宋、西夏时期，因为洞窟多是改造前代的，窟顶为人字披或覆斗形，在各披面上划分成小块四方棋格，绘莲花或宝相花，以达到窟顶色彩富丽的装饰效果。

平诎子 五代沙州人。敦煌遗书编号为 P. 2091 的《敦煌社人平诎子一十人创于宕泉建窟一所功德记》所记，平诎子等人于西汉金山国时期，公元 910 年前后，在莫高仙岩创建一龛，疑即今第 147 窟。

平诎子功德记 敦煌石窟营造文书。编号为 P. 2991v，全名《敦煌社人平诎子一十人创于宕泉建窟一所功德记》。无撰写题记，撰写人署名为"西汉金山国头厅大宰相清河张公撰"，据文中内容推测其撰写时间在金山国因扩张战争而惨败于甘州回鹘的公元910年。平讲子等社人于战乱年代，在莫高窟"资家为国，创建一龛"，推测为今莫高窟第147窟。

婆薮仙 佛教所谓外道仙人之一。相传，他本为古印度的一位厌世出家的国王，因被人蛊惑利用，说天祀可以杀生啖肉，因而受堕地狱之苦，后受菩萨救助，得以解脱，于是皈依佛教。敦煌早期石窟壁画中，常把他画在佛龛内佛的右侧，手拿小鸟以表示原有杀生之罪。莫高窟第254、257、428等窟内均画有此像。

破盆 七月十五日将盂兰盆会佛盆中的百味供品施散给信徒、众僧分食这些供品，谓之"破盆"，窟上佛事活动内容之一。供品种类极多，所费粟、面、油等料亦丰。

菩萨 梵文音译菩提萨埵的略称，意译为觉有情、道心众生等。佛教谓修持大乘六度，求无上菩提（觉悟），利益众生，于未来成就佛果的修行者，均可称菩萨，与声闻、缘觉并称"三乘"。菩萨的修行法，称"菩萨行"，其教法以达到佛果为目的，故又有菩萨都是候补佛之说。因各类菩萨均以慈悲为怀，普度众生之缘故，敦煌诸石窟将所有菩萨均作头戴花冠，身着天衣，腰系长裙，肩披长巾飘带，袒上身，胸前挂璎珞，腕戴钏镯，面容端庄文静，肌体丰满圆润，俨然一身婀娜多姿、温柔善良、雍容华贵的美女形象。

葡萄石榴纹　敦煌装饰图案纹样的一种。其形多以葡萄藤蔓作联珠形，藤蔓上附着葡萄、石榴纹样，葡萄以叠染成串，石榴籽实丰硕。在敦煌有作长条形边饰，是经变画的边框装饰，亦有十或米字形布局的窟顶藻井图案，如第209、322等窟。

葡萄石榴藻井　藻井图案之一，以葡萄石榴为井心。宝相纹、团花纹、垂幔纹、联珠纹等单纯图案作为其边饰，使井心的葡萄石榴图案更加形象鲜明突出，如第322窟。纹样由内而外呈放射状，形象明显，色彩艳丽，别于其他团花藻井图案，在初唐、盛唐属较为新颖的一种图案。

葡萄团花藻井　敦煌团花藻井图案的一种，多绘于盛唐。如第79窟的藻井，井心的团花由四片盛有葡萄串的叶纹和四朵花瓣交叉对称组合成井心团花，四边由从里到外顺序绘着联珠纹、花蕾纹、方格纹、团花纹、龟背纹、卷瓣纹、璎珞、彩铃、帷幔、流苏等。这种图案也多出现千佛背光和头光图案中。

普贤变　敦煌经变画之一。现存唐至元绘140余幅。普贤菩萨以理性、普行著称。通常壁画把独立造像铺衍称为变相，与文殊变相对称，绘于窟门南北，佛龛南北，窟顶南甬道南北壁、窟外室南北。中唐以后普贤变形成大幅画面，侍从多有天王、天龙八部、力士、菩萨、梵天、彩女等。普贤菩萨常胁侍于释迦牟尼佛右侧，乘六牙白象，乘青狮的文殊菩萨胁侍于释迦左侧，两菩萨相对，形成一佛二菩萨的组合，称为华严三圣。莫高窟第12、9、172窟，榆林窟第25窟的普贤变为代表作。

普贤菩萨 菩萨名，又译遍吉，音译作三曼多跋陀罗，为释迦牟尼的右胁侍，专司"理德"，常与文殊菩萨并列在释迦牟尼两旁。相传其显灵说法的道场是中国四川省的峨眉山，其形象特点是多骑白象，或在花冠正面饰宝瓶，以示"理德"无比，其他部分与文殊菩萨基本相同。莫高窟从初唐第68窟到西夏第460、418窟等125个洞窟内，都绘有专门的普贤经变，其中以中唐第159窟西壁龛外南侧所画最为精致。

Q

龟兹舞 壁画龟兹风格的舞蹈图像，主要见于第205窟。主要特点为舞者秀手上举作弹指动作，颇类似今天维吾尔、乌孜别克等民族舞蹈中弹指打指动作。基本造型为舞者二人双双相向起舞，左者微蹲左腿而左倾，左手上举而弹指，右者身躯背对观众而转头面向观众，右手同样上举弹指。二人配合默契，和谐优美。

龟兹石窟 位于新疆维吾尔自治区库车、拜城、新和、阿克苏、沙雅、轮台以及库尔勒的部分地区的石窟群，开凿于东汉至唐宋时期，现包括克孜尔石窟、森木塞姆石窟、库木吐拉石窟、玛扎伯哈石窟、克孜尔尕哈石窟、苏巴什千佛洞、托乎拉克埃肯石窟等。这些石窟中大部分塑像已毁，现仅存壁画。能辨清窟形的有 474 个，其中有支提窟、大像窟、讲经窟、毗诃罗窟、禅窟、罗汉窟、仓库窟。

七佛和七世佛 佛名，一般指在释迦牟尼前相继成佛的毗婆尸佛、尸弃佛、毗舍婆佛、拘留孙佛、拘那含牟尼佛和迦叶佛，连同释迦牟尼佛合称七佛或七世佛。这种七佛造像，最早见于敦煌和酒泉等地出土的北凉石塔，在敦煌莫高窟第 285 窟北壁尚存西魏大统年间所绘的七佛说法图像七铺。

七曜神像 也称七执，日、月和五星称为七曜，僧一行撰的印度占星学著作《七曜星辰别行法》、金俱吒译《七曜禳灾诀》等书中都对七曜的形象做了描述。七曜神像也以炽盛光佛画中出现的较多，P. 3995 炽盛光佛画中，在图左上、右上和左下三个角分别绘有三个愤怒相的面具，上部的两个面具中分别绘有两个蛇头和九个蛇头，应为罗睺与计都。此二星原为日、月的蚀星，《史记·天官书》中载："在天为隐星。"下左的面具也应为"隐星"。《希麟音义》六说罗睺云："此云暗障能障日月之光明，即暗曜也。"榆林窟第35窟炽盛光佛画中残存的小榜题中有"火星""水星"等诸星题名。此图下部左右两侧画了两个愤怒相的面具，其中右侧的榜题中有"计星"，应为罗睺与计都。以七曜日记算日历的历法称七曜历。渊源于上古的埃及和巴比伦。唐代传入中国。中国的记七曜顺序为日、月、火、水、木、金、土，周而复始，循环不绝，直译为"密日""莫日""云汉日""嘀日""郁没斯日""那颉日""鸡换日"。敦煌藏经洞遗书中存有《七曜日占经》，还有以密日注释的历书。如 P.3081 为《七曜星占术》，最末为"七曜占五月五日直"。七曜名称也常注粟特语名。

齐鼓 打击类膜鸣直胴型乐器。隋唐燕乐多部乐中列为编制，用于西凉乐、高丽乐诸乐部。敦煌壁画中有形状若腰鼓型、一头略大，鼓面有一突出圆形物，即齐鼓，多见于早期石窟之天空伎乐中，如北魏第254、431窟，西魏第249、288窟，

**莫高窟第285窟
齐鼓（西魏）**

北周第 299、430 窟等。

骑竹马 敦煌社会生活风情壁画内容之一。绘于莫高窟第 9 窟（晚唐）供养人行列中，童子穿花袍服，左手以一根竹子穿过胯下作马，乘骑为戏；右手执一竹梢，似为赶马之鞭，使人生动地想象其来回奔跑之状。此为当时广泛流行于全国各地的一种儿童游戏。

棋格团花纹图案 敦煌平棋图案的一种。结构造型源于中国古代建筑屋顶梁与椽的关系（其长条边饰即为画梁雕梁之意）组成棋格方形，所以也是方格纹样的一种手法。在敦煌壁画中唐代多绘龛内顶部，或窟顶四披，以团花卷草忍冬或联珠纹等为边饰，如第 159 窟。

起稿线 敦煌壁画绘画术语，即底稿线。线的粗细、繁简，随时代发展而变化，或因人画技的熟练而异。如第 275 窟北凉壁画及第 257 窟北壁说法图、第 263 窟南壁降魔变因画面色彩脱落露出底稿，或局部敷彩不全的画面上，存在规整的土红细线的"井"字形格线框架上，以土红线勾勒出简单粗犷的圆圈、直线等以布局、造型。在起稿线上敷彩后再以高古游丝描或琴弦描，仔细地定形，以较浓的色泽叠染，而后勾轮廓线。另有以较细致的白描起稿线，即在白色的底仗上用细而流畅的赭石或土红线或墨线勾勒出完整的人物、山、树等形象，敷色时根据画面的需要有的完全被掩盖，有的却被局部保留下来，使画面随意而生动，如西魏第249、285窟，隋第303、305窟等。唐代以后，壁画起稿线逐渐变为白描画，到了元代发展成熟，如榆林窟第3窟，将高古游丝描、琴弦描、铁线描、兰叶描、行云流水描，多种线描集于一体，略施微染，画风超然脱俗，成为工笔淡彩，故起稿线与定型线无区别。

起甲壁画 壁画病害之一，表现形式大致可分为多种，较普遍的是壁画白粉层及其上的颜料层发生龟裂，进而成鳞片状卷翘，甚至脱落，只剩下壁画地仗。壁画地仗发生龟裂、卷翘，甚至脱落，严重者壁画损失殆尽。白粉层、颜料层产生气泡变形、起甲导致的脱落又称为疱疹状起甲脱落。据统计莫高窟约有80多个洞窟的壁画有此病害。原因主要有：①颜料及白粉层用胶不当，胶质老化失去粘接作用。②因气候干燥，壁画地仗泥层制作过于光滑、白粉层与之粘接不牢固。③后代在前代壁画上只涂刷一层白粉层后即绘制壁画，由于白粉层与原来壁画粘接不牢而形成后来绘制的壁画起甲剥落。

起甲壁画修复技术 在壁画现场保护（即就地修复）中，采用针头注入粘合剂修复起甲脱落、酥碱等病害壁画的技术在我国已有近 30 多年的历史。1957 年捷克文物修复专家约瑟夫·格拉尔先生在参观莫高窟时，曾用医用注射器对第 474 窟起甲壁画作了现场修复试验。在他的启发下，敦煌文物保护工作者逐步试验改装了更加适用的修复针管，并逐步完善了修复技术，特别是 1962 年国家文物局文物保护科学技术研究所的胡继高先生首先采用现代高分子材料并经多次试验，配制了适合修复壁画的浓度配方。此后，这一方法就成为我国壁画保护的重要技术。20 世纪 70 年代以来，这种方法已推广到全国各地。原文化部文物保护科学技术研究所、敦煌研究院的"敦煌莫高窟起甲壁画修复技术"获文化部 1985—1986年度文化科技成果一等奖。

千佛　敦煌壁画的主要内容之一。据《千佛名经》等记述，过去的庄严劫和现在的贤劫内，相继有一千人成佛。未来的星宿劫内，也将有一千人成佛。敦煌隋代以前的洞窟四壁及窟顶在内，画满了一个又一个的小佛像，有的洞窟还贴满了影塑小千佛。为了使这些小佛像都做得既符合佛教的教义思想，能起到供奉的作用，又能使他们整齐美观，大都做得规整划一，横成排，竖成行，直看斜看都成列，光光相接，神秘莫测，增加了佛教的感染力。

千佛岩石窟　目前国内称为千佛岩石窟而相对著名的有

四处。一是位于四川省乐山市夹江县城西南 4 千米处青衣江北岸的峭壁上。始凿于盛唐，形成于中晚唐时期，现存 220 龛，其中大龛高约 4 米，一般中型龛在 1～2.5 米之间，小龛 0.3～0.8 米为数也最多。造像分布为五部分，内容有千佛龛、说法龛、宝塔龛、七佛龛等。造像龛中有开元、大历、会昌、咸通、大中等唐代年号题记和明、清时期的重妆修记、题诗、游记刻字等。2006 年，被国务院批准列入第六批全国重点文物保护单位名录。二是位于四川省巴中市通江县诺江镇千佛村诺江河右岸千佛寺后的千佛岩石窟，始凿于唐龙朔三年（663 年），终于唐开元七年（719 年），前后历时 56 年。通江千佛岩石窟共有造像 54 龛，造像 3000 余尊。分布在高 10 米、宽 53 米的砂岩正面和左侧崖壁上。正面 28 龛，盛唐雕造，左侧 26 龛，初唐雕造。整个造像群由净土变、天龙八部、说法图、七级佛塔、千佛屏等龛组成，主要有释迦牟尼、观世音、大势至、四佛、三世佛、药师佛、护法力士、供养人、乐伎等。2006 年 5 月 25 日，通江千佛岩石窟被国务院列为第六批全国重点文物保护单位。三是位于四川省绵阳市梓潼县城 15 千米的卧龙山顶的千佛岩石窟，始凿于唐贞观八年（634 年），造像开凿在东西长 5.5 米，西南宽 5.2 米，高 3.2 米的长方体石墩四周壁上。千佛岩石窟保存完好，雕刻精细，充分反映

Q

了初唐时期造像艺术的高超水平。尤其是阿弥陀佛并五十二菩萨龛是同类题材中年代较早的，十分珍贵。2006 年 6 月，卧龙山千佛岩石窟被国务院列为全国重点文物保护单位。四是位于南京栖霞山栖霞寺东北侧山崖上的千佛岩石窟，是从南朝齐永明二年至梁天监十年（484—511 年）逐渐开凿而成。所有佛像或五六尊一龛，或七八尊一室。佛像现存 515 尊，佛龛 294 个。唐、宋、元、明各代相继在纱帽峰都有开凿，连南朝在内，共有 700 尊。佛像大者高数丈，小者仅盈尺。千佛岩石窟是六朝时期南方佛教艺术的珍品。

千佛百花卷草纹　卷草纹样的一种。在敦煌多绘于中唐至五代洞窟中。如晚唐第 85 窟药师经变的左、右、下三边之边饰，其中为北壁通壁边饰。其边饰在以茶花为主的卷草纹中等距离绘令千佛图案。为千佛百花卷草纹，此种卷草纹样在敦煌壁画中并不多见。

千手千眼观音　密宗主要尊像之一，又名千眼千臂观世音，简称千手观音。据有关佛经记载：在过去无量数劫时，由于观世音菩萨听千光王静住如来说《广大圆满无碍大悲心陀罗尼经》时，曾发誓要利益一切众生，于是长出千手，每手一眼，表示对三界中二十五种有情的环境，包括四大部洲、四恶趣、六欲天中，什么都能看得见，什么都能听得到，而且也都能救护超度。在莫高窟第 79、115、144、148、161、176、292、329、335、456、460 窟和第 3 窟等 40 多个洞窟中都画有此像，其中以第 113、148 盛唐画最早，以第 3 窟南北二壁元代所画的千手千眼观音最为精美，也最负盛名。

千手千眼观音经变　敦煌经变画之一。现存 40 余铺，为唐至元代据各种不同的《千手千眼观音经》所绘。壁画中最初出现只是单体图像，后来规模扩大，内容增多，除千手千眼观音像外，周围还有"二十八部众""七宝施贫儿"；千手千眼观音、手中各执法器，佛教典籍称此经变为大悲会或（千手眼观音）成身会。

千手千眼观音飞天藻井　敦煌藻井图案中较为独特的一种。方井图案主要绘千手千眼观音，有八臂手拿八种法器，结跏坐于莲花上，左右两上角各绘一飞天相对飞翔于云纹之间吹笛弹琴，下两角各绘跪于莲花上的胁侍菩萨，四边绘联珠流苏，又以伎乐飞天五彩祥云四周环绕。此图案以晚唐第 161 窟最佳。

迁想妙得　中国画术语。画家的想象力出于"迁想"，是画家神思的基础。画工依据佛经绘制敦煌壁画之佛、菩萨、弟子、伎乐天、天王、药叉、佛传、因缘本生、佛教史迹故事画等等形象时，不但靠对佛经的理解，对生活的感悟，更有赖于敏捷的想象力，即借助迁想妙得。

铅丹 又名红丹、黄丹。古代的黄丹一般多指铅丹（Pb_3O_4），是我国最早的化工合成产品之一，也是炼丹家的一项重要成果。铅丹是一种很容易变色的颜料。从敦煌石窟北凉、北魏、西魏、北周、隋、唐（初、盛、中、晚）、五代、北宋、西夏、元、清12个朝代的洞窟中，历代都有铅丹颜料的应用。据科学分析，莫高窟北凉第268、272、275窟；北魏第257、259、260、263、273窟；西魏第249、285、288、432窟；北周第290、296、301、428、442窟；隋第302、401、419、420、427窟；初唐第209、283、328、329、332、334、335窟；盛唐第130、205、223、320、460窟；中唐第197、237、365窟；晚唐第9、12、14、22、232窟；五代第5、36、61、99、100、220、334窟；北宋第36、76、138、174、376、378窟；回鹘、西夏第245、263、265、310、409窟；元代第465窟；清代第7、321、329窟都有变色的铅颜料。在这些洞窟的棕褐色颜料中，有些样品中仍有少量没变色的铅丹颜料。敦煌石窟壁画人物的肌肤色大多变成棕褐色，推断原肌肤为肉色，其中大多应是铅丹变色。

铅粉 铅粉即碱式碳酸铅，化学式为 $2PbCO_3 \cdot Pb(OH)_2$，现代工业称铅白。是迄今为止中国制造的最早的人造铅颜料，

Q

也是世界上最早的人造铅颜料之一。古代铅粉的名称非常多，明朝李时珍的《本草纲目》载铅粉条就列有"粉锡""解锡""铅粉""铅华""胡粉""定粉""瓦粉""光粉""白粉""水粉""官粉"等名称。此外还有"辰粉""韶粉"等名称。这些名称大都因产地不同，精劣有异而名之。其中胡粉是最常用的名称之一。它既是一种高级化妆品，亦是敦煌石窟彩绘、幢幡等纺织品绘画常用的颜料，在莫高窟北凉第275窟，北魏第259、260、263窟，隋代第427窟，初唐第209、328窟，晚唐第14窟，清代第321、329等窟的颜料分析中都有铅白。第263窟下层北魏人物灰白色，腿部颜料经分析有明显的铅白成分，并未完全演变成二氧化铅。由此可见，现在壁画中黑色的二氧化铅有的也是由铅白演变而成。

前室　石窟形制组成的一个要素，各处石窟由于种种原因，而使前室或有或无。榆林窟的洞窟深凿于岩体内，所以在洞窟主室之前都有一个完整的前室。莫高窟洞窟除五座唐宋木构窟檐组成完整前室外，唯初唐第371窟有完整前室，其余有前室痕迹的都仅存南北壁与西壁及向东斜上的前室顶。根据莫高窟崖面上布满大小梁孔及椽孔痕迹推测，很多洞窟的前室可能由木构窟檐来达到完整前室的效果。根据窟前遗迹调查与俄国人测绘图对比后，于窟前含盖有建筑痕迹的石窟大约为 345 个之多，共有约 271 座窟檐，且以三开间窟檐形式为最多，其次为单开间小窟，少数大窟为五开间窟檐形式。

乾德四年重修北大像记　敦煌石窟营造文书。编号 Ch.00207。无标题、撰写人及题记。记乾德四年节度使曹元忠及其凉国夫人浔阳翟氏组织重修莫高窟北大像（第 96 窟）前殿堂楼阁事，详细描述这次工程规模之大，夫人翟氏亲自为工人造饭。动用当时敦煌佛教界领袖人物，组织 12 僧寺每寺 20 人，木匠 56 人，泥匠 10 人，5 月 21 日开工，至 6 月 2 日功毕，可见用功之巨，速度之快。Ch.00207 为我们提供了当时敦煌地区社会背景、工匠劳动、僧众役使、政教联合等一系列十分珍贵的资料，以及窟上写经和其他活动的记载。

乾宁碑　唐代莫高窟碑记。全称唐宗子陇西李氏再修功德记，简称乾宁碑，因为从该碑文功德主李明振结衔及残存干支纪年可知，该碑立于乾宁元年（894 年）书刻于大历碑之背面。碑文多见于敦煌遗书，内容主要记载李大宾重孙李明振率李氏宗族再修莫高窟第 148 窟的有关活动，同时有当时历史事件的记载。

乾闼婆　亦作犍达缚、乾沓和、乾沓婆等，意译香神、香音、寻香行、乐人等，佛教八部护法之一。据称他与紧那罗曾共同为侍奉帝释天的司奏伎乐，紧那罗为法乐，乾闼婆为修乐。据说他不食酒肉谷物，唯求香气以滋养身体，其身能散发香气。作乐时，此神一面发出香气一面则凌空飞舞以助乐。每当佛说法时，他即翩翩起舞在空中散香散花祝贺。敦煌历代石窟中都画有各式各样的乾闼婆（香音神或飞天）。

潜建　唐代沙州金光明寺僧人，俗姓张，吐蕃时僧官至法师。曾与妹普光寺尼妙施同在莫高窟为其先亡父母建功德窟一所，事见《潜建妙施造窟赞》。

潜建妙施造窟赞　敦煌造窟赞记文书，辑录于编号 P. 4640 之中，无标题、撰者及时间。内容记赞金光明寺僧人张潜建与其妹普光寺尼妙施二人"兄唱妹顺，罄舍房资；妹说兄随，贸工兴役"造窟一龛。因文记简略，所造洞窟无法详考。

浅佛龛　只存在于早期洞窟中。由于受西域小乘佛教的影响，佛龛内的造像主要是释迦牟尼或弥勒菩萨的单独形象，随着佛教信仰由小乘佛教向大乘佛教转变，龛中塑像逐渐增多，浅佛龛已不能满足造像的需求，所以佛龛也随着发生了许多变化。

浅绛山水　山水画的一种。即在水墨勾勒皴染的基础上，敷设以赭石为主色的淡彩山水画。敦煌壁画中多见于隋和初唐，如第 276 窟维摩诘经变图，第 323 窟之南北二壁中张骞出使西域图和妇孺迎佛图等。

Q

禽鸟纹　敦煌装饰图案的一种。画面多以飞禽为主，各种花卉或图案衬托的装饰图案，为陶器青铜器之鸟纹装饰图案的发展。敦煌北朝时期多出现于人字披的椽纹之间。如第288窟的西魏人字披中的莲花鹦鹉忍冬图案和第428窟北周的人字披中之灵鸟莲花图案及绘于龛楣图案中的鸟纹，多以忍冬和莲花衬托。隋以后其纹样应用更为广泛，如第427窟彩塑服饰上的狮凤菱格图，第9窟晚唐之供养人的花鸟服饰图案，以及晚期壁画中各种禽鸟边饰。另有老君堂出土的凤纹青雀砖、唐代建筑壁画的门楼装饰砖等，说明禽鸟图案在唐代的应用极为广泛。

青金石　阿富汗古老玉石的中文名称。阿富汗自古以产青金石闻名于世。关于青金石的古代中文名称国内外学术界有很多说法，大都为混淆和讹传所致。唯唐玄奘《大唐西域记》和《唐书》等史书记载的"金精"，宋代《册府元龟》等史书和敦煌遗书中记载的"青金"，元代常德的行记《西使记》记载的"蓝石"，这几个名称是确实可靠的。《大明会典》等明代史书中最早出现了"青金石"这个名称。青金石实际是一种以它为主要矿物的岩石多种矿物的集合体。其化学组成也有几种写法，按国际矿物协会（IMA）推荐的M. Fieischer的著作。由于青金石具有美丽的天蓝色，所以，我国古代很早就把它作为彩绘用的蓝色颜料。而敦煌石窟是应用青金石颜料时间最长、用量最多的地点之一。通过对敦煌石窟所属莫高窟、西千佛洞、瓜州榆林窟、东千佛洞等石窟北魏、西魏、北周、隋、唐、五代、北宋、回鹘、西夏、元等九个朝代的洞窟中取样分析，证明在北朝至元代的石窟壁画、彩塑艺术中都应用了青金石颜料。敦煌遗书中还将"金青"作为颜料名称。

青庐 敦煌古代社会生活风俗壁画内容之一。青庐即北方游牧民族的穹庐，又名毡帐，专用于新婚洞房者称青庐，是为圆券顶、帐篷用大量的枝木相扭成圈，并以绳交络，连锁而成，本称"百枝帐"，取吉祥之意讹为"百子帐"，正合婚礼所需。莫高窟第186窟的青庐，内壁可见枝木交叉作菱形，地面铺一圆形花毡，供新郎新娘就座。第360窟的青庐内，新郎新娘盘坐当中，门外两侧有男女傧相侍候，青庐的外壁覆以青缯、青幔，可张可阖，是一种搬迁使用方便的行屋。新婚夫妇在拜堂后即同入青庐，行同牢合卺之礼，并在此闹洞房。

青绿山水 山水画的一种。古时多用矿物质石青、石绿为主色的山水画，有大青绿、小青绿之分。大青绿多是钩轮廓，少皴笔，着色浓重，装饰性强。大青绿在敦煌壁画中出现于西夏，较为突出的如榆林窟第 2 窟的水月观音等。在绘画史中小青绿是在水墨淡彩的基础上薄罩青绿，而壁画中多以近似于大青绿之法以勾轮廓而少以水墨皴染，后在赭红淡彩基础上薄罩绿色，如第 217 窟南壁经变画中的青绿山水。

清凉山万佛洞　位于陕西省延安市东清凉山西麓，现存最早的造像题记为宋神宗元丰元年（1078 年）。共开凿 4 个洞窟，南向偏西 36°~45°，第 2、3 洞小而浅，第 1、2 洞之间门洞相通，窟壁上有浮雕佛、菩萨像、贤劫千佛、佛传故事、三世佛、文殊、普贤菩萨以及莲花、宝相花图案等。2013 年被列为第七批全国重点文物保护单位。

情侣图　敦煌壁画中表现佛经有关情爱故事的画面。莫高窟第 321 窟宝雨经变中画一妇女着衣袖上襦，下为长裙、云头履，身披长帔，向一着圆领袍服的男子喁喁细语，男子边聆听、边手执女方的帔帛，情意缠绵。第 85 窟《报恩经变·恶友品》中，善友太子被恶友所害，刺瞎双眼，流落利师跋国为五官守果园，常抚筝拨弦抒发情怀，吸引了该国公主。画面地上绿草如茵，树影婆娑，善友太子端坐树下弹筝，公主相向对坐，在无言的音乐声中，拨动了公主的心弦，对善友产生爱慕之情，整个画面显得宁静、幽深。

庆窟　即为庆贺石窟开凿雕画成功而举行的一种仪式，

在仪式上僧、俗聚集一起，焚香、燃灯、念经、诵读为庆窟专门撰写的《庆窟文》或《造窟功德赞文》。

庆力　唐末五代沙州报恩寺僧人，俗姓刘，僧官至释门法律临坛供奉大德兼通三学法师毗尼藏主。见有编号为P.3718的写真赞及莫高窟第98窟供养像并题记。

庆阳北石窟寺　位于甘肃省庆阳市西峰区西南25千米处的董志塬蒲河、茹河两河交汇处东岸的覆钟山崖壁上。窟群范围还包括今寺沟、石道城、花鸨崖、石崖东台现存窟龛295个；楼底村1窟等处，其中以蒲河、茹河交汇处东崖沟覆钟山窟群最为集中，现存窟龛282个，以165窟为中心，向南、北两面展开。北石窟寺创建于北魏武帝永平二年（509年），泾州御史奚康生所为。现保存北魏、西魏、北周、隋、唐、宋六个时期的窟龛，石窟形制有：平面长方形、覆斗大窟、盝形窟门。顶部凿明窗，平面长方形、平顶大窟，平面半圆形低坛平顶小窟，平面半圆形，穹窿顶，低坛基垂式龛等。石窟造像均为石雕。现存大小造像有2126躯，题材有：一佛二菩萨、供养菩萨、佛及维摩、文殊等，二佛四弟子二力士，一佛二菩萨供养人等。造像特点：面相方圆，细目大眼，高鼻薄唇，大耳宽肩，显得庄重威严而又古朴淳厚。少数洞窟内有彩绘壁画。代表窟见于北魏第165窟、西魏第135、70

Q

窟，唐代第 171、210 龛等。第 165 窟高 14 米、宽 21.7 米、深 15.7 米，平面呈横长方形，盝形顶，方形门，门上设明窗。造像以七佛造像为主体，再配以胁侍菩萨、弥勒菩萨、普贤菩萨、阿修罗、千佛及佛传和本生故事等。

求子之俗　敦煌壁画中表现观音菩萨救苦救难，有求必应的内容之一。在隋代以后的《法华经变·观音普门品》中多绘有此情节，俗称"求男得男、求女得女"。莫高窟第 420 窟是一妇女跪于观音像前请求赐子，其身后立一小孩。第 45 窟则是一体态丰腴的妇人和一男士，他们分别携一女孩和一男孩。

曲辕犁　敦煌壁画中的生产工具。出现于莫高窟盛唐时（8 世纪前半叶）的第 445 窟弥勒经变中。中国较古老的农耕方法是一牛或二牛拉犁，而且都是直辕犁，有关曲辕犁最早的文字记载是 9 世纪后半叶的《耒耜经》，而此图把中国曲辕犁的使用时间提前了一百多年。曲辕犁的产生在中国农业发展史上具有重要意义，与直辕犁相比，犁架变小，轻便灵活，并能调节耕作的深浅，一牛即可挽拉，不仅节省了畜力，还提高了耕地效率。

缺胯衫裤　古代服饰。衫袍之一种，形制通常为圆领、直袖或袖，腰束带，腰下胯部左右开道，露出腿部，形成缺胯衫，与短衫裙并长裤配穿，故名缺胯衫裤，形似裤褶。莫高窟第61窟五代五台山图中部分行人，第220窟五代新样文殊之侍从于阗国王，均着此装。

阙形龛 是早期洞窟的主要特征之一。阙是古代的一种礼制建筑，设置在城门、殿堂、祠墓道路两侧。到南北朝时期建筑形式已有所变化，从阙形龛的造型中可以看出，这里将阙与殿堂相结合，成为殿阙式，它将外来的佛教内容融合在民族建筑的形式中。阙形龛在石窟中多用来表示弥勒居住的兜率天宫，所以龛内塑弥勒像。

群青 有天然和合成两种，前者是指青金石矿物加工的颜料，后者是指用化合物合成的工业产品。由青金石加工的蓝色颜料又名天然群青，而18世纪以来西欧一些国家用几种化学物质合成的蓝色颜料叫人工群青或合成群青，其化学成分为：$Na_{6.88}Al_{5.63}Si_{6.35}O_{24}S_{2.4}$。产品外观为非常浓艳之深蓝色。由于群青的颜色鲜明及掩盖力较强，所以古今彩绘艺术品应用较广。由于这两种颜料的颜色及化学组成大体相同，所以，在对古代艺术的分析鉴定时容易混淆。在我国，群青均作颜料，晚清时欧洲合成群青输入到我国，通过对敦煌莫高窟、西千佛洞、瓜州榆林窟、东千佛洞等石窟清代彩塑、绘画、建筑彩绘，以及对前代彩塑的重妆彩绘等所用蓝色颜料的分析，除石青颜料之外，清代应用最广的蓝色是合成群青。颜色浓艳之"鬼子蓝"用量较大，不仅大量单独使用，也与白垩、石膏、高岭土、铅白、石英、滑石等调成浅蓝、浅灰等颜色，个别颜料还与石青混合。

R

燃灯古佛 佛名，又名定光佛。据佛经说，因他出生时，身边的一切都光明如灯，故名。传说，释迦牟尼尚未成佛时，因曾以仅有的五百文钱买五茎莲花供奉此佛。另外，相传释迦的前身还是善慧童子时，因见地泥泞，遂解所穿皮衣覆地，尚不足掩泥，乃解发布地，使燃灯佛踏之而过。燃灯佛见其心诚，乃遂为他授记说，他将在九十一劫后定能成佛，当取名为释迦牟尼。在石窟壁画和造像中，一般都在佛传故事的开头，或画或刻燃灯古佛为释迦授记的形象。

人物画 绘画的一种，以人物形象为主体，是敦煌壁画的重要组成部分。以释道画为主，包括仕女画、供养人画、风俗画、历史故事画的肖像画，为中国人物画史中的重要构架。如第103窟的维摩诘，第220窟之帝王图，第130窟之供养人，第323窟之故事画，法华经中之雨中耕作图、化城喻品图，弥勒变中之剃度图、婚嫁图、耕作图等，第 156 窟之出行图，第 61 窟之太子学艺等等，代代有精品，朝朝有杰作。肖像画较少但也不乏精品，如第 17 窟之洪誓彩塑等等。另供养人像也属肖像画类。

人造群青 俗称"鬼子蓝"，其化学成分为：$Na_{6.88}Al_{5.63}Si_{6.35}O_{24}S_{2.4}$。产品外观为非常浓艳之深蓝色。18 世纪以来由西欧一些国家用几种化学物质合成的蓝色颜料叫人工群青或合成群青，由于群青的颜色鲜明及掩盖力较强，所以古今彩绘艺术品应用较广。在中国晚清时群青由欧洲传入。敦煌莫高窟、西千佛洞、瓜州榆林窟等石窟的清代彩塑、绘画、建筑彩绘都大量使用了群青。

人字披 也称人字坡，早期洞窟的特征之一。窟顶的前部做成两面披的屋面形式，披面上塑出或绘出椽子，椽间望板上满绘各种图案。在椽子的上下绘出或塑出脊与檐，椽子的端头即窟壁上有木质插栱。栱上有斗，斗上有替木，壁面上绘出大斗与柱，完全是传统的两披屋顶的建筑形式。北魏第 251、254、259 窟都是这种形式。

忍冬纹 是与佛教绘画同时传入的西域装饰图案之一。忍冬又称金银花，因越冬不凋谢而得其名。该纹饰多以曲波状的茎蔓为骨架，在"S"形的上弓背处画三或两个叶瓣，下

忍冬纹

弓背处画一个叶瓣皆外卷相列于两边。叶子的形态有单叶、双叶等，双叶又有两叶相向、相背、相交、倒顺等多种。在敦煌壁画中多出现于北朝，北凉与北魏时期形状较为粗短而质朴，西魏北周时期的开头修长而随意、活泼。色彩多为平涂，以土红为地色，有石青、石绿、白、黑等。

肉坊 敦煌社会生活壁画内容之一。画面为卖肉场景，其规模有大小之分，大者有铺面、摊位，如第85窟楞伽经变。铺内架子上铁钩挂着待售的肉，琳琅满目，桌上也摆满肉，货色丰富。门前还设肉案两张，一张放着一只宰过的整羊，另一张放肉块，主人正操刀割肉，案下一只狗在啃骨头，另一只狗正翘首仰望，等待主人的恩赐。狗为肉食动物，可增添肉铺气氛，同时亦寓贬义——肉坊与犬为伍，颇有画龙点睛之意。第61窟（五代）就只有规模较小的肉摊，肉案上摆放着几块肉，主人操刀，一旁站着一位信徒，似在劝说不要杀生、不要卖肉。

如来 即如来佛，佛教名词。按佛经的说法，由于释迦牟尼成佛是从"如实道"而来，始有此名。本来，它只是释迦牟尼佛十种名号中的一个名号。在后来的大乘佛经中，是把一切佛陀，都称之为如来，如阿弥陀如来、多宝如来等等。

如意轮观音　六观音之一。因手持如意法轮而得名。一般都一手持法轮，以表转法轮，即说法之意；一手持如意宝珠，以表可满足众生祈愿有求必应之意。也有作双手持法轮者，以表示法轮常转。另外，还有将此以观音作有六臂的。敦煌石窟的如意轮观音一般与不空羂索观音相对或相向而画，如莫高窟第14窟南、北壁，第25窟窟门两边，也有作单幅画的，如第45、54窟等。另第148窟南壁龛内原塑有如意轮观音像，周围画如意轮陀罗尼咒诸愿，现原画已残，塑像无存。

襦裙　古代服装。汉晋以来王、臣、贵族、侍从、百姓均可穿着，且男女皆宜，其区别在于质地花色及所戴冠履。襦为齐腰或略长之短衣，与长裙相配，即为"上襦下裙"，襦的下摆多束在裙内，以大襟为主，衣袖有宽窄两式，因而有大袖襦裙与小袖襦裙之分。敦煌历代壁画中，一般帝王、大臣、贵妇所穿均属大袖裙襦，外套袍衣或衫子、帔帛等衣饰。如维摩诘经变中汉族帝王身后群臣像，莫高窟第445窟剃度图中之王妃贵妇，唐代"观经"中韦提希夫人，历代弥勒经变中婚嫁图之新娘伴娘，所着均属大袖襦裙。

S

萨埵太子本生故事 敦煌故事壁画之一。莫高窟现存 16 幅，见于北魏第 254 窟，北周第 428、299、301 窟，五代第 98、108 窟，宋代第 55 窟等。据《贤愚经·摩诃萨埵以身施虎品》绘制，故事讲印度宝典国国王大车的三个太子，一日同到山中打猎，见一只母虎带着七只小虎饥饿难忍，母虎因此欲将小虎吃掉。三太子萨埵见状将二位兄长支走后来到山间，卧在母虎前，饿虎已无力唹食。萨埵又爬上山岗，用利木刺伤身体，然后跳下山崖，让母虎唹血，母虎唹血恢复气力后与小虎们一起食尽萨埵身上的肉。二位哥哥不见弟弟，沿路寻找，终于找见萨埵尸骨，赶回宫禀告父王。国王和夫人赶到山中，抱着萨埵尸骨痛哭，然后收拾遗骨修塔供养。

赛天王 窟上佛事之一。每年二月六、七、八三日，佛教徒以寺院为单位，抬着各自寺院中的天王像上窟游行，以祈祷保佑等，又名赛神，赛天王有规定的仪式，有专门的《赛天王文》。敦煌诸处石窟均有此法事。

三层楼 莫高窟第 366（上层）、365（中层）及 16～17 窟之合称。建于公元 9 世纪中期的吐蕃后期至张氏归义军时代，窟主洪䍒。19、20世纪之交由道士王圆箓重修。

三皇　即天皇、地皇、人皇，为君臣之始，教化之先。三皇信仰盛行于魏晋，敦煌石窟西魏第285、249窟均于窟顶绘三皇像，人头龙身，四足长尾双羽，天皇为13头，地皇11头，人皇9头，与中国古代的九州设置相一致，各为九州之长。三皇信仰除了含创世神话及祖先崇拜外，还有祈福禳灾之功。

三脚耧　农业播种工具之一。大约发明于汉代以前。汉武帝时，赵过已创造发明了一牛一人式并能同时播种三行的三脚耧，即耧犁。东汉崔寔《政论》记载："武帝以赵过为'搜粟都尉'，教民耕殖。其法：三犁共一牛，一人将之，下种挽耧，皆取备焉，日种一顷（汉亩）。至今三辅犹赖其利。"晋代葛洪《抱朴子·诘鲍篇》："赵过造三犁之巧。"这里"三犁"实际上是指三个耧脚。播种时，一牛牵耧，一人扶耧，种子盛在耧斗中，耧斗通空心的耧脚，且行且摇，种乃自下。它能同时完成开沟、下种、覆土三道工序，一次能播种三行，而且行距一致，下种均匀，深浅一致，出苗整齐，大大提高了播种效率和质量，是播种技术的一大进步。汉武帝曾经下令在全国范围推广这种先进的播种工具。在河南南阳发现了西汉耧足范，在甘肃张家川县出土有汉代铁耧铧。

在郑州古荥镇冶铁遗址中出土有楼铧。表明在西汉时期，河南就使用了铁楼足。此外，在北京清河镇出土文物中也发现有西汉铁楼脚。类似文物在全国各地出土的也有不少。山西平陆枣园村王莽时代壁画有一幅楼播图，楼犁有三根楼足，一人驾车，一人挽犁。《三国志·魏书》卷十六《仓慈传》附《皇甫隆传》中，曾注引《魏略》的材料，讲述了内地先进的农田灌溉法和楼犁传到敦煌的情况："至嘉平中（249—254年），安定皇甫隆代基为太守。初，敦煌不甚晓田，常灌溉滀水，使极濡洽，然后乃耕。又不晓作楼犁、用水，及种，人牛功力既费，而收谷更少。隆到，教作楼犁，又教衍溉，岁终率计，其所省庸力过半，得谷加五。"由于史书上没有具体记载当时"教作楼犁"的形状，所以，古代敦煌播种用几脚楼并不知晓。应用楼犁之事在敦煌唐、五代遗书中也有记载，如 P.3410《沙州僧崇恩析产遗嘱》中记载所分生产工具中就有："铧各一孔，镰各一张……楼（楼）一具……"文中的"楼"定是楼犁无疑。S.3227V0《类书》、P.2880《字习杂写》中也有"犁楼"。在莫高窟第 72 窟五代南壁刘萨诃与凉州圣容佛瑞像史迹壁画中，绘了一座画面榜题为"囗（焉）支山张掖县"的城楼，城门外一男子面西而立，观看一农人扶楼播种，对面一农人挽二牛耕地，榜题"农人耕种时"。图中，农人播种用的是一副三脚耧。五代第454窟东披的弥勒经变、南披的法华经变农作图中，也画了两幅三脚耧。五代第72、454窟壁画中三幅三脚耧播种图的出现，充分证明，自三国魏嘉平年间，担任敦煌太守的皇甫隆在此地教授制作三脚耧这种先进的播种工具后，由于能适应于敦煌地区的播种需要，故能长期沿用。这三幅三脚耧播种图的出现，不仅为研究唐、五代、北宋时期耧犁的构造提供了重要依据，同时它使我们了解敦煌及其河西古代播种工具的应用情况都有重大意义。它是我国农业考古和农业科技发展史研究极其珍贵的形象资料。耧犁被视为播种机的始祖，这一发明比西欧领先1700多年，当18世纪传到欧洲后，对欧洲的农业革命起了重大作用。

三窟 或名三所禅窟，即今敦煌莫高窟、瓜州榆林窟和敦煌西千佛洞。三处石窟群又分别称窟上（莫高窟）、东窟（榆林窟）、西窟（西千佛洞）。为公元9世纪至10世纪时敦煌佛教僧侣们从事禅修之场所，故名。文献中记有僧职"勾当三窟""检校三窟"等，管理诸窟有关事务。另外，莫高窟在9世纪前期曾被称为窟寺。

三门 也作山门。壁画中佛寺建筑群正面的门。盛唐第148窟天宫佛寺前正中有一座大门，大门两边的围廊中又各开一个小通道形成三门。中唐第361窟出现三座并列的门。五代第61、100窟将三座并列的门与亭、台、楼、阁、回廊相组合，和佛寺内部大殿、配殿、回廊、角楼相呼应，形成完整的寺院建筑群。《释氏要览》记："凡寺院有开三门者，只有一门亦呼为三门者，何也？《佛地论》云：'三解脱门谓空、无相、无作。今寺院是持戒修道求至涅槃人居之，故由三门入也'"。以后因"天下名山僧占多"的缘故，寺院的大门又称之为山门。

三身佛　也叫三佛。按佛经所云，所有佛陀都具有三身，即法身、应身、报身。例如释迦牟尼佛，他的应身就是释迦牟尼，而法身乃毗卢遮那佛，报身则为卢舍那佛。报身，亦称报身佛或报佛，此指以法身为因，经过修行而获得佛果之身，分为证知与受用所谓佛境的报身，以及为适应十地菩萨需要而呈现出来之报身；应身，亦称应身佛，指佛为度脱世界众生，随三界六道之不同状况和需要而现之身，即释迦牟尼之生身。此外，还有自性身（法身）、受用身（报身）、变化身（应身）以及法身、应身、化身的分法，但含义均基本相同。敦煌彩塑中以第427窟的三佛保存较好，壁画当以第261窟南壁北魏所画三佛为最早，也最具代表性。

三十三观音　指三十三种观音菩萨形象。敦煌石窟中根据观音三十三身而绘塑，即：杨柳观音、龙头观音、持经观音、圆光观音、游戏观音、白衣观音、莲卧观音、泷见观音、施药观音、鱼篮观音、德王观音、水月观音、一叶观音、青颈观音、威德观音、延命观音、众宝观音、岩户观音、能静观音、阿耨观音、阿幺提观音、叶衣观音、琉璃观音、多罗尊观音、蛤蜊观音、六时观音、普慈观音、马郎妇观音、合掌观音、一如观音、不二观音、持莲观音、洒水观音等。

三世佛 佛教名词，一般指过去、现在、未来三世。过去世佛，多指迦叶佛，也有说是燃灯佛；现世佛为释迦牟尼佛；未来世佛则为弥勒佛。这三世佛因按时间顺序排列，所以又称竖三世，莫高窟第158、244窟有完整造像。另外，还有按地域方位来划分，即指三个佛国世界中的佛而说的横三世佛，即东方净琉璃世界的药师佛，娑婆世界的释迦牟尼佛，西方极乐世界的阿弥陀佛。

三兔莲花藻井 莲花藻井图案的一种。出现于隋代，消失于晚唐，如第407窟的隋代藻井，其特点为在方井中心莲花花蕊中画三只相互追逐，首尾相接的兔子，三兔只有三耳，合成三角形，而每只兔又有两耳。这种巧妙的组合，使画面形成了旋转感，在莲花的四周画四飞天、二比丘僧、二童子等，并与花蕊中的三兔以同方向追逐，并在飞天飘带之间点缀祥云与忍冬、莲花等，以加强其动势。造型生动，着色明快是三兔莲花藻井的特点。

三危山 敦煌名山，位于莫高窟对面，因"山有三峰，形危如堕"而名。是由前震旦系敦煌群变质岩系组成，呈北东和东西方向展布，出露面积数百平方千米，厚度大于 3700米。主要矿物成分有钾长石、斜长石、石英、云母、磷灰石、角闪石等，其中云母矿物包括有黑云母、白云母、金云母、绢云母等，各种云母的总量可达 7%～20%。在阳光照射下，山体表面和各种云母可反射出奇异多彩的金光，因此也被称为火焰山。

三危山断裂 是中国西部巨型断裂构造——阿尔金构造体系的主要成员，位于阿尔金断裂的东段北界，与主断裂带基本平行，距阿尔金主断层约 60 千米。三危山断裂东起安西县城东南双塔水库，西至敦煌党河水库，总体走向为 N50°～70°E，倾角 50°～70°，断层带延伸长度约 150 千米。断裂带基本上是沿着河西走廊西段南盆地和北盆地之间的隆起带——北截山的北坡延伸，断裂带的宽度一般为 30～50 米，最宽处可达 100 米左右。根据断层的展布形态可将三危山断层分为三段：①西部西水沟（大泉河）断层段，长度 35 千米；②中部芦草沟断层段，长度 55 千米；③东部双塔断层段，长 60

千米。

散水 壁画中建筑物台基下一周用方砖墁地，称散水。《营造法式》中称土衬石，在"踏道之制"里记"至平地施土衬石，其广同踏"。散水的做法据考古资料表明早在西周中期就已形成。壁画中有明确表现的是盛唐第 172 窟"未生怨"宫廷殿堂下，第 217 窟的几座塔下用方砖墁地一周。中唐第 158 窟配殿台基下的散水用两层方砖铺就，方砖下还有一层莲瓣。榆林窟中唐第 25 窟的配殿下用三层方砖铺成散水一周。它的作用是将建筑物上的雨水很快排出，保护台基下部的砖石。现在仍用这种技术形式来保护墙基。

扫帚 通常指用木头把和芨芨草捆扎成的清扫工具。敦煌佛爷庙湾西晋彩绘画像砖墓 M133 的右阙柱所绘男仆手持的大扫帚。敦煌壁画中 23 幅打场图中的掠扫工具全用扫帚。在部分法华经变的"院落马厩"中，也有持扫帚清扫场院。在唐代以来的几十幅弥勒经变中，在描写罗刹鬼扫街的场面中，也都画了一个赤裸着上身，只穿短裤的男子持扫帚扫街。这种大扫帚是将芨芨草用铁箍扎在一根长木把上做成的，芨芨草是一种野生植物，叶子是牲畜的饲草，唐代段成式《酉阳杂俎》中所说："瓜州饲马以槟草，沙州以茨萁（芨芨）。"杆子可用来扎扫帚、编制筐、篮子、农用车上用品、帘子等家庭用具用品。用木榔头锤软可用来搓绳。S. 4453《淳化二年（991年）十月八日归义军节度使下寿昌都头等依例看待防援兵将并官车牛帖》中，就记载了寿昌都头委托送军用品的牛车回来时，"吾有廉子茨箕仰汝等每车搭载一两束将来，仰都知安永成管领"。芨芨草甘肃河西走廊各地山野、荒地、地埂都生长，特别以瓜、沙二州（瓜州、敦煌）较多，至今仍是农民不可缺少的野生植物。而扫帚不仅是农民家家户户不可缺少的用具，也是城市居民搞清洁卫生的用具之一。

色标 壁画设色技法之一。即敦煌壁画中特有的标色方法。古时画家、民间画工皆以师带徒，有些技法因师徒集体合作大型绘画和壁画时得以流传，色标即是这样的课徒技法之一：一幅壁画的创作多以师傅为主，如起稿和设色的分布方案等，起稿线定稿后，师傅便将各处造型的色粉分布方案作出标记（即色标），如红色（包括朱磦、朱砂等）"工"，石青"主"，石绿"彐"，黄色"廿"等。这些符号即是用各色名称的部分偏旁为色标。在敦煌壁画有些剥落了色彩的地方，尚能看到这些史无记载的从西魏到五代的色标。

森木塞姆石窟 位于新疆维吾尔自治区库车县，现存52个窟龛，其中保存较完好者19个，石窟开凿于公元三世纪的东汉末至回鹘高昌前期。窟形分两种：一是做礼拜的"支提"

窟，小穹庐藻井带弧面八角形顶，方形平面；二是中心柱式大窟，长方形纵券顶，中心柱正面开龛，左右开甬道入后室，后开大龛，甬道后凿隧道。壁画题材有因缘故事、本生故事、说法图、八王分舍利图等。本生故事中多绘猕猴的故事和须达拏太子本生故事。壁画技法出现了用"屈铁盘丝"式的细线条绘出人物的轮廓线，然后用色晕染。

僧匠　寺院僧侣中有一定技能的工匠，主要有画匠与塑匠。隋代第303窟中心柱龛下一条土红色题写"僧是大喜故书一字画师平呲子"，可知画师平呲子是一名僧人。僧匠们在寺院里也属于下层僧侣，要参与各种劳动，包括开窟造像等，正如《乾德四年重修北大像记》中用到的僧人有"一十二寺，每寺僧十二人……师僧三日供食，已后当寺供给"。这里所用的144名僧人，可能就是作为普通工匠参加修建。

僧祇支　僧服之一种，属衬衣类。与袈裟里外配合穿用，敦煌壁画、彩塑中佛、弟子等均着之，其形制一般为挂于左肩，绕至右腋，长至腰。

沙弥守戒自杀故事　敦煌故事壁画之一。现存莫高窟第257、285、98等窟，据《贤愚经·沙弥守戒自杀品》绘制。故事讲：有位长者敬信三宝，送子跟从德行高尚的乞食比丘出家，度为沙门。比丘教诲沙弥遵守清规戒律，一天比丘让沙弥到优婆塞家乞讨食物，正逢优婆塞全家外出，家中独留女儿守门，少女见小沙弥，产生爱慕之心，强求和沙弥婚配，沙弥坚决不答应，少女想以死让沙弥答应，最后沙弥无奈刎颈而死，表示坚守佛戒，宁舍生命。优婆塞回家，少女将发生的一切如实地告诉他们，优婆塞呈报国王，依法缴纳罚款。国王被感动，亲自火化沙弥，并修塔供养。

沙泥壁画　古代壁画地仗制作方法。宋代李诫《营造法式》卷十三泥作制度画壁条规定："造画壁之制，先以粗泥搭络毕，候稍干，再用泥横被竹篾一重，以泥盖平，又候稍干，钉麻华以泥分披令匀，又用泥盖平……方用中泥、细衬泥，上施沙泥。候水脉定，收压十遍令泥面光泽。"敦煌石窟个别西夏和元代洞窟的壁画壁面是在草泥层上敷抹一层厚约 0.5 厘米的细沙泥。沙泥是由粉土、白灰和细沙调制成的，一般含沙量较大，如元代第 477 窟地仗中，含沙量高达 86%。榆林窟西夏第 2 窟、第 3 窟和元代第 4 窟壁画地仗的制作材料和方法类似于莫高窟元代第 3 窟壁画地仗的泥层，即用粉土掺加适量白灰和细沙制作而成，然后涂刷白粉层，绘制壁画。榆林窟西夏第 3 窟的地仗制作更为精细，细泥分为两次做成，先在粗草泥层上抹一层厚 0.5～0.7 厘米较细的沙泥，再抹一层厚为 0.15 厘米左右更细的沙泥层，最后涂刷一层石灰层绘制壁画。细泥中掺加的麻纤维也非常细。这种壁面的特点是孔隙大，颜料渗透深，壁画颜料保存时间长，也不会产生起甲病害。

沙州文录　书名，蒋斧辑，1909年诵芬堂刊。蒋斧1909年从伯希和携至北京的敦煌卷子中抄录二十余篇碑赞牒状类杂文书，又有跋文，编此《沙州文录》。计有录自石室藏经洞的文献二十余篇，如有孔周碑、李大宾碑、吴僧统碑、阴嘉政碑、索法律碑、翟家碑、李明振碑等石窟史料，以及金山白衣王敕、僧龙训等上司空牒、曹夫人赞、曹良才画像赞、曹元忠刻经像记等归义军时期资料。这是较早披露这些材料的一本书，是中国学者研究敦煌之始。1924年，罗振玉将此书及《补遗》一卷、《附录》一卷，合并单独印行。蒋斧，又名黼，学伯斧，江苏吴县人，官至清代学部候补郎中，属清末进步知识分子，另撰有《摩尼教流行中国考略》一书。

沙州城土镜　敦煌地理文书，编号 P.2691，因文中题"沙州城土镜"而名。文书卷首残，相关内容23行，卷首佚者应为序言部分。涉及莫高窟开凿历史与沙州历史沿革，存莫高窟创建于永和九年（353年）说；后记沙州一些地理地貌及历史遗迹，如沙州城、甘泉、二师泉、东盐池、西盐池、玉女泉、兴湖泊等处共计47条。

山水画　简称山水。中国画的一种，是描写山川自然景色为主题的绘画。表现上讲究经营位置和表达意境。传统分为青绿、金碧、浅绛、没骨、水墨、淡彩等。魏晋南北朝时期附属于人物画作为背景。莫高窟第249窟顶部四披下沿的西魏山水为早期山水画的代表作，其画"山"形状很简单，形若魏碑体书法，"山"字形状的小山丘以青、绿、赭、白等变化排列，设色有平涂、有叠染、有赭线白描等，富有装饰性，静中有动，更衬托出山林的射猎场面，动物的形态和生气。榆林窟第3窟的文殊变与普贤变中的水墨山水，为晚期山水画之精品。

衫裙　古代妇女服饰。即上着衫子下着裙，通常为束高腰裙。衫子为对襟交领或圆领，有大袖，也有窄衫小袖，常束于裙内。敦煌壁画中，隋代女供养人多着交领窄袖衫，窄袖长垂，裙腰高束。如初唐第390、375、329窟及藏经洞绢画女供养人均着窄衫小袖。唐代部分女供养人则为圆领、露胸，至腕短袖，长裙裹脚，这种装束均与西胡服有关，穿着行动方便。盛唐始流行大袖衫裙，如第130窟都督夫人着碧罗花衫，袖大尺余，外套绛底花半臂，红裙，云头履，披白罗帔，梳抛家髻，插鲜花、小梳，女十三娘斜插步摇，半臂衫裙，小头履，面饰花钿。另第45、205、103等窟，多有此种衣饰。衫子亦可做男外衣，壁画中男童、侍者多穿衫子一般圆领衫，有大袖、直袖、小袖之分，多为缺胯衫。如第196窟甬道侍卫四人、北壁供养人及童子像，第159窟西壁龛下儿童像等。

睒子本生故事 敦煌故事壁画之一，根据西秦圣坚译《佛说睒子经》绘制，莫高窟及西千佛洞现存北周隋窟共七幅。故事讲：迦夷国有一对盲父母，他们的儿子名叫睒子，心地慈善，孝敬父母，与盲父母同住深山修行，每日采山中的野果供父母食用。一天，迦夷国国王到山里行猎，睒子身披鹿衣在泉边饮水，被国王误伤。睒子高呼箭杀的不只是我一人，而是三人。国王不解，睒子向国王诉了家中一切，国王悔恨责怪自己，看望睒子父母并将实情相告，表示愿意代睒子赡养二老。父母痛哭不止，众人行为感动天神，天神从天上撒药救活睒子，并使二老眼睛复明。

善才 唐末五代沙州灵图寺院僧人，俗姓张，初任律师、寺主，后为释门法律、管内僧正京城内外临坛供奉大德毗尼藏主兼阐扬三教大法师赐紫，勾当三窟近十五年，金山国时为释门僧正、京城内外临坛兼赐紫绶。莫高窟第329窟甬道南壁有其供养像并题名。

善财童子 简称善财。《华严经·入法界品》称，福城长者子有五百童子，其中有一名叫"善才"，因"生时有种种珍宝自然涌出"而得名。后受文殊菩萨指点，让他南行去参访五十三名善知识（名师），最后因遇到普贤菩萨，遂实现了成佛的"行愿"，即"五十三参"。因在其中参拜过观世音菩萨，故许多寺庙和敦煌石窟内，都有在观音像左侧绘或塑一个幼童（善财）双手合十举足参拜的形象。莫高窟第464窟前室南北二壁元画华严经变中，详细绘制出善财童子五十三参的过程并题榜专记其事。

善友太子入海品　又名恶友品。敦煌故事壁画内容之一，《报恩经变》中之一品，或《贤愚经》因缘故事画。情节为：古印度波罗奈国太子善友为济众生入海赴龙宫求取摩尼宝珠，获宝后弟弟恶友起恶心，刺瞎善友双眼，夺珠而去。善友流落利师跋国为王宫看守果园，弹筝抒情，与公主产生爱情。婚后，善友披露太子身份，双眼复明，回到波罗奈国索回宝珠，善济众生。故事情节曲折跌宕，主人公一生悲欢离合，又加入纯真的爱情故事，十分动人。报恩经变画及贤愚经变屏风画中共绘30多铺，其中报恩经变中最早在第148窟出现，画人最多者以第85、61等窟最为清晰完整，现存壁画主要情节有"出海""龙宫取宝""兄弟相会""刺目夺宝""牛王舐目""树下弹筝""宝珠雨宝"等。其中第85窟"树下弹筝"

为表现男女青年爱情的壁画名作。

商人遇盗　壁画中表现观音济难的情节之一。商人满载货物，长途跋涉在苍茫旷野中，遇盗之事可以想见。第420窟（隋）观音普门品反映了商队在山中遇盗，货物被抢、商人与强盗展开激烈的战斗。第45窟（盛唐）中，则是一群高鼻深目、长虬髯、戴胡帽、着圆领袍服的胡商，行进在山谷之中，突然从山崖后走出三个手持长刀的强盗，他们只好卸下鞍架上的货物，双手合十，求菩萨保佑。

上灰麻　敦煌遗书中记载的一道施工程序。遗书中关于工匠的记载有"灰匠"这一工种，又见遗书中记"天王堂及神堂上灰麻""楼上天王堂佛堂上灰麻"这大概就是灰匠的工作。莫高窟的壁画地仗层制作都少不了灰麻，特别是五代时期在石窟崖面上留下的大型壁画，经过一千多年的风吹雨淋能保存到现在，与地仗层的制作质量密不可分。

上梁　建造窟檐过程中的一道主要工序。敦煌遗书中保存着很多有关造窟上梁的"上梁文"。现在敦煌民间在修建房屋时，对此工序仍非常重视，并举行一定的仪式，这一形式源自古代。

上水　即引水浇地，为窟上农业生产活动之一。从文献记载知，此项活动多集中在西窟即西千佛洞，因西窟临河边有大片土地，又上水常与修堰并记，当为同一件事，证明西窟上水全系人力利用自然地势所为，而无任何机械设施。一年中上水约四五次，上水者均为僧人，人数不定，分两类：一类是临时调集，另一类是指定一些人专门在一段时间内负责上水，并一次性专门配给足够的口粮。

烧培 又作烧焙、煮佛食，七月十五日烧制供佛食品，为窟上佛教盂兰盆节活动内容之一。烧培中需炉饼等调培，其饼名目较多，有"炉饼""馂饼""饦饼""饽饼""饾饼""索饼"等。

绍宗 唐末五代沙州净土寺僧人。后梁贞明九年（923年）为释门教大法师，后唐同光三年（925年）至释门法律临坛供奉大德阐扬三教讲论大法师，长兴二年（931年）至释门僧正，清泰三年（936年）擢升都僧正。编号 P.3118 有其《邈真赞》，莫高窟第98窟绘供养像并题名。

舍利弗 原称舍利弗多罗，略称舍利弗。旧译作奢利富、奢唎补怛罗等，意译鹙鹭、秋露子。佛经说他是古印度摩揭陀国王舍城人，属婆罗门种姓，从母得名。他初与目犍连从六师之一的"删阇耶毗罗胝子"出家学道，后遇马胜比丘，乃与目犍连一同改信佛教。为释迦十大弟子之一。由于他持戒多闻，敏捷智慧，善讲佛法，故称"智慧第一"。据说，他曾奉命和长者须达一同去为佛选择建立精舍的地址，受到了六师外道之一的劳度叉的挑战，舍利弗战胜并降服了劳度叉，在王舍城建立了著名的给孤独祇园精舍，为佛教在王舍城乃至整个摩揭陀国的发展奠定了基础。莫高窟第 9、85、196、335 等窟所存劳度叉斗圣变，正是绘制这一事迹最主要的代表作品。西千佛洞第 10 窟前壁窟门右侧北周所绘为中国现存最早的一幅。

设色 又称赋彩、敷彩、着色等，中国画、敦煌壁画技法名，六法之一。敦煌壁画历代设色之法有所不同，如隋代以前多以土红色画起稿线并刷底色，后依据造型需要，用叠染敷以石青、石绿、朱磦、朱砂、赭石、黑和白等色，在古朴、整体叠染、平涂设色程式化的基础上，使人物艳丽多姿，构图随意多变，色彩丰富而金碧辉煌。设色还包括在构图上对色彩布局的设计、上底色、填色、平涂、叠染、晕染、叠晕、贴金、沥粉堆金。

射击 敦煌社会生活壁画内容之一。射击为牧猎生活所需，又是军事技能，列为男子应备的六艺之内。在壁画中是释迦太子练武的一个重要项目，莫高窟第 290 窟佛传故事画中有太子表演一箭射穿七面铁鼓绝技之画面，第 61 窟佛传故事中也有太子射铁瓮、铁鼓与铁猪的场面。第 346 窟保存有一幅吐蕃射手图，射手作跪射姿态，右手张弓，箭在弦上，腰间还插有两支箭，是研究敦煌古代的弓箭形制及射法的珍贵资料。

摄盛新郎　敦煌社会风俗壁画情节之一，绘于莫高窟唐代第116、148窟中。新郎头戴冕旒，身着宽袖袍服，褒衣博带，双手持笏。冕旒是礼冠中最尊贵的一种，唐代只有帝王或国王才可服用。笏又名手板，是唐代品官朝会或出使时所持。新郎是普通百姓，但在举行婚礼时可以夸大自己的身份，在服饰、乘车等方面可以按超越实际身份礼仪行事。这里反映的是中国自古就有的摄盛婚俗。

声闻弟子　听闻佛陀的言教而觉悟者。原指佛在世时的弟子，以后则指只要遵照佛的说教修行，并达到自身解脱为目的出家者，或者以修学"四谛"为主，最高果位为阿罗汉，最终目的为达到"灰身灭智"的无余涅槃者，均可称之。敦煌石窟中，凡绘塑在释迦牟尼等佛身旁的弟子，均可称声闻弟子。他与缘觉、菩萨二乘相对，为佛教三乘之一。

笙　吹奏尖簧管乐器。由簧管、斗子、吹嘴三部分组成。敦煌壁画存北魏至元各时代所绘300多只，基本形态为圆形笙斗，木质或匏制，簧管数量及围匝的形式类似今笙，有茶壶嘴状吹嘴，但长短及弯曲的形式不同。早期只具轮廓，不易辨别细部。唐以后逐渐具体，从形态上看，大小长短，比例和管数均差悬殊，但基本形制趋向一致，说明笙在唐代已经非常成熟。莫高窟第159窟文殊变中，有一吹笙乐伎，神态极为逼真，他的演奏，进入竞技状态，全身用力、大脚趾高翘，宛若击拍应节，沉浸在一种美妙的音乐气氛之中。笙在我国历史极久，与竽是连类派生乐器，汉唐以后，竽逐渐消逝，民间只流传笙。

**榆林窟第16窟
笙（五代）**

圣历碑 唐代莫高窟碑记，又称李义碑、李克让碑等，全称李君

（克让）修莫高窟佛龛碑。由于此石碑刻制于唐武则天圣历年间，碑文中有明确的圣历元年（698年）立碑纪年，故一般简称为圣历碑。该石碑阴阳两面书刻，原立于莫高窟第332窟。据1925年来莫高窟的中国学者陈万里先生记载，当时在第332窟见到此碑，但已经被不久前来此居住的俄国人断折为二。现仅存此碑残石一方，保存于敦煌研究院。此碑录文最早见于徐松《西域水道记》，其后张维《陇右金石录补》、罗

振玉《西陲石刻录》等亦收录；另北京大学图书馆、敦煌市文化馆及敦煌研究院等均藏有该碑部分文字拓片。敦煌遗书P.2551为碑文之录文。碑文内容主要包括对莫高窟地理环境、创建及历史沿革的描写，李克让修建第332窟的有关情况：如碑文所记"中浮宝刹，匝四面以环通""后起涅槃之变"等，形容的正是第332窟内中心柱、西壁塑释迦涅槃像。此外碑文还记有李克让父亲在莫高窟造窟活动及李氏家族谱系等内容。

盛唐敦煌石窟 或曰盛唐敦煌石窟艺术，敦煌石窟分期之一。指唐神龙至大历（705—767年）时期的敦煌石窟，主要分布在莫高窟、西千佛洞、榆林窟等处，洞窟型制为覆斗帐形殿堂式（西壁开龛或设中心佛坛）窟及个别大佛窟。彩塑题材为佛、弟子、菩萨（二、四或多菩萨）二天王二金刚组合，壁画内容以千佛、天宫伎乐、说法图、大幅经变画等，艺术风格全为中原唐风，为敦煌石窟艺术发展之顶峰。

尸毗王本生故事 敦煌故事壁画之一。现存莫高窟北凉第275窟，北魏第254窟，隋代第302窟，五代第72、108窟五幅，分别根据《六度集经·菩萨本生》《贤愚经·梵天请法六事品》绘制。故事讲尸毗王本性善良，喜欢佛法，想普救众生苦难。帝释天和毗首羯摩变成鹰和鸽子，以试他的志向，一只鹰紧追鸽子，鸽子逃到尸毗王面前以求保护，鹰逼尸毗王说，如果你不把鸽子给我，我也会饿死。尸毗王为了保护两个生命，只好割自己身上的肉给鹰吃以救鸽子，老鹰要求割下来的肉必须与鸽子肉的重量相同，并设天平称量。尸毗王将自己身上的肉快要割尽了仍不够鸽子的重量，但他为了表示诚意，坐在了秤盘上，他的行为感动了天地。一时间天地震动，帝释天现出了原形，以神力使尸毗王的身体恢复了原状。

狮凤纹　敦煌图案纹样的一种。多绘于隋代彩塑的服饰上，如第427窟的菩萨塑像服饰的菱格狮凤纹。其菱格为联珠菱格纹，每相交处绘单层多瓣莲花，以横向排二狮或双凤为一对，两对为一组，每组四狮或四凤，姿态各不相同，做多次重复。另在狮凤图案之上、下、左、右各角都绘一忍冬纹样，又在上方左右两斜边绘卷云纹。凤多绘以站立展翅欲飞状，是狮凤纹中之上品佳作。

狮云纹团花藻井　藻井图案的一种。绘于敦煌覆斗形窟顶的方形装饰图案，包括井心图案边饰并外边饰、垂幔、流苏等，象征佛的花盖或宝盖，是唐代藻井图案中的佳作之一。如第85窟晚唐五代藻井，在井心团花中绘一只前腿站立半卧回首仰望的雄狮，造型生动，团花内圈作花蕾初绽，半盛开状，外圈花瓣为云纹卷叶，四朵祥云环绕四周穿行于团花中，四角各绘团花图案的四分之一，四边饰以云纹联珠纹、团花纹、方胜经纬纹、回纹、菱形纹、凤鸟、迦陵频伽卷草纹、莲瓣纹、三角纹、璎珞纹、流苏、彩铃、垂幔等，疏密互衬，造型优美，色彩艳丽，装饰感强，使藻井金碧辉煌。

施主　石窟开凿的出资人。莫高窟的施主有：①本地的最高长官、名门望族，他们有权有势。如第148窟称李家窟、第231窟称阴家窟、第85窟称翟家窟等。②出自豪门的僧侣，借助本家族的势力做施主，为自己开窟。如第85窟甬道题记书"……大法师沙门□荣俗姓翟敬造"。③本地一般士宦乡绅、城乡社众、戍边将士、下层僧侣、平民百姓以各种形式集资开窟，第428窟下层一周有供养人画像一千二百余身，为出资者每人画一身。

十八描　中国画和敦煌壁画技法名。古人描绘衣服、人物、山水、树石、风云、建筑等所用线条的各种描法。有高古游丝描、琴弦描、铁线描、行云流水描、兰叶描（亦即蚂蝗描、莼菜描等）、钉头鼠尾描、混描、橛头钉描（也称秃笔线描）、曹衣描、折芦描、橄榄描、枣核描、柳叶描、减笔描、柴笔描、蚯蚓描等。中国画自古以"书画同源"著称，以"书法用笔"为造型运笔之标准，即指各种描法的运笔有如各种书体之运笔。

十八罗汉 由十六罗汉发展演变而来。因宋代苏东坡为十八罗汉一一题赞诗而成定数。增加的那两位罗汉说法较多,一是加庆友为第十七位,将原来的第一罗汉宾头卢尊者重复为第十八位。另一说法是增加了迦叶和军徒钵叹,还有说加达摩多罗和布袋和尚,或加降龙和伏虎二和尚者。在西藏地区,则加摩耶夫人和弥勒。

十大弟子 指释迦牟尼最主要的十大门徒。据《维摩诘经·弟子品》和《翻译名义集》卷一的记载,主要为摩诃迦叶(简称迦叶)、舍利弗、目犍连(简称目连)、须菩提、富楼那、摩诃迦旃延(简称迦旃延)、阿那律(亦称阿尼律陀)、优波离、阿难陀(简称阿难)、罗睺罗。敦煌历代石窟中,多有绘制,或塑(迦叶、阿难)绘(其余八位)并列,唯莫高窟第412窟存隋塑十大弟子像。

十地菩萨 又称十住菩萨,指菩萨修行过程中的十个阶位。一般有两种说法:一是三乘十地,即:声闻、缘觉、菩萨共修的阶位。二是大乘菩萨行十地,即:①欢喜地;②离垢地;③发光地;④焰慧地;⑤难胜地;⑥现前地;⑦远行地;⑧不动地;⑨善慧地;⑩法云地。据称,修此十地的主要内容是"布施、持戒、忍辱、精进、禅定、般若、方便、愿、力、智"等"十波罗蜜","对治十障,证十真如",修行十地才能达到佛果的目的。但按佛经的说法，从初发愿修到十地即"法云地"需要很长时间，不懈地精进努力，当到达十地即一生补处菩萨时，在兜率天为诸天人众说法，选地降生阎浮提（人间）后，再经过一定的修持方可成佛。敦煌石窟壁画、造像中的文殊、普贤、观世音、弥勒、大势至、无尽意等大菩萨则都是十地菩萨，也称上首菩萨。

十殿阎王 简称阎王或十帝阎君，为中国佛教所传十个主管地狱的阎王之总称，始于唐朝末年。本为佛教的神王，后来，中国道教也沿用其说，这十王分别是：①秦广王；②楚江王；③宋帝王；④仵官王；⑤阎罗王；⑥卞城王；⑦泰山王；⑧平等王；⑨都市王；⑩转轮王。敦煌晚期壁画及藏经洞出土纸画地狱变、十王厅等均有此形象。

十方佛 佛名，在大乘佛教中，不光把地舆划分为东、西、南、北、东南、东北、西南、西北以及上、下十方，而且认为，在这十方中，每方都有位佛主，即十方佛。石窟中的十方佛最早见于甘肃永靖炳灵寺第169窟第6龛内，为西秦建弘元年（420年）所绘。莫高窟第158窟券顶上部中唐所绘诸多千佛中间及其佛床下部的正中，保存有十方净土画迹。第202窟北壁中唐所画释迦牟尼说法图的两侧，各画有五身乘云佛像，榜题中东方、西方、北方、南方、东南方、东北方等方位字样尚可辨识。另第358、361窟等中唐所开窟顶上也绘有十方佛。

十六罗汉 据玄奘所译《法住记》称，释迦牟尼曾令十六个大阿罗汉常住人世，济度众生。这十六个罗汉是：①宾度啰跋罗惰阇；②迦诺迦伐蹉；③迦诺迦跋厘堕阇；④苏频陀；⑤诺距罗；⑥跋陀罗；⑦迦理迦；⑧伐阇罗弗多罗；⑨戍博迦；⑩半托迦；⑪罗睺罗；⑫那伽犀那；⑬因揭陀；⑭伐那婆斯；⑮阿氏多；⑯注荼半托迦。敦煌西千佛洞第16窟内有五代塑十六罗汉像，莫高窟第97窟内南、北、东三面墙壁上，有回鹘时期所画十六罗汉像，并榜书题名。藏经洞所出唐人写经中，有《十六大阿罗汉因果识见颂》一书，有《第八尊者伐阇罗弗多罗》与《第十尊者罗护罗颂》二首。

十王图 敦煌壁画所绘由中国沙门撰述的《十王经》之画面，现存14幅，起于五代，迄于西夏，见于榆林窟第38窟，莫高窟第6、305、375及176、202、314等窟。十王是在冥府裁断亡人罪业的十位判官，即秦广王、宋帝王、楚江王、仵官王、阎罗王、卞城王、泰山王、平等王、都市王、转轮王。十王图以地藏为主尊，前有供案，左右为道明和尚和金毛狮子，或是供养人。十王的服饰是中国官员装扮，戴冠或幞头，宽袖袍服，双手或批案、或合十、或持笏。十王中一

S

位戴冕冠或张华盖者为阎罗王。十王的位置或在地藏左右侧，或从上至下，或作之字形排列，或在地藏下部，分两组排列。

十一面观音 又称大光普照观音，六观音之一。他最大的特点是具有十一颜面，其主要作用是能破修罗道三障。唐代以后的石窟或寺院中，或塑或画，多有制作。但专门记述其具体形象的佛经，只有三部，一是北周耶舍崛多所译的《十一面观音神咒经》；二是唐玄奘译的《十一面神咒心经》；三是唐不空译的《十一面观自在菩萨心密言念诵仪轨经》。莫高窟保存有唐至元代画十一面观音 45 身，其中以初唐第 321 窟东壁北侧和第 334 窟东壁门顶上部所画二铺最具代表性。

十一曜神像 九曜复加上月孛（勃）、紫炁（气）二星，即十一曜。《新唐书·艺文志》历算类载有“《都利韦斯经》二卷，贞元中（785—804 年）都利术士李弥乾传自西天竺，有璩公者译其文。郑樵《通志》亦云：“唐贞元初，有都利术士李弥乾将至京师，推十一星行历，知人命贵贱。”敦煌遗书 P.4071 是宋初用星占术算命的文本，该件末行有批命先生自署头衔及年月：“开宝七年（974 年）十二月灵州大都府白衣术士人康遵课。”末尾自言：“上有廿八宿十一曜行度，十二祇神九宫八卦十二分野，在其中。”这是根据十一曜推算人的本命来批流年。书中曾多次引用《都利聿斯经》。由于月孛、紫炁和罗睺、计都同属于"隐曜",所以,早期大都以"暗曜"的形式出现,如 P. 3995 炽盛光佛画中,与图左上、右上的罗睺与计都相对应,在左下角绘有一个愤怒相的面具,右下角的已残,应为另外两个"隐星"月孛和紫炁。

十字平面配殿　榆林窟第 3 窟南壁西方净土变中,有立于水中平台上的十字平面重楼配殿。配殿下层于中间殿堂四面各接出一个面阔一间的歇山顶式龟头屋,使之成为十字形平面,中间殿堂的重檐上再接二层重檐歇山顶殿堂。此形式的楼阁,壁画中仅见此一例。

石膏　石膏化学组成为硫酸钙（$CaSO_4 \cdot 2H_2O$）包括硬石膏（$CaSO_4$）、熟石膏 ［又称半水石膏（$CaSO_4 \cdot 0.5H_2O$）］。石膏为无色至白色,或杂有灰、淡黄、棕色等。石膏矿中,硬石膏常与石膏伴生,熟石膏则由石膏低温煅烧或者天然风化而得。煅烧温度高于 160℃ 时则完全脱水为硬石膏,是古代常用的一种白色颜料。石膏类在敦煌石窟壁画上从早期北朝至北宋均出现在有白垩、滑石等成分的混合颜料中,但含量很少,不大于 10%~20%。这从历代样品的分析中也可以看出。例如莫高窟北凉第 275,北魏第 257,西千佛洞第 5 窟,西魏第 285、288 窟,初唐第 283 窟,晚唐第 9、12、232、237 窟,五代第 36、61 窟,北宋第 35 窟,西千佛洞第

13 窟，西夏第 245、265、310 等洞窟的白色颜料中就有石膏或硬石膏，而莫高窟晚唐第 232 窟，西千佛洞北宋第 13 窟和莫高窟西夏第 310 窟中均为石膏和硬石膏。如北凉第 275 窟，北魏第 257 窟，西魏第 288 等洞窟，均在滑石和高岭石中调入石膏。西魏第 283 窟，晚唐第 12、137 窟，西夏第 265 等洞窟均在白垩和滑石中调入石膏。同时，各种颜料也大都与石膏调成深浅不同的颜色。唐代以来也用于制作壁画底色（白粉层）。

寺家河石窟　位于陕西省延安洛川县槐柏乡寺家河村东的北山之麓，依山而凿，坐北向南，始建于唐开成元年（836 年）五月，宋、元以迄清康熙年间，屡有修建。石窟进深 3.2 米，宽 3.3 米，高 2.2 米，平面呈马蹄形，窟内坛基上雕刻佛像、菩萨、罗汉、阿难、迦叶像共 15 尊，唐、宋时期的礼佛图、佛龛五处，以及唐代、宋代、元代和清代题记五处。

石匠　石窟开凿过程中使用的工匠之一，主要从事石窟空间的开凿和打石造碑。敦煌遗书中记载有："麦二斗，买胡饼，屈石匠用。"莫高窟南边山上的五个烽墩下，有一片古老的采石场，新近发现山崖上留有石匠们镌刻在山崖下方的题记，其中一段记载："蒲州人□（侯）□（陟）仁□生□。□（垂）拱四年，二月八日。"垂拱是唐代的年号，蒲州是今山西永济县蒲州镇。社会地位的低下，使他们不能堂堂正正地在自己开凿的石窟内留名永存，只有在偏僻的采石场找一处不起眼的地方刻字留名。

石窟病害　受环境变化、内外营力侵蚀、人类活动及时间因素等作用，造成的岩体风化剥蚀、渗流、风沙吹蚀、开裂、崩塌、边坡失稳、围岩失稳等损害。石窟病害是影响石窟文物长期保存现象的统称。

石窟裂缝　岩体或墙体由于受地震、风化和自然力的作用而开裂，萌芽时的裂痕称为裂缝。穿过壁画结构中任何一层或所有层的裂隙。自 1943 年至 1962 年的近 20 年中，在有关单位配合下曾系统地进行过莫高窟地质病害调查，共调查发现多种岩壁裂缝 44 处以及其他病害，为此后莫高窟的保护提供了依据。

石榴葡萄纹背光　敦煌佛光图案之一。第 444 窟盛唐佛头光，以团花图案为主，外围绘以藤蔓串联环接的石榴葡萄卷草纹样，以极强的装饰感衬托出塑像，是佛光图案中之上品。

石绿　化学分子式为 $Cu[CO_3] \cdot Cu(OH)_2$，颜色为绿色，在自然环境下性质稳定，不易变色。近代矿物名称为孔雀石，古代及近代绘画界称之为"石绿"，它是铜的表生矿物，矿物成分为 $Cu[CO_3](OH)_2$。较好的石绿可做装饰品、工艺品，为玉雕原料之上品，中国古代壁画常用的颜料之一。石窟寺、墓室绘画中都用石绿作颜料。通过对敦煌石窟所属莫高窟、西千佛洞、瓜州榆林窟、东千佛洞等石窟北凉至元代等历经九个朝代的洞窟中取样分析，仅在北凉第275窟，北魏第263窟，北周第428窟，隋第401、419、427窟，初唐第332、334、335窟，盛唐第130、207窟，中唐第112、231窟，晚唐第9、12、232、237等窟中有石绿颜料。证明从北朝至清代的石窟壁画、彩塑艺术中都应用了石绿颜料。

石青　又名蓝铜矿，古代绘画称其为石青，并有曾青等多种名称，化学成分为碱式碳酸铜（$Cu_3[CO]_2(OH)_2$），属碳酸盐类。石青是中国古代绘画中应用最广泛的蓝色颜料。敦煌石窟及历代墓室壁画中都应用石青颜料。在敦煌石窟中，虽然自北朝至元代还大量应用了青金石这种颜色更鲜艳美丽的蓝色，但由于青金石价格昂贵，且来之不易，所以历代绘画中，石青的应用仍然很多。通过对敦煌石窟所属莫高窟、西千佛洞、瓜州榆林窟、东千佛洞等石窟北凉至清代等十个朝代的洞窟中取样分析，在北凉第268、272、275窟，北魏第259、263窟，西魏第249窟，初唐第321、331、332、334、335窟，盛唐第79、171、205、320窟，西千佛洞第15窟，中唐第188、197窟，晚唐第9、156窟，五代第98窟，北宋第

276窟，回鹘第245窟，榆林窟第2、3窟，东千佛洞第2窟，元代第61、465窟，东千佛洞第7窟，清代第25、310等窟中就有石青颜料。证明从北朝至清代的石窟壁画、彩塑艺术中除了北周、隋代之外，其他历代洞窟中都应用了石青颜料。

石色　中国画、敦煌壁画天然矿石颜料的简称，古时绘画的主要颜料（另还有植物颜料）。敦煌壁画之所以悠悠千年且色彩丰富，色泽亮丽，其主要原因就是色彩的单纯和天然性，如高岭土、白垩、朱砂、朱磦、石绿、石青、赭石、土红、石黄、云母粉等大多都是用各种性能稳定的天然无机矿石磨制而成的。有些矿石颜料为二至三种颜料混合而成，因年久而氧化反应变为黑色或深褐色。

石寺河石窟　位于陕西省延安市安塞县石寺河村西石寺河和小沟河交汇的三角石崖上，坐北向南，现存5个洞窟。其中仅第3窟内存浮雕佛传故事、佛涅槃故事等。窟正中设坛基，东西角各雕一力士，力士昂首、突目，裸上身，胸部肌肉突起，两肩托坛基。

石胎泥塑　塑像内为岩体，表层为泥土塑成之彩塑。敦煌石窟岩体为酒泉系砾岩。由直径5~30毫米的砾石及沙土沉积而成，质地粗糙，不能雕凿成形，因此产生了莫高窟的泥塑和壁画艺术。但莫高窟"北大像"（第96窟）、"南大像"

（第 130 窟）与第 148、158 窟两个涅槃窟的卧佛，以及榆林窟第 6 窟的大佛，第 5 窟的大卧佛等大型塑像因体形高大，在开凿石窟时，按照大像的尺度形态，在岩体上凿出石胎轮廓，表面用草泥麻泥塑出尊像的各细部形态，最后饰色敷彩成像。石胎泥塑因"石胎"与崖体连为一体，故有基础牢固之特点。

石钟山石窟　位于云南省大理白族自治州剑川县城西南 20 千米的石钟山的崖壁上。创建于南诏，盛于大理时期，主要分布在沙登村、石钟寺、狮子关三处，现存 17 个洞窟。造像 139 躯，崖画 1 处，碑碣 5 通，造像题记 40 则。造像大多为佛、菩萨、明王、天王、力士等。第 7、8、11 窟以历史人物为题材，是一幅具有浓郁民族色彩的图画，再现南诏国、大理国社会风貌的佳作。

史小玉　元代甘州桥楼上人，画师。于至正十七年（1357年）正月来莫高窟，画第 3 窟菩萨像并留"甘州史小玉笔"题记，同时于第 444 窟留烧香题记，为珍贵的敦煌画史料。

使君造大窟记　敦煌石窟营建文书。P.3542，内容为某使君为庆祝窟之建造而"设大会举郡无遮"。文中又详细歌颂了使君之品行、文功武略、功德名誉事迹，描述了该大窟窟内的壁画内容。经考证，本文成书及所记大窟的建成年代应在五代曹氏归义军公元 928 年至 931 年间，使君为当时的玉门军使慕容归盈，所建之洞窟疑为今莫高窟第 256 窟。"使君"系古代官职称谓，"刺史""州牧"古代均称"使君"。另外，本文与 P.3457 雷同之处较多，故也具营窟稿样本性质。

仕女画 又称士女画，人物画的一种，敦煌壁画的一个重要组成部分，为人物画科中专指描绘上层妇女生活为题材的一个分目。历代都有仕女画高手的杰作流传于世。敦煌壁画中也不乏杰作，如晚唐第 156 窟的《宋国河内郡夫人宋氏出行图》画人物百余，骏马数十，杂技舞乐，车舆驼羊，熙熙攘攘，有张有弛，从中可窥唐代权贵上层妇女春游踏青的煊赫豪富气派，其气势与规模犹胜于张萱的《虢国夫人游春图》。

释道画 又称道释画，中国人物画一种。敦煌壁画隶属此类以佛教、道教人物内容为主题的绘画。

释迦多宝并坐像 《妙法莲华经·见宝塔品》称，在很早以前，有佛名曰多宝，曾以弘扬"法华"为己任。愿说，在他涅槃以后，不论时间多久，只要有佛弘扬"法华"，他定前来作证。当释迦向其徒众宣示《法华经》义时，果有宝塔从地涌出，冉冉升空，释迦知多宝前来作证。即以法力令其所有徒众，都升空听法，并以右手食指弹开塔门，坐在塔内的多宝佛，不光盛赞释迦弘扬"法华"之功德，且让出半座请释迦入塔与他并坐共同说法，此时，所有佛弟子齐声赞叹未曾之有。在所有法华经变中，都多以释迦多宝二佛并坐说法像作为主像。莫高窟画法华经变 36 幅和见宝塔品 26 幅，第 259 窟等专门塑造以释迦多宝二佛并坐像为主尊。

释迦牟尼　佛教创始人。原名乔达摩·悉达多，刹帝利种姓，释迦族人，释迦牟尼是佛教徒对他的尊称，意谓释迦族圣人，生卒年约在公元前 565 年至公元前 485 年。相传他是古代北印度迦毗罗卫国（今尼泊尔境内）净饭王的太子，虽曾受传统教育，并娶妻生子，但一直厌烦宫廷生活，不愿在家继承王位，29 岁时出家修行，据说苦修六年未果，后在菩提树下悟道成佛。此后先后在北印度、中印度恒河流域一带传法布教，广纳弟子，80 岁时，因病于拘尸那迦附近的跋提河边娑罗树下逝世。遂被尊称为佛陀，后来，则被逐渐神化，又称他为"世尊"（尘世间天人之尊，天人之师）、如来等。敦煌石窟所造释迦形象大致分坐像、立像和卧像三种，其中以坐像最多、最普遍，几乎每窟都有。具体形貌：一般在头顶上多作肉髻，螺发，或旋纹发式，两耳垂肩，双眼微眇，面容端庄肃穆；上身或着通肩式圆领袈裟，或作袒右肩式，或穿褒衣博带式袈裟；有的左手抚膝，右手上举作说法印；有的则双手在腹前重叠作禅定印；有的一手指地，一手上举作与愿印或降魔印等；两腿盘起，结跏趺坐在莲台上，或端坐在长方形的须弥座、金刚座与双狮座上。立像较少，多以三佛形式出现，唯莫高窟第280窟为单身立像，所有立佛，一般均挺身赤足站在莲台上。卧像也较多，在莫高窟第428、120、185、44等窟和西千佛洞第8窟内都以绘画形式表现，而莫高窟第158、148、332、39、46、225窟和榆林窟第5窟，则以彩塑形式表现。其中以第158窟中唐时期所作大卧佛最负盛名。第148窟内的卧佛虽经清代重妆，但基本上还保存了盛唐时期的风格。

释迦牟尼十大名号 ①如来：即"乘如实之道来"而成正觉；②应供：即应该享受人、天的供养；③正遍知：能够正确遍知一切事物；④明行足：即具有能知过去的"宿命明"，能知未来世界的"天眼明"和断尽烦恼、得大解脱的"漏尽明"；⑤善逝：即入无上大般涅槃，也就是佛涅槃；⑥世间解：即能了解人、天及世间的一切，又能从世间获得彻底解脱；⑦无上士：即世间最尊贵者，至高无上；⑧调御丈夫：善于说教并能引导世间修行者通往涅槃；⑨天人师：即人、天的导师；⑩佛世尊：即世间因大彻大悟，自觉、觉他、觉行圆满的最为尊贵者。只是在有的佛经内称"佛世尊"，有的佛经中则只称"世尊"。此外，在有的地方也有把"世间解"和"无上士"合称的。

收割图 收割庄稼。汉代桓宽《盐铁论·相刺》:"故非商工不得食于利末,非良农不得食于收获,非执政不得食于官爵。"这里主张收获者应是"良农",反对不耕而食。各种作物各有收获季节,各用其工具。夏季收麦,一般用镰刀。镰刀,割庄稼或柴草等的小农具,也称镰。扬雄《方言》:"刈钩,自关而西,或谓之镰。"宋何薳《春渚纪闻·草制汞铁皆成庚》:"本朝太宗征泽潞时,军士于泽中镰取马草,晚归,镰刀透成金色。"收割用的镰刀在古代河西地区应用也很早。酒泉西沟村魏晋7号墓前室西壁画像砖最多,共有五层,第一和第二层各有画像砖6块。第三至第五层各有画像砖5块。其中第二层的第6块画像砖上绘有:一牛车旁,一持镰刀的男人与一手持尖叉的农夫,这种尖叉一般是用自然树枝制作的,尖叉头部是自然分枝的两个叉,头部削尖,一高一低,用于在田间往车上或高的地方递送粮捆、草捆等。收获庄稼的各式镰刀和扬场工具在壁画中也非常多。敦煌石窟唐、五代、北宋时期弥勒经变壁画中共有30多幅手持镰刀收割的画面,镰刀大致相同,有长、短两种形状。榆林窟中唐第25窟、S.259V0弥勒下生经变白描画农作图中的镰刀都特别清楚。唐、北宋时期的敦煌社会遗书中记载的工具就有镰刀。

手鼓 打击类膜鸣扁框型乐器。形似今日新疆地区的手鼓，形状扁平，木框只一面蒙皮。演奏时一手持鼓，一手拍击，或以小锤击之。莫高窟盛唐第 379 窟、五代第6、351 窟及榆林窟元代第 3 窟绘有此图像，鼓面绘有图案。

手推磨 用手转动的小石磨。莫高窟初唐 321 窟南壁十轮经变东侧上部绘两婢女推转手磨加工食

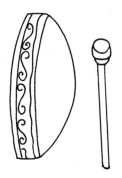

莫高窟第 315 窟
手鼓（五代）

S

物，这是传世很少的手推磨形象资料。磨上装曲柄摇手，操作方便，且体积小，重量轻，至今一些农村仍在使用。曲柄摇手就是在轮子边上固定一个与轮面成直角的棒，用这个棒作为把手，来转动轮子的装置。公元前 2 世纪中国使用了这种办法，之前国外还从没有人想到。中国人民把曲柄摇手用于辘轳、手推磨、磨机和丝绸工业生产的许多种机器上。最早刊印的曲柄把手图片见于元代王祯的《农书》。但是现存关于曲柄把手最早的图样，见于汉代古墓出土的小型陶制农家庭院模型，其年代大约为前 1 世纪。最早在欧洲使用的曲柄摇手的证据见于 830 年的荷兰乌得勒支《圣经·诗篇》的一

份手稿画的轮转石磨画。

狩猎　敦煌社会生活壁画内容之一。以莫高窟西魏第 249 窟窟顶的狩猎场面为精品，在崇山峻岭中，进行着一场人与兽的搏斗：右侧猎人以驰射的方式，正追捕三头野鹿，他长驱直入，双手高举标枪，即将投向猎物；左侧的猎人正跃马奔腾，猛虎突从身后扑来，他毫无惧色，反身后射，弓如满月，控弦发矢，势在必得。另隋第 419 窟法华经变反映的是一幅围猎图，一座房子悬挂着三张兽皮，这是猎户的标帜；下面群山之中，一群野兽被四方包围逼近的猎人吓得东逃西窜，猎人有的在张弓射箭，有的赤手捕捉，有的扬手投标，有的一旁堵截，野兽的惊慌与猎人的围截形成鲜明对照。

兽医　敦煌社会生活壁画。莫高窟第 296、302 窟的福田经变中，前者是给患病不起的骆驼在灌药，后者是病马仰卧在地面的单子上，后半部捆绑固定，前半部各一人抓住马腿，兽医在进行手术治疗。敦煌境内及周边与少数民族杂处，畜牧业发达，加上丝绸之路来往的驼队、马队，兽医显得较为重要。

树下诞生　佛传故事画情节之一。见于莫高窟第 290、294、61 等窟，讲善觉长者迎接摩耶夫人回家分娩，摩耶夫人回提婆陀河城父母家的时候，途中经过蓝毗尼园，到了无忧树下，摩耶夫人举右手攀执低垂树枝时，太子即从腋下诞生。

树下观耕 佛传故事画情节之一。讲释迦太子出外野游，看见农夫犁地时翻出小虫，又有鸟吃小虫，看见蛤蟆吃蝉，蛇吃蛤蟆，孔雀吃蛇，鹰吃孔雀等。太子看到世间众生自相吞食，大发慈悲心，使他在阎浮树下结跏趺坐，静思，最后成为第一禅，莫高窟现存北周第290窟、五代第61窟二幅。

竖笛 吹奏类管乐器。古代竖吹之竹管乐器。敦煌壁画中现存较多，是与横笛同时出现的姐妹乐器，豁口形吹口，类似今日的满口箫，按孔为六个，粗细与横笛相仿。竖笛与筚篥在壁画中容易混淆，应予区别：竖笛较长，有吹口，吹奏时两手靠下；筚较短，稍细，在一端吹口处插有哨嘴，按指靠上。

双飞天 飞天形象之一类。以莫高窟第220、320、321、207等窟为代表。或绘于经变画中，或绘于龛楣中，其形象为一前一后或一左一右，结伴飘行，前后呼应，构成一个和谐整体，具有很强的艺术感染力。

双陆 又名长行、握槊，是中国古代流行时间最长、地域最广的一种博戏，尤其唐代曾有王公贵族因此而倾家荡产者。双陆意为棋路必须是12条直线，左6右6。莫高窟第7窟维摩诘经变，绘有二人盘坐毡上，几案上设枰，即棋盘。另有棋子和骰子，棋子又称马，通过骰子的不同点数来行棋，旁观者是维摩居士。

双辕犁 犁辕为双辕——二根长木，用一牛拉犁，双辕位于牛两侧，挽牛用曲轭（弓形或半圆形的坚韧木制品），运用牛环，牛簪导牛。元代王祯《农书》卷十二，农器图谱二耒耜门，使用曲轭"用控牛项，轭乃稳顺"。一牛挽拉的形式在我国汉代就已出现。山东滕州宏道院东汉画像石上所绘的牛耕图，就是只用一牛挽拉的双辕犁。一牛能够挽犁耕田，说明犁具重量的减轻，反映了犁耕的进步。嘉峪关新城魏晋墓壁画和画像砖所表现的铧头与陕西绥德、江苏睢宁双沟出土的画像石牛耕图比较，就可以看出铧的角度已变小，铧头成那样的锐角形状，耕种时就容易破土、开沟、耕得更深，而且省力。犁铧的这种改进，就可以改用双套牛为单套牛了。一牛挽拉犁的形式在我国汉代就已出现。而莫高窟北周第290窟单套牛所拉的犁铧的角度比起嘉峪关新城魏晋墓壁画牛耕图的铧头来，它的角度更小，而和唐代耕作图中的铧头相似。牛耕铧头的变小，反映了犁耕的进步，充分说明河西地区人民在农业生产上所做出的巨大贡献。

水井 壁画中最早的水井绘于莫高窟北周第296窟和隋代第302窟中，这两个洞窟中各画了一幅福田经变。经文宣扬让人们广施福田——做七件积德行善的事，其中"五者安设桥梁、过渡赢弱；六者近道作井，渴乏得饮"。壁画通过对《诸德福田经》生动、详尽的描绘，如实而生动地反映了六世纪"丝绸之路"上东西交往的风貌。两个洞窟所画的水井都采用桔槔提水。如第 296 窟画有一辆卸辕的骆驼车，人畜都在水井旁休息，水井旁画了打水饮骡马、骆驼等情节。隋代第 419 窟须达拏太子本生画面中，在"婆罗门美妻井旁被调笑"画面的井上也用桔槔汲水，晚唐第 340 窟，五代第 39、98、146、334、342、397、401 窟，北宋第 454 窟等洞窟甬道顶部以及榆林窟第 33 窟南壁西侧的佛教史迹画中，在描绘"拘尸那城中纯陀故井"故事画中，画有一方形的井栏、井旁有一人，头戴幞头，身着长袍，挽起长袖，一臂伸入井栏中，作吸水之状。水井大都建有较高的围栏，围栏的下部用石条或砖砌成，上部用木柱和木板修建。如莫高窟第 419 窟、榆林窟第 33 等窟就是这样。《维摩诘经·方便品》云："是身如丘井，为老所逼。"所以，有些洞窟的《维摩诘经变》中画了一座陵园，陵园外画了一口井，如五代第 61 窟等。在莫高窟北宋第 76 窟东壁南侧和瓜州东千佛洞第五窟西壁南侧的"八塔变相"中，其中在"猕猴大塔"中，都描绘了"猕猴献蜜欢喜作舞蹈失足陷井"的画面，第 76 窟画有长方形井栏一个，在井栏中一猕猴臀部和两腿向上，落井之状。而东千佛洞中则画了娑罗树上倒挂着 4 只顽皮可爱的猴子在井中捞月。

水帘洞石窟　位于甘肃省武山县城东北 25 千米处的鲁班峡响河沟南岸，坐落在山崖深处高 30 余米、宽 50 米、深 25 余米的天然石洞，因雨季常有山水在洞口向下流似珠帘垂挂而名。洞内原描绘壁画，现仅存西壁北侧高 8 米的壁画一方，绘于北魏，有隋、唐、元诸代补绘痕迹，内容为一佛二弟子二菩萨、比丘尼和供养人等。洞中有一二层楼阁，称菩萨楼，为清代所建，内塑大势至、观世音菩萨。又距水帘洞 0.5 千米处山谷中有千佛洞石窟，残存北魏壁画及北周原作、明代重饰的摩崖悬塑。

水神　壁画中的佛教水神即龙王。敦煌石窟有两种形象，一为龙，如第 9 窟劳度叉斗圣变，在一望无垠、烟波浩渺的水面上，水神是一条四足、长尾的龙，正与追赶来的金翅鸟展开殊死的搏斗。另一为人格化的龙王，第 141 窟弥勒经变上部榜题明确为"四海龙王"，四人立云端，戴幞头，着袍服，作唐代官员形象。佛教的水天既是河川之主，又有行云布雨之功能，所以龙王既是水神又是雨师。

水峡口石窟　又称榆林窟下洞子，敦煌石窟群之一。位于甘肃省瓜州市城南 50 千米的榆林河下游两岸的崖壁上。现存洞窟 20 余座，其中有壁画者 8 窟，按时代分五代窟 3 窟、宋代窟3窟、西夏窟1窟、近代窟1窟；按位置分南崖7窟、北崖1窟；洞窟残损严重。洞窟形制：第1、5、8窟为中心柱窟，其余为覆斗藻井窟。前室多被毁坏，仅存甬道和主室。壁画内容有说法图、菩萨、不空羂索观音、经变画、如意轮观音、曼荼罗、千佛、飞天、供养菩萨、供养人像、图案等。

水月观音 史载，唐代著名画家周昉，始将观音画在山水之中，使观音的形象和所处环境都更加优美，后人则多摹写仿照，以致流传不绝，遂成观音的主要画式之一，称为水月观音。敦煌石窟中现存五代至元代的壁画画有水月观音34铺，其中莫高窟16铺，榆林窟6铺、东千佛洞6铺，五个庙石窟1铺。另有5铺绢画。壁画中以榆林窟第2窟西壁窟门两侧由西夏人所画的二铺水月观音最为精美也最具代表性，南侧一身妆金，北侧一身躯体已经变黑，应属白皙加晕染之变色。她们都头戴花冠，顶绾高髻，上身袒露，肩披绿色长巾，项下佩宝珠胸饰及璎珞，腰系纱裙，倚石端坐在平整剔透的灵岩上。前有修竹摇曳，背后灵石笔立，天空彩云浮动，灵鸟翱翔，宝池里莲花盛开，一弯新月高悬空中，与菩萨透明的周身圆光交相辉映，宁静的月夜，更衬托出菩萨安详自若、闲适恬静的神情。在南侧菩萨的前面，画超尘脱俗的龙女，正在面朝观音虔恭而侍。北侧观音的对面，有一童子正乘云而来，合掌向观音礼拜，是善财童子至普陀洛迦山参拜观音的情景，即善财童子拜观音。北侧观音对面的另一座岩石上，有一身穿袈裟的僧人正在高举合十的双手，遥拜观音，其后一身穿窄袖短衫的猴面行者，一手牵马，一手搭额遥望观音，此即《唐僧取经图》，早于《西游记》数百年。两幅水月观音又是以人物为主体的金碧辉煌的青绿山水画。

水渍 因水侵蚀壁画表面留下的沉积物或痕迹。

丝路花雨 甘肃省歌舞团集体创作的六幕大型舞剧。该剧以唐代丝绸之路为历史背景，以敦煌为中心进行艺术构思，运用浪漫抒情手法，创造了新颖的民族风格之舞蹈艺术，再现了敦煌壁画中的许多舞姿造型：如集市的百戏杂耍、琵琶舞、伎乐天舞、凭栏仙女舞、莲花童子舞、盘上舞、霓裳羽衣舞等。该剧曾获多项奖励，并由西安电影制片厂拍摄为彩色宽银幕影片。

丝路商旅 丝绸之路是汉代以来中西交通的大动脉，以长安、洛阳为起点，西至地中海之滨。敦煌的地理位置扼丝路的咽喉要道，为中外客商的必经之地。丝路贸易的繁荣风貌多出现在第 296 窟（北周）、第 302 窟（隋）的福田经变中，最典型的是第 296 窟的商队过桥图，桥的左面是中原商人的马队，右面是西域商人的马队、驼队，均满载货物，来往穿梭于丝绸之路上，彼此谦和礼让，胡商停在桥头，让中原商队先行平稳过桥。

思益梵天所问经变 敦煌经变画之一，现存十幅。根据后秦鸠摩罗什译本《思益梵天所问经》绘制。内容讲释迦牟尼佛住王舍城迦兰陀竹林，有文殊师利、天龙夜叉、乾闼婆、紧那罗众、比丘僧徒听释迦牟尼说法。佛受网明菩萨邀请，身放圣光，普照三千大千世界，十方无量佛土，诸方无量百千万亿菩萨见此光明，皆来佛所。东方清洁国佛土，有名曰思益梵天的菩萨梵天，与一万二千菩萨至此，佛逐一给予解答。

氾定全 宋代沙州人，画师。于太平兴国三年戊寅岁（978 年）正月初三同行三人来莫高窟画窟，在第 444 窟题写记载此次活动。

氾光秀 唐代敦煌人。吐蕃统治敦煌初期曾以社长身份与宋先言一同组织重修莫高窟第 216 窟，该窟内存《再修功德记》墨书发愿文记此事。

氾瑈彦 唐代敦煌人。乾宁三年（896 年）为敦煌县尉兼管内都支计使、御史中丞。为《唐沙州龙兴寺上座沙门俗姓马香号德胜宕泉创修功德记》（S. 2113）的撰写人。

四阿顶 又称庑殿顶，其形式是屋顶有四个斜坡屋面，相交成五条脊，两大坡中间最高且脊最长，称正脊。两大坡与两小坡倾斜相交的四条脊称斜脊。根据礼制规定，它是古建筑中等级最高的屋顶形式，只能用于宫廷或皇家大寺院中的主要建筑上。壁画中最早见于第 275 窟的阙形龛上，表示的是弥勒所在的兜率天宫，以后多用于佛殿与城楼的屋顶，如隋代第 423 窟佛寺大殿，初唐第 321 窟城楼屋顶。随着时代的推移，屋顶形式由早期平直的屋面，逐渐有了柔和的曲线，成为反曲屋面的形式。它的形象始终是壁画中常见的一种屋顶形式。

四臂观音 藏传佛教本尊之一，常为时轮院和欢喜金刚院所供养。其形有四头四面，分别作蓝、白、红、灰四色，有四臂、双腿，身体为蓝色，脚踏仰卧男体的身上。莫高窟第 465 窟绘有此像。

四大菩萨 即文殊菩萨、普贤菩萨、观世音菩萨、地藏王菩萨。

四大天王 古印度神话传说，在须弥山腰的四面，有四天王，即欲界六天之第一天，四天王各有一天王护持一天下。这四大天王是：①东方为持国天王（即提多罗吒天王），身白色，持琵琶；②南方为增长天王（毗琉璃天王），身青色，执宝剑；③西方为广目天王（毗留博叉天王），身红色，执羂索；④北方为多闻天王（毗沙门天王），身绿色，执宝幢（伞）。因称护世四天王。敦煌石窟中，常将四天王和二金刚塑为一组，如莫高窟第 148、427 等窟前室；佛龛内多塑南、北二天王，以莫高窟第 45、159、194 等窟唐塑最为精湛。敦煌壁画中一般将四大天王及各自的部众都一一画出，如莫高窟第 9、12、156、159、321、327 等唐代洞窟。五代第 98 等窟内，将四大天王画到窟顶四角，以表示护持四方的天主。

四方佛　佛名，简称四佛，指东方香积世界的阿閦佛，南方欢喜世界的宝相佛（宝生佛），西方极乐世界的阿弥陀佛和北方莲花世界的微妙声佛。

四联拱券龛　早期石窟中的装饰之一。在第 254 窟窟室南北壁后部，由四个圆券龛相连组成，龛内有结跏趺坐佛像，龛之间的龛梁尾部卷起，共同组成一朵忍冬花形，颇有犍陀罗风格。通过考古发掘材料可知，这种连续拱券的犍陀罗风格装饰艺术在古代犍陀罗（今阿富汗地区）和我国的新疆都有出土，它们是通过丝绸之路传播到敦煌的，而且只在早期石窟中出现。

寺历　敦煌经济文书（籍帐）之一类。又称寺院经济文书，具称寺院入破历，出自敦煌藏经洞。为敦煌古代寺院各项活动中有关食品、纺织品、纸品、器物等收入和支出情况的记录，这些活动包括由寺院主持的开凿洞窟、绘制壁画、行香祈愿、斋会、燃灯、迎送等窟上活动。这些文书又涉及大量有关各类敦煌工匠史料和民俗史料的记载。此类文书主要是九世纪至十世纪归义军时期的寺院账目，如 P. 2049、S. 6452、P. 2032。

宋代窟檐　现存有四座，分别是第 427、431、437、444 窟。窟檐位于窟群南区中部第三、四层。窟檐单层，三间四柱。第 427、431、437 窟为四阿顶，第 444 窟为悬山顶。窟檐下圆椽一层，方形飞子一层，原窟檐的飞子已失，20 世纪 50 年代修复时根据相邻第 431 窟同时代的飞子复原而成。第 431、427 窟斗栱六铺作，三抄单栱计心造，没有补间铺作，当心间的栱眼壁位置设明窗。明间只存门颊，门板已失，现门板为便于管理而添配。由于窟檐高距地面，窟檐前有挑出的栈道，但柱子与栈道梁错位，所以另置一根方木横压在栈道梁后部，柱子下出榫立于横木上。

宋代敦煌石窟　或曰宋代敦煌石窟艺术、曹氏归义军后期敦煌石窟艺术，敦煌石窟分期之一。指曹氏归义军后期（960—1012 年）的敦煌石窟，主要分布在莫高窟、西千佛洞、榆林窟等处，洞窟型制为覆斗帐形殿堂设中心佛坛式窟。彩塑题材为佛、弟子、菩萨、天王、金刚力士组合，壁画内容以大幅经变画为主，另有千佛、天宫伎乐、说法图、佛教史传故事画等，艺术风格为中晚唐之延续。

宋代木构窟檐维修　1951 年 6～9 月，文化部委托清华大学建筑系的莫宗江、北京大学历史系的宿白、工学院的赵正之、北京文物整理委员会的余鸣谦等四位专家组成工作组，对敦煌莫高窟文物保护现状进行了历时三个多月的全面勘察，对石窟环境、气象、地质病害、壁画、塑像的保护情况作了详细的调查，并拟出了长远的保护规划，并制定了四座宋代木构窟檐抢险维修方案。同年，敦煌文物研究所组织对四座窟檐进行了维修。其中第427、431、444窟三座窟檐拆换了部分外檐槽杪的檩椽等建筑构件。第437窟窟檐落架按原式重修，并添配了门窗，使珍贵的宋代木构窟檐得到了初步的保护。

宋国夫人宋氏 晚唐敦煌名门，张议潮妻。莫高窟第156窟有其供养像并题名，并画长卷宋国夫人出行图。

宋先言 又称宋公，唐敦煌人。吐蕃统治敦煌初期曾任某部落使、右七将，与社长泛光秀一起组织重修莫高窟第216窟，窟内存《再修功德记》墨书发愿文记此事。

酥碱壁画 指地仗层和白粉层产生酥松返碱的壁画。是壁画病害中比较普遍而且破坏性最大的一种，严重的部分泥层疏松，像豆腐渣一样稍触即碎毁，有的则已全部脱落成泥壁；有的地仗泥层全部酥散掉落，壁画俱损。其形成原因为壁画在潮湿环境下产生盐害，即在水分参与下洞窟围岩中的盐分产生表聚作用而引起。

窣堵坡塔　壁画中塔的类型之一，此塔数量最多，且贯穿莫高窟的石窟开凿史。窣堵坡是梵文 Stupa 的音译，本是土冢或坟丘之意，壁画中此塔的造型比较多地保留了源于印度覆钵形半球状坟丘的特征，因此沿用这一称呼。早期壁画中此塔的作用就是墓塔，如第 428 窟"舍身饲虎"故事中的塔。初唐后，在法华经变见宝塔品中绘释迦佛与多宝佛并坐于窣堵坡塔中说法，塔下有一至两层低矮的塔座，塔身覆钵形或钟形，内中空，二佛并坐于其中，塔沿扁平，沿边有山花蕉叶，上置浅覆钵，塔刹与刹杆上有相轮四、五重或七重，顶端有宝盖及仰月宝珠。晚期基座升高，覆钵比例缩小，塔刹相轮加多。第 285 窟禅室中有元代所绘喇嘛塔的形象可为代表。莫高窟大泉河东西两岸的几座墓塔，是该塔晚期造型最好的实物资料。

速来蛮　又作苏来蛮。元代蒙古族人，元太祖铁木真第四子拖雷之八世孙。文宗至顺元年（1330 年）三月封西宁王，驻镇甘州，后移镇沙州。至正八年（1348 年）五月与妃屈结来歹、脱花赤大王等率官员、僧尼、百姓等镌莫高窟《六字真言碑》。至正十一年重修莫高窟第 61 窟窟前殿堂，莫高窟《重修庆寺记》记其事。

塑匠　石窟开凿过程中使用的工匠之一。主要从事石窟内塑像的工作，此工匠的技术级别最高可达到"都料"。敦煌遗书中《赵僧子典儿契》记："塑匠都料赵僧子……今有腹生男苟子，只典与亲家翁贤者李千定。断作典直价数：麦二十硕，粟二十硕。"已是"都料"的高级工匠，其生活的艰辛达到卖儿过活的地步，可见其社会地位的低下。

塑像病害 由于自然的和人为的因素形成的塑像损坏现象。自然因素形成的损坏有：塑像木骨架基础松动而倾斜、歪倒，木构骨架或草胎糟朽而造成的开裂、倒塌，如莫高窟第55窟中心坛南侧菩萨木骨架腐朽，第491窟供养人像木骨架风化糟朽，还曾发生过自然倒塌事件。塑像另有颜料变色、褪色、龟裂、起甲、酥碱等与壁画同样之病害。其他人为造成的有：偷劫（如美国华尔纳偷窃莫高窟初唐第328窟的跪姿供养菩萨）、烟熏、移动、攀折、摩擦、刻画、敲击等。千百年来在自然和人为的因素影响下，造成塑像破碎、四肢断裂、缺鼻少耳、有眼缺珠、熏黑等，塑像比壁画受到更大的损坏，能保存完整的较少，多数都有一定的缺损。如今塑像病害大都已得到治理和修复。

隋代敦煌石窟 或曰隋代敦煌石窟艺术，敦煌石窟分期之一。指隋统一全国以后至唐朝初年（589—640年）的敦煌石窟，主要分布在莫高窟和西千佛洞等处，洞窟型制为覆斗帐形殿堂窟，及部分中心柱窟。彩塑题材为一佛二菩萨或一佛二弟子二菩萨及四天王二金刚组合等，壁画内容为千佛、天宫伎乐、说法图、各种故事画、大幅经变画等，艺术上是中国南北朝艺术与西域艺术大融合成为一体的风格。

岁首燃灯　10世纪时每年正月十五日固定的例行佛事活动。在莫高窟由敦煌地方最高军政长官（节度使）亲自主持燃灯仪式，并由其僚属或佛教界领袖人物宣读固定程式的《岁首窟上燃灯文》，称颂最高统治者及其家族的功德，祈愿在新的一年里社会的稳定和繁荣。另外，瓜州榆林窟（东窟）和敦煌西千佛洞（西窟）每年的岁首燃灯活动均由敦煌僧团安排僧人们举办，西窟的燃灯仪式还能为同时进行的修堰、上水等农业生产活动起到帮助作用。

索法律窟铭　唐代敦煌碑记，全称《沙州释门索法律窟铭》，原碑已佚，敦煌遗书 P.4640、P.2021、S.530 有录文，内容主要讲述：①赞美索法律义辩之高尚品德与显赫功名；②索氏家族世系及变迁；③索法律莫高窟建窟一所；④索法律侄辈活动等。经考证，索法律所建洞窟即今莫高窟第12窟，壁画内容与窟铭所记可印证，同时该窟还有索义辩供养像及题记。

索勋　唐沙州敦煌人，字封侯，张议潮婿。景福元年（892年）敕为归义军节度沙、瓜、伊、西等州管内观察处置押蕃落营田等使，银青光禄大夫守定远将军、检校右散骑常侍兼御史大夫、开国公、食邑二千户实封二百户兼赐紫金鱼袋。子承勋，婿归义军节度使曹议金。莫高窟第9、98、196等窟有其供养像并题名。

T

塔窟组合　是对地面组合型佛寺的一种模仿。石窟前室西壁绘天王，与窟檐组成天王殿，通过甬道进入主室是为正殿，如主室有中心柱就是将塔与主室结合，成为堂、殿、塔的组合。将塔移出至山崖边，加大了主室空间，又在主室内模仿同时期佛殿内的一些布局，如晚唐第161窟顶上的土塔就与该窟上下对应，在2004年对土塔进行的考古发掘时，塔内壁画塑像应为晚唐同期，窟内的中心佛坛与同时代地面佛寺如唐代遗存的南禅寺和佛光寺形式相同。第143窟与山崖上的塔也应该是一组塔窟组合。

塔楼式佛殿图　中唐壁画中出现的一种建筑形式。塔楼的形式很早就已出现，但不作为主要建筑布置在佛寺中间，到中唐时将这种塔楼形式布置在佛寺中间主佛殿位置，并影响到五代，因此将之称为塔楼式佛殿图。壁画见于中唐第361窟北壁西起第一铺药师经变及五代第61窟北壁中铺药师经变的佛寺建筑画中。

塔庙图　敦煌壁画中少有的一种建筑画形式。第419窟窟顶的故事画中表现了三间的一座大殿，殿内有覆钵形窣堵坡塔一座。按印度石窟的形制，供礼拜用的建筑空间中有塔，称为支提（Chaitya），意译称塔堂或塔庙，中亚考古发掘的寺院遗址，也在室中建塔。我国保存的实物有青海省湟中县的塔儿寺在大金瓦殿内，供奉着一座大窣堵坡，据说是埋藏明代喇嘛教的大师宗喀巴胞衣的舍利塔。

塔寺图　第257窟南北壁千佛中间的一幅殿阙式塔图，就是一种已经消失了的简洁的综合一体的小佛寺建筑，曾经存在于西北广大生土建筑地区。《魏书·释老志》记："凉州自张轨后，世信佛教。敦煌地接西域，道俗交得其旧式，村坞相属，多有塔寺。"按照中原现存或发掘的佛寺遗址，都认为"塔寺"是塔与宅院形的寺院的组合佛寺，通过对第257窟中心柱石窟形制和壁画中殿阙式塔的综合研究，参考新疆地区古建筑遗迹及古代对西域的佛教文献记载，该殿阙式塔的形式前面的阙形两坡屋面下就如中心柱窟的前半部分，后面突出的塔刹是室内的中心柱，壁画中高大的立佛站立在殿阙式塔前屋檐下，遮挡了后面作为绕塔右旋礼仪的中心柱。因而这幅图中殿阙式塔的建筑形式，是在延续了西域的塔寺小佛寺形式之外，又增加了汉地建筑元素，是小型的塔寺小佛寺向中原的宅院形佛寺的一个重要的过渡形式。

塔院 以塔为中心的寺院。盛唐第 103 窟南壁佛顶尊胜陀罗尼经变中佛陀波利来五台山礼拜的故事里有一座西域城，就是塔院的形式。塔院起源于印度的支提式石窟，莫高窟早期的中心柱窟也称中心塔柱窟或塔庙窟。隋唐以后，此形式逐渐消失，但壁画中对塔院的反映除第 103 窟外，还有中唐第 231 窟弥勒经变上部横向排列的三院，其两侧院就是塔院。第 361 窟北壁药师变中，以轴线中的大塔替代了大殿，而使对称布局的佛寺变成以塔为中心的塔院佛寺，五代第 61 窟药师经变亦如此。

台阶 建筑物台基部分的重要组成。壁画中反映早期台阶的形式比较简单，隋代第 380 窟维摩诘的殿堂台基中，两边各两条斜线构成垂带，中间仅几道横线即成踏步。第 420 窟维摩诘殿堂台基的台阶没有垂带，增设了栏杆。而据《礼记·曲礼》记"主人就东阶，客就西阶"的东西两阶做法壁画里也多有所见，第 423 窟佛殿台基前就有东西二阶。唐以后在大型佛寺建筑中将台阶描绘得很具体，中唐第 158 窟配殿台基中用两层方砖叠成踏步，上面绘花纹似为花砖，两边的垂带也用圆珠纹装饰。盛唐第 148 窟佛寺前平台上的台阶形式，是将宽阔的台阶分三部分，两边设踏步，外侧有栏杆，中间是一斜坡，用花纹图案装饰斜坡，后世称此为"御路"只能有帝王在上面行走，而这里是神佛通行的道路了。壁画中的台阶，除直坡形式外，还有弧形梯道的形式，炳灵寺第 3 窟中有一座石雕唐塔，其下部的基座台阶就是弧形梯道。另有一种台阶形式被称为慢道，是由一个斜坡面或一个弧形斜面，从台基上直达台基下，上面没有踏步，面上绘出各种图案。

台台尔石窟　位于新疆维吾尔自治区拜城县城约 60 千米的戈壁丘陵上，属龟兹石窟群。现残存洞窟 18 个，分布在东西两座山丘上，整个石窟东西长约 400 米，南北宽约 160 米范围的东、西山丘的半腰，洞窟形制有平面作横长方形、券顶、平面正方形、梯形顶等，壁画题材有佛像、背光、供养人、山峦等，以第 13 窟内容最丰富，第 17 窟绘尖耳翼的虚空夜叉，为龟兹石窟中首次出现。

唐代长安与西域文明　书名，向达著，1957 年 4 月由生活·读书·新知三联书店出版。为作者发表于 1926—1954 年间的论文集，共收 23 篇论文，按内容分为四个部分，其中第二部分是有关敦煌学的文章，内容涉及伦敦所藏敦煌卷子经眼目录、伦敦所藏的敦煌俗文学、唐代佛曲、唐代俗讲、西征小记、两关杂考、莫高·榆林二窟杂考、罗叔言《补唐书张议潮传》补正、论敦煌石室出晋天福十年写本寿昌县地境等，不仅有敦煌卷子研究，也有作者亲自考察敦煌石窟的论述。

唐僧取经图 敦煌故事壁画。西夏时根据民间流传唐僧取经故事所绘。如榆林窟第 3 窟普贤变，唐僧与猴面行者孙悟空身穿百衲衣，腿裹行縢（又名邪幅），脚踏麻鞋，风尘仆仆，立在岸边，双手合十，虔诚地向普贤菩萨礼拜。唐僧头上有圣僧象征的圆光，一旁有白马一匹，鞍上放置西天取回的佛经，熠熠生辉，光芒四射。东千佛洞第 2 窟"水月观音"中，有大梵天护持玄奘师徒西行图两幅，北侧是唐僧合十礼拜，猴相行者左手遮眼遥望观音，右手牵白马。南侧是唐僧躬身施礼，猴面行者一手牵马，一手持环杖。两图均有大梵天及其侍从护行。

唐宋木构窟檐保护 本着保存古建筑"保存现状和恢复原状"的原则，对莫高窟第 16、427、431、437、444 等 5 座唐宋木构窟檐所施行的保护措施，内容包括复原整修、更换部分建筑构件、落架按原式重修、添配了门窗，防止风化涂刷了清漆等。其中有机高分子醇酸树脂清漆成膜性能好、防自然老化性强、耐磨强度高，涂刷后窟檐显得更为古朴，保护效果明显。

唐宋木构窟檐防风化保护 对木建筑构件进行涂刷涂料是防风化的传统保护技术。1956 年，为了进一步防止古代木构窟檐的自然风化，对 1951 年维修后的莫高窟第 427、431、437、444 窟 4 座窟檐普遍涂刷了两遍酚醛清漆，予以保护。1979 年，由化工部涂料工业研究所和敦煌文物研究所共同承担的"敦煌文物保护研究"的 4 项课题中，其中就有"敦煌莫高窟木质结构的保护涂层的研究"。通过科学试验，最后选择并配制了成膜性能好、防自然老化性强、耐磨强度高的有机高分子醇酸树脂清漆，于 1979 年 10 月 23 日至 11 月 6 日，分别对第 427、431、437、444 窟 4 座宋代窟檐进行了涂刷，涂刷后窟檐显得更为古朴，防止风化效果明显。

陶师 敦煌晚唐以后的楞伽经变壁画中出现的制陶工匠形象。第 85 窟陶师上身、下足赤裸，穿犊鼻裤，或席地而坐，或坐圆盘的中心，手中正制作即将成形的器皿，不远处是一堆待用的陶土泥团。反映的制陶工艺为轮制法，即设一木制圆盘，陶师足踏圆盘，操纵旋转，手上持陶钩，又称陶轮，对陶坯不断修整加工。轮制法是制陶工艺的一大改进，制作出的器物胎体薄厚一致，器形弧度规矩，器表光润。另第 61、454 等窟均有陶师画面，第 454 窟的陶师一旁还有妻儿为伴，是家庭作坊的反映。

鼗鼓　打击类膜鸣直胴型乐器，也写作鞉鼓、鼗牢，即今日民间流传的拨浪鼓。北周至西夏共有 40 多个石窟绘有 60 多幅。形态为一木柄，上串数枚小鼓（1 至 4 枚），演奏这种乐器的乐伎，通常兼操两件乐器，同时腋间夹一鸡娄鼓，为隋唐燕乐独特的演奏形式。早期鼗鼓绘制简单，后来绘彩色图案，造型至为精美。通常为二三只鼓交错重叠，单手摇动发音，多用于大型乐队中。

榆林窟第 3 窟
鼗鼓（西夏）

藤黄　由植物中提取的黄色染（颜）料。藤黄作为染料主要用来染色，唐代以来，已作为颜料在中国绘画上广泛应用。敦煌唐代壁画也不例外。由于属于有机植物颜料，容易变色和褪色，在许多洞窟中已看不到明显的黄色。但在一些颜料样品分析中发现有有机黄颜料。经对莫高窟中唐第 186 窟、晚唐第 337 窟进行分析，其谱图与藤黄的谱图相似。中唐第 194 窟颜料分析中也有有机植物颜料。在莫高窟唐代壁画、彩塑颜料时发现有胭脂（红花提取物）、藤黄、有机蓝（靛蓝）。在绢画中也有。据科学分析，在法国吉美博物馆藏 E01154 号敦煌藏经洞所出盛唐绢画《佛传图》所用颜料中，鲜艳的黄色为白色颜料上覆盖有机物藤黄。

提婆达多 亦作掭婆达多、提婆达兜、地婆达多等，略称调达，意译天热、天授等。据说，本是释迦牟尼叔父斛饭王之子、阿难的长兄，亦随释迦出家为弟子，但他自称"大师"，自立僧团，处处与释迦牟尼作对，在许多佛经中被称作最坏的敌人。在敦煌壁画中，凡绘有比较详细的佛传故事或本生故事中，几乎都画有他生前和前世反对释迦牟尼及种种作恶的事例。

提神线 敦煌壁画专用术语，亦称装饰线，为壁画专用技法之一。即在菩萨戴的首饰上、背光上、衣纹飘带上、装饰图案上等，在画好定型线后再勾勒白色线，敦煌盛唐以前的壁画中为多。另外有些唐代壁画人面部、手脚以及衣纹，均以朱红线勾勒，起到提神装饰的作用，使画面更加生动鲜亮。

提系杆秤 古代衡量工具。中国古代衡器的产生，和人类交换活动的发展有着密切的关系。在古代物轻重的天平和杆秤通称权衡。中国古代衡器的发展，大体上经过天平·环权—衡秤·称锤—杆秤·秤砣等三个阶段。考古发掘的材料证明，至迟在春秋战国时期我国已利用杠杆原理制造出称重用的衡秤及不等臂秤，不等臂秤又称为"王"铜衡（国家博物馆所藏的两件战国时期的铜衡，因上面刻有"王"字，故称"王铜衡"）。到了三国时代，天平的提纽渐渐从中点偏移，并在衡杆上刻斤、两数，形成提系杆秤的雏形，它是在东汉王莽铜衡的基础上发展起来的。不等臂秤经过逐步革新，大约在南北朝（5世纪至6世纪），出现了今天所见的提系杆秤。它是用钩子把秤杆吊起来，钩子两旁的两个力臂长短不等，要称的东西挂在力臂短的那一边，然后再把压秤物——秤砣，沿着力臂长的一边移动，直到两边平衡为止，长力臂上标有重量，这是现代秤的雏形和现代衡器赖以产生和发展的基础。从敦煌、新疆石窟壁画以及文物考古发掘出土的一些北朝、北齐的铁秤砣表明，魏晋、南北朝时期，提系杆秤已经得到广泛应用。在河南焦作发现的北魏时期的窖藏铜器中，其中有杆秤，其造型与敦煌壁画北朝杆秤相同。莫高窟北凉第275窟杆秤的两边各垂一秤盘，一秤盘中放着鸽子，另一盘中坐着尸毗王。为了突出表现要称两个人的重量，掌衡者很吃力地双手提着提纽。

天公主 又称国母天公主、国母圣天公主，甘州回鹘可汗之女，依唐赐姓"陇西李氏"。五代沙州归义军节度使曹议金妻，依回鹘制敕受秦国天公主。敦煌遗书S.4245记有其在曹议金死后，以窟主身份率曹氏家族于莫高窟敬造大龛一所，即今第 100 窟，号"天公主窟"。另莫高窟第 22、55 窟甬道北壁、第 61 窟东壁均有其供养像及题名。敦煌遗书中有大量天公主各类活动的记载，其中 S.6417《国母天公主为故男尚书诸郎君百日追念祈福文》显示，曾生子数人，后一同死于非命。

天公主造窟记 敦煌石窟营造文书。S.4245，无标题、撰写人及题记。后缺，残存 22 行。文中详载"国母圣天公主"等割舍珍财，于莫高仙岩敬造大龛一所，并该窟所绘壁画弥勒经变、四大天王、药师经变等，与今莫高窟第 100 窟壁画内容相一致。故本文书为第 100 窟之造窟功德记，成书于939 年，第 100 窟因名天公主窟。"国母圣天公主"即曹议金回鹘夫人陇西李氏，建第 100 窟时曹议金已死，曹元德执政，因此按该窟的实际主持开窟人为"河西节度使司空"曹元德，窟主则为"国母圣天公主"。

天宫伎乐 敦煌壁画中表现天宫、佛国世界的音乐舞蹈场面，一般泛指各种经变画中的乐舞图像。

天宫乐伎 敦煌壁画伎乐天之一，原指佛国上界一切从事乐舞活动的菩萨、神众，敦煌壁画中专指窟顶与上端四壁交界处，环窟四周，绘有带状之宫门栏墙，上有数并列，呈天宫圆券城门洞状之方格，每洞之中，踞一奏乐，或有舞姿的天人，头有光环，大多为半身，被称为天官乐伎。是敦煌早期壁画的常见形式，从北凉经北魏、西魏至北周，一直延续至隋代。天官乐伎的造型生动，质朴，粗犷，稚拙，无固定模式。其造型多为男性，高鼻深目，双眉连成一线，头上束髻，上身裸体，或着袈裟，或系裙披巾，其脸型及服饰有明显的西域特征。天宫乐伎或持各种乐器，或合掌，或持花，或持彩带、花环，其形态变化丰富，或以手势及身体的扭动做歌舞状，一般是乐舞参差，有的洞窟奏乐者居多，有的舞蹈者居多。天宫乐伎在构图上，格局统一，有强烈的图案装饰效果，多数相连接的宫门有凹凸错落的栏墙形成一条花环似的边饰，构图满而不塞，对整个洞窟起到平衡谐调的作用。在技法上以西域明暗法与中原之色线敷色法相兼并用，线条色彩对比鲜明，充分发挥了古代画家的艺术想象和构图才能。

天龙八部　亦可称龙神八部或八部护法、八部众等。主要是指八部护法的天神：①天神；②龙众；③夜叉；④乾闼婆（即香音神）；⑤阿修罗；⑥迦楼罗（金翅鸟或大鹏鸟）；⑦紧那罗（非人或歌人）；⑧摩睺罗迦（大蟒神）。敦煌石窟历代壁画中均有绘制。

天请问经变　敦煌经变画之一，现存 39 幅，中唐以后根据唐玄奘译《天请问经》绘制。内容主要讲佛在室罗筏国誓多林绘孤独园林，有一"天"来到佛所在地，顶礼佛足，并向佛提出诸问题，佛逐一给予回答，经过偈语形式的九问九答，阐发四谛、六度、持戒的义理，"天"闻佛说法后，再礼佛足而去。

天梯山石窟　位于甘肃省武威市东南约 45 千米处的天梯山南麓。开凿于十六国北凉时期，历经北朝、隋、唐、宋、西夏、元、明各代，形制多为平面方形中心柱窟。残存有造像，壁画题材有一佛二弟子、一佛二菩萨二天王及早期纹样忍冬边饰和化生。第 1 窟中间为三层方形塔柱，每层开一龛，塔每层为阶梯形。第 13 窟最大，宽 19 米，深 6 米，残高约 28 米，内塑一佛二弟子、二菩萨、二天王，窟顶绘佛本生故事。

天王堂　建于莫高窟西崖的山顶上，是一座单层土塔。四方形塔身建在两层方形基座上，塔身向上有明显的曲线收分，中间夹有两重木枋，围成一圈，四角交接处有木楔插入，好似现代建筑中的圈梁。早期建筑由于斗栱技术还不甚完善，在厚重的土坯墙上增设壁带以加强墙壁的稳定性，壁画中有壁带形式，古文献也有关于壁带的记载。整座塔身形象稳重、坚实而不呆板。塔身上部用土坯挑出叠涩短檐，顶部作四角攒尖式，其上以土坯作成方形塔刹，刹顶现已残损。塔身东面开门，塔内为小方室，穹窿顶，从室内壁画风格看，应为宋代所建。根据塔上现存痕迹及 20 世纪初俄国来敦煌盗掘文物的出版物图片看，原来塔身四周还应该有低于塔檐的围墙一周，在塔身前有高大的天王塑像，被一山面向前的龟头屋遮盖，犹如正定隆兴寺大殿及榆林窟西夏壁画里的十字脊佛殿，只是这里只有一个山面向前，没有形成十字形平面。高耸的塔刹突出于四周围墙之上，围墙之内有塔身可以环绕，形成中心柱窟的空间，应该是一处"塔寺"建筑的遗存。

天王乐伎　敦煌壁画伎乐天之一，即持有乐器的天王。敦煌壁画中，天王图像甚多，最早者为北魏。五代之后，出现手持琵琶天王，榜题也各为西方广目天王。如莫高窟第 146 窟的天王，手持曲项琵琶，为壁画中最大的一面琵琶。天王所持琵琶应为持法器，称之为乐伎，亦属勉强，但所持确为乐器，其用意为强调"风""调""雨""顺"的谐音象征。

天禧塔　位于莫高窟园林中，是一座大型覆钵式塔，又称为喇嘛塔。它源自中亚的古犍陀罗地区，故日本建筑史学家称其为"犍陀罗塔"。宋、元时代从尼泊尔传入内地而大量兴建。该塔形式是在一层低矮的方形塔基上作重层亚字形平面的四层塔座，层层收小，其上浮塑一圈连珠纹饰，上承仰覆莲座，莲座上有高耸的钟形覆钵状塔身，上有各种浮塑的璎珞装饰，在覆钵塔身上半部的西面开一圆券门，门上有尖拱券形的门楣，据说可以从这里进入塔内。圆形的塔身上再起"亚"字形山花，山花上是高耸的十三层相轮塔刹。关于此塔的考证：敦煌石窟前的许多土塔在民国三十年（1941年）冬，曾经被国民党军的马步芳部在塔下"掘宝"，有的塔因此被毁，但也掘出了宝物。当时曾掘得北宋天禧三年（1019年）的一座小木塔并建塔记，此塔曾一度流散在武威，以后被甘肃省博物馆收藏。该塔记被收入在《陇右金石录补》中，记为《天禧塔记》，在记中写道："遂乃齐心合意，上教下随，选此良田，共成塔一所者，故记之尔。"综观莫高窟的塔，大多都建在东西两边的山上和平坦戈壁中，唯此一塔建在莫高窟园林的良田中，故此塔应是天禧塔。

天象图　描绘中西方天文学内容的图像资料。常见的有天象图、星象图、二十八宿和黄道十二宫等。汉代以来，这种题材也出现在甘肃河西地区。高台县骆驼城魏晋墓、酒泉丁家闸魏晋墓画像砖就绘有天象图。莫高窟西魏大统五年（539年）绘制的第285窟西壁佛龛外两侧上方绘有四匹马从左右两个方向拉车轮的日天、诸星和月天等形象。这种天象图与新疆拜城克孜尔千佛洞以及阿富汗巴米扬石窟东大窟顶中央画的日天形象相似。证明古代天文学方面中西交流的实况。这种天象图在新疆古龟兹石窟群中也大量出现。历代壁画中还有一些日、月、星、空等天象图。至于历代壁画中绘日天、月天，佛教诸神手持日月图形以及日月瑞像等，更是比比皆是。敦煌壁画中的二十八宿、黄道十二宫、五星、七曜、九曜、十一曜等天文图像都出现在炽盛光佛经变（全称炽盛光佛陀罗尼经变）中。这种经变题材，在中国西北的新疆、甘肃、宁夏都有留存，其内容大同小异。

田间餐饮　敦煌社会风情壁画内容之一，表现农忙时节送饮食于田间餐饮。莫高窟第 23 窟法华经变、第 445 窟弥勒经变均有此画面，餐饮者们于田间地头席地盘腿围坐，或端碗、或啃饼，或将盛乳浆或酒之类的瓮端起畅饮，古所谓"污尊抔饮"，显示其质朴而浓郁的生活气息。

田相衣　袈裟之一种，又名田衣、水田袈裟，即为有条相的袈裟，以紫或黑色条相将袈裟分成若干方块，形如田畦，故名，象征着养息生命，生长兴旺之意。敦煌唐代壁画、彩塑中，僧人大多着田相衣，有各种色料，但条相纹基本多为黑色。

填色　中国画和敦煌壁画设色技法之一。即是在白描画和起稿线的结构内填涂色彩，运笔严谨，使得色线互补，设色既可平涂，又可叠晕染，但不压盖线描。第 158、159 等中唐洞窟的壁画，皆为此法之上品。

贴金　敦煌石窟壁画、彩塑装饰之一，即用金箔粘贴为饰，使色泽亮丽夺目。早期用于菩萨臂钏、天王像的手镯、项饰、战袍等处，如第 263、285 等窟。隋代壁画、彩塑上大量应用金色，如第 420、427 等窟。唐代多用于加强佛像面容、肉体，佛弟子、菩萨的装饰，如第 57 窟的双龙莲花井心，窟龛外南侧的菩萨，从头饰、胸前的璎珞、臂钏等饰均用金色描绘，第 172 窟净土变中一尊菩萨锦裙上有一块金线织金纹。唐代彩塑上大量使用金装饰，如第 328 窟龛内塑像佛、迦叶、菩萨、跪姿菩萨等都穿华丽的织金锦衫、裙，第 45 窟龛北天王的铠甲，将鳞状锁子甲精心描绘并涂贴金箔。五代、宋、西夏时期的浮塑、团龙团凤藻井，元代壁画的贴金装饰等，用稀释的桃胶在需用处贴上金箔，压平整后再勾勒出线条即可。

铁红　主要成分是三氧化二铁（Fe_2O_3），石英等杂质较多，颜色较暗。古代用作红色矿物颜料。中国古代约有 30 种文献记载了关于敦煌一带（瓜、沙二州）出产绛矾的情况。绛矾可由绿矾焙烧制得。有天然产的，也有通过焙烧黄铁矿石而制得。绿矾在空气中经大火焙烧，析出结晶水的同时会被空气氧化成为红色，驱尽其中水分后，即成为棕红色，犹如黄丹的粉末，古时称为绛矾，绛矾不仅是名贵的药品、炼丹的原料，而且也是自唐以来在敦煌石窟壁画、彩塑中使用的红色颜料。莫高窟从五代开始，某些含 α-Fe_2O_3 颜料中没有或者含有很少量石英，由此推断，如莫高窟五代第 5 窟、宋代第 378 窟、回鹘第 245 窟、西夏第 265 窟、元代第 465 窟及清代的红色均为绛矾颜料所绘。

铁线描　中国画和敦煌壁画线描之一。较琴弦描稍粗。敦煌北周与隋代的壁画中主要用此线描，同"高古游丝描""琴弦描"，行笔圆润流畅，刚劲连绵，行线均匀，粗线一致，富有弹性。

庭院　壁画中最早的庭院出现于中唐第 361 窟。出现机会最多的是在劳度叉斗圣变中。表现最美的庭院是五代第 61 窟屏风画里的。第 361 窟表现弥勒诞生时的场景，他母亲在庭院中游玩，行至一棵树下，手扶树枝时，他从腋下诞生。壁画绘出庭院一角，三面有竹木编织成网状的围栏环绕，园内的树木及芭蕉丛中有房屋一间，檐下帷幔张挂，室内方砖铺地。劳度叉斗圣变中根据故事情节表现要选地建精舍，最后选中城南祇陀太子园地。晚唐第 196 窟西壁绘出园地内树木葱郁，四周有栏杆、小桥、溪水，表示园林的自然情趣。第 61 窟西壁屏风画中将帝王、贵族府第的庭院描绘得格外精美，园内一间小殿，周围花木扶疏，空中仙人祥云，飞鸟和鸣，地上伎乐轻弹，庭院外有栏杆、溪水环绕，一侧置乌头门通达溪水上的小桥与外界联系。整座园林通过栏杆、溪水、小桥、绿树、飞鸟、音乐，达到和谐统一，自然天成的境地。

停棺举哀　人死入殓后停棺室内，举行祭奠。莫高窟第148、61 窟所绘释迦涅槃时有此情节，是反映人世间丧葬习俗：棺木停于当中，棺木形制与今制相似，一头大，一头小，外面彩绘各式花纹，下有棺座。一周围绕着菩萨及僧俗众弟子。室内停棺的用意是：人子尽哀，吊丧者致意，丧家停棺料理有关殡葬事宜。敦煌当地停棺的日期最多不超过七天，源自《十王经》，每七天必到一王处报到，否则不得超生。

通天冠　帝王所戴冠，一般与深衣大袍相配，在祭还、冬至、朝日、临轩、拜王公、元会等诸典礼时服之。敦煌壁画中多见，如莫高窟初唐第 334 窟维摩诘经变中的汉族帝王，西魏第 285 窟南壁五百强盗成佛图中审判强盗的国王，北周第 290 窟佛传图中的净饭王，盛唐第 45 窟观无量寿经变中之阿阇世王子（同样见于榆林第 25 窟中唐壁画），中唐第 154 窟等窟金光明经变中的四万两千天子等，均着通天冠，其形制有卷梁几道不等，附蝉，加有金博山，一般为黑介帻，有玉等笄簪以导。

同牢合卺　敦煌婚姻习俗壁画内容之一。为新郎新娘入青庐后所举行之仪式。同牢是新婚夫妇共吃一盘肉菜，表示同尊卑，开始共同生活。卺是婚礼专用的一种酒器，把干葫芦剖分为二，用彩线连接，内盛酒，新郎新娘各持一半，互饮之，后世称合卺为交杯酒、合欢酒，以象征男女的结合。唐宋以来，卺变通为杯子，以金银制作。榆林窟第38窟描绘了入青庐的场面，新郎新娘一同向青庐走去，新郎回首对着新娘作请的姿势，青庐外一侍者正端着同牢盘等候。莫高窟第454窟的青庐一周悬挂彩带，新郎新娘坐庐内，两侍者正端盘而上，前一盘是同牢食，后一盘托着两只合卺杯，生动地反映了同牢合卺之仪。

铜角 吹奏类胴腔乐器，为金属制号角，敦煌壁画中出现于晚期西夏及元代。见之榆林窟第10窟、肃北五个庙。我国铜管乐器始于唐代，沿用至今。壁画之铜角，则为现存最早的铜管乐器图像，比西方国家早几个世纪。现今中国蒙藏寺院中的大号、彝族长号等与敦煌壁画铜角有相同之处。

铜绿 以天然氯铜矿制作的绿色颜料。其化学成分是氯化铜（$CuCl_2$ ·

**榆林窟第10窟
铜角（元代）**

$2H_2O$），中西交流物品。中国古代壁画常用的颜料之一种。"铜绿"的记载以新疆吐鲁番和敦煌莫高窟藏经洞文书为早，在敦煌藏经洞唐、五代时期的社会经济文书中，关于记载铜绿颜料的文书有 3 件。P.2032 号《后晋时代净土寺诸色入破历算会稿》、P.3763《年代不明（10 世纪）净土寺诸色入破历算会稿》、S.4120 号《壬戌—甲子年布褐等破历》。记载古代制造铜绿的文献较早的应是五代李珣的《海药本草》，其中讲到"以铜、醋造"铜绿。据目前的科学分析结果可知，以氯铜矿、水氯铜矿（$Cu_4(OH)_6Cl_2·3H_2O$）化学名称为碱式氯化铜水合物。作为绿色颜料的使用以中国西北地区为最早，应用最广泛的是甘肃河西走廊各地石窟和墓室彩绘壁画。而敦煌石窟应用的时间最长，用量最多，从北凉（397—439 年）到元代千余年间一直应用。从大量颜料的分析中可以看出：北朝以来的绿色颜料中，既有单独应用氯铜矿的，也有氯铜矿与石绿（孔雀石）或石青（蓝铜矿）混合的，说明早期的铜绿是从自然铜矿氧化带中采集的伴生矿物加工的。唐代以来，敦煌、新疆等石窟中绿色颜料主要是氯铜矿，这与当地制取出售铜绿的文献记载相符。

童子飞天　飞天壁画之一类。即化生童子飞天，自莲花中化生而出，多为男童形象，裸体、披巾，于天花流云中歌舞散花。始出现于西魏洞窟，隋唐五代及西夏沿袭之，以西魏第285窟、回鹘第97窟为代表。

投壶 古代士大夫宴饮时的一种游戏，以酒壶代替箭靶，宾主在离壶五至九尺外，用一定数量的带皮无镞的箭轮流投射，中多者为胜。莫高窟第61窟西壁佛传屏风画中即有投壶画面：台桌右上角置一壶，太子与四人围绕台桌，轮流作投壶之戏。

透额罗 古代妇女头饰之一，其形式为以纱罗巾裹头，由于罗巾质地轻薄透明，连额上皱纹也不遮，故名。第130窟女供养人中有裹头巾，只包住发髻、额发，而鬓发则散露于外。榆林窟第25窟弥勒经变中婚嫁图及老人入墓图中见有男子饰有类似此妆者。

涂金 中国画和敦煌壁画设色技法之一，多用于山水画和佛教人物绘画，也有以涂刷泥金为画幅底色，而在其上勾勒设色者。敦煌壁画中如榆林窟第2窟的水月观音的肌肤、面容即用泥金设色。

涂色 中国画、敦煌壁画设色技法之一，即单色平涂。敷彩兼顾造型，着色行笔随意粗犷，洒脱大方，是敦煌北朝壁画的主要设色特点之一。

涂写 壁画表面上人为书写或刻画。

屠户　敦煌社会生活壁画内容之一。古代敦煌地区畜牧业发达，屠宰业也随之兴盛。莫高窟第296窟善事太子入海品中绘有屠坊，一屠夫上身赤裸，穿犊鼻裤，手中持刀立在门外，房内刚宰杀一只羊，身首分开，血流遍地，一旁用平底铛烧水备用。第321窟宝雨经变的大杂院内，两屠夫肩扛、担挑着宰过的肉大步前行。按佛教本义，屠户是作为反面形象，告诫信徒勿杀生害命。

土红　又称赭石，矿物名称为赤铁矿，系天然氧化铁矿的一种，其主要化学成分为 Fe_2O_3，以红色粉末状者为佳。它是人类使用最早应用时间最长的红色颜料。敦煌石窟北朝时期的洞窟全都应用了土红颜料，广泛用在壁画、彩塑的各个方面，北朝洞窟的四壁几乎全用土红涂刷底色，而且大部分洞窟的平棋图案、藻井边框、人字披的梁、椽及两披交界顶端，以及中心柱四壁、佛龛及龛楣图案、壁画、彩塑佛及弟子的袈裟、裙裤等衣物也用土红涂绘。此外，还用在说法图、飞天、故事画中人物衣饰、山川、花卉、动物、建筑画、莲座、各壁装饰图案，以及线描艺术等。隋代以后，不用土红涂底色，其他用法和隋代以前相同。

土黄　又名黄赭石。和赭石一样，同是含三氧化铁的土性天然矿物，不同的是黄色含铁矿物有结晶水，而赭石则无。

土黄一般为针铁矿晶形。土黄的使用在绘画中也很早，只是载入史料中的很少。甘肃天水麦积山石窟北魏和北周的壁画中均发现使用了土黄作颜料。

土葬　敦煌社会风俗壁画内容之一，表现中国传统的埋葬方式。敦煌古代土葬是长斜坡墓道的洞室墓，地表起坟，坟四周置夯筑围墙，内植树，即成茔域，又称兆域墓园。莫高窟第 296 窟绘微妙比丘尼墓园，茔域围墙约半人多高，呈方形，两侧留出口通行。榆林窟第 19 窟地狱变的茔域只一面设出道，在出道口及茔域围墙的各拐角处均有较高的土墩，呈城堡状。

吐蕃装　即敦煌壁画中吐蕃人之服饰。敦煌中唐时期洞窟中留有着吐蕃赞普及侍从、吐蕃供养人形象，如莫高窟第 159、231、237、359、360 等窟维摩诘经变及供养人像。赞普头戴红毡高帽，平顶，大翻领通裾袍衣，革带，乌鞋软靴，遮耳髻。其他人物有戴平顶红毡高帽，穿云肩式或大披肩领的长袖缺胯袍，腰束红色蹀躞，脚穿黑勒靴。王者多见佩长剑，前有侍者捧香炉，后有侍者张龙首曲柄盖，侍者身佩腰刀。穿左衽袍衫，束遮耳髻是吐蕃人常见服饰。

吐蕃婚礼　敦煌壁画民族风情内容之一。吐蕃时期建榆林窟第 25 窟中的婚嫁图，基本结构仍然是礼席的拜堂行礼，但从新郎新娘到宾客全着吐蕃装。行礼方式是男跪女揖，但跪姿为屈体，系印度佛教五轮俱屈之姿，二肘、二膝、头顶谓之五轮，五轮着地，其余躯体悬空，有三名侍女一旁站立。此图又是一份吐蕃族人文、服饰乃至日用器皿的珍贵资料，如礼席间男女杂坐，男子的透额罗、小礼帽，妇女的多辫、戴胡帽，端盘侍女的氆氇缺胯衫，新郎新娘的毡帽等等。

吐蕃（中唐）建筑画 敦煌的中唐时期为吐蕃统治时期，吐蕃的周围有中原、西域围绕，因而它的建筑形式包含了诸多因素，既被周边建筑影响，同时又影响周边建筑。其中保留至今在藏族地区仍可见到的吐蕃建筑特征就是柱子上的"托木"形象，在有明确纪年的第 231 窟（839 年）可见到简繁不一的两种形式，这是目前所见最早的且有具体年代的托木形象。简单的托木形象在窟室南壁中铺上部的塔柱上，另一种繁复的托木形象在南壁西铺中部，弓形的柱子在大斗上有三层叠涩的托木，托木端头有悬挂的珠饰，为现在所不见。据《西藏王统记》记拉萨两座寺庙迎神开光仪式的颂辞中所记大昭寺与小昭寺的建筑特征，在第 361 窟壁画里有所体现，其中大昭寺为尼泊尔公主所修，表现了受尼泊尔影响的弓形柱，其中："上下两层诸木柱，绝妙如同金刚橛。柱弓梁柁如塔层，工巧变化绝其伦。"就在该窟北壁西铺表现一座二层弯木柱的塔，按照木材的材质不应该出现这样的弯曲，可是这样的建筑形象却在中唐以后的几百年直到西夏都在敦煌石窟中出现。而小昭寺为文成公主修建，藏语名称"甲达绕木齐"，其意思有两重，一作汉人修建，二为屋面形象斑斓如虎纹，而自中唐开始，壁画屋面出现黄、黑、绿色的条纹，最壮观的可见第158窟东壁南侧的大殿屋面，在第361窟北壁东铺也有表现，反映了唐代中原屋面装饰琉璃瓦的表现形式，而这样的瓦屋面没有实物留存下来，却在吐蕃文献与壁画对照中找到依据。吐蕃时期的斗栱形象也与中原不同，影响了中原的翼形栱。第361窟壁画中出现了树叶形状的斗栱，且延续至宋、西夏，无独有偶的是在山西五台山佛光寺旁边金代文殊殿上的翼形栱与壁画中的树叶形状斗栱几乎一模一样，查找吐蕃文献《拔协》记述早期修建桑耶寺："柱顶是叶状斗栱"与壁画形式不谋而合，这不是巧合，而是真实的记录，在其他西藏古文献里，多有提到树叶柱的名称。且中原所见的翼形栱，都晚于中唐，而翼与叶读音相近，在传播过程中异化为了翼形栱。吐蕃时期的叶形栱也在后世演变中湮灭了，珍贵的图像资料保存在了敦煌石窟中。

吐峪沟千佛洞　位于新疆鄯善县西南约40千米处，火焰山胜金口东10千米的吐峪沟。洞窟分布在沟东岸半山坡及西岸白垩纪红砂砾岩层中，分东南、西北两区，其中东南区两处，西北区三处。石窟最早开凿于晋至前凉高昌时期，现存洞窟94个，大部分都已坍塌，仅八个洞窟残存部分壁画。东南第一窟群东西山顶上有两处土坯建筑，一为寺院殿堂和僧寮遗址，另一仅存土坯墙。洞窟建筑分依山开凿和土坯修建两种形式，多为券顶窟、穹顶窟和支提窟，残存壁画内容有佛像、几何图案、故事画、植物图案等。

团花卷草纹佛光　敦煌佛光图案的一种。多绘于盛唐以前。如第328窟的佛彩塑头光，以一个完整的团花图案为主，一周绘以半圆团花装饰，沥粉堆金主体边饰内团花卷草纹边饰，组成头光。背光则以较为写实形似菊花枝叶似的卷草图案为主，以团花边饰纹为外边环绘于沥粉堆金边条之间，背光和头光上方绘以少许火焰纹，在边条饰以浮塑，色彩绚丽、金碧辉煌。另第130窟大佛之头光、背光，第45、188窟中唐之佛头光背光为此图案的佳作。花形结构由花心向外作放射状，花瓣由多种纹样合成，如阔瓣叠染形、阔瓣晕叠形、竹叶状、窄瓣叠染形、窄瓣叠晕形等，若干花瓣联成环状。花环内少外多，内小外大，层层相套，成为团状花饰。在敦煌壁画中有单独出现于窟顶藻井中心的，有从中心分为四分之一出现在藻井四角的，有四整四半反复连续，或一正两反成

"品"字形连续排列为边饰，也有四方连续成平棋图案者，多出现于敦煌唐至西夏的壁画和塑像中。如第320窟盛唐团花藻井中之团花边饰，第196窟晚唐劳度叉斗圣变的边饰等。

团龙纹　敦煌装饰图案纹样的一种。壁画中北朝至唐多画于平棋和藻井图案中，亦绘于帝王的衣服上，如第220窟盛唐维摩诘经变中唐王服饰上的龙图，均为舒展、腾跃之状，唯少鳞甲。至五代开始至元代作蟠龙状，绘塑于窟顶藻井中心，鳞甲交错，为很完美的团龙纹。

团龙鹦鹉藻井　藻井图案的一种。如敦煌第61窟藻井呈两层阶梯状，井心一条涂金浮塑团龙，腾跃于莲花中，四周有四对鹦鹉，形态各异，四角摩尼宝珠莲花，给人以静中有动之感。在二层方井中，内边饰为团花纹和回纹，外边饰为狮凤纹和三角垂幔纹、璎珞纹，色彩金碧辉煌，为敦煌藻井图案代表作之一。

推磨图　石磨，古称硙。颜师古注《急就篇》时说，"硙（wei）所以䃺（mo，右旁"石"为"非"）也"。䃺为"磨"的本字。粉碎工具。最早用人力，推动石磨转动，粮食从上扇磨盘上的磨眼流入两扇磨盘中间，即可磨压成粉。罗去麸皮，即成面粉。莫高窟五代第61窟西壁五台山图"灵口之店"绘两壮年男子抱磨杆推大石磨磨面的画面，与陕西三原李寿墓壁画、新疆吐鲁番彩绘推磨泥俑等众多推磨的场面相同。

推沙扫窟重饰功德记　敦煌石窟营造文书。P. 2641v1，首尾共 7 行，无标题、撰写人及题记。记"推沙扫窟，崇饰功德"为戊申至己酉年间事，据卷内其他文献考订为公元 948—949 年，所修南大像北边一所古窟，疑为今莫高窟第 130 大佛窟北邻第 129 窟，系当时归义军小吏安某组织全家人所为，窟内有安某家族供养群像及题记。

褪色　壁画颜料的色度降低，由鲜明变暗淡，由深变浅，是观者肉眼对壁画的一种感官判断，这种现象在现存古代壁画中十分普遍。褪色程度可以通过颜料分析和色度监测来定量判定。

脱墼　即脱制土坯，为窟上建筑营造活动内容之一。古人称土坯为墼，或为墼子，即以泥土为原料，用特制的模子制作土坯。制成的墼子，是土木建筑主体建筑材料之一。脱墼活动，有时单独进行，有时与垒墙等活动同时进行。从莫高窟窟前现存实物来看，墼子长 40 厘米、宽 20 厘米、厚 15 厘米，白土，与现代沙、草混合的用料有所不同。脱墼有造墼、揭墼、易墼、搬墼等工序。

脱落壁画修复　壁画修复措施之一，根据不同病害采用不同的方法：对产生地仗泥层已经脱落的壁画，采用泥浆等材料进行边沿加固的方法，进行封护；对壁画支撑体崖壁砾石之间产生松动或横向开裂，崖体产生纵线裂缝，或泥壁与崖壁之间出现的局部分离，可采用裂缝灌浆粘贴或铆固技术等，如1966年对莫高窟第130窟大面积空鼓、开裂壁画进行十字架铆钉加固，2002年对第85窟产生局部空鼓、裂缝的壁画进行灌浆粘贴和铆固技术等；对于产生表面泥层起翘、白粉层脱落、颜料层脱落的壁画，则采用针头注入黏合剂的方法进行修复。

W

外来的日月神 西魏第285窟西壁所绘日月神图像。日神束髻、有项光、着菩萨装，双手合十，端坐在双轮马车上，车的两头各二马，相背奔驰，下有二力士乘回轮三凤车，一力士双手上托日车，一力士手执头盔。月神亦端坐双轮车上，不同的是两头拉车者非马而是鹅，相背飞翔，下有二力士乘四轮三狮车，一力士双手托月车，一力士手持盾。人物与车均呈动态，马善于奔驰，天鹅则翩翩飞翔，相背奔驰象征日月在空中不停运转、东西起落。这是西亚和中亚文化相结合的产物。

玩木偶　敦煌社会生活风情壁画内容之一，绘制于莫高窟第 31 窟法华经变中。有母女二人戏玩木偶，木偶的造型比较粗糙，但母亲仍给它缝制了裙子，打扮成一女童，体现了"慈母手中线"的良苦用心。她右掌托着木偶，右臂前伸，逗弄女儿玩耍，面前的女儿梳双丫髻，襦裙帔帛，张开双臂作索取状，憨态可掬。

晚期敦煌石窟　或曰晚期敦煌石窟艺术，敦煌回鹘、西夏、元代三个时期敦煌石窟艺术之总称。

晚唐敦煌石窟　或曰晚唐敦煌石窟艺术、张氏归义军时代敦煌石窟艺术等，敦煌石窟分期之一。指张氏归义军并西汉金山国时期（848—914 年）的敦煌石窟，主要分布在莫高窟、西千佛洞、榆林窟等处，洞窟型制为覆斗帐形殿堂式（西壁开龛或设中心佛坛）窟；彩塑题材为佛、弟子、菩萨、天王、金刚力士组合，壁画内容以大幅经变画为主，另有千佛、天宫伎乐、说法图、佛教史传故事画等，艺术风格为中唐之延续。

万佛洞石窟　亦称万福洞，位于陕西省米脂县城北 8 千米的无定河东岸的悬崖上。开凿于宋至明初，现存 12 窟，有九天圣母、白衣洞等窟名；个别洞窟存有少量壁画、浮雕藻井图案、泥塑造像等。位于悬崖正中的伽蓝护法殿（万佛洞）

为石窟群主殿，高 5 米、宽 10 米、深 10 米，平顶，窟内设两座连接窟顶与地面的四方石柱，二柱四面及窟内四壁雕刻贤劫千佛数尊；窟内后部佛坛，坛上泥塑卫士佛像和一佛二菩萨像；窟顶有藻井。

万佛寺石窟　位于陕西省黄陵县，建于北宋绍圣年间。石窟坐西朝东，平面呈方形，宽 9.18 米，深 8.45 米。窟门中间马蹄形基坛的南、北、西三面凿成背屏式的石壁上连窟顶，形成了中间套室的格局；窟内造像内容有一佛二菩萨、一佛二弟子二菩萨、一佛二菩萨二供养人、三世佛、千佛等群体造像，有释迦牟尼佛、阿弥陀佛、药师佛等单体造像，以及文殊、普贤、地藏、月光菩萨、日光菩萨、水月观音、十六罗汉、天王、五百罗汉、布袋和尚、佛传故事、地狱变相、涅槃变等各类题材，此外窟内尚有题记。

王母宫石窟　位于甘肃省泾川县西 0.5 千米的汭河与泾河交汇处的西岸回中山脚下，现存一窟。原建于北魏，坐西面东，高 11 米，宽 12.6 米，深 13 米，内有中心柱；前壁已毁，现存三层楼窟檐是清代建造；窟内正壁并列开三个大龛，各壁上层开一列小龛并造一排小佛；窟内造像有一佛二菩萨，供养比丘、佛传故事等。窟内安置有 30 多身原周边寺院的北魏、西魏、北周、隋、唐的石雕像。

王僧统 五代沙州僧人，法号不详。约在后唐长兴四年（933年）至清泰二年（935年）任河西释门都僧统。或为莫高窟第143窟功德主，在任期间曾予重修，事见 P.3302v2《长兴四年河西都僧统宕泉建窟上梁文》。

王文通 隋代人物，莫高窟第281窟有其供养像，并题名"大都督王文通供养"。

网鹰 窟上娱乐活动之一，归义军衙门令猎人在八月初于窟上（莫高窟）支网捉鹰，以供射猎，同时还举行一定的仪式。此项活动似有消灾免难之意。

往生净土 唐宋时期盛行净土信仰，死后往生净土是广大信众追求的最高归宿。第431窟（初唐）的屏风画九品往生对此信仰作了形象反映，房内的临终之人，坐床上，背靠枕头，凡是读诵佛教经典并具诸戒行者，便可上品（上生、中生、下生）往生，西方三圣来迎，一同飞升佛国；凡受持五戒、持八戒斋，不造五逆者便可中品往生，临终有菩萨来迎，坐莲花台飞升；下品往生之人乃生前作恶多端，理应堕入死狱，在其门外绘地狱图，如刀山、剑树、油锅、铁蒺藜等，临终时遇善知识，称念佛名，虽无菩萨来迎，仍可乘彩云往生。

微妙比丘尼因缘故事 敦煌故事壁画之一。现存莫高窟北周第 296 窟、晚唐第 85 窟二幅，据《贤愚经·微妙比丘尼品》绘制。故事讲微妙比丘尼现身说法，叙述自己一生受尽折磨苦难，最后出家为尼的经历和遭受种种不幸的前世因缘：微妙妊娠后，丈夫被蛇咬死，一子被狼吃、一子溺水而死，公婆去世，娘家因失火全家遇难；她第二次嫁给梵志，分娩时，丈夫酒醉把婴儿放入锅内煮并逼微妙吃；微妙出走，遇上丧妻的长者正为妻子上坟，两人结为夫妻，结婚第七天丈夫暴病而死，微妙按照习俗殉葬；盗墓贼挖墓，微妙得救；盗贼首强迫微妙结婚；贼首因罪被判死刑，微妙再次殉葬，又因狼扒墓得救，最后微妙拜佛受戒，成为比丘尼。微妙所遭一切不幸，是因她前世以钉子谋害小妇之子而受报应。

微生物损害 微生物的滋生对壁画表面造成的伤害，包括"菌害""霉变"等。

围棋 敦煌民间风情壁画内容之一。多出现在维摩诘经变中。榆林窟第 32 窟（五代）的围棋图，中置几案，地上铺毡，两人席地盘坐，几案上的棋盘清晰可见，一颗颗棋子正零碎地开始布局，维摩居士居中观看。莫高窟第 454 窟（宋）是两名戴幞头、着袍服的士人，盘坐毡上，全神贯注地正在下围棋，维摩居士坐一旁观看。敦煌古代盛产围棋子，用当地的玉石磨制而成，在唐代还是朝贡之物。围棋活动在敦煌比较普遍，围棋壁画即取材于当地。

围屋图 第445窟北壁大幅弥勒经变上部兜率天宫的十几座院落，形状各异，有圆形、有心形、有抹角方形等等，很多都建造在悬崖峭壁上，与南方现今的客家围屋很相似，且游客们每每看到，都不约而同地认为是客家围屋，且这样的兜率天宫仅此一窟。据《晋书》记载南北两个人物的列传，南方有《晋书·王导传》记载："俄而洛京倾覆，中州士女避乱江左者十六七……"北方有《晋书·张轨传》："中州避难来者，日月相继。"很好地诠释了当时中原群雄争霸，中州人士四散逃离，躲避战乱的状态。自西晋后，又有过多次因避战乱而先后逃离中原的人民，将中原文化带到江南与河西。敦煌壁画中的围屋可以看出没有高大的围墙，但却建筑在独立的悬崖峭壁上，形成天然屏障，成就了逢山必有客、无客不住山的客家围屋环境。

维摩诘 佛教人名，也译作毗摩罗诘，意译净名或无垢称，略称维摩。据《佛说维摩诘经》记载，他本是毗耶离城（吠舍离城）神通广大的一位大乘居士，与佛祖释迦牟尼同时代。据说他虽有家财万贯，妻妾成群，但他却一心奉佛，常以各种方式教化众人；他经常出入酒肆、妓院、赌场救拔那些执迷不悟或甘堕社会下层的人；常以讽喻问难等方式，帮助教诲释迦的众多弟子。他曾以称病为由，同释迦牟尼派来问病的文殊师利（智慧第一的大菩萨）等反复论说佛法，义理深奥，妙语横生，因此受到文殊菩萨等的崇敬。维摩的形象一直倍受中国士大夫的敬奉和青睐，对两晋南北朝"清淡"时尚也颇有影响。敦煌石窟中有维摩的画像及维摩诘经变。

维摩诘经变　敦煌经变画之一。据《佛说维摩诘经》绘制，莫高窟现存隋、唐、五代、宋各时代所绘共 67 铺。隋绘方便品、弟子品、问疾品、见阿閦佛品、观众生品，一般绘于主室西壁佛龛外两侧；唐增不思议品、佛国品、菩萨行品、香积佛品、法供养品、菩萨品。五代、宋新增佛道品、入不二法门品，一般以"维摩示疾，文殊来问"为主题，绘于东壁窟门两侧。其中以第 220 窟东壁唐贞观十六年所画和第 103 窟东壁盛唐所绘，以及第 276 窟西壁隋代绘制的维摩诘像最为杰出。

嵬名智海　西夏党项族僧人，皇族。据莫高窟第 340 窟西夏文题记可知，曾修建过莫高窟寺庙。莫高窟第 61 窟供养比丘形象中有其供养像，旁有西夏文、汉文两种文字的榜题，西夏文译作"行愿者嵬名智海"，汉文为"助缘僧嵬名智海"。

温湿度特征　敦煌地区 6~8 月气温最高，月平均最高气温超过 30℃，但平均最低气温 17℃左右，反映昼夜温差大的沙漠气候特征；12月、1月温度最低，最低达-12℃。早晨8时，月平均相对湿度5~10月均低于30%，8月低达23%，其余月份均大于35%，一月最大达44%。莫高窟的年平均气温比敦煌绿洲高1.3℃，为莫高窟地区的沙漠和戈壁下垫面性质及其气候特征，及敦煌灌区的绿洲效应。本区极端最高气温为43.6℃（1952年7月16日），极端最低温-28.5℃（1979年1月15日），从演变情况看，20世纪40年代平均气温11.1℃，50年代9.8℃，60年代9.4℃，70年代9.2℃，总的看来是平均气温下降和夏季变凉、冬季变暖的趋势。

文殊变 敦煌经变画之一，始于初唐，止于元。敦煌石窟现存140余铺。多与普贤变对称。绘于西壁佛龛外两侧、东壁窟门两侧或甬道两壁。初唐时绘文殊乘于狮座上，随从三五身；盛唐时期人物增多；中唐以后场面浩大，文殊高坐于狮舆之上，前后有帝释、力士、天王、飞天、供养菩萨等达数十人之多。莫高窟第172、221、159窟，榆林窟第25窟等为其精品佳作。

文殊菩萨 菩萨名，略称文殊，新译曼殊室利，意译妙德、妙吉祥等。按佛教的说法，他本来早就成佛，但是为了协助释迦教化众生，方甘为菩萨身，称文殊师利或文殊法王子，为释迦牟尼的左胁侍菩萨，专司"智慧"，常与普贤菩萨并列在释迦两旁。相传他显灵说法的道场在中国山西的五台山。文殊菩萨的形象，一般都头戴花冠绾五发髻，裸上身，着天衣飘带，骑青狮，有的手持宝剑，以表示智慧锐利或智慧威猛。敦煌石窟从初唐开始，即有专门绘制的文殊经变，以后逐渐增多。仅莫高窟有131个洞窟有存，其中以第159窟西壁中唐时期所画文殊变最有名也最具代表性。第61窟为专门供奉文殊菩萨的文殊堂，窟内中心佛坛上原塑骑狮文殊菩萨像已毁，但粘贴在背屏上硕大的青狮尾巴残迹犹存；西壁整壁绘五台山图，即描绘传说中的文殊菩萨道场。

文殊、普贤经变乐伎 敦煌壁画伎乐天之一。一般绘于两菩萨像的下部，各为一组站立演奏乐器的乐伎，人数不等，所持乐器也不同，表现文殊、普贤出行时的一种音乐气氛和欢乐场面。

卧佛 也称睡佛，即佛的涅槃像。涅槃是指佛教所追求要达到的最高理想，一般指熄灭"生死"轮回而后获得的一种境界。按佛经中记述：释迦牟尼在八十岁时，行至拘尸那城熙连若跋提河畔娑罗双树间，为阿难等徒众最后说法完毕，在所敷置的佛床上，头向北，面朝西，右胁累足而卧，面容端详自若，毫无痛苦而逝；因此，后人绘、塑、雕造佛涅槃像时，均尽量按此情景制作。敦煌石窟中，以绘画形式表现卧佛的有莫高窟第 44、92、120、130、185、280、295、332、427、428 窟和西千佛洞第 8 窟共 11 幅；以彩塑形式表现的有：莫高窟第 39、46、148、158、225、332 窟和榆林窟第 5 窟共 7 身，其中以莫高窟第 158 窟中唐彩塑卧佛制作最精湛优美，也最负盛名。

渥洼池　敦煌八景之一。位于敦煌市阳关镇东南 4 千米的黄水坝水库，因邻寿昌城，又名寿昌海。自古以来，草卉蓬茸，土地肥沃，是天然牧场及屯田的地方。相传西汉时，有位暴利长，被罚于此屯垦拓荒，他常见一神异骏马饮水，用计捉之进献武帝，谎称此马从渥洼池泉眼跃出，汉武帝认定马为太乙神所赐，故名太乙天马，并作《太乙之歌》，渥洼池因之随天马而名。清朝前期，"渥洼澄波"被列为敦煌八景之一。

乌头门　文献中记载的乌头门出现于北魏杨衒之著《洛阳伽蓝记》"永宁寺"条："北门一道不施屋，似乌头门。"壁画里出现是初唐第 431 窟宫廷院落的侧门上，

乌头门

以后各时代在宫廷、宅院的围墙上多有表示。盛唐第217窟得医图宅院门，中唐第159窟阿难乞乳图宅院门。晚唐第9窟维摩变中小宅院门。晚唐第85窟，五代第98窟法华经变"穷子喻"中大宅院旁边紧靠一马厩，其门用乌头门形式。很多唐宋典籍中规定，五、六品以上"许作乌头门"。壁画中的马厩用此形式，不知何故。

巫术疗病　敦煌壁画从反面表现药师经变之"九横死"情节之一。如第12窟（晚唐）屏风画：病人由亲属搀扶坐床上接受巫医治疗，其左前方设神坛，女巫戴尖顶帽，着裙，跪坛前祷祝，一旁有男觋抱曲项琵琶在舞蹈；第76窟（宋）是病人卧床上，女巫梳高髻立床头，双手合十，手中持物。男觋坐床的另一头，戴幞头，着袍服，亦双手合十。两人相互配合，或祷祝，或诵咒，或喃喃做法。此画在一定程度上反映了当时民间医疗风俗。

巫术驱鬼　第468窟（晚唐）药师经变·九横死屏风画情节之一：一病人在亲属搀扶下坐床上，认为病是由于鬼怪骚扰，于是两女巫行水边祓禳，中间是一铛，铛下火焰熊熊燃烧，左侧女巫跪向水中，左手上扬，边动作边祷祝；右侧女巫胡跪于岸边，旁置一灯，外有玻璃罩，火与灯光代表光明，克制邪恶；接下来是一头发直竖、断右臂的恶鬼，全身赤裸，旁边站立一幼童，也许恶鬼企图加害童子，左侧床上的法师即施法术、书写符咒，恶鬼威慑，转身逃跑。此画反映当时民间巫医风俗。

巫舞 壁画中表现巫术中以歌舞娱神情节。方式有三：一为女巫抱琵琶独舞，如第360窟药师经变·九横死设神坛，坛前铺花毡一方，女巫一人怀抱琵琶歌舞。二为巫觋合舞，第7窟神坛前女巫抱琵琶弹奏，男觋和乐起舞。三为男觋做法，专人集体歌舞，第14窟十一面观音，巫师盘腿端坐床上，右手端水碗，两旁各有一侍儿，房前三人乐舞齐作，左起：吹笛、舞蹈、拍板，全是童子，头上留髫发。

屋顶图 敦煌壁画建筑画延续了近一千年，由此可以看出中国建筑屋顶形式的变化，同时还反映了屋顶形式被封建统治者作为区别等级制度的大致起始时间，如西魏第285窟的五百强盗成佛故事中的建筑，四阿屋顶用在城楼上，而王宫上却用歇山屋顶。唐代以后再没有发生这样的情形。

屋面瓦件演变图 现在遗存的古代建筑，屋顶上都有鸱吻及仙人走兽等装饰，从敦煌壁画上则可以看到这一演变过程。早期的屋顶装饰很简略，只有一对弯钩或忍冬状的鸱尾，如北魏、西魏隋初壁画中所见，据现在考古发掘出土的邯郸北魏鸱尾实物与壁画相符。唐代在屋脊下部端头有了脊头瓦，如初唐第431窟的建筑正脊两端有鸱尾，斜脊端头有上圆下方的脊头瓦，上覆盖圆形带瓦当筒瓦，旁边还有三个圆形瓦当，鉴于这种形式，与唐代法门寺出土铜塔及山西唐薛儆墓出土石棺上的形式相似，查找资料，为早期的一种被称为"瓦头子"的一种瓦作形式，在之后敦煌周边西夏石窟中也多有表现，只是又有一些变化，与山西明惠禅师墓塔及大同华严寺薄伽教藏殿里的天宫建筑中的垂脊头相似。随后在中唐又发生一种演变，即垂脊头的脊头瓦上覆盖的圆形带瓦当筒瓦向前伸出一小段，然后又伸出三五瓦再以相同形式作结，这种形式在我国有实物遗存，可在相邻的日本得以保存并延续至今，是被日本称为鸟衾的一种瓦作形式，脊头瓦形式仍保留在日本建筑中，称为鬼瓦。晚唐以前正脊两端都是鸱尾形式，鸱吻形式在晚唐壁画里出现并一直延续至今。

无机颜料　　用于石窟艺术及其他彩绘着色的颜料，包括天然矿物和人工合成化合物两类。前者如朱砂、赭石、石黄、雌黄、雄黄、石绿、铜绿、石青、青金石、白垩、高岭土、石膏、云母、叶蛇纹石等；后者如胡粉、铅丹、密陀僧、绛矾、群青、金粉、银粉等。

无尽意菩萨　　菩萨品，梵名阿差末底之意译。据《无尽意菩萨经》称：在释迦佛游宝庄严堂说《大集经》时，他从东方不眩国普贤如来处来，并广说八十无尽意之法门，由是，常和众大菩萨一起聆听释迦讲经说法，并多所提问，请释迦深阐经义法门；当释迦在讲述《妙法莲华经·观世音菩萨普门品》时，无尽意菩萨和诸大菩萨均在佛旁，合掌向佛一再发问，始使释迦逐一讲述了大慈大悲观世音菩萨诸多救苦救难利益众生的法力与功德。天水麦积山第120窟前壁北魏晚期绘观世音菩萨普门品中，佛左侧立观世音菩萨，右侧则画无尽意菩萨，榜题清晰；西千佛洞第6窟西壁，有北周画无尽意菩萨和题名。

无量寿经变 敦煌经变画西方净土变之一。无量寿即阿弥陀之意。《无量寿经》讲：无量寿佛未成佛之前为"法藏比丘"，许了四十八愿，不使众生达到尽善尽美的境界决不成佛；后来法藏比丘成了无量寿佛，国土为西方极乐世界。莫高窟现存隋至西夏间所绘共32铺。

吴带曹衣 中国画术语，指疏体和密体两种相对的绘画风格。为敦煌壁画唐代和北朝的两种画风，也流行于彩塑，敦煌北朝至元代的壁画、彩塑中都有。吴带即笔势飘举简练，圆转，衣服宽松，飘带似风吹动，给人以满壁生风之感，多出现于隋唐以后，如第103窟等。曹衣笔法稠密重叠，衣服紧窄，衣纹紧密，描写佛等给人以紧贴肌肤如初出水面，所以又称曹衣出水；描写供养人，窄袖短袍，高髻胡服，给人以密而不繁之感；如北凉第 275 窟和北魏第 248 窟的壁画与彩塑，为敦煌壁画与彩塑曹衣出水描法的典型作品。

吴僧统碑　唐代莫高窟碑记。原碑已佚，今存写本，全名为《大蕃沙州释门教授和尚洪辩修功德记》，即敦煌遗书 P. 4640+S. 779，窦良骥撰。该文主要记载中晚唐时任河西都僧统的吴和尚即洪辩之生平活动，特别记其在沙州为吐蕃人所陷的情况下，仍心系正统，不为所屈，精诚佛法的品质；也记有他"开七佛药师之堂"即今莫高窟第 365 窟与"建法华无垢之塔"之事。据考，该碑应立于公元 834 年顷；851 年后，碑主洪辩出任河西释门都僧统职务，此碑因称"吴僧统碑"。

吴绪芝　唐代敦煌人，敦煌名僧洪辩之父。初为唐王府司马、上柱国、赐紫金鱼袋、千夫长；后随军至西土，为建康军使二十余年；吐蕃攻占河西凉、甘、肃诸州时，从主帅退守敦煌，既没于蕃，忠心向唐，事见《吴僧统碑》。

吴装　亦称"吴家样"，中国画的一种风格术语，相传始于唐吴道子的人物画之特点而得名。唐代敦煌壁画亦受到画圣吴道子画风的影响，如第 103 窟维摩诘经变，以浓墨兰叶描勾其形，敷彩略施微染，画风超凡脱俗，为明显的"吴装"

风格。

五百罗汉　由于十六罗汉住世护法的传说，引起了汉地佛教徒对于罗汉的深厚崇敬，于是接连出现了十八罗汉乃至五百罗汉的图画造像。五百罗汉的具体姓名和事迹无考，传说释迦去世后，由迦叶与五百阿罗汉的最初集结三藏；弗沙秘多罗王毁灭佛法后，又有五百罗汉重兴佛教；另有释迦为五百罗汉授记等等。南宋高道素录《江阴军乾明院五百罗汉名号碑》文一卷，列有从第一罗汉阿若憍陈如到第五百罗汉愿事众诸名，今各佛寺所造五百罗汉像多依之。西千佛洞五代第 16 窟内，除在东西两侧壁前方塑有十六罗汉像外，在整个窟内面上，都画满了三五成群的罗汉像计 158 身，当与五百罗汉有关。

五百岁女人出嫁　敦煌壁画表现弥勒下生经中所谓弥勒世界之女人年五百岁才行出嫁之画面，又称婚嫁图，敦煌石窟中今存 46 幅，其中莫高窟 42 幅，榆林窟 3 幅，肃北五个庙 1 幅。从时代看盛唐 9 幅、中唐 17 幅、晚唐 9 幅、五代 6 幅、宋代 4 幅、西夏 1 幅。其基本内容一般由两组画面构成，一组是礼席场面，即结婚喜宴，在临时搭成的篷帐内举行；另一组是新郎新娘拜堂成礼，以屏障隔开，陪同新郎新娘的还有男女傧相；其他还有亲迎、财礼、乐舞、奠雁、青庐等，分别视画面情况可详可略。如莫高窟第 445 窟的婚嫁图有礼席、拜堂、乐舞、青庐；第 12 窟的婚嫁图有礼席、拜堂、财礼；榆林窟第 38 窟的婚嫁图有礼席、拜堂、乐舞、奠雁、青庐等。

五百强盗成佛故事　又称得眼林故事，敦煌故事壁画之一。故事讲：有五百强盗抢劫作乱，国王派兵讨伐，五百强盗战败，受剜去双眼刑，放到深山中；五百强盗呼救，佛吹雪山香药使五百强盗双眼复明，佛为强盗现身说法，使五百强盗觉醒，最后皈依佛法。莫高窟西魏第 285 窟、北周第 296 窟存二幅，根据昙无谶译《大般涅槃经·梵行品》或《大方便佛报恩经·慈品》绘制。

五比丘　指释迦在菩提树下悟道成佛后，于鹿野苑第一次初转法轮时听法的五个比丘。他们是：①憍陈如；②頞鞞；③跋提；④十力迦叶；⑤摩诃男俱利。五人本来是净饭王派去劝说释迦还宫的，但因释迦坚不回宫，为护卫释迦而相继都出家做了比丘；待释迦成佛后，便主动去为他们说法，并吸收他们五人作了第一批佛弟子。莫高窟第 260、263 等北魏窟和第 290 北周窟内都画有释迦牟尼在鹿野苑初转法轮时五比丘听法的情景。

五代敦煌石窟　或曰五代敦煌石窟艺术、曹氏归义军前期敦煌石窟艺术，敦煌石窟分期之一。指曹氏归义军前期

（914—960 年）的敦煌石窟，主要分布在莫高窟、西千佛洞、榆林窟等处，洞窟型制为覆斗帐形殿堂设中心佛坛式窟；彩塑题材为佛、弟子、菩萨、天王、金刚力士组合，壁画内容以大幅经变画为主，另有千佛、天宫伎乐、说法图、佛教史传故事画等，艺术风格为中晚唐之延续。

五方佛　佛名，一般指：①东方香积世界的阿閦佛；②南方欢喜世界的宝相佛（宝生佛）；③西方极乐世界的阿弥陀佛；④北方莲花世界的微妙声佛；⑤中间娑婆世界的释迦牟尼佛。莫高窟第 465 窟倒斗形窟顶上绘有五方佛，在四面披上按东南西北四方位，分别绘阿閦佛、宝生佛、阿弥陀佛、不空成就佛（均有题名），在顶部中心绘大日如来佛，系按密教称谓绘制。此外，在武威天梯山石窟第 18 窟中心柱最上层和张掖马蹄寺千佛崖第 8 窟中心柱上层均塑作有五佛像，当属五方佛。

五个庙石窟　位于今甘肃省肃北蒙古族自治县城北 20 千米处，是敦煌石窟群之一。蒙古族称石窟为庙，五个庙即 5 个石窟。现存 9 窟，五个庙处有 5 窟，另 4 窟位于五窟北侧，窟内壁画多有残损。第 1 窟为北魏时期凿建，西夏时期重修，窟形为中心柱窟，壁画内容有水月观音像、弥勒变、普贤变、文殊变、坛城图和炽盛光佛、二十八宿、黄道十二宫；第 2 窟因烟熏，已不可辨识；第3窟内绘有劳度叉斗圣变、弥勒变、药师变、维摩变以及四臂观音等藏密图像；第4窟绘有说法图、普贤变、文殊变等。四窟形制有中心佛坛窟，纵长形人字披顶窟。

五个庙第一窟　位于浪湾北崖上，坐北向南。建于北周时期，后经西夏重绘。平顶，中心柱东、南、西向面各开一龛；窟顶脊枋画卷草，中心柱南向面龛内西夏一佛二菩萨，并有西夏画魔众、八塔变等；东西向面西夏画千佛等；主室北壁西夏画涅槃变、八臂观音、十一面千手千眼观音等；东壁西夏画曼荼罗、炽盛光佛、水月观音；西壁西夏画曼荼罗、弥勒经变、水月观音；南壁门上西夏画一坐佛二供养、二僧人二侍童；门东西西夏画文殊、普贤变。

五趣生死轮　榆林第19窟（五代）绘有五趣生死轮（部分已残），敦煌石窟仅此一幅。圆轮表示轮回转动、生生不息。大轮顶部是无常大鬼，三目、大口，长拿两手作抱轮状；以轮毂为中心，由内向外，第一圈正中绘佛像，下部三幅小画，按佛典应绘鸽、蛇、猪，代表贪、嗔、痴；第二、第三圈是五道轮回，包括天道、人道、畜生道、饿鬼道和地狱道；第四圈是溉灌像，反映轮回转生之情景；最外一圈是十二支生灭之相，从前世的善恶行业定位，分别投胎转生，从生又到死亡，回归到过去世，如此循环往复，就是轮回。五趣生死轮是佛教特有的多生说的形象图解，故此轮又名"生命的车轮"。

五弦 弹拉类弹弦乐器，亦称五弦琵琶。比四弦琵琶多一弦，直项，稍小，出现于南北朝之后，隋唐时盛行。壁画五弦现存北周至宋所绘40多只，体型比琵琶稍小，或完全相同，与琵琶在壁画中为姐妹乐器，有时绘在"不鼓自鸣"图中，大型乐队与琵琶并列，其形态曲项、直项并存，演奏方式手弹、拨弹兼有，当为在琵琶的基础上派生的一种乐器。

西千佛洞第5窟
五弦（北周）

五星神像 古代绘画中代表火、水、木、金、土五星的神像。五星，即五大行星，据长沙马王堆三号墓出土的帛书《五星占》可知，五星与五方等的对应关系为："东方木，其神上为岁星"；"西方金，其神上为太白"；"南方火，其神上为荧惑"；"中央土，其神上为镇星"；"北方水，其神上为辰星"。西汉淮南王刘安所著《淮南子·天文训》中有更详细的记载。说明当时已经出现了五星与五行相配置，在分野处、在朝、在人司职的各不相同，在运行时预示着天地之间的吉凶变迁。从图像上"五星"为"五兽"之精，五兽即是五星。唐代不空译《佛说炽盛光大威德消灾吉祥陀罗尼经》《文殊师利菩萨及诸仙所说吉凶时日善恶宿曜经》，《大圣妙吉祥菩萨说除灾教令法轮》等佛经中都对五星的形象做了描述。保存至今的大都是唐末以来的炽盛光佛经变和单独的五星以及十一曜的神像。敦煌藏经洞绢画 Ch. lvi. 007，是目前发现的唯一有明确纪年的炽盛光佛变相图。左上角有题记："炽盛光佛并五星神，乾宁四年（897年）正月八日弟子张淮兴画表庆光。"其具体图形为：图左上侧站立木、水二星神。木星卿相，身着蓝色官服，头戴猪冠，双手捧果盘；水星稍后，女相，身着青衣，头戴猴冠，右手持笔，左手持札；土星为老者装扮，裸上身，赤足，牛首冠，持杖，牵牛走在车旁；下方中央为金星，女相，戴凤冠，身着白练衣，手弹琵琶；右下方为火星，武士状，半裸赤足，头上马冠，四臂持弓、箭、戟、剑，作愤怒状。P. 3995 炽盛光佛画中五星神像的形象和位置及画风与前者基本一致，应属同一时期的作品。榆林窟晚唐第 35 窟前室西壁的炽盛光佛画中五星神像与前两幅中五星的位置不同：图右下侧站立木、水二星神；图左上侧站立火星神；土星、金星已残损。藏经洞皮纸符画 Ch. lvi. 0033，画幅上半部画有两个星神。其中左侧为北方辰星神，女相，穿红色衣，内穿裙装，立于红色祥云之上，左手持札，右手持笔。旁有朱红色榜题："谨请北方神星护身保命，弟子一心供养。"此单身水星神像的形象与动作与上述敦煌四图中之水星相似，只是少了猴冠。

武保琳 宋代敦煌官府画匠。榆林窟第32窟有供养像，署名职衔为节度押衙、知画手、银青光禄大夫、检校太子宾客。

悟真 唐代敦煌灵图寺僧人，俗姓唐。曾参与张议潮起义，大中四年奉使抵长安，后任河西都僧统三十多年。一生著述颇丰，诗文俱佳，敦煌遗书多有遗存，有关石窟历史的《索法律窟铭》《张淮深碑》等均出自其手。

X

降魔变 敦煌经变画题材之一，佛传故事画情节之一。故事讲，释迦牟尼即成佛道之时，天魔波旬率领魔女和魔军到佛所扰乱，用美女引诱，以武力威胁，想破坏释迦牟尼成佛的决心；释迦牟尼用"降魔相"打败了波旬和魔军。莫高窟现存北魏第254、260、263窟，北周第428窟，唐代第23、112、156窟，西千佛洞北周第12窟，榆林窟五代第33窟，西夏第3、10窟。内容根据《大唐西域记》,《增一阿含经》卷三十九,《过去现在因果经》卷三,《佛所行赞·破魔变》等绘制。

西壁智海 西夏党项族僧人,被封为真义国师。榆林窟第29窟内室西壁门南上部有供养像,列《西夏武官供养像》前,旁有西夏文榜题八字,译文为"真义国师西壁智海",是敦煌石窟仅见的西夏国师像。

西方净土变 敦煌佛教经变画之一,为无量寿经变、阿弥陀经变、观无量寿经变的总称。画面主要表现佛教"西方极乐世界"信仰的场景。

西方三圣 也称阿弥陀三尊,指西方极乐世界的三身主像。一般来说,居中者为阿弥陀佛,左胁侍为观世音菩萨,右胁侍为大势至菩萨。也有将左胁侍书名为大势至菩萨,右胁侍书名为观世音菩萨者,如炳灵寺第169窟内第6龛的西秦造像。

西千佛洞 位于今甘肃省敦煌市城西南约35千米的岩壁上。据敦煌文书《沙州都督府图经·寿昌县》记载,"右在县东六十里,耆旧图云:汉……佛龛,百姓渐更修营",此当指西千佛洞。现存十九窟,其中包括北魏窟1个,北周窟4个,隋唐2个,初、盛唐窟3个,中唐窟1个,五代窟1个,沙州回鹘窟3个，西夏、元窟2个。现存壁画800余平方米，彩塑34身。洞窟类型分为中心塔柱窟、覆斗顶形窟、平顶方形窟和敞口竖长方形大龛4种。塑像虽多经清代和民国时期重修，但其亦有部分保持原塑风格。壁画题材有劳度叉斗圣变、睒子本生故事、观无量寿经变、东方药师变、降魔变、观音经变等。第10窟南壁窟门东侧的劳度叉斗圣变，是中国现存最早的劳度叉斗圣变；第15窟观无量寿经变中的"未生怨"，是现存敦煌石窟中最早绘有频婆娑罗王为早生太子而囚困道人和捕杀兔子等情节的连环画；第12窟甬道两旁的回鹘王子和王妃供养像以及第17窟内的藏密菩萨等具有特点。1961年莫高窟被列为全国重点文物保护单位后，其归属于莫高窟保护范围之内。

西千佛洞保护范围　根据文物保护的有关法令为西千佛洞划定的保护区域。敦煌莫高窟（包括西千佛洞）1961年3月4日被国务院列为第一批全国重点文物保护单位。据1962年4月9日《甘肃省文化局关于下达我省六处全国文物保护单位的保护范围的通知》，西千佛洞内圈：东从第16号窟起，再向东延长200米；南至党河南岸断崖为界，西从第1号窟起向西延长200米；北以石窟崖壁向北延长200米。外圈：东至南湖店残存之北魏石窟以东500米为界，南至党河南岸向南延长 500 米；西从第 1 号窟起向西 2 千米。1999 年 2 月 24 日，甘肃省人民政府下发的《甘肃省人民政府关于公布我省全国重点文物保护单位保护范围的通知》（甘政发〔1999〕22 号）中将上述范围重新予以确认。

西千佛洞第 12 窟　建于北周，隋、唐、民国多次重修。正南方向。甬道顶回鹘画立佛一身，东西两壁有回鹘画观音与男女供养人，并有北周说法图及男女供养人、力士等；主室前部人字披，后部平棋顶，有中心塔柱、柱南向面开一龛，东西壁南端各设佛床；中心柱南向面龛内民国塑坐佛一身，存有北周背光，隋代画坐佛及回鹘画弟子，重塑龛梁、树干、项光等，存早期供养人二排；西向面有飞天、千佛、说法图、男女供养人；北、东、向面分别为回鹘与盛唐画说法图各一铺；窟顶南北披椽间画忍冬莲花禽鸟图案，后部画斗四莲花化生忍冬平棋纹；主室东西壁前部佛床上有残存立佛、背光、项光等，上部有不同时代画千佛、说法图等，下部发愿文、比丘、供养人画像；北壁回鹘画坐佛；南壁门上说法图，门西画伎乐飞天、千佛并睒子本生，门东上部画伎乐飞天、千佛并劳度叉斗圣变一铺，下均为愿文题榜及供养人。

西千佛洞第 16 窟　建于晚唐，五代、宋、民国历代重修。

南偏东15°。前室横券顶，北壁门东西各放一像台，顶残，北壁有五代画坐佛等，东西壁残存五代画坐佛及晚唐供养人；甬道顶残存回鹘画立佛，东西壁为回鹘可汗女、可汗供养像及五代画千手观音像，宋代画菩萨等。主室覆斗形顶、北壁设佛床；窟顶画井团花井心，垂幔铺于四披，四披画千佛；主室北壁佛床上民国塑坐佛一身、乘狮文殊一身、骑象普贤一身；中间晚唐画浮塑佛背光、两侧回鹘画飞天、弟子和回鹘女供养人等；东西壁有回鹘画项光、弟子、说法图及女供养人等；南壁回鹘画七世佛、药师佛、供养人等，并有唐代画菩萨、女供养人等。

西千佛洞第5窟 建于初唐，五代沙州回鹘时期重修，正西方向，残毁严重。平顶甬道，主室横人字披顶，东壁开一龛。窟顶东披、西披残存千佛，坐佛等；东壁龛内画有背光、项光，并有残存塑像项光、弟子二身；龛顶画宝盖、飞天，龛外有千佛、弟子等，主室南壁中间画立佛一铺，两侧有残画观音、云中三坐佛、赴会佛、菩萨等；北壁西侧画释迦行道像一铺，上部有云中三坐佛。南北壁东侧均有力士塑像残迹；西壁残毁严重。

西千佛洞第5窟坐佛 为该石窟群仅存的一身北魏彩塑结跏趺坐佛像，位于窟内中心柱正面龛内，头部、胸部和双膝已残毁；现存整个身躯仍显其造型清秀典雅，衣纹流畅自如。体态端庄潇洒，为典型的秀骨清像。

西千佛洞第 7 窟　建于北魏，西魏、清代重修。前部人字顶，后部平棋顶，中心塔柱，柱四面各开一圆券龛，龛内均有坐佛像一身，清代修；又龛外两侧各有胁侍菩萨各一身，清代修；龛顶各画有宝盖、飞天等；龛内有佛背光、菩萨等；各种龛沿装饰，龛外画飞天、菩萨等；塔座有西魏画忍冬纹边饰，并有发愿文，画有比丘、比丘尼，男女供养力士及药叉等；窟顶前部破坏，后部残存平棋；主室南北西三壁上沿画天宫伎乐，上部画千佛，下部残存力士等。

西千佛洞加固工程　对西千佛洞实施的重要保护工程。西千佛洞崖体加固工程分为第一期的抢修加固和第二期的加固。1984 年，首先抢修了第 15、16 两窟。1985 年、1986 年两年内又继续完成三至十五号洞窟的危崖岩壁和通廊。共加固了长 174 米的崖面，并架设了通往 15 个洞窟的崖面通道和水泥栏杆。因西千佛洞岩体疏松，不能钻孔锚固，加以面临党河水的冲刷，决定仍然采用与莫高窟相同的挡墙支顶的方式进行加固。完成后的效果比较理想。

西魏敦煌石窟　或曰西魏敦煌石窟艺术，敦煌石窟分期之一。指西魏（535—556 年）时期的敦煌石窟，以莫高窟第

285 窟为典型代表窟，洞窟型制已基本为中国式的覆斗帐形殿堂窟，彩塑题材多为单体像，壁画内容以天像图、千佛、天宫伎乐、说法图、各种故事画等，壁画制作中运用中国传统神话题材说明佛教内容，艺术风格为中原与西域两种风格并存。

西夏敦煌石窟 或曰西夏敦煌石窟艺术，敦煌石窟分期之一。指西夏占据敦煌时期（1036—1227 年）的敦煌石窟，主要分布在莫高窟、西千佛洞、榆林窟、五个庙等处，多改建前代洞窟，也凿过一些小型佛龛；彩塑题材为佛、弟子、菩萨、天王组合，壁画内容以千佛、菩萨为主，重视图案装饰效果；代表窟有榆林窟第 2、29 窟等，艺术风格显示本民族特色。

西夏建筑画 西夏建筑画是敦煌石窟里建筑画的映射。自唐以后，敦煌曹氏家族统治敦煌，成立画院，使壁画呈现程式化倾向，形象板滞，色调清冷，加之西夏的阻隔，使中原宋代画风难以抵达敦煌，而西夏与中原直接接触，在西夏统治敦煌时期将新的画风带入敦煌，所以西夏的建筑画与中原现存古建筑可以相互参照印证，填补空白。第 233 窟西夏修建的天棚上的彩绘是现存的地面木构彩绘，莫高窟内被西夏改造的第 309 窟人字披两边的椽檩望板图案都为研究当时木构建筑的彩绘提供了直观的图像资料。榆林窟第 3 窟内的建筑画更是保留了许多中原建筑特征，如十字脊大殿与现存河北正定宋代隆兴寺相似；南壁中铺大殿与山门檐角下的擎檐柱与天津蓟县辽代独乐寺观音阁保存的擎檐柱形式相同，该建筑因为经清代乾隆十八年维修过，所以这个擎檐柱普遍认为是清代增加上去的，通过西夏壁画的图像，这个擎檐柱应当存在过，后经过清代维修。瓜州榆林窟、东千佛洞、肃北五个庙石窟的西夏窟壁画建筑画风格都与山西繁峙金代岩山寺相近，而与曹氏家族后期石窟画风迥异；榆林窟西夏窟内的装饰图案还为宋代《营造法式》中的"彩画作制度"研究提供了大量的图像资料。

西夏童子　榆林第 29 窟（西夏）供养人行列中有两名西夏童子，前者为童仆，头上留髽发，右臂挎凉帽，着短褐，下腿裹邪幅（行藤），足蹬麻鞋，在前引路。后立者是小主人，着圆领袍服，足蹬皮履，双手捧供佛的财宝。他们脸部"圆面高准"，为西夏人的审美时尚。童子的发式也较特别，主人是一绺长发垂肩，其余髡首；童仆是头部周边留发一圈，中髡首。

西夏装　即敦煌壁画中西夏党项族供养人服饰。莫高窟第 409 窟的西夏王及王妃供养像，王子尖顶皮弁，穿黑色圆领窄袖团龙袍，腰束䩞鞢带，脚穿高筒皮靴；王妃则头戴桃形金凤冠，双插步摇簪，项间珠玉项链，穿绣凤衔花纹翻领连衣长裙，笏头履（系回鹘式装），腰束组带。榆林窟第 29 窟西夏武官男像头戴云镂冠，穿圆领窄袖袍，腰间有护髀，束带，着乌皮靴；女供养人戴花钗冠，穿右衽窄袖绣花衫，内着裙，下着圆口尖钩鞋；儿童免冠秃发，为西夏习俗。

西域城 壁画中城图像之一。城以砖石筑成，如第 323 窟北壁张骞通西域图中之"大夏"城，第 237 窟龛顶有四角有墩台、无城楼，仅开一圆券门之"于阗城"；第 217 窟中的西域城有城门墩台，墩台上置半圆状砌体，城中一单层石塔，顶部也是半圆砌体，塔身四周开尖拱券门，整座建筑造型独特，是中亚建筑风格在壁画中留下的印迹。

西域商人 西域商人泛称胡商、商胡、兴生胡，多数是粟特人，还有波斯人、大食人、回鹘人及犹太人等。他们路过敦煌时，有的还到莫高窟供佛礼佛，如北周第 294 窟有诸"商胡"供养像及题名。大规模的西域商队多出现在《法华经变·化城喻品》及《观世音菩萨普门品》，如第 103 窟：一队胡商在崇山峻岭中行进，前面是牵象人，大象满载货物，商主戴帷帽，骑在马上，后面是跟随的仆役。

膝裤 古代裤类服装之一种。连裆，束于腰间，两裤管至膝，或敞或束。如莫高窟第 97 窟西夏罗汉侍女，裸上身，帔巾，腰束白纱，下着膝裤；又唐代壁画文殊普贤变中之"昆仑奴"亦多见着此装者。

喜首 唐末五代沙州金光明寺僧人，俗姓张。唐光化二年（899年）任判官，天复元年（901年）撰写《金光明寺造窟上梁文》，担任都司管内勾当五尼寺判官十余载。曹议金时，转迁管内释门僧正临坛供奉大德兼阐扬三教大法师赐紫沙门，敦煌遗书中有编号为 P. 3781 卷子。

细泥层 制作壁画地仗的表面泥。为了防止表面泥干燥后开裂和增加它的力学强度，常常在泥内掺加纤维较长、揉性好、拉力强的麻刀（将麻剪成3~5厘米不等长度，经捶打而成），这种泥层俗称细泥层或麻泥层。有的壁画地仗的表面泥层中也因地制宜地掺加麦衣、棉花、蒲绒和牛、羊等动物毛等材料，其作用相同。而和泥用的土则就地取材选择粒子细小、质纯、黏性好、硬度大的澄板土等。还要适量加一些细沙。

下彭 又作下棚，棚即棚阁，下棚获曰缚棚阁，即今搭脚手架，是建造石窟的重要工序之一，特别是中、上层的石窟，在开凿时必须搭脚手架，今莫高窟崖面上尚存有许多搭脚手架留下的痕迹。

贤愚经变 敦煌经变画之一。根据《贤愚因缘经》绘制。

壁画中现存38品，经品内容又见于《大般涅槃经》《撰集白缘经》《杂宝藏经》《阿含经》《金光明经》《六度集经》等；每品又是一个独立和完整的故事，因此也归敦煌故事壁画类。

线描 中国画、敦煌壁画技法名。以线造型是中国画的特点。敦煌壁画即是将从北朝十六国到元代这千余年间的中国画线描的发展轨迹以实物真迹展现在世人面前。可以看出绘画艺术风格和特色发展变化。如十六国、北朝流行高古游丝描和琴弦描，隋代多用铁线描，唐代流行兰叶描，到了元代更是将高古游丝描、琴弦描、铁线描、兰叶描、折芦描、行云流水描等汇集应用，如莫高窟第3窟千手千眼观音和榆林窟第3窟之文殊、普贤图，堪称中国壁画中为数不多的工笔淡彩画的杰作。

相扑 又称角抵，敦煌民间生活壁画情节之一。其形式为两人徒手较量并力求把对方摔倒或推出界外为胜的竞技活动。莫高窟第290窟佛传故事中太子与众人斗技，二人裸体只穿犊鼻裤，相扭抱在一起，难解难分；第61窟西壁屏风画有太子与释子相扑，共有两组画面：左侧一组两人只穿犊鼻裤，双方正摆开阵势，向对方靠拢，旁有八人观看；右侧的一组两人穿袍服，曲腿弓身扬手，咄咄逼人地展开攻势。还有藏经洞出土白描画有一相扑图，二人腰圆膀壮，裸体，束发高髻，肘及膝部有护衣。

响堂山石窟　包括南响堂山和北响堂山石窟两处，南窟归磁县，北窟归武安县，今归河北省邯郸市峰峰矿区管辖。南窟位于大鼓山南麓，北窟在南窟西北约 17 公里的鼓山西麓。南窟开凿于北齐末年，现存 7 窟，分布在两层断崖上，在响堂寺外东西的山崖上尚有一些摩崖造像。北窟开凿于北齐文宣帝高洋时期，现存 9 窟，分南、北、中三部分；洞窟形制为方形平面，平顶；造像题材有一佛二菩萨、一佛二菩萨二弟子等。

象眼　壁画中建筑物台阶侧面内凹的三角形称象眼，中唐第 158 窟及榆林窟中唐第 25 窟佛寺配殿台阶一侧清晰地画出象眼的形式。宋《营造法式》卷三规定其做法是凹入三层，卷二十九用图表示出它的形象，但壁画中却早于《营造法式》成书年代二百多年，充分证明象眼这一形式早在唐代已成定制，然后才被《营造法式》收入。

小桥　壁画建筑形象之一。最早出现于故事画中，是架于小溪上的单跨梁式桥，有简单的栏杆。唐以后各时代大型寺院建筑画表现净土世界中有七宝池，池中建平台，平台之间用单跨梁式小平桥相连，桥面铺设木板，并绘出清晰的木纹，桥栏杆装饰华丽。第 329 窟于桥上再建平阁，平阁下的小桥成为廊桥的形式。

肖像画 人物画的一种。专指描绘人物形象的画。讲求传神写意。可分为头像、半身像、全身像和群像。在敦煌壁画中，供养人画像亦属肖像画之范畴。表现手法有绘画和雕塑两种。第17窟唐代洪䛒和尚彩塑便是现存最早的肖像彩塑之一。

歇山顶 又称九脊顶，壁画中常见的屋顶形式之一。其形为将庑殿顶两大披面高起，两侧呈三角形的山墙形式，称山花；两小披面从山花下续接。正脊不变，山花两边直垂下来的脊称垂脊，四斜脊称戗脊。壁画中多见于佛寺配殿、城楼上及住宅中。如第420窟住宅院落中前堂后室、第9窟维摩变中一大宅院里的三间门屋均为歇山顶。

胁侍菩萨乐伎 敦煌壁画伎乐天之一，指持乐器的菩萨。多出现于部分经变画说法图中，如不空羂索观音经变、如意轮观音经变等；构图形式为观音周围，绘一圈菩萨，其中有持琵琶、阮、变头琴。另大型法会图中，佛坐中央说法，听法的菩萨，参差坐于各个角度，部分持乐器。

斜栱图 敦煌壁画中的斜栱图最早出现于五代。五代第98、146窟都有斜栱图，但唯第98窟（开凿于公元923—925年）表现了一组完整的大殿明间补间铺作斜栱图，其余都被佛头顶正中的上升云朵遮挡。这一组斜栱图以斜昂的形式表现，结构合理，说明当时建筑上已大量使用成熟了的斜栱技术，因而斜栱的出现时间应当早于壁画绘制时间。现存实例的宋、辽建筑上的斜栱大概与壁画绘制的时代相当或晚几十年。

斜廊　壁画中佛殿两侧的横廊在与佛殿相接时，因为佛殿的台基较高，廊的台基较低，横廊斜向升高与佛殿相接，实际它是横廊的一部分。莫高窟第321窟北壁二层阁的一侧有斜廊，第148窟药师变中佛殿的两侧有一段斜廊。唐代的宫廷、寺院中斜廊的应用比较普遍，唐代释道宣称祇园寺中前后佛殿的两侧都有一段斜廊，北京明代宫廷中三大殿两侧也有斜廊，青海省乐都县瞿昙寺大殿两侧尚有斜廊实物，大概是斜廊的孤例了。

写意画　俗称粗笔、减笔，中国画技法名，也是中国画之一种。属于简略一类的画法，与"工笔"对称，要求通过简练概括的笔墨、线条描绘出物象的意志、神韵等。敦煌壁画属于工笔重彩范畴，但早期如北朝时期的起稿线，以简单概括的笔法绘出人物的造型动态，虽不属独立的写意画之例，却亦为中国画线描技法之一的"减笔描"法。

泻染　又名晕染，中国画、敦煌壁画技法名，用水墨或淡色烘染物象，分出阴阳、虚实、正侧、凹凸等，增添质感和立体感，加强突出主题和艺术效果，是中国画和敦煌壁画中极其重要的一个环节。敦煌隋代以后的壁画人物等多用此法着色。

锌白　氧化锌（ZnO），现代颜料名称：锌白。氧化锌在自然界中几乎不存在。所以用于颜料之氧化锌为人工制造。菱锌矿系碳酸盐矿物，古代又名炉甘石，它是古代人民用土炉冶炼氧化锌的主要矿物，其炉甘石也由此得名。在对莫高窟出土调色碟中的蓝色颜料中分析出 ZnO，在莫高窟北魏、隋、初唐第 321 窟、盛唐第 148 窟、晚唐第 196 窟、五代露天壁画及元代第 464 等窟颜料样品中都发现了锌元素。在麦积山北魏第 133、135 窟，北周第 3 窟及炳灵寺西秦老君洞所用颜料样品中均发现了锌元素。

新大德造窟檐计料　敦煌造窟文书，简称"计料"，现藏日本九州大学文学部，完好，计 27 行，为负责木构窟檐建造之木匠都料所书用料计划。"新大德"（僧职称谓）为窟主，即供养者。"计料"明确记载了该木构窟檐建筑的各个部件专用名称如大栿、柱、栏额、桦栿方子、栿子斗、栱、驼峰、马头、门额、窗额等计 27 种，以及其质地、尺寸等，详细且具专业水平。

星神画像 绘画在不同载体上的星神图像。到目前为止，在敦煌发现较多的主要有炽盛光佛画中的五星、七曜、九曜、十一曜、二十八宿等图像。这些星宿围绕炽盛光佛行进于云端，是研究天文学的珍贵资料。如敦煌藏经洞绢画（Stein Painting 31，Ch. lvi. 007）、P. 3995《炽盛光佛并五星图》、画在皮纸上的符画（Stein Painting 170，Ch. lvi. 0033），画幅上半部画有两星神。榆林窟晚唐第 35 窟前室西壁，莫高窟西夏第 61 窟甬道南、北壁，肃北蒙古族自治县五个庙石窟西夏第 1 窟东壁均绘炽盛光佛经变，主要是根据唐代不空译《佛说炽盛光大威德消灾吉祥陀罗尼经》与另一译本《佛说大威德金轮佛顶炽盛光如来消除一切灾难陀罗尼经》而绘制的。据画史记载最早绘炽盛光佛的是吴道子，史书载："吴道玄……今御府所藏九十有三……炽盛光佛像一。"五代宋初的名画家杨元真、高益、孙知微等人画的炽盛光佛壁画都很出名，而且已提到九曜、十一曜、二十八宿等内容。

星图绘画 绘画在不同载体上的星图。大体可分两类。一类是示意性的，用于装饰，常见于建筑物上和墓葬中，这类星图准确性不高，或只有局部天区；另一类是科学性的，描述恒星排列位置，记载天象观测，位置准确程度较高，星数较多；为便于表现，又有盖图式、横图式、半球式、分月式多种。丝绸之路沿途多有发现：1957 年发现的西汉末年洛阳古墓中的星图为最早，有 55 颗星，没有用连线把诸星连接起来，位置也不准确，只是象征性的星图。1987 年在西安交通大学发现的壁画墓，有目前所知中国年代最早、保存最好的二十八宿天象图。图中共绘有星 80 余颗，不仅每组星宿的星用线连接，而且配绘人物、动物等形象生动的构图，充分表现了各星宿的名称和意义，可以说是《史记·天官书》有关二十八宿叙述的注释。新疆吐鲁番高昌麴氏时期（500—640 年）墓葬出土的钉于墓顶的伏羲女娲绢画，四周都有星座。此类伏羲女娲交尾像，若干年来出土多达数十幅，大都均属唐代。莫高窟藏经洞保存的 S. 3326 的《全天星图》及现存于敦煌市博物馆 076 号（旧编号 058 号）背面的《紫微垣星图》，具有极高的科学价值和史料价值。

行商小贩 反映日常生活中的行商小贩，外出奔波谋生的壁画。莫高窟第 61 窟五台山图下层，就绘有不少行商小贩的画面：或二三人相结为伴，以毛驴、马匹驮运货物，前呼后应，共同协作，翻山越岭；或单独一人肩挑、背驮行囊跋涉在路途之中。榆林窟第 3 窟五十一面千手千眼观音中绘有肩挑行担的小商贩，腿裹邪幅（又称行藤），脚蹬麻鞋，一副风尘仆仆之态。

行云流水描　中国画和敦煌壁画线描之一，同于高古游丝描。在敦煌北朝壁画中多表现衣纹图案、流水、山、树等，如第 257 窟之北魏壁画中的九色鹿的线描。

雄黄　具有橘红色的矿物颜料，化学组成是硫化砷（AsS）。常与雌黄、辉锑矿等共生。雄黄作为颜料的使用也很早。陶弘景在《本草经集注》中记载："雄黄，……武都，氐羌也，是为仇池，宕昌亦有之，小劣。敦煌在凉州西数千里，近来纷扰，皆用石门、始兴石黄之好者耳。凉州黄好者作鸡冠色，不臭而坚实。其黯黑及虚软者，不好也。"《名医别录》也载："雄黄生武都山谷，敦煌山之阳，采无时。"《黄帝九鼎神丹经诀》，卷二至二十是七世纪初期唐代方士所撰的著作。该书卷十四第二载："雄黄生武都山谷、敦煌山阳，采无时。好者作鸡冠色，不臭而坚实也，若黯黑及虚者不好也。敦煌在凉州西数千里……"此后敦煌雄黄便被作为地方特产上贡朝廷，五代后唐同光四年（926 年）沙州的土贡品种就有雄黄。莫高窟西夏第 310 窟的一种红色，经 X 射线衍射分析是雄黄。

修堰　即维修堤堰，窟上农业生产活动之一。当时僧团、寺院在三窟拥有大量土地，为确保水利畅通，每年都有修堰活动。从文献记载看，西窟（西千佛洞）修堰最多，窟前大片土地直接引党河水浇灌；修堰时一般人数较多，一次所用食物也较多，可见其劳动量较大。

秀骨清像　中国画和敦煌壁画人物造型术语。此为东晋画家顾恺之绘人物画之风格特点之一，其画《洛神赋图》中之人物造型即如此，清瘦骨健、秀丽不俗，褒衣博带，如清风吹动，步履轻盈，飘飘若仙，是南北朝时期中原人物画流行的艺术风格。北魏时期传入敦煌，如第248、437等窟，尤以西魏第285窟为最典型，为中原风格——秀骨清像与天竺法（凹凸法）并存之作品。

须达　亦作须达多、苏达多，意译善给、善授等。据《中本起经·须达品》和《集阿含经》卷二十二记载，他原为古印度拘萨罗国舍卫城的富商，波斯匿王的大臣；信奉佛教后，为释迦最主要的大施主之一；因常给孤独的贫困者施衣施食，故世称"给孤独长者"。相传，在释迦得道以后，他曾用大量的金银购买波斯匿王太子祇陀在舍卫城南的花园，建筑精舍，作为释迦在舍卫城居住说法的场所。因祇陀太子仅出卖了他花园的地面，将园中所有树木均献给了释迦，由是这一精舍便被命名为"祇树给孤独园"，释迦曾在此居住说法二十五年，它与王舍城的竹林精舍并称为佛教最早的两大精舍。敦煌石窟历代的故事、经变壁画中多有与须达、精舍相关的内容。

须达拏太子本生故事　敦煌故事壁画之一。根据《太子须达拏经》绘制。以莫高窟北周第 294、428 窟，隋代第 419、427、423 窟，晚唐第 9 窟，宋代第 454 窟为代表。故事讲叶波国太子须达拏好善行施的内容：敌国收买婆罗门，向他讨百战百胜的白象，他慷慨相送。国王听后非常生气，将须达拏赶出国土；须达拏带妻儿车马行驶在路上，遇见婆罗门向他们乞讨，他将马、车、衣、食一一施舍殆尽，最后到深山隐居，修行；后有一婆罗门索要二子，须达拏趁妻子不在，将二子交与婆罗门，二子被婆罗门卖到叶波国，国王闻讯，赎回孙子，并将太子接回国。

须阇提太子本生故事　敦煌故事壁画之一。现存莫高窟第 296、98、146、55 等窟，据《贤愚经·须阇提缘品》绘制。故事讲：大臣罗睺企图谋害国王篡位自立，药叉从地下出来报信，善位闻讯，准备了七日的粮食，带妻子和太子逾城，准备逃到别国。慌乱中误走了十四日的道路，中途粮尽，饥饿难忍，善位想拔刀杀妻子来保存自身和太子，太子须阇提求父亲放了母亲，他愿让父亲割他身上的肉以充饥。于是，每日割须阇提身上的肉让父母充饥维持生命。须阇提身上的肉将要割尽，仅留骨骼，他把肉分作三份，二份给父母亲，一份留作施舍他人。父母食须阇提身上的肉继续前进。须阇提生命垂危的时候，将自己身上的肉，供养父母，普救众生，他的行动感动了上天，一时天地震动。帝释天化作狮子虎狼，向太子乞肉，以试其志，须阇提仍慷慨施舍。帝释天被他的诚心感动，使神通使须阇提身体彻底平复。邻国太子非常感动，将须阇提和他父母迎接入宫，并发兵帮助善位国王父子平叛复国。

须弥座 石窟建筑局部的台基形式之一。是一种叠涩（线脚）很多的台座。源于印度，用须弥山作佛座，以显示佛的崇高伟大，随佛教传入中国后，常用于等级较高的建筑下。石窟内的佛床、中心佛坛下很多都是须弥座形式，如第 61 窟中心佛坛是重层须弥座。壁画中对此形式的应用非常广泛，有佛座、大殿台基、配殿台基、塔等。北魏第 257 窟的塔身下已出现形式简单的须弥座塔基。第 285 窟禅座内元代绘的喇嘛塔下仍沿用两层须弥座台基。

须弥山石窟 位于宁夏回族自治区固原市西北 53 千米处的六盘山支脉，开凿在山麓的东南岸南北长 1800 米、东西宽 700 米范围内。始建于北魏，历经北周、隋、唐诸代，现存 132 个洞窟，分为大佛楼区、子孙宫区、圆光寺区、相国寺区、桃花洞区、松树洼区、三个窑区、黑石沟区 8 个区；洞窟形制有大佛窟、方形窟、中心柱窟等；雕像有佛、弟子、菩萨、天王、力士等，造像配置一般是一佛二弟子二菩萨二天王等七身一铺的组合形式。

须摩提女因缘故事　敦煌故事壁画之一。须摩提女信佛教，她的丈夫却是外道；她的公公满财听说佛神威之大，让须摩提女请佛到家里受宴，佛得知其中的念意，带弟子赴宴；佛弟子各显自己的神通，乘坐各自变化的坐骑来到满财家，释迦牟尼和许多侍者最后到；满财一家看到佛及弟子的种种神通，惊叹不已，最后皈依佛教。莫高窟现存北魏第257窟一幅，根据三国吴支谦译《须摩提女经》绘制。

须菩提　亦作须浮帝、须扶提、苏部底等；意译善现、善见、善吉、空生等。佛经说他是古印度拘萨罗国舍卫城人，属婆罗门种姓，出家后，为释迦十大弟子之一。因他以论证诸法性空著称，故在十大弟子中被称为《解空第一》。敦煌唐以后诸多石窟佛龛中有画像并题名榜。

悬山顶　其形式是两坡面的两头长出柱子或墙壁。早期壁画中比较多见，十六国第275窟的阙形城门楼上就是两坡悬山顶，北魏第257窟坞壁中的楼阁各层也作两坡悬山顶。唐宋壁画中悬山顶很少，且多见于门屋上，初唐第321窟南壁下一座城内的长廊中有悬山顶门屋三间，长廊的屋顶伸入到悬山下，处理很恰当。盛唐第148窟也有一门屋作上述处理，只是表现得更具体，从悬山侧面可以看到两组人字栱上托平梁与一大叉手，脊下有悬鱼、山花作装饰。

悬山屋顶图 壁画中表现不多的一种屋顶形式，见于北魏和唐代壁画中。北魏时的悬山屋顶两侧由承重墙托起，形式简单，如第257窟沙弥守戒因缘故事中的建筑大多作两坡形式的悬山屋顶。唐代的悬山屋顶与延续至今的悬山屋顶形式基本一样，如初唐第321窟宝雨经变中一座城内建筑的门廊，盛唐第148窟药师经变南侧条幅中有一座悬山顶的门屋，是我国建筑形式延续发展的历史见证。

学堂 维摩诘经变中反映维摩居士化度学人的画面。如莫高窟第12窟的学堂，自成一座院落，一间单檐庑殿建筑是正房，供老师（博士）所用，房内还可供奉孔子尊像；一旁坐维摩居士，一仆人正恭敬地上茶侍候，学郎们在两侧厢房中学习，课桌为木案，课本为手抄卷本。学堂还实行体罚制度，如第468窟学堂，老师端坐正房内，院子里助教正在对一名学郎进行体罚，右手执鞭，强令年幼的学郎赤脚、高卷袖子和裤腿，学郎被抽打得遍体道道鞭痕，房内学习的学郎怒目瞪视着眼前所发生的一切。

埙 吹奏类胴腔乐器。为我国最古老的吹奏乐器，用陶土烧制而成，呈桃或鱼形，有音孔。敦煌壁画埙图像仅见于莫高窟第220窟的孤例：南壁阿弥陀经变乐队中，一乐伎双手捧埙，只见二音孔，其他音孔为手指所按，不易辨清孔数，此埙甚大，从与乐伎比例看，有手掌大小。

莫高窟第220窟埙（初唐）

巡医 敦煌社会生活风情壁画内容之一，又名得医图，绘于莫高窟第217窟法华经变。一户豪富之家，屋内墙壁装饰屏风画，一妇人端坐炕上，一妇人抱患儿候在门上。庭院中水池花柳、栏杆假山，树旁站立着派去请医的妇女，身后两位是巡回出诊的医护人员，前者为医师，是一位长者，戴风帽、着袍服、腿裹邪幅，风尘仆仆赶往病人家中；后者是医工，怀抱出诊器物。敦煌地区古代有巡回医疗的出诊制度，巡医壁画即取材于此。

驯马图 第290窟的供养人行列中，有驯马人的画面，高鼻深目、着缺胯衫、足蹬长靴，是胡人形象。他右手执鞭、左手牵缰绳，昂首弓腰，双腿前屈，全身用力。面前一匹高大的备鞍骏马，桀骜不驯，对企图制服它的胡人，蹬踏反抗，前蹄上扬，大有一拼高低之势。另第288、305诸窟绘有汉人驯马图。

Y

乐队排列 指壁画中，乐器演奏排列的队形。敦煌现存近500组大小类型不同的乐队，其乐器配置及队列安排均呈现不同的图式，根据窟壁部位、题材内容而定或为纯器乐表演，或为歌舞伴奏。可分三种类型：①单身、分散型，见于早期洞窟天宫伎乐，飞天伎乐，或一二乐伎排列之图案形式出现的演奏图像。②队列型，主要特征是站立演奏，见于历史人物画，供养乐伎，或文殊普贤经变画，为小规模乐队，引进仪仗的表演形式。③礼佛乐队，基本是仿宫廷的隋唐燕乐乐队编制，在说法图的前沿，左右对称排列于两侧，排列队形有横排一字形、斜排八字形、混合四方形、三角形、菱形等多种方式。乐队壁画的表演技巧、演奏方法与乐器配置，都考虑到音响、音色、音量的选择而决定排列布局。

乐器组合 指敦煌壁画乐队的结构和乐器配置。或以隋唐燕乐的乐队结构，或以宫廷乐队的编制为大概的范本，或以西北地区当时民间常见的乐器和民间乐队为标准，或由画工任意搭配。基本上是一组乐队中根据不同构图，各选一种乐器，有以吹奏乐器为主，有以弹拨乐器为主，亦有以打击乐器为主的，在一个乐队中相类乐器联坐，在音色、音响方面一般都突出了拍板、羯鼓的指挥地位。在表情和舞伎的协调关系上，都可以看出画工在掌握音乐内容和风格方面的倾向性。

乐舞助兴　敦煌壁画所示古代婚礼仪式情节之一。莫高窟第445窟的婚礼图中，一垂髫辫发的红衣童子，正扬手提腿翩翩起舞，对面六人乐队伴奏，有吹箫、吹笙、击鼓、击拍板等；第186窟是三人合奏，琵琶、洞箫和拍板等；榆林窟第38窟是一男一女对舞，又称偶舞，男的戴幞头，着缺胯衫，袖子较长，提腿甩袖而舞；女梳双丫髻，着裙，一手持团扇，一手执帔巾，双双翩翩起舞。

丫髻　古代妇女发髻之一种，又名双丫髻，其形制是头发在头顶先被分成两股，左右各一，每股分别扎成棒体，然后系扎绳带，使其翘于左右。敦煌壁画中所见一些少女、童子所束即此发髻，如莫高窟第288窟西魏女供养人、第159窟童子、第196窟男女童子、第98窟贤愚经变中女子、藏经洞近侍女等。

雅尔湖千佛洞 位于新疆吐鲁番市西北约 10 千米，交河南岸半山腰中，东窟区长 40 米，相传开凿于唐宋时期。现完整者编号有 7 个洞窟，其中 6 个支提窟，1 个毗诃罗窟。窟内残存壁画题材有：说法图、供养人、千佛、一佛二菩萨和莲花图案等。第五窟西壁的突厥文题记为银山东西各窟中所罕见。从壁画风格看，雅尔湖石窟群和柏孜克里克石窟群属于同期。

胭脂 古代有燕支、燕脂、臙脂、燕指、烟脂等多种写法。鲜红色的化妆品、染（颜）料。五代马缟《中华古今注·燕脂》："盖起自纣，以红蓝花汁凝作燕脂。以燕国所生，故曰燕脂。涂之作桃花妆。"胭脂用于绘画的时间很早，唐代以来非常流行。唐代著名画家张彦远《历代名画记》所列主要绘画颜料中就有胭脂。红花别名蓝花、黄蓝，它是制备胭脂的主要原料。胭脂也是甘肃河西走廊的特产之一。敦煌遗书中有礼佛的人为修造、彩绘洞窟等献蓝花、红花、胡粉的文献，如敦煌遗书 P.2992 号卷背面第三件为《兄大王（沙州归义军节度使）某致弟甘州回鹘顺化可汗状》，是敦煌大王（沙州归义军节度使曹议金）送交甘州回鹘可汗的信，信中讲曹议金派人献上的 6 种礼品中就有"上好燕脂"。据科学分析，在莫高窟北朝壁画中有"有机质的红"；在唐代壁画、彩塑颜料中发现有胭脂（红花提取物）；法国吉美博物馆藏E01154号敦煌藏经洞所出盛唐绢画《佛传图》所用颜料中，紫褐色是有机质胭脂。据文献记载和实际考察，敦煌古代壁画、绢画中曾应用了胭脂颜料。敦煌石窟壁画，藏经洞绢画上都可看到用胭脂色描绘的女人面容及其"时世妆"。

烟熏壁画　人为破坏的病害之一。即壁画被烟火熏黑。莫高窟就有受到烟熏的洞窟近50个，数量最多的为白俄残军所致。根据民国十年（1921年）八月十三日甘肃督军陆洪涛向北京政府报告"俄旧党官兵安置甘肃敦煌"情况的呈文。民国年间，逃往中国新疆的白俄陆军少校阿连阔夫率沙俄残军，根据民国政府的命令，经由新疆、甘肃两省政府、军队协商决定，由敦煌县政府负责、在当地驻军监视看管下，469名官兵于1921年6月11日到达敦煌，被解除武装、人马分离后，暂时安置、居住在敦煌莫高窟。后于1922年9月迁出，在莫高窟居住一年四个月之久。敦煌县政府限定南端第二层洞窟为其住所，他们还在一些居住的洞窟内烧炕、做饭，致使这些洞窟的壁画等文物受到烟熏损害。又在过去的千百年中，善男信女巡礼石窟时，焚香燃灯亦使壁画受到烟熏损害。其害重则壁画漆黑一片，轻则壁画色彩晦暗，形象模糊。现已研究出清洗烟熏壁画的方法。

岩体 用于开凿石窟寺和修建宗教寺庙等建筑物的山体。如敦煌莫高窟开凿在由宕泉河自然冲刷形成的鸣沙山断崖上，地质上属于酒泉系砾岩层，它是由岩石或砾石、沙土等不同材料自然胶结而成的。敦煌西千佛洞开凿在由党河冲刷而成的河床北岸砾岩层上，地质构造与莫高窟岩体相同。

盐霜 盐分在壁画表面富集形成的结晶，俗称白霜。

阎员清 北宋敦煌人。于太平兴国五年（980 年）建莫高窟第 431 窟前室木构窟檐，保存至今，檐后梁墨书题名"窟主节度内亲从知紫亭县令兼衙前都押衙银青光禄大夫检校刑部尚书兼衙史大夫上柱国阎员清"，前梁题营建年代及统治者归义军节度使曹延禄职衔。

颜料 用来着色的物质。种类很多，可分为有机颜料和无机颜料两大类。无机的如铅白、朱砂等，有机的如胭脂、藤黄等。秦汉以来各色天然矿物颜料和人工合成颜料都开始应用，有二三十种，汉代以来丝绸之路沿途各地的壁画、彩塑及其他彩绘艺术中都用了大量无机矿物颜料。在中西交流物品中也有不少颜料，如胡粉、密陀僧、黄丹、石绿、铜绿、金精、空青、回青、西域大青、雌黄等。在敦煌遗书和吐鲁番出土文书中都有记载。在敦煌藏经洞唐、五代时期的社会经济文书中，也有相当一部分商品交易的文书，其中就有各种颜料的买卖记载。在敦煌寺院籍帐类文书中记载有各种颜料，几乎用于绘画的颜料大都是寺院从画师手中购买来的，绘画的高级工匠、画师和都料既是画匠又是从事绘画颜料生意的商人。常见出卖的颜料有金青、铜绿、绛矾、胡粉、马牙朱、青、绿丹青、丹、银粉等。

颜料变色　各朝代壁画都存在程度不同的变色，对于壁画变色问题，我们应立足于原来画面应该是某种颜色，而现在反映出的颜色却是已经变了的颜色。其中以隋、初唐、盛唐、宋、元最为严重，变色部位多为原来的红色、白色和粉色区域，变色后颜色成棕色、咖啡色、黑色或灰色。敦煌石窟壁画颜料的变色大体上有两种类型。一种是早期壁画的变色，即北朝至隋代部分洞窟的颜色大多变为浅灰色和黑色。另一种是唐代，特别是盛唐时期的大多数壁画变成褐色或棕黑色。从以上变色颜料分析结果可知，由于产生二氧化铅（PbO_2），使颜色变成棕色或黑色，铅白和铅丹都会在一定条件下转变成二氧化铅，使白色或红色颜料变成棕色或黑色。

颜料分析　采用科学手段和现代科学仪器分析古代壁画、彩塑等彩绘艺术颜料，是壁画保护科学研究的重要组成部分。1960 年国家科技十二年规划就将敦煌壁画颜料变色、褪色问题列为研究课题。20 世纪 60 年代，北京师范大学化学系董维宪副教授指导学生做了敦煌石窟唐代壁画颜料和河南密县后寺郭村东汉墓壁画颜料的化学定性分析，并对敦煌唐代壁画颜料变色的原因进行了初步的探讨，1979 年甘肃省科委下达的"敦煌文物保护研究"四项科研项目中，其中就有"敦煌莫高窟壁画、泥塑用彩色颜料的剖析研究"和"中国古代颜料史"这两个专门研究颜料的重点课题。由此开创了文物与科研部门合作，采用现代仪器对古代颜料进行分析研究的新局面。其分析研究的方法及其仪器有 10 余种，其中，颜料的成分分析主要采用化学分析法、原子发射光谱（AES）、X 射线荧光分析（XRF）、中子活化分析（NAA）等几种。结构分析主要有 X 射线衍射法（XRD）、红外吸收光谱（IR）、紫外可见分光光度计等，亚微观形貌观察和微区成分分析主要有光学显微镜、扫描电子显微镜（SEM）等。有些还应用了电子探针 X 射线显微分析（EPA）。在有机颜料分析中还应用了傅利叶红外光谱仪、有机元素分析仪等。在微量元素分析、颜料呈色机理、颜料产地判断等方面还应用了质子 X 荧光分析（PIXE）、电子顺磁共振（EPR）、同位素分析等。

宴饮图乐伎 敦煌壁画伎乐人之一。为维摩诘经变故事情节之一，讲居士维摩诘常深入民间，到酒肆、妓院下等人居所宣传佛法，图像即为酒肆。如莫高窟第 360 窟画面中心有一长桌，两侧坐两排人宴饮聚会，同时为舞伎伴奏及观赏，其中一人用拍板击节，舞蹈者一人，张臂作旋转姿态，反映古时民间的音乐生活。

雁纹 敦煌禽鸟图案纹样的一种。中唐第361窟佛龛顶部的雁纹团花平棋图案，在形似斗四藻井结构的平棋内的团花中，绘大雁以嘴叼着璎珞，项上扎着飘带，站在云纹如意上，形象生动，造型写实而又有装饰感，是敦煌禽鸟图案中的佳作。

扬场 敦煌农业生产壁画内容之一，在莫高窟第61窟和榆林窟第20窟等窟弥勒经变中有绘。扬场是利用自然风力对脱粒后的粮食进行净化的措施之一，其方法或由妇女站高凳上，用簸箕把粮食徐徐下泻；或由男劳力持木锨，把粮食往上抛。扬场壁画中两种形式均有，为中国北方农村古今沿用的农作方式之一。

扬场图 将打场脱粒后聚积成堆的杂物通过自然风力分离出干净粮食的劳动过程。敦煌石窟的20多幅弥勒经变壁画中描绘了打场、扬场的场面，绘出的扬场工具有叉、木锨、簸箕三种。它们的用途不尽相同。庄稼脱粒后，用叉挑取长的麦秸或稻草，将混杂在一起的谷粒、谷壳、茎叶碎片和土屑等杂物聚积成堆。待有风时，用叉、木锨把谷物迎风扬起

"向风而掷之"，借自然风力使粮食与杂物分离。一般是先用四齿或五齿叉挑取较长的堆积物，次用六齿叉，最后用木锨挑取颗粒状者，直到扬净为止。还有一些带壳的粮食和同颗粒重量相似的杂物则用簸箕或形如簸箕的飏篮等上下簸动，把粮食和杂物分开。一般前者需要男人持叉、木锨操作，后者则适合于妇女。

阳关遗迹　汉代古关隘遗迹，位于敦煌城西 70 千米的古董滩上，因地处玉门关以南而得名。公元前 121 年至公元前 111 年，西汉王朝为了抗击匈奴，经营西域，在河西走廊设置武威、张掖、酒泉、敦煌四郡，同时建立了阳关和玉门关。阳关是通往西域的门户，又是丝绸之路南路的必经关隘，战略地位极其重要。西汉时为阳关都尉治所。晋朝时，在此设置阳关县，唐以后逐渐废弃。清代，阳关与玉门关并列"两关遗迹"，为敦煌八景之一。今关北残留一道长城防线，每隔十余里又有烽火台，经古董滩出红山口，北上 135 千米，便达玉门关。

杨洞芊　五代敦煌人，归义军曹氏时充节度孔目官兼御史中丞。撰《瓜沙两郡大事记》，记录有敦煌石窟营建史事。

养阿沙　又作牙罕沙。元代蒙古族人。速来蛮长子。至正八年（1348 年）五月，以太子列名于《莫高窟六字真言碑》，为功德主之一。后袭父封继为西宁王，驻镇沙州，并于至正十三年五月巡礼榆林窟，并重修第15窟，事见榆林窟第15窟前室东壁墨书《大元重修三危山榆林窟千佛寺记》。

腰鼓 打击类膜鸣蜂腰型乐器。细腰，状如两碗，底部对接而成，两端张以皮革；演奏方式是将鼓系于腰间，站立或者是平置于面前；踞地用手拍，或杖击发声。敦煌壁画从

莫高窟第 112 窟
腰鼓（中唐）

北凉至元代均有形类繁多的腰鼓图像；不仅出现于乐队，而且是舞伎表演的道具，经变画中有与反弹琵琶合组的双人舞蹈场面。腰鼓图形早期较简单，愈后愈精美，装饰亦愈丰富，彩绘花纹雍容华丽，具有高度工艺水平。乐队中腰鼓起领奏作用，往往集中于前列，有时一个乐队前排全列腰鼓数只，可见其气势。

腰鼓舞 壁画舞蹈图像之一，见于唐代后经变画中。舞者一人，上身裸露、戴项圈，饰璎珞、臂钏、手镯，手挽长巾，肩挂腰鼓，伸展双臂，撒开五指作击鼓状，提左腿腾踏起舞，长巾回转飘动。为古代舞蹈之珍贵资料。

药叉 又称夜叉，佛教八部护法之一。本为一轻捷、勇

健、能啖鬼吃人、既凶残又难看的魔怪。据说他常幻化成美女形象飞行天空，蛊惑众生，吃人喝血，故又称飞天夜叉。敦煌早期石窟中常被画成威猛和粗壮有力的金刚力士形象，以示镇妖降魔保护佛法，以莫高窟第251窟四壁下部一周和第254窟中心柱基座上所画最具代表性。

药叉乐伎 敦煌壁画伎乐天之一。药叉，也称夜叉、阅叉，是北方毗沙门天王的眷属，列为天龙八部之一，为佛国天界的护法神，他们地位卑贱，形态丑陋，勇健凶残，但也能作乐、跳舞。药叉乐伎壁画在洞窟中，常绘于墙壁之最下层，与天宫乐伎上下对称呼应，可称之为地官乐伎；因其形态狰狞，绘制也较粗犷，夸张，与上面的天宫乐伎形成强烈的对比。其构图比较单调，形式为一横排，无格界并列绘出，颜色多为土红及灰褐色，或两种颜色相间，深浅形成对比，构成一种特有的装饰效果。药叉乐伎以舞蹈动态为主，造型特点为：身体短粗，肥胖，光头，上身赤裸，只穿一件短裤，光腿，赤足，一般不能直立，做半蹲状，形似侏儒，但舞蹈动作生动，显示一种剽悍、有力度、狂热的运动，颇有生命力，特别是手位变化异常丰富。其行列中，夹杂着兽头人身的夜叉，更增添怪诞、神秘色彩。其中持乐器的可称药叉乐伎，手持乐器、边跳边奏；所用乐器品种不多，为各种常见鼓类，间或有横笛、琵琶，及排箫等出现。药叉乐伎在敦煌壁画中颇具乐舞特色。

药师佛　佛名，音译为鞞杀社窭噜，意译为药师琉璃光如来，本为"东方净琉璃世界之教主"。据说在他修行成佛前，曾发十二大愿，其中第七大愿说："除一切众生诸病，令身心安乐，证得无上菩提。"在第十一和第十二大愿中更说："使饥渴众生皆得上食，使贫乏无衣者皆得妙衣"，"亿念名称，则众苦咸脱，祈请供养，则诸愿皆满，至于病者求救应死更生，王者禳灾转祸为福，信是消百怪之神符，除九横之妙本矣"；又说："随所乐求，一切皆遂，求长寿者得长寿，求富饶者得富饶，求官位得官位，求男女得男女……"正因如此，当面临饥馑、疾病、天灾和战祸的人们，自然都踊跃供奉他，也称他"大医王佛"或"医王善逝"。敦煌壁画中除将药师佛绘作手中托药钵或拿一药丸结跏趺坐说法相外，晚期壁画将他画成一位一手持药叉、一手托药钵的游行化募者形象，其中以莫高窟第148窟和西千佛洞第12窟内所绘药师佛最具代表性。

药师经变　敦煌经变画之一。又名东方药师净土变、药师净土变，为药师如来本愿经变、佛说拔除罪过生死得度经变、药师琉璃光如来本愿功德经变的总称。莫高窟现存隋、唐、五代、宋、西夏所绘 47 铺，主题是宣传药师经为"致福消灾之要法""王者禳灾，转祸为福"，只要供养药师如来就可一切如愿；内容有七佛、长幡、燃灯、斋僧、鼓乐歌赞、十二大愿、九横死等；形式有横卷式、说法式等；代表作见隋第 417 窟，初唐第 220 窟，盛唐第 148 窟，中唐第 112 窟等。

药师七佛 佛名，佛经中所谓东方净琉璃世界之七佛：一为吉祥王如来，二为宝月智严光音自在王如来，三曰金色宝光妙行成就如来，四曰无忧最盛吉祥如来，五曰法海宙音如来，六曰法海胜慧游戏神通如来，第七即药师琉璃光如来，其中以药师琉璃光如来为主体。据统计，仅在莫高窟内就有药师经变画 96 幅，其中以第 220 窟唐贞观十六年所画药师经变中的七佛最具代表性。

耶输陀罗 亦名瞿波。按《佛本行集经》卷十四和《有部毗奈耶破僧事》卷十的说法，她本是善觉王之女，净饭王为了阻挠释迦出家，便早早使释迦娶她作妻，生子罗睺罗，后来，也随摩诃波阇波提出家为尼。

业镜台 敦煌壁画地狱变情节之一。业镜是冥府专设的照业之镜，为十王的审判提供确凿的证据，亡人生前所造的善恶之业在镜中一目了然。榆林窟第 33 窟地狱变绘两名罪人跪在业镜前，一名狱卒在旁监视，镜中出现的是亡人生前鞭打虐待马匹的恶业。

叶蛇纹石　叶蛇纹石是一种镁的含水矽酸盐，化学成分是 Mg［（OH）SiO（OH）］或 MgSiO（OH）。蛇纹石具有同高岭石相似的结构，用于白色颜料可能是取其白色或淡色之矿石。叶蛇纹石在西千佛洞使用较突出，北周第 6 窟中白色榜题系叶蛇纹石和滑石调制的白色，叶蛇纹石含量相当高。西千佛洞北魏第 5 窟、隋代第 10 窟的黄色颜料中也含有叶蛇纹石。纯洁的蛇纹石是一种淡绿色的玉石，这种淡绿色玉石多产自于新疆和田，又名和田玉。这就证明了古画家所说用玉石粉做绘画颜料的事实。

夜半逾城　佛传故事画情节之一。讲太子出城游观后便想出家，趁半夜人们熟睡不醒时，在诸天神的帮助下乘马逾城出家。莫高窟现存北魏第 431 窟，北周第 290 窟，隋代第 278、397 窟，唐代第 57、322、386 窟，五代第 61 窟，宋代第 454 窟等多幅。

一个庙石窟　敦煌石窟群之一。位于今甘肃省肃北蒙古族自治县城北约 20 千米党河东岸吊水沟中北面的断崖上，现存洞窟两个，开凿于五代，为东西排列。两侧洞窟由前室、甬道和主室（后室）三部分组成，主室覆斗顶，前室人字披顶，甬道盝顶，原有马蹄形佛床，现仅残存后壁的须弥座。现表层壁画为近代作品，早期绘塑已毁，窟顶绘有北宋瓜沙曹氏归义军时期的图案，前室东、西、北三壁下绘有供养人像。一个庙石窟壁画内容有佛像、菩萨、弟子、诸听众、说法图、西方净土变、璎珞垂幔、莲花图案、化生、供养人榜题等。

衣架　古代搭放衣服的家具之一。据《广博物志》卷39记载：后夒作衣架。虽系传说，但至迟到汉代，衣架已经出现。在四川成都出土的建筑画像砖中，所绘院内不仅有厨房、水井，而且有晒衣的木架。从出土的实物、画像石、砖、壁画等历史文物来看，到了汉代，除几、案常见外，还有衣架、柜、箱、屏风等家具。这种情况在河西走廊出土文物，特别是敦煌壁画中同样有所反映。在嘉峪关魏晋墓一号墓、高台县骆驼城乡骆驼城墓群画像砖上也有。敦煌石窟北朝至元代壁画中都绘有衣架。莫高窟最早的衣架绘画在北魏第257窟南壁沙弥守戒自杀缘品中，在该画的第四个场面中绘衣架一个。该衣架位于房屋的靠后地上，衣架的造型与高台县骆驼城魏晋墓群画像砖的衣架大致相似，两腿之下也有长方形的底座，不同的是两腿较下部又安置了一个横杆，两面不出头，这种两条横杆的衣架比一条横杆的搭放衣服更多，也更加实用。北周第290窟的佛传故事画中，有个场面是描绘释迦诞生后的种种瑞应情景，其中瑞应八就是衣被满架。唐、五代、北宋、西夏历代壁画中的弥勒经变中，大都有描绘一种七获和树上生衣的画面，但是，在几幅壁画中与众不同，民间画工把佛经中的弥勒在世"树上生衣"的记载，变成了衣架上搭放衣服的现实生活场景，为我们保存了古代衣架的形象。在唐、五代、北宋壁画中的楞伽经变譬喻画中都绘有晒衣图，画面为衣架上晒着一件展开的衣服。

义䎱 唐代敦煌高僧，俗姓索，法名义䎱，又作义辩；或因任沙州释门都法律而称"索法律"。禅居敦煌金光明寺。敦煌遗书 P. 4640、S. 530、P. 2021《沙州释门索法律窟铭》或曰《大唐沙州释门索法义辩和尚修功德记碑》记义䎱家族历史及本人写大乘教藏和在莫高窟营建今第 12 窟并 11、13 窟事，第 12 窟东壁门上中央供养人题名"窟主沙州释门都法律和尚金光明寺僧索义辩……"另 P. 4660 有《前沙州释门法律义辩和尚邈真赞》即有关义䎱事迹之描述。

异形笛 吹奏类横管乐器。为敦煌壁画中特有的一种带钩横笛。其形态与普通横笛

莫高窟第 45 窟异形笛（盛唐）

相似，唯在吹口一端多出一小段枝杈状物，似竹节部笛存的一小段枝条，为一种装饰挂钩，便于携带或悬挂，与发音无

关。这种异形笛，始见于莫高窟盛唐第45窟，延及五代、宋、西夏，莫高窟计存27只。为区别于其他横笛，故拟名为异形笛。

易沙 又作移沙，即清除洞窟里外的积沙，为窟上维修管理活动之一。参加此项活动的人，除僧人外，还有学郎等。因莫高窟顶上是由细小砂粒聚集而成的鸣沙山，沙土常随风进入或堆积崖下洞窟内外，故移沙为经常性的工作，古今亦然。

翼形栱图 敦煌壁画中的翼形栱出现在中唐时期（781—848年），早于现存最早的实例唐代五台山佛光寺东大殿（857年）。现存实例中的翼形栱，主要起装饰作用，而中唐壁画中的翼形栱既有起装饰作用的，也有起承重作用的，在第361窟的建筑画中就同时表现了这两种形式，以后在五代时期第61窟佛殿斗栱、西夏时期的帐形佛龛两侧也用翼形栱，如经西夏重绘的第29窟佛龛两侧在绘出的柱头上就有翼形栱。

阴伯伦 唐代沙州人，游击将军，丹州长松府左果毅都尉，赐绯鱼袋、上柱国、开国男。夫人索氏。四子为阴嘉政、阴嘉义、阴嘉珍、离缠，均系当时敦煌达官显贵或佛界领袖。敦煌遗书 P.4640、P.4638 有记，莫高窟第231窟东壁门上有阴伯伦夫妇供养像。

阴处士碑　唐代莫高窟碑记。原碑已佚，今存写本于敦煌遗书 P.4640 及 P.4638 中，全名《大番故敦煌郡莫高窟阴处士公修功德记》，窦夫子（良骥）撰，系阴处士嘉政营造莫高窟第 231 窟之功德碑。碑文较详细记载了窟内壁画内容，与第 231 窟今存壁画内容一致，因此第 231 窟又叫"阴家窟"；窟内还绘有阴嘉政父母阴伯伦与索氏供养像，亦与碑文记载相符。文中追述阴处士先祖概况，兼及阴嘉政及其三弟阴嘉义、阴嘉珍、离缠等生平事略。

阴季丰　唐代敦煌人。归义军张议潮时官至押衙，后因功授凉州防御使、检校工部尚书兼御史大夫、上柱国。莫高窟第 138 窟窟主海晏之父。

阴嘉珍　唐代敦煌人，阴嘉政之弟。吐蕃时任瓜州节度行军并沙州三部落仓曹及支计等使，善于"二王旧体"书法。事见 P.4638、P.660《阴处士碑》。

阴嘉政　唐代沙州人，号阴处士。曾祖阴嗣瑗，祖阴庭诫，父阴伯伦，母索氏，弟阴嘉义、阴嘉珍、僧都法律离缠，妹安国寺尼智惠性；有男僧智欣、怀尊等。敦煌遗书 P.4640、P.4638 有记。另在莫高窟营建第 231 窟，系该窟功德主。

阴嗣琼　又名阴嗣瑗，唐代敦煌人。为官清廉，善于用兵，精于典籍，官至正议大夫、检校豆卢军事兼长行坊转运支度等使，赐紫金鱼袋、上柱国、开国侯。阴庭诫父。敦煌遗书 P. 4638 有记。

阴庭诫　唐代敦煌人。敦煌州学博士，乡贡明经，敦煌名士，改编《簇金》百卷。官至右骁骑守高平府左果毅都尉、赐紫金鱼袋；李大宾之妹夫，子阴伯伦。敦煌遗书 P. 4678、P. 4640 有记。

阴祖　唐代敦煌居士。于唐延载二年（695 年）与禅师灵隐建莫高窟北大像（今第 96 窟），莫高窟第 156 窟及 P. 3720《莫高窟记》有记。敦煌遗书 P. 2556《敦煌名族志》中有关于阴祖及其后人活动的简略记载。

银朱　即人造的硫化汞（HgS），俗称猩红或紫粉霜，颜色纯正鲜艳，稳定性亦好。我国是世界上首先制造银朱的国家。银朱的出现较朱砂要迟，制造银朱起始于炼丹，其出现当在炼丹术出现之后。通过化学方法，得到与天然产物完全相同的人造红色硫化汞，这种成就在古代是一项伟大的创造，所以用人工方法合成银朱，是我国炼丹家、炼丹术对化学所做出的最大贡献之一，是人类第一次用自己的劳动得到实质上与天然矿物相同的物质。朱砂和银朱在古代都大量用于绘画、点书等，同时也是制造印泥的原料。尽管二者名称有异，其化学成分、性质及效用是完全一致的，只是天然朱砂大都含有少量其他矿和杂质，而银朱是提炼水银后再经化合而成，因此产品纯净，颜色呈纯正的红色，在古代各少数民族绘画中都曾应用。

淫舍　敦煌壁画中表现《法华经·观音普门品》关于观音菩萨解救陷入淫欲者之画面，一般为一男一女在室内床上或炕上相互亲昵偎依之情景，莫高窟第468、14、85等窟均有绘，其中以第85窟画面较精致且有榜题。

印度灵鹫山　佛教名山，旧称耆阇崛山，以山形似鹫或山栖鹫鸟多而得名。位于古印度的摩揭陀国旧都，其东北四五里有新都王舍城，在今印度比哈尔邦底赖雅，释迦牟尼曾在此说法，亦为佛教第一次结集之地。

印度舍卫城　佛教圣地。古印度拘萨罗国都城，在今印度北方邦北部，拉普底河南岸的塞特马赫特。传说释迦牟尼在此长年居住说法，并有拘萨罗国的给孤独长者施舍给释迦牟尼佛之用的"祇园精舍"，7世纪玄奘到此时已荒毁。

印度王舍城　佛教圣地。古印度摩揭陀国都城，在今印度比哈尔邦底赖雅。王舍城有新旧两处，旧王舍城四周有灵鹫山，新王舍城系频婆娑罗之子阿阇世王所建，距旧城数千米。传说释迦牟尼经常在此传道说法，在新旧城之间有释迦牟尼居住和说法地"竹林精舍"。

印度佛教石窟　印度佛教石窟的开凿始于公元前 3 世纪中叶，一直持续到 8 世纪左右。最初的石窟仿木构形制雕凿。窟形较小，并刻有顶、梁、椽等。其代表为巴拉巴尔石窟。后来石窟越造越大，窟形也发展成两种类型：一类为佛殿式，即有一长方殿堂，堂后面中立窣堵坡（佛塔）；另一类为僧房式，即中间是方形厅，内有佛堂，周围是僧徒居住的小石屋。巴查石窟是最早佛殿式石窟的代表。其后的卡尔利石窟，在大殿两侧有列柱，将大殿和侧殿间隔开，不管是列柱、门廊和壁面都有华丽的浮雕。到了公元 4 世纪至 6 世纪笈多王朝时期，是印度凿窟造像的黄金时代，窟形仍为佛殿式和僧房式，其代表为阿旃陀石窟。窟中除了更为精致的雕刻以外，还彩绘了精美绝伦的壁画，以及装饰各种花纹图案。

印度阿旃陀石窟　古印度佛教石窟遗址。位于印度马哈拉斯特拉邦境内，孟买市东北 300 多千米处的德干高原上，始建于公元前 2 世纪，延续至 7 世纪中叶，时正当佛教在印度盛行、印度国力鼎盛之时。唐高僧玄奘于 638 年到过此地，在《大唐西域记》中，对石窟全貌有描述。在马蹄形山崖上，现存石窟 30 座，除第 9、10、19、26、29 为供信徒礼拜的支提窟外，余皆为僧房窟。石窟的佛塔、列柱和门廊等皆雕有精美的佛像和图案；石窟壁画内容主要取材于佛本生故事和佛传故事，如六牙白象本生故事、王子出家、降魔、涅槃等；也有诸神像、仕女像以及宫廷和民间世俗的生活场景，如狩猎、歌舞的场面，为古印度壁画的典范。集绘画、雕刻和建筑于一体的阿旃陀石窟是世界艺术的瑰宝。

印度埃洛拉石窟 位于马哈拉施特拉邦境内，在奥兰加巴德市西北。石窟群包括佛教、印度教和耆那教的石窟。开凿营建时间约在公元7世纪至11世纪，其中佛教石窟12座，印度教石窟17座，耆那教石窟有5座，全长约2千米。窟形僧院式多于佛殿式，主要雕刻有多臂菩萨形象。埃洛拉石窟群是世界级石窟寺石雕建筑的典范之一，1983年被联合国教科文组织世界遗产委员会批准作为文化遗产列入《世界遗产名录》。

印度卡尔利石窟 印度早期石窟的代表。位于孟买东南，建于公元1世纪前后。窟形为佛殿式，殿高13.7米，宽13.9米，进深37.9米，分中堂和两侧堂，其间有列柱隔开；柱上有雕像，动物和莲花等图案；中堂后中立窣堵坡，殿堂前有门廊，三面布满浮雕。佛殿十分雄伟、开阔，装饰也极为华美。

印度那烂陀佛寺 印度著名的佛教寺院遗址。位于比哈尔邦巴特那东南处，为佛弟子舍利弗的诞生和逝世之地，释迦牟尼也曾在此说法。寺院始建于笈多王朝的鸠摩罗笈多一世（415—455 年）时代，后陆续扩建，7 世纪达到极盛时期，设有僧院、精舍、窣堵坡佛塔，甚至图书馆等；建筑规模宏大，气象万千，可容万名僧侣聚此修持研习，为当时印度佛教研究中心；12 世纪末被毁。中国的法显、玄奘和义净都曾到过此处，并有记述。20 世纪初，印度考古发掘，发现遗址达 100 万平方米，有僧院、台基、石龛、佛殿、佛塔等，并出土精美的佛、菩萨像，它们全面反映出中世纪印度佛教建筑和佛像雕刻的艺术特色。现在遗址上建有那烂陀博物馆及玄奘纪念堂。

印度桑奇大佛塔　古印度著名佛塔。位于中央邦马尔瓦地区波帕尔城东，现存佛塔 4 座。桑奇大塔为 1 号塔，塔高 16.5 米，直径 36.6 米，为阿育王于公元前 250 年左右修建，后不断扩建，增建了基坛、围栏和塔门等；塔门形如牌坊，由两根门柱和三道门梁构成；印度把这种塔门牌坊称作"陀兰那"；其通体有佛教内容的浮雕，多为佛本生故事和佛传故事，如《六牙白象本生》《佛出家门》等；由于当时佛教禁忌出现佛本身形象，故用法轮、宝座和菩提树来表现佛之存在；此外雕有动物和药叉女神的形象。这些浮雕和雕像代表了早期佛教雕刻的风格，后代把这种雕刻艺术称作"陀兰那"

艺术。

印度拘尸那城遗迹 佛教遗迹，位于今印度联合邦迦夏城。传说释迦牟尼在此处涅槃。现存有涅槃塔和火葬处等遗迹。此处与佛降生地尼泊尔蓝毗尼，佛得道处菩提伽耶和佛初转法轮处鹿野苑，共称为"佛教四大圣迹"。

印度鹿野苑佛教遗址 印度佛教圣地。位于印度北方邦贝舒勒斯西北约 7 千米处，相传此处为释迦牟尼得道后，第一次说法（初转法轮）之地，公元前 5 世纪已成为印度佛教中心之一，12 世纪后荒芜。唐高僧玄奘法师曾游此地，并记述了当时兴盛之况。鹿野苑现存有僧院、佛塔和佛殿，以及使其闻名于世的雕刻，重要者有阿育王石柱，是印度古代雕刻的杰作，柱身已毁，柱头下有莲花，中有法轮，畜兽浮雕；上有雄伟的四狮；另有贵霜菩萨像，不同于贵霜王朝流行的犍陀罗艺术风格，而具印度特色；还有笈多王朝时期的释迦牟尼初转法轮浮雕像，也极为精致，是萨尔纳特派佛教雕刻艺术之珍品。

印度菩提伽耶佛教遗迹 亦称佛陀伽耶遗迹，位于比哈尔邦格雅城之南。公元前 5 世纪，就因传说乔达摩太子在此地的菩提树下悟道成佛而为佛教圣地。公元前 3 世纪中叶，阿育王在树下建金刚宝座。2 世纪，贵霜王朝在树之东建佛塔，即菩提伽耶精舍。现存精舍由上下两部分构成，下部为高大的方形台（金刚宝座），上部为五座佛塔，一大塔立中央，四小塔环立；这种佛塔称为金刚宝座塔，塔座及塔身皆饰神龛佛像；其形式流传于后世，东亚和南亚佛教建筑皆受影响，北京的真觉寺金刚宝座塔（五塔寺）即源于此。

印沙　敦煌石窟窟上佛事活动之一，分两类：一类每年正月（日期不定）在莫高窟前河边沙滩上印制佛像，举办印沙佛会，分印沙和脱佛脱塔两方面进行，把泥团用模子制成佛像、塔形的坯状，即为脱佛、脱塔。现莫高窟尚存许多脱佛、脱塔的实物；另一类不定期，随时可以印沙，常由社团自发组织。印沙时用模子往沙上一捺，即可完成。佛教非常强调造像功德，而印沙是一项简易的普及性的活动，需资甚微，深受当时群众的欢迎。有《印沙文》记赞此事。

婴儿栏车　又称篮车，兼有摇篮的作用。敦煌民间生活风情壁画内容之一，绘于莫高窟第 156 窟报父母恩重经变中，四木轮，箱式车座，一头较高可挡风，另一头设扶把可手推，车内有起固定作用的绷带，婴儿酣睡其中，母亲正缓缓推车前行。藏经洞出土的绢画报父母恩重经变（现藏甘肃省博物馆），是一种折叠式的栏车，车身由两片木架交叉组合而成，无轮，重心落在交叉的四腿上，两头上翘悬空，这种结构的特点是：可作摇篮用，而且两片折叠，便于外出携带。

璎珞 菩萨装饰之一种，梵语 muktah-hara 或 keyua ，音译作吉由罗、枳由罗，又作璎珞。系由珠玉、花等编缀而成之饰物。可挂在头、颈、胸或手脚等部位，印度一般王公贵人皆戴之。敦煌壁画及彩塑中，璎珞为菩萨或贵族妇女之项饰，特别是菩萨，非璎珞不挂，有的长曳至腰，环垂腹前，极显高贵华丽。

鹦鹉莲花忍冬纹 敦煌禽马图案的一种。如西魏第288窟的人字披图案，中间上方绘莲花，花蕊之上站立一鹦鹉，嘴上叼着一枝忍冬。在莲花与鹦鹉四周又饰以忍冬，鹦鹉展翅欲飞，造型生动，色彩纯朴。为敦煌禽鸟图案的佳作。

迎使 即迎接周边各国或中原王朝的使团，为石窟上集佛教、社会为一体的综合性活动。归义军时期，有许多周边和中原王朝的使团往来于敦煌，莫高窟、榆林窟等处成为这些使团的朝圣场所，迎接使团有明确的规格，除朝礼佛窟外，还要在石窟上设宴款待，每次宴请的名称不一，首次宴请谓"迎"，通常由官府组织，僧团、寺院出面进行；之后，僧团尚有"设""贴顿""供""助供"等活动。

营窟稿 敦煌石窟营建文书范本。编号为 P. 3405 卷子之一，用于营建某洞窟落成后法会之斋文，内容包括对洞窟营造过程的具体描述，如选择洞窟在崖面的具体位置、雇请工匠开窟、绘制壁画、塑像及修建木构窟檐等工序，对洞窟内壁画和塑像内容的描述与赞颂，建成后洞窟外貌的描绘，以及有关洞窟造成后的一系列庆祝活动，和对美好未来的祝愿与向往。

甬道　石窟形制的重要组成，是石窟从前室进入后室之间的过道，视石窟开凿规模而深浅不一，短者有 1 米左右，长者达 8~9 米深。莫高窟现在看到的甬道多是晚唐、五代时改制过的，呈盝顶形式。根据周围裂隙还可看出隋代与初、盛唐的甬道为矩形。十六国及北魏时期洞窟，因崖面残损严重，甬道也不复存在。唯榆林窟因石窟深凿于岩体内，所以在前室之前还有一段前甬道，前室与后室之间则成为后甬道，每窟之间用横向甬道再将各个窟连通，是甬道形制开凿与保存最完整的一处石窟。

优婆离　又作优婆利、优波离、郭波离等，意译近取或近握。佛经说他是古印度迦毗罗卫国人，属首陀罗种姓，原本是释迦在王宫为太子时的理发师，释迦成道还乡，跟随释迦出家，为十大弟子之一。因他出身低微，持戒非常严谨，故称他为"持律第一"。在释迦牟尼去世后，由迦叶主持的第一次集结大会时，律藏便由他诵出。敦煌唐代以后部分石窟的佛龛中有其画像并题名。

耰 古代碎土工具之一。即在木柄上安装一个木质较硬的圆柱体，俗称木榔头。用于打碎耕地时翻起的体积较大的土块。这是农民常用的木制工具。早在《论语·微子》就出现过，"耰而不辍"，《孟子·告子上》也说"播种而耰之"。实际上，"耰"是农具名，形如榔头，用来击碎土块，平整土地。这种农具，考之当今河西，仍然能发现其踪迹。《农政全书》卷21引晋灼曰："耰：椎块，椎也。"它的形状"首如木椎，柄长四尺，可以平田畴，击块壤，又谓木斫"。用耰击碎耕起的土地，掩埋种子，并利于保墒。如嘉峪关新城魏晋壁画墓4号墓图10有一妇女撒种，一男在其后以耰打土块。1994年出土于河西走廊中部高台县骆驼城魏晋墓群的《牵牛耰地图》画像砖，长39厘米、宽19厘米。该画像砖以白粉涂底，土红勒边框，墨线白描。图中所绘农夫挽髻、着皁缘领中衣、持耰，以棽牵一穿鼻环牛拉耰悠然耰地，农夫持耰不仅可杵牛，还便于随手击碎脚下的土块。酒泉西沟村魏晋7号墓前室东壁画像砖中绘一人拉牛，一手持耰（发掘报告图80）。在莫高窟五代第454窟东披弥勒经变农作图中就有农夫高举耰的场面。

有机颜料　是由植物的根、茎、叶、花、果实中提取的使织物和其他材料着色的有机物质。据科学分析，用于敦煌石窟艺术和绢画等其他彩绘着色的有机质颜料主要有：红色的胭脂、紫铆，黄色的藤黄、蓝色的靛蓝等。

于阗公主　于阗国王李圣天第三女。归义军节度使曹延禄妻。莫高窟第 61 窟供养像题记："大朝大于阗国天册帝第三女天公主李氏为新受太傅曹延禄姬供养。"第 449 窟及天王堂土塔内、榆林窟第 35 窟、绢画《于阗公主供养地藏菩萨像均有其供养像》及题名。

于阗皇后供养像　五代时归义军节度使曹议金之女嫁给于阗国王为后，所以第 61 窟东壁下部曹氏家族供养人行列中出现其像：头束高髻，髻上有金凤冠，下插横笄、步摇，云鬟抱面，耳系环，蛾眉细长，花钿满额，中为红绿相间的梅花，两旁是两只鸟，再向外又是两朵花即眉间俏；妆靥为胭脂作底色，其上各贴一朵带叶的绿花，下颊各贴一鸟，旁一花，即细窝，点红唇，颈珠璎珞，肩头披霞帔，上绣花鸟，双手捧花盆供养；整个头部、颈项缀满了绿色的珠玉，显得华丽、妩媚。

于义　字慈恭，河南洛阳人。后随其父居长安，北周时被封为建平郡公，历任鄜州、瓜州、兖州刺史。敦煌莫高窟武周圣历元年《李君莫高窟修佛龛碑》中有"……复有刺史建平公、东阳王等各修一大窟……乐僔、法良发其宗，建平、东阳弘其迹……"句，其中建平公即于义，所修大窟，据考证为今莫高窟第428窟。

渔夫张网　敦煌社会生活壁画内容之一。绘制于莫高窟第296窟善事太子入海品中：太子出游见捕鱼，两位渔夫各执一端，同拉一网在河中捕鱼，一旁还绘有奄奄一息、即将毙命的小鱼。经文有太子与渔夫的对话，渔夫是为活命捕鱼而食。通过画面留给人们一个值得思索的问题：众生各为各自的生存而彼此残害，该怎么是好？

榆林窟第29窟　敦煌西夏石窟代表窟之一，位于榆林窟东崖北端上层，南向，覆斗形顶，元代、清代修中心佛坛并塑像。正壁（北壁）以说法图居中，两侧各画一铺水月观音。南壁门两侧画供养人，其中东侧男供养人中以国师为首，分上下二列，国师在床上坐方形须弥座，头戴山形冠，穿袈裟，一手拈花，头有圆光，前有供案，一童子在身后为他张起圆形的伞盖，床下十名僧人围绕礼拜供养，碑形榜题上墨西夏文题名，汉译作"真义国师信毕智海"；"信毕"或译作"西壁"，是西夏党项族的大姓。西夏国师见于记载的十数人中，这位信毕智海是唯一见之于画像的；紧接国师后的上列三身男供养人，均头戴云镂冠，穿圆领袖袍，腰间有护髀，束带，着乌皮靴，属武官服饰，他们体格魁梧，面形长圆，两腮丰满，眼细嘴小而唇略厚，为西夏人的外貌特征。南壁西侧由尼僧领头，分上下二列，绘供养人共六身，皆戴花钗冠，穿右衽窄袖绣花衫，内着裙，下着圆口尖钩鞋，形象丰腴而挺拔健美，为西夏贵族妇女写照。

榆林窟　又名万佛峡、榆林寺、上洞子，敦煌石窟群之一。位于今甘肃省瓜州县西南 70 千米的南山山谷中，现存洞窟 41 个；一般认为榆林窟开凿于北朝，现存洞窟最早建于唐代，经五代、宋、回鹘、西夏继建，终于元代；石窟分东崖、西崖，两崖相隔 100 米，东崖 30 窟，西崖 11 窟。洞窟形制大体分为穹窿顶窟、中心柱窟、覆斗藻井窟、大像窟、中心佛坛窟。唐代开窟较多，其中第 25 窟是其代表，前室东壁门南天王像下方有唐"光化三年"游人题记；窟主室方形覆斗顶，窟中心设佛坛；前室门西侧绘北方天王和南方天王；门两侧绘文殊变、普贤变；南壁绘西方净土变；北壁依据《弥勒下生成佛经》绘弥勒净土变；壁画构图严密紧谨，色彩丰富，在技法、赋彩和人物形象上体现了唐代的时代特征。五代、北宋曹氏家族统治瓜、沙二州期间，共修建重修洞窟 23 个，洞窟内多绘有佛像画、经变画、佛传故事画、佛教史迹画、供养人画像等，此时供养人画像占据了洞窟的显著位置；龙王礼佛图是绘制于洞窟中的壁画题材之一，第19窟前室东壁门西侧的四身龙王和四身龙女，排列有序，体现了中国绘画艺术的传统风格；密宗壁画有梵网经变、地狱变、不空罥索观音、如意轮观音、千手千眼观音和观音曼陀罗、八大菩萨、曼陀罗等密宗画，说明密宗在这一时期广泛传播；这一时期的壁画题材广泛，达数十种之多，图案画、装饰画、龛楣、藻井多绘化佛、莲花、石榴、卷草、团花、火焰、联珠纹等；第39窟具有典型的回鹘风格。西夏、元时期出现了最后的兴盛局面，第29窟西夏供养人题记中详细记录了西夏时高僧的显赫地位，第16、25窟有西夏人妆銮洞窟、修习善根的发愿文，第3窟有西夏装束的男女供养人。1961年榆林窟被列为全国重点文物保护单位。

榆林窟保护范围 根据文物保护的有关法令为榆林窟划定的保护区域。安西榆林窟：榆林窟（即上洞子）内圈（重点保护区）：东至驴尾巴梁（约500米）；西至土墩子梁（约500米）；南至二上野狐洞（约1000米）；北至下野狐洞（约500米）。外圈（一般保护区）：东至驴尾巴梁纵深（再延伸）3000米；西至土墩子梁纵深（再延伸）3000米；南至路口弯子（10000米）；北至蘑菇台子（4000米）。小千佛洞（即下洞子）的保护范围：东至约 2000 米的土墩；西至峡口山（1500 米）；南北各至崖边起纵深（再延伸）1500 米。有关法令参见西千佛洞保护范围。

榆林窟第 10 窟　开凿于西夏，经元代、清代重修，西向。属覆斗形顶，设中心佛坛。甬道顶绘花鸟联泉纹图案，中央画圆形双凤追翔，南壁画佛传、六臂金刚等，北壁绘大日如来、六臂观音。主室窟顶西夏画九佛藻井，边饰垂幔铺于四披。东披下沿画五佛赴会四组及珠宝、彩云、花枝等。南披下沿东西两端分别画一献花飞天、一迦陵频伽及珠宝、彩云、花枝，与北披相对应。西披下沿画伎乐飞天九身及珠宝、彩云、花枝。其中甬道北壁元绘大日如来为敦煌晚期壁画之佳作。

榆林窟第 12 窟慕容氏并夫人曹氏出行图　五代时期绘制。位于该窟主室南北壁及西壁门南、门北下方，表现窟主慕容归盈及其夫人曹氏之出行图。规模较小，但基本形式、构图如张议潮夫妇及曹议金夫妇出行图：横卷式布局，有仪仗、护卫、乐舞、侍从并车马等。全图已漫漶不清。慕容归盈为五代时敦煌人，吐谷浑人后裔，时为节度使曹议金姐夫，官至瓜州刺史、检校刑部尚书，然并非地方最高军政长官，故此窟出行图颇具历史内涵。

榆林窟第16窟 建于五代前期的935—939年间，保存完好。覆斗型顶设中心佛坛，坛上造像系民国初年重塑。甬道顶画千佛，两壁画男、女供养人。前室顶画拱格团花，四壁画帝释梵天、天龙八部、菩萨、夜叉等。主室甬道顶画不空羂索观音菩萨一铺，两壁画供养人。主室窟顶中部藻井残毁，四披画伎乐飞天和千佛，千佛中有说法图。主室四壁绘制大幅经变画，正壁（东壁）画劳度叉斗圣变、南壁画药师经变、报恩经变；北壁画阿弥陀经变、天请问经变；西壁画文殊变、普贤变。绘于甬道南壁曹议金供养像高1.67米，穿绛色大袍、双手执香炉、面佛供养，榜题"敕归义军节度使检校太师兼托西大王谯郡开国公曹议金一心供养"；与其相对，甬道北壁，绘有高1.66米的曹议金甘州回鹘夫人，穿紧袖翻领长袍、戴凤钗步摇冠，面贴"花子"，是当时流行的回鹘装，榜题"北方大回鹘国圣天公主陇西李氏一心供养"。前室甬道南壁有曹议金长子曹元德供养画像及榜题。

榆林窟第2窟 敦煌石窟代表窟之一。开凿于西夏，面西。平面正方形，覆斗形顶，设中心佛坛，佛坛上现存清塑文殊并侍从一铺七身；东壁（正壁）上部画中间涅槃图、二侧条幅画观音济难，中下部正中绘文殊变，二侧各画一铺说法图；南、北两壁各并列画三铺说法图，西壁上沿画垂幔，下门南画水月观音一铺，下有女供养人四身，随侍女五身，门北画水月观音一铺，下有男供养人七身。两幅水月观音图是西夏壁画佳作，其中门北画中，另有一观音对面岩岸上有"唐僧取经"图。

榆林窟第20窟 又称副监使窟，建于宋代，有前后室，前室为一面披顶，南、北壁西端设像台，甬道券顶崩毁，东端残存双飞天，南北二壁东端各存一力士。后室（主室）覆斗形顶设中心佛坛，坛上现存清塑佛一铺五身。主室东壁画药师经变及两侧毗卢遮那佛、卢舍那佛铺，南壁画弥勒经变、五佛各一铺，北壁画思益梵天所问经变、五佛各一铺，西壁画如意轮观音，不空羂索观音各一铺。整窟壁画作者为令狐信延，其中思益梵天所问经变为敦煌晚期经变画之杰作。

榆林窟第25窟 敦煌石窟代表洞窟之一，建于吐蕃占领时期，主室覆斗形顶，中央设佛坛，坛上坐像经清代重修。四壁唐代经变画保存完好，东壁画清净法身卢舍那佛一铺（南部残），北端画药师佛一身；南壁画观无量寿经变一铺，东端画大势至一身，西端画观音一身，均为立像，下宋画男供养人六身；北壁画弥勒经变一铺，东、西二端画菩萨各一身，西端下宋画女供养人四身；西壁门南北画普贤变、文殊变各一铺，下男女供养人，画中文殊、普贤意态闲适地骑坐在青狮、白象之上，与驭者昆仑奴驱象及奋力遏制雄狮的形象形成静、动鲜明对照，从而取得变化统一、生动和谐的效果；北壁的巨幅弥勒经变，表现了弥勒三会及弥勒菩萨从兜率天宫下降到翅头末城时的阎浮提世界：诸如道路平整、人寿绵长、一种七收、树上生衣、路不拾遗、夜不闭户等等，各种情景、故事，错落穿插于三会说法场面的周围，形成一幅内容详尽而又主次分明的宏伟构图，颇具匠心。图画画风细腻，色彩绚丽，艺术造诣尤高，是敦煌壁画中的杰作之一。

榆林窟第 35 窟　建于唐代，经五代、宋代、清代重修。覆斗形顶设中心佛坛，坛上现存清塑道教神像三身。前室一面披顶画千手千眼、如意轮、不空羂索观音变。主室正壁（西壁）画观无量寿经变一铺，南、北壁画大幅普贤、文殊变，东壁门北侧绘五智如来曼荼罗，这是五代石窟新出现题材：中央密教本尊大日如来，左下方为阿閦如来，右下为宝生如来，右上为阿弥陀如来，左上为不空成就如来，五智如来俱戴宝冠，人物造型与五代显教形象无异。前室南壁宋画垂幔下有曹延禄、曹延瑞供养像。主室东壁（前壁）门两侧下部分别画男女供养人。题记有画院使竺保、知画手银青光禄大夫武保琳等，为沙州曹氏政权时期设画院从事修建窟寺、绘塑佛像的证明，是极少、极珍贵的敦煌石窟艺术的创作者们留在石窟上的画像和题名。

榆林窟第39窟　始建于唐代，中心柱式窟；回鹘重绘，为沙州回鹘的代表窟。前甬道二壁画供养人，前室南、北壁各画说法图，西壁两侧画药师佛，东壁两侧画赴会菩萨；主室甬道两壁各画千手眼观音，主室南北两壁各画三身佛，西壁残，东壁两侧画儒童本生，中心柱四面龛内各画菩提树、塑像背光和头光，以及龛外花树、彩云等。其中主室甬道南、北壁的千手眼观音，与同窟诸铺壁画，构图简单、疏朗、规整，属于归义军曹氏北宋时期画风的余绪，但具体形象描绘上却用笔狂放，大笔涂抹，唯求整体效果而不务谨细。又如前室甬道南、北壁男、女供养人均作回鹘装，南壁西侧第一身男供养人头戴山形冠，面相丰圆，身穿圆领窄袖团花红色锦袍，腰间束带佩䪅䪅七事，双手握供器；第二身服饰类似，穿四瓣花绿色锦袍，手捧供器，二人身后各有一身量矮小的供者手执长杖跟随；显然二人均系武职官员，为一行人中地位最高者，为研究沙州回鹘历史、人物提供了难得的形象资料。

榆林窟第3窟　敦煌石窟代表洞窟之一，建于西夏、蒙古统治瓜州之际。窟形平面呈长方形，浅穹窿顶，窟的中央偏后处设八角形三级曼荼罗坛城，坛上为清代塑像。窟顶绘坛城一铺，中画五方佛，四周边饰，璎珞垂幔及千佛一排；东壁中间绘佛传一铺，南侧绘五十一面千手观音一铺，北侧绘十一面千手观音一铺。南壁绘有藏密观音曼荼罗、胎藏界曼荼罗及显宗观无量寿经变，北壁为藏密金刚界曼荼罗、五方佛曼荼罗及显宗天请问经变。西壁门上方绘维摩变（残），门南北侧绘普贤变、文殊变，图中群峰耸立，奇石突兀，云海辽阔，山峦楼宇，隐现于环山烟云之中，高远幽深，远山瀑布直落，近溪涓水流缓，水墨山水，疏密错落。画中文殊、普贤及其眷属置于云海之中，人物飘逸洒脱，线描技巧炉火纯青，铁线、兰叶、折芦、钉头鼠尾并有，刚柔相济，颇得道教神仙之仙山琼阁的意境。五十一面观音像头顶五十一头垒叠如塔，千手从观音背后伸出，如圆光辐射，每手一眼，手上分托锻铁、酿酒、踏碓、耕作、舟船、寺塔、乐器及龙、麒麟等图像十多种，在敦煌石窟中仅有。

榆林窟第 3 窟佛寺　西夏壁画中表现建筑组群的唯一洞窟。窟内南北两壁中间各绘一铺大型寺院建筑群，布局基本一致，从下到上依次为三门与廊，两配殿相对而立于水中平台上，大殿居中，两旁有长廊伸出。不同的是两幅寺院中的单体建筑有所差别，北壁山门是一座单层重檐歇山顶殿堂，殿堂四面又各接出一个龟头屋，成为十字型平面的建筑形式。

南壁两楼阁式配殿的下层也呈十字型平面，中间殿堂于重檐上再起重檐歇山顶的二层楼。此窟的建筑画从结构到造型都与唐宋时期的建筑画大异其趣，山西繁峙县岩山寺金代壁画中的建筑形象与此有些相像。现存于中华大地上的西夏建筑实物只有佛塔与陵墓，敦煌壁画中的西夏寺院建筑群，是研究西夏建筑宝贵的形象资料。

榆林窟第3窟千手经变图　西夏晚期据《千手千眼观世音菩萨广大圆满无碍大悲心陀罗尼经》所绘，为宣扬观世音菩萨无上功德图。中心绘观音立像，有五十一头，头有三眼，头叠数层，最上为佛像。全图呈圆形画面，为白描勾线，略施淡粉。主要表现为千手中每手各持一物，多为日常生活的器物图形，有手工作坊、生产工具、交通工具、生活用具、兵器、花卉、水果，以及佛教专用法器、乐器等。这些图像，反映了丰富多彩的物质世界。

榆林窟第3窟千手经变之乐器图　西夏晚期绘。计有横笛、拍板、笙、钹、方响、琵琶、钟、金刚铃、排箫、箜篌、胡琴、鼗鼓、阮、锣、扁鼓、腰鼓共十七种乐器，两侧相同对称。为壁画乐器图像中，最集中、最完善、最具写实性者。其中凤首箜篌和扁鼓则是此图独有。此图集古乐器之大成，具有重要的音乐史意义。

榆林窟第4窟 敦煌石窟元代代表窟之一。覆斗形顶，中设佛坛，佛坛上现存清代塑像一铺九身。窟顶画九佛藻井大部分残毁，边饰铺于四披；四披下沿的卷草海石榴花鸟边饰保存清晰。正壁（东壁）和南、北壁各画曼荼罗三铺；北壁西侧绘度母像，两侧山峦间有菩萨舞蹈者六尊，西壁门北、门南分别绘文殊变一铺、普贤变一铺。蒙古族男、女供养人：女供养人中两身戴顾姑冠，冠上桦皮以红绢笼之，内穿窄袖衣，外罩大袖袍，是元代蒙古族妇女最富有特色的服饰。一身妇女免冠，仅以罗帕盖头，身穿半袖袍，内着窄袖衫，双手合十，或许是一名未受爵命的妇女。男供养人头戴笠子帽，垂辫髻，穿窄袖袍，腰束蔽膝，着尖头乌靴，身材短小，当是晚辈孩童。

榆林窟第6窟 敦煌石窟的三座大佛窟之一，凿于唐代，后历经五代、宋、西夏、元、清及民国初重修。窟型为穹隆顶，西向，东壁通顶塑倚坐大佛，高约24米，西壁上部开一券顶明窗外接平顶前室，前室有券顶甬道通屋面。主室窟顶五代画藻井、垂幔、飞天；南、北、西壁画千佛；明窗南壁中部宋代画曹元忠、曹延禄供养像；北壁中五代画回鹘装及汉装女供养人各一身。明窗部分形成前室，窗两侧有元代画男女供养人着蒙古服：男像头戴宝冠，垂辫髻，穿云肩，交领窄袖长袍，着靴；女像头戴宝冠，冠顶高耸，为顾姑冠，身穿交领窄袖长袍，为蒙古显贵形象。

榆林窟加固工程　对榆林窟实施的重要保护工程。1990年榆林窟崖体加固工程正式开始，榆林窟崖体裂隙发育，采用锚固结合灌浆的方法对崖体裂隙进行加固。即用锚索工程技术加固崖体，通过对锚索孔的特殊处理，可使崖面保持原貌。并采用高模数硅酸钾（PS）材料喷涂加固风化的岩面，对崖壁裂隙应用 PS-F 水泥沙浆进行灌浆封闭。这些先进技术的应用，保护了榆林窟危岩和洞窟文物，使其能承受七级烈度地震的破坏和大气降水入渗对洞窟文物的威胁，又真正做到了修旧如旧，很好地保持了原来的自然风貌和人文景观，标志着我国石窟岩体加固技术提高到了一个新的水平，是石窟岩体加固工程的成功范例。在加固工程的同时进行了崖顶防渗层铺设、崖面冲沟的整治与西崖坡脚的防护，并架设了东西崖长达 273 米的栈道。1995 年榆林窟加固工程全部完工。

羽冠　古代冠式之一种，系古代朝鲜半岛各国所特有。在莫高窟第 6、9、138、98 等窟晚唐、五代壁画维摩诘经变之"各国王子听法图"中，有头顶帽冠、冠顶插二根或三根长鸟翅或尾羽、身着圆领团袍者，应为高丽王子。

雨神　敦煌壁画之司雨之神，又名计蒙、屏翳、玄冥。

第285窟的雨神作龙头、人身、兽爪、双翅，挥臂张口，在空中飞行、边在口内吐出长练，向人间降雨。后雨神又和龙王揉合，如榆林窟第25窟弥勒经变乘彤云在空中降雨的是张口昂首、神气十足的龙。

玉门砾岩 仅出露于莫高窟南地震台附近，面积约0.2平方千米，岩性为灰褐色砂砾岩夹厚层（3~15米）钙质砂岩透镜体。砾石成分以变质岩为主；粒径一般1~3厘米，大者5~8厘米；硅钙质胶结，岩石致密坚硬，具明显的流水作用特征：如层理清楚，砾石呈定向排列倾向南西，倾角20°~25°，磨圆度较好。根据地表观测及钻探揭露厚度40~60米，与前震旦系呈不整合接触，在山前由于新构造运动的影响，前震旦系变质岩逆覆其上。该组岩层倾向25°~32°，倾角5°。因该类砾岩岩层剖面在甘肃玉门出露最完整、最典型而得此名。

玉门关遗址 又称小方盘城，汉代关隘遗址，位于敦煌市西北90千米的砂石岗上，关城周垣完好，高约10米，面积达630余平方米。相传，古时从边陲于阗运送"和田玉"到中原，必经此地，玉门关因此而得名。玉门关与河西四郡同时设置，史称"列四郡，据两关"。西汉时为玉门都尉治所，为中原通西域的丝绸之路的重要关口。西汉末至东汉时期，丝绸之路几通几绝，玉门关随之数度关闭和开启。魏晋南北朝时期，因中原战事频繁及海路开通，"丝路"呈现出衰颓迹象。到隋唐，随着伊吾大道的崛起，玉门关迁至今瓜州县东双塔堡附近，汉玉门关遂结束使命，成为遗迹。明清以后，汉玉门关与阳关合称"两关遗迹"，列"敦煌八景"之一。

预防性保护　预防性保护就是通过主动改善文化遗产的保存环境提前消除一些对文化遗产保存不利的因素来达到延长文化遗产寿命的目的。21世纪初，随着《中国文物古迹保护准则》的制定和实施，莫高窟的保护工作开始逐步从"抢救性保护"向"预防性保护"过渡。只有主动阻止和消除影响莫高窟保护的各种不利因素，才能最大限度地延长其寿命，减缓壁画彩塑的衰退，使莫高窟的全部信息和突出价值得到真实、完整地保存和延续。

元荣　亦名元太荣，北魏、西魏皇室宗亲，于公元525—542年出任瓜州刺史，529年封为东阳王。元荣统治敦煌期间，河西动荡不定，他团结敦煌大族，保境安民。元荣笃信佛教，在敦煌期间，曾出巨资请经生抄写各种佛经数百卷，仅保存至今的敦煌遗书中的就有十余部。同时，他也积极倡导和参与敦煌莫高窟的营造活动，并以本人为窟主在莫高窟造一大窟，号东阳王窟，据考当即今莫高窟第285窟。

缘觉　亦作独觉，意译辟支迦佛陀，略称辟支佛。据

《大智度论》卷十八和《大乘义章》卷十七称：①凡出生于无佛之世，当时"佛法已灭"，但因他前世修行的因缘，自以智慧得道者；②"自觉不从他闻"，因观悟十二因缘之理而得道者，皆可称为缘觉。他与声闻合称二乘，与声闻、菩萨合称三乘。

愿清　唐末五代沙州净土寺僧人。俗姓梁，梁幸德之子，家住敦煌县宜秋庄。归义军时，都僧统司下属之䎙司设在净土寺，愿清一生主要掌䎙司事务，任䎙司法律、䎙司僧正，敦煌寺院文书多有记载。后升迁都僧正，尊号通惠大师并赐紫，曾与其父同修莫高窟第 36 窟，后于宜秋庄建浮屠一所，事见《莫高窟功德记》。

月光王本生故事　敦煌壁画题材之一，据《贤愚经·月光王施头缘品》绘制。莫高窟现存第 275、302、98 窟共三铺。故事内容讲月光王仁慈和善，普救众生，遭到毗摩斯那王的妒忌，他悬赏募人，将月光王的头取下；外道劳度叉向月光王乞头，月光王不顾眷属大臣们的劝解，答应把头给劳度叉，说过去已施出九百九十九颗头，还缺一头正满一千，并将头发系在树枝上，让劳度叉剁砍己头。

月牙泉　敦煌名胜。位于敦煌城南鸣沙山中，因水面形状酷似一弯新月而得名，素有"天下第一泉"之称。自东汉以来，历代都有记载。唐《元和郡县志》云："鸣沙山有一泉水，名曰沙井，绵历古今，沙填不满，水极甘美。"据研究，鸣沙山原属于月环形沙丘，风力作用下的沙子，总是沿山梁向上滚动，因而即使风再大，沙子也不会刮入泉里。月牙泉原有庙宇建筑 100 多间，亭台楼阁，与泉水相映，壮观而幽雅，均毁于乱世。1986 年国家拨款修复清代"月牙晓彻"，被列为"敦煌八景"之一，有诗赞曰："一弯明月弦初上，半壁澄波镜比明。风卷风沙终不到，渊含止水正相生。"

晕染 中国画和敦煌壁画的敷色技法之一，包括高染与低染，即将双颊处涂以略红于肤色的大红色，用清水晕开，不露笔痕与色阶，并以此法沿轮廓线晕染（凹染或低染），使颜面红润，又有凹凸的效果。敦煌壁画中的演变过程如下：北凉第 275 窟的土红底色上人物叠染小字形的三白脸，现由于氧化变成深褐色，晕染处更深；西魏第 285 窟在西域的红底色上工笔重彩人物，叠晕凹凸法与中原的白底色上人物褒衣博带，稍加色彩平涂，面颊涂红的淡彩平涂法同时出现在一个洞窟；第 428 窟北周壁画的五白脸，至第 420 窟隋代人物的高染法（凸染），到第 329、103 窟初唐的低凹沿线淡淡晕染（吴家样），到第 217、220 窟盛唐之重彩浓妆，叠、晕结合的金碧辉煌（周家样）等。

云冈石窟 位于山西省大同市西郊武州山南麓，原名武州山或武州塞石窟，现存主要洞窟 45 处，大小窟龛 1100 多个，造像 51000 多尊。石窟开凿于北魏中期，大部分为文成帝和平年间（460—465 年）到孝文帝太和十八年（494 年）之前的 30 多年间，一部分小型窟龛开凿于孝明帝正光年间（520—525 年）。云冈石窟全部为雕刻，主要题材有佛、菩萨、飞天、力士、供养人、佛传故事、本生故事等。

云肩 古代服饰之一种。即在衫、袍、襦、袄外肩部套披只能护肩的边子为云状饰物，因形而名云肩，起装饰与护领肩等作用。莫高窟第 100 窟窟顶四角四天王并各二天女均着大袖裙，披云肩，有黑、绿、青等色；又第 138、61 窟维摩诘经变中天女及第 36 窟龙王礼佛图中龙女，均着云肩；元代，云肩多通用于男子武服，榆林窟有记。

云母 又名具石、云砂，俗称千层纸，由许多坚韧而又富有弹性的薄片组成。一片片云母往往由钾离子连接形成可剥离的云母层，一片云母即可剥成数十至数百片，又可分离成很细的云母粉。敦煌莫高窟中唐第 112 窟，是一个仅几平方米的方形小窟，著名的"反弹琵琶"壁画就绘于此窟南壁。这个窟不仅在绘画艺术上具有唐代敦煌壁画的一流水平，而且颜料的加工也达到绝妙的程度。这个洞窟所用的银白色颜料闪光发亮，以前艺术家从绘画的角度直观地认为所用颜料是铅粉、白土、石膏、蛤粉等，也有人认为是银粉。但经 X 射线衍射分析得知，这种银光闪烁的白色颜料是很纯的天然片状白云母粉，细碎的薄片在画面上显色效果极佳。莫高窟晚唐第 12 窟壁画中也有银白色云母颜料，但杂质含量较高，粒子粗，显色效果差。此外，在其他一些洞窟中也有云母作白色颜料的。敦煌鸣沙山和莫高窟的崖岩砂石中常可见到云母，莫高窟南面不远处水沟坡中还有天然云母矿，古代民间画工是就地取材加工使用的。

云纹　云雷纹的一种。源于中国古代青铜器的图案纹样，即是一种传统的装饰纹样。敦煌壁画中的云纹是传统纹样的发展，北朝时期多绘于窟顶之平棋，人字披的椽形浮雕上佛说法图、故事画、供养人等的边饰图案中，犹如中国画法用笔十八描中的行云流水描，流若行云浮空，行似流水落崖，动若游丝婉转。色彩简洁，行笔随意。北朝后期云纹图多出现于藻井图案的四边和壁画之边饰中，如西魏第 288 窟窟顶的斗四方井之平棋边饰，中唐第 360 窟和晚唐第 85 窟的藻井饰与边饰，云纹多次出现，且其造型各不相同，且设色也更为亮丽多彩。

云纹宝相花藻井　莲花藻井图案的一种。其特点为方井中央绘一十字形四瓣云头纹样的花瓣作米字状层层交错（中间的四瓣作十字状桃形花瓣）。如初唐第 334 窟的藻井，方井内及四角、四边以各种云头纹样的花瓣、叶瓣层层叠叠，将宝相花图案围在中央，在五条边饰中，又以联珠纹、卷草纹、宝相纹、团花纹、叠鳞花瓣纹等的疏密繁简关系衬托法，使方井中的云纹宝相图案更加艳丽突出。

Z

朝霞锦图案 朝霞锦，是指在布帛之上能呈现有如黎明之际霞光色彩的效果。需要充分把握黄、红色之间微妙的层次变化，应是对织染技术高标准的要求。朝霞色彩的布和纱，皆是以染的方式来达到理想中的色彩。织锦则需要将染过的丝线加以组合，表现色彩的块、面，困难度可能更高。敦煌遗书 P. 2552 与 P. 2567V02 卷背《癸酉年（793 年）莲台寺诸家散施历状》载有"朝霞锦缠头一"。文献中所见朝霞色丝织品，多为贡物，可见其已在珍奇之列。朝霞色纺织品的使用，亦出现在吐蕃民族中。唐穆宗长庆元年（821 年）刘元鼎使蕃时，曾见吐蕃赞普以朝霞缠头。莫高窟中唐第 158 窟涅槃经变、中唐第 159 窟维摩诘经变等壁画中，吐蕃赞普皆头缠橘红色巾帽，极可能反映了朝霞色织物缠头的习俗。吐蕃时期P. 2552与P. 2567V02写卷所载，或有可能来自吐蕃王室之供献。

翟氏 即凉国夫人浔阳翟氏，敦煌名门，归义军节度使曹元忠妻。一生笃信佛教，布施营造不断，敦煌遗书颇多其佛事活动记录。与其夫曹元忠一道营造莫高窟第61、55诸窟及榆林窟诸窟，重修北大像及多座洞窟，石窟上多处存有其供养像并题名。

翟奉达 唐末五代沙州人，历法家，名再温，字奉达。先为归义军节度押衙行军参谋银青光禄大夫国子祭酒兼御史中丞上柱国，登仕郎守州学博士，后升任朝议郎、检校尚书工部员外、行沙州经学博士兼殿中侍御史赐紫绯鱼袋。敦煌遗书保存其撰著历日、地志及诗文等。同光三年，他重修祖宗家窟，即莫高窟第220窟，甬道北壁有《重修愿文并颂》、奉达和父兄子孙供养像，另第98窟有其供养像。

翟家碑 唐代莫高窟碑记。原碑已佚，今存抄本于敦煌遗书P. 4640，撰人唐悟真，"翟家碑"为后人抄写之略语。碑文主要讲述翟氏家族之历史渊源与在敦煌为官为僧等活动，着重记载了翟僧统法荣和尚在莫高窟建窟史实，详细描述该窟所绘各壁画内容，经考证为今莫高窟第85窟，壁画内容完全吻合，且有翟法荣供养像题记，因此该碑当为翟法荣修建第 85 窟的功德碑记。第 85 窟在《辛亥年（951 年）十二月八□□□社人遍窟燃灯分配窟龛名数》中被称为"翟家窟"。

翟承庆 唐代沙州人。归义军初期敦煌著名文士，张球为之撰写的邈真赞中称他是敦煌仕子，官至唐河西道沙州敦煌郡将土郎守敦煌县尉。曾与其子怀恩、怀光一起助其兄法荣和尚建成莫高窟第 85 窟，窟内存有供养像并题记，事见 P. 4660、S. 2041、P. 4640 等。或以为即翟神庆。

栽树 即在石窟区植树。文献中有大众窟上栽树的记载，可见当时是一项群众性的活动。归义军时期莫高窟的山沟种有可用作栋梁之材的树木，可见当时人工植树的规模和林木管理都具有一定水平。

簪花 古代妇女头饰。中国古代妇女在发髻上插贴鲜花的风俗，所插之花有鲜花、假花及金属制花状饰物。敦煌莫高窟第 130 窟都督夫人礼佛图中之都督夫人及其后小娘子、侍女等，头上均簪有鲜花，数量不一，其中有与手中所持为同一种红色鲜花，第 9、138 等窟供养女像均有簪花头饰；第 98 窟于阗皇后曹氏供养像头髻上插花四朵；榆林窟第 16 窟五代天女，双环髻，发上插满花与其周围所画相同之花。从敦煌壁画看，簪花者无论身份贵贱均可插饰。

凿磨图　上下两扇磨盘的接触面要沿着石磨的轴心凿制均匀的沟槽，以增加相互的摩擦力，使用一定时间后要将磨损的沟槽请石匠重新凿深。莫高窟第465窟"藏密"壁画中有吐蕃工匠加工石磨的画面，说明磨制粮食技术在我国古代少数民族中亦普遍使用。尊者有头光，裸身短裙，身饰璎珞环钏，右腿平置，左腿屈起而坐。面前置一圆形石磨，尊者左手持钎，右手举锤，正在凿磨。

早期敦煌石窟　或曰早期敦煌石窟艺术、隋以前敦煌石窟艺术，敦煌十六国（北凉）、北朝（北魏、西魏、北周）石窟艺术之总称。

藻井　覆斗形石窟顶部中心突出的方形部分。方形井心内绘莲花、三兔、宝相花、团龙、双凤、飞天、龙凤双旋等，井心外的四披面上，从内向外以层层扩大的多种带状边饰图案围成，最外层用垂幔、垂帐、璎珞、金铃结束。西魏第285窟的井心于水涡纹上绘覆莲，又两重方斗分别绘火焰纹与莲花，周围重层三角形垂帐下悬珠饰，四角上饕餮纹样的兽头饰物，口衔长大的环佩流苏，悬于四披下角。隋代第305窟的斗四莲花飞天井心下部也有垂幔，四角悬挂环佩流苏。《邺中记》描写后赵石虎的帐"冬月施熟锦流苏斗帐，四角安纯金龙头，衔五色流苏"。又有"帐上刻作飞仙，循环右转，又刻画紫云飞腾，相映左旋，往来交错，终日不绝"。初唐第 329 窟的井心及外围分两层，绘有十六身飞天在蓝天紫云中左旋飞翔，确证了上述的描写。因而，石窟藻井的形式是对佛帐的模仿。莫高窟隋代第 407 窟和初唐第 205 窟的井心中有三兔旋转奔跑的圆形图案，以三只耳朵连接三兔头部，可是每只兔子看去都有两只耳朵，构思巧妙，匠心独具，使神圣的佛殿内增加了活跃的气氛。

造设 指石窟上的僧众为款待从外而来的僧众、官吏、民众等举行的宴会，比较隆重；第一次宴会谓之"迎"，第二次及以后的一些宴会谓之"设"；造设所费材料颇多，一般设酒；为石窟上经常性的活动之一，敦煌寺历及官历中多记此事。

造食 即今炊事，供常住石窟上从事管理和营造事务的僧俗、工匠的饮食，一般比较简单。敦煌寺历中记此事频多。

造塔 壁画中有几处对造塔过程的描绘，第 296 窟造塔图中六名工匠正各司其职，有序地忙碌着，塔下一人和泥，一人持矩在丈量，两人向上递砖，两人在塔上接砖砌筑，六人全都裸上身，仅着一短裤。第 302 窟绘伐木、搬运木料及造塔全过程都用同一幅画面表现出来，一座方形二层砖身木檐塔已基本建好，从伐木到建塔的七个工匠，也都是裸上身，着一短裤；初唐第 321 窟一座单层砖石塔也将完工，两位工匠一人在塔顶，一人在塔下，双手上举作递货状，着装仍是裸上身，着短裤，头上包头布。这几幅图的时间跨越了一百多年，但工匠们的着装变化不大，反映出古代工匠们卑微的社会地位和艰辛的劳作场面。

造型艺术　指用特定的物质材料，与占据空间，制作可视的平面、立体形象，显示客观存在的具体事物，与视觉发生密切关系的一种艺术。习惯上分为视觉艺术和空间艺术两种，前者指以绘画、雕塑等表现自然或现实社会以及人的心理活动与想象；后者多指建筑艺术与图案纹样，工艺美术制品等。敦煌艺术的表现形式是集视觉艺术和空间艺术为一体的综合性造型艺术，壁画和彩塑人物形象的造型风格分为几个阶段：一是十六国时期以西域"天竺法"为主的凹凸叠染，直鼻大眼椭圆形脸；二是北魏西域艺术风格和中原艺术风格大融合的长条形脸；三是西魏完全中原的顾恺之式"秀骨清象"；四是北周至隋的张僧繇式艺术风格"面短而艳"；五是初唐周昉画的"人物丰秾，肌胜于骨"的雍容华贵；六是盛唐"赋彩于焦墨恺中，略施染"，"其势圆转，而衣服飘举"的吴带当风；中晚唐时期的淡彩填色，清淡而典雅；五代、宋以后风画逐渐变得格式化、规范化。

札达东嘎石窟　位于西藏札达县托林寺以北约 40 千米处的朗钦藏布河及其支流所切割的断崖上，现存窟龛 60 座，分布于东嘎村北面断崖（51 座）与东面山沟（9 座），创建年代在公元 11 世纪至 12 世纪；洞窟形制主要有礼佛用的佛殿窟，在佛殿窟内设坛置像的佛坛窟，修行与生活起居用的禅窟和僧房窟，堆放物品用的仓库窟等；壁画题材主要有佛、菩萨、比丘、飞天、供养人、佛传故事、说法图、礼佛图，各种密宗曼荼罗，以及动物、植物和不同种类的装饰图案等。

宅子酒肆　敦煌社会生活风俗壁画内容之一，绘于莫高窟第 108、146 窟维摩诘经变中。酒肆设在一间庑殿顶、带鸱吻的宅子内，宅内墙壁装饰着花草图案的屏风画。这是敦煌当地档次较高的一种酒肆，客人多为仕宦之辈，宅外有舞伎表演，还可以乐舞齐作，宅内酒客因有乐队演奏，浅吟低唱，情趣盎然。

栈道图　敦煌壁画中数量较少的一种建筑类型。栈道反映了古代丝绸之路上的交通状况，是"明修栈道，暗度陈仓"的图像解释。

战袍　古代戎装之一种。属常见武士服饰，多为平时所着战袍衫，其形制一般为紧身、窄袖，并有束带，以便于戎马活动。敦煌壁画中武士多穿此装。

Z

张承奉　一作张奉，唐末五代沙州人，张议潮孙。张氏归义军末任节度使，西汉金山国天子。乾宁元年（894年）为节度使，出兵征楼兰、伊州，克三城。光化三年（900年）被授为检校左散骑常侍兼沙州刺史御史大夫充归义军节度瓜、沙、伊、西等州观察处置押蕃落等使；天复四年（904年）击退甘州回鹘人进犯；天复三年（903年）建西汉金山国，称"圣天神武帝"，割据一方，自封"白衣天子"；后屈服于回鹘，改西汉金山国为敦煌国，圣文神武帝为圣文神武王；约卒于乾化四年（914年）。莫高窟第9、196窟有其供养像并题名。

张大千遗著莫高窟记　书名，又名《莫高窟记》《张大千先生遗著莫高窟记》，1987年台北故宫博物院编辑委员会编辑并出版。内容系张大千先生于1941—1943年在莫高窟期间对洞窟的考察，包括张大千编号，各窟形式、尺寸与绘塑艺术品之部位，艺术风格与时代，题记榜书。书中附有张大千临摹部分敦煌壁画内容，又有苏莹辉先生所作点校后记。

张弘恩　五代敦煌小吏兼画匠。莫高窟第129窟有供养像，题署"衙前正兵使兼绘画手银青光禄大夫检校太子宾客试殿中监"。

张怀庆　一作淮庆，五代沙州人，字思美，归义军节度使曹议金妹夫，为归义军应管内衙前都押衙、银青光禄大夫、检校左散骑常侍兼御史大夫、上柱国。于莫高窟建第108窟，即张都衙窟，事见《都衙建大窟赞》。莫高窟第98窟有其妻曹氏的供养像并题名"妹第十六小娘子一心供养，出适张氏"。

张淮深　唐代敦煌人，字禄伯；父议谭，叔议潮。大中年间任沙州刺史。咸通二年（861年）率兵克凉州，打通河西旧路。咸通三至六年于莫高窟为叔父议潮建功德窟第156窟；咸通八年为归义军兵马留后，领沙、瓜、甘、凉、肃五州地；仍为河西道沙州诸军事兼沙州刺史御史中丞；乾符年间朝廷授散骑常侍衔；中和三年（883年）回鹘夺凉州，占甘州；次年正月至九月两次击败甘州回鹘。中和年间主持重修北大像，增至五层；新建第94窟，号"司徒窟"。大顺元年（890年）二月十二日因政变被杀。莫高窟第94、98、156窟均有其供养像并题名。事见《张淮深碑》《张淮深功德记》等。夫人颍川郡陈氏，子延晖、延礼、延寿、延锷、延武、延信等。

张淮深碑　唐代敦煌碑记。原碑已佚，今存写本，即敦煌遗书S.3929-S.6161+S.6973+S.11564+P.2762缀合而成，全称"敕河西兵部尚书张公德政之碑"，简称"张淮深碑"。立于唐中和二年（882年），系由河西都僧统悟真撰记。

写本今残存一百四十行，有双行小字注。内容主要反映的是吐蕃统治沙州时期汉人俯仰之痛，以及由此而有张议潮、张议谭之光复功勋，并略述其官爵尊荣。另有张淮深所建武功大略，政绩彪炳，官位升迁，及代其叔张议潮建莫高窟今第156窟事，并述其在乾符年间重修北大像五层楼之佛事功德等归义军张氏家族史实。

张淮深功德记　唐代敦煌碑记。原碑已佚，敦煌遗书P.3720、S.5630存抄本残文，均无标题、撰者及时间。碑记记载张淮深之文韬武略与才性品德，及其发愿修建今莫高窟第94窟情况，包括开凿经过、人力组织与洞窟所绘壁画内容。

张骞出使西域图　初唐绘于莫高窟第323窟北壁的历史人物传记画，内容包括汉武帝夜梦"祭天金人"、张骞受命出使西域行前拜别汉武帝、张骞一行在崇山峻岭中穿行、张骞一行到达大夏国等四个情节内容，为珍贵的历史资料。

张氏　唐代敦煌人，凉州司马李明振妻，张议潮第十四女。时议潮婿索勋篡权，张氏率子夺回权柄，以任男张承奉为节度使，其四子分掌归义军及沙、瓜、甘州大权，事见《乾宁碑》。

张文彻　唐末五代敦煌人。西汉金山国时任宰相、吏部尚书兼御史大夫。敦煌遗书存其撰《龙泉神剑歌》《上金山国

天子启》《敦煌社人平诎子一十人并于宕泉建窟一所功德记》
《金山国佛事文范》等。

张议潮　唐代沙州人。父谦益为沙州信士，赠工部尚书。
议潮早年就读于寺学，后为吐蕃沙州刺史，阴结豪杰，于大
中二年（848年）率众起义，驱逐吐蕃，收复敦煌、晋昌，自
领州事。大中四年克甘、肃、伊三州，遣使分十路绕道往长
安献表归唐，大中五年被任为沙州防御使，旋置归义军于沙
州，以议潮为归义军节度过使、十一州观察营田处置等使。
后又击败吐谷浑联合吐蕃进攻沙州之联军。咸通二年（861
年）收复凉州。咸通八年入朝，授右神武统军，南阳郡开国
公，食邑二千户，实封三百户。后卒于长安，诏赠太保。其
事迹详载于《张淮深碑》及有关文书。敦煌遗书存有其所写
手卷部分，莫高窟第94、98、85等窟甬道南壁有其供养像及
题名。第156窟是其功德窟，甬道南壁有其父兄侄等的供养像
及题名；甬道北壁有其妻宋国河内郡夫人广平宋氏及侄女等
供养像及题名；东壁上方有其母宋国夫人陈氏供养像及题名；
西壁龛下有其姊尼了空等供养像及题名；东壁、南壁下部有
其统军出行图。

张议谭　唐代沙州人。张议潮之兄，张淮深之父。大中
二年（848年）参加张议潮起义。在大中五年奉张议潮之命，

携带天宝年间河西陇右十一州图进献朝廷，以表归唐之心。后留长安为人质，后终于长安永嘉坊，享年七十四。事见《张淮深碑》。莫高窟第156窟存有其供养像。

张盈润 五代敦煌人，怀庆子，为归义军衙前都押衙，母即曹议金第十六妹。后汉时期为归义军节度押衙，乾符二年（875年）六月随从节度使曹元忠巡礼莫高窟，在其父所建家窟第108窟南壁外侧题七言诗，并序记。

帐顶仰阳板 石窟中的装饰形式之一。在盛唐石窟中开始出现帐形龛前的装饰，最初是在平顶敞口龛上绘出盝顶形式的帐形龛和帐顶仰阳板装饰，如第66、74窟。发展到中唐是帐形龛的巅峰时期，帐顶仰阳板的装饰非常华丽，如第359、361窟。现在这类小木构件在我国遗存很少，壁画中的形象填补了我国这一古建筑类型的空白。

帐杆 石窟中的装饰形式之一。隋与初唐时在帐形覆斗顶窟的帐幔四角及四壁转折处均用一个白色圆圈连接成直线，组成连珠形的帐杆，这些直线帐杆在披面与壁面的四角转折处有莲花节点，然后直达地面，如隋代第244、386、396窟，初唐第57、203、329窟等。初唐第60窟的窟顶四披上用连珠形帐杆，在墙角直接绘出束莲形帐柱。第322的窟顶四披用连珠形帐杆，墙角处更以木杆作帐柱，木杆插入泥塑的覆莲套管内。

帐门 帐形佛龛前面敞开处。敦煌遗书《大蕃故敦煌郡莫高窟阴处士公功德记》中记："帐门两面画文殊、普贤菩萨并侍从。"以上《功德记》所记的石窟是中唐第231窟，西壁帐形龛两旁绘的就是文殊变与普贤变。有的将窟内西壁佛龛直接浮塑出帐门形式，如中唐第112、369窟，在第369窟北壁壁画中还有绘出的一个帐形龛形象。

帐篷酒肆 敦煌生活风俗壁画内容之一，绘于莫高窟第12窟维摩诘经变中。酒肆以布幕搭成帐篷，这是一种大众化的酒肆，比较简陋，供庶民任意来此饮上一两碗，谓之打碗，又名散酒店，可以随时卖零酒，无需配套的酒菜，酒桌前还有男伎表演。

帐形覆斗顶 覆斗顶石窟的装饰形式。自北凉第272窟开始出现覆斗顶石窟后，从西魏第285窟出现帐形装饰，以后历代不绝。如第285窟在窟顶中心斗四平棋四周的披面上绘两重三角形垂帐，四角有长大的环佩羽葆流苏。在四壁上部绘出弧形的帷幔，成为帐形覆斗顶石窟。隋代第305窟与此相似。盛唐以后帐形的垂幔有所变化，在三角垂帐的下面又出现一重长大的弧形垂幔。

帐形龛 中唐时，佛龛由敞口形式变为矩形覆斗顶帐形龛，且装饰华丽，以第 359 窟为例，佛龛内覆斗顶平面上，用棋格式团花图案组成平棋状，四斜披面绘出垂挂的帐帏。龛外上部有装饰华丽的帐额，帐檐用山花蕉叶等传统图案花纹装饰，帐角绘一龙头，口衔长流苏垂于两侧。

招安石窟　位于陕西省延安市安塞县招安乡，现存编号洞窟 7 个，窟内有北宋崇宁元年和明弘治十三年造像开光题记。其中第 2 窟保存完好，窟室中央设方形石坛基，坛基上有莲花，四角有四根石柱连接窟顶，窟顶雕斗栱式建筑，上雕刻结跏趺坐佛，中间有一圆形藻井，正壁开一佛龛，龛内一佛结跏趺坐于须弥座上，左壁开两龛，龛内分别为游戏坐菩萨和文殊菩萨，右壁两龛内分别为游戏坐菩萨和普贤菩萨。

赵僧子　五代、宋时期敦煌塑匠。敦煌遗书编号为 S. 1336 中记为塑匠，编号 P. 3964 为《塑匠都料赵僧子典儿契》，反映高级工匠生活之贫穷。

折芦描　中国画和敦煌壁画线描技法之一，是南宋梁楷从吴道子、李公麟笔意中画出。明邹德《绘事指蒙》载为描法古今一十八等中。画衣褶用尖笔作细长的书法运笔，转折处均着意用力顿挫，形成似芦苇急折之形。流行于宋元以后，清代任颐也多用之。敦煌只在西夏和元代壁画中有使用。如莫高窟第 3 窟和榆林窟第 3 窟。

镇国 唐代沙州报恩寺僧人。吐蕃统治时期曾到过逻些（今西藏拉萨），僧官教授。又于莫高窟建窟一所，窟内塑毗卢像一躯并八大菩萨，事见《报恩吉祥之窟记》。

整理临摹 敦煌壁画临摹技法术语之一，即在客观临摹法的基础上，将被自然、人为损坏的部分，以壁画绘制的年代、整体的风格等为依托，给予适当的修复整理，使形象完整清楚地临摹于宣纸或泥板上，以体现壁画的完整性，表现色彩在氧化变色后所赋予的自然美。

郑山摩崖造像 位于四川省丹棱县城西北约12千米的中隆乡地界，唐代始建，现存造像68龛，700余尊，其中尚有少数道教及佛道合龛造像。形制多为方形或长方形平顶敞口龛，龛楣沿有纹饰，造像题材主要有释迦牟尼、千佛、千手观音、西方净土变、华严三圣、药师佛、三世佛、观音地藏合龛等。

织布图 敦煌莫高窟西夏第465窟藏密壁画中的织布图。该洞窟的四壁下部画有六十多幅人物画，其中反映人民生活及手工业科技活动的有捻线、织布、制靴、制皮、打铁、制陶、凿磨、舂米、养鸭、放牛、驯虎等场面。绘于南壁的织布图也是一幅比较原始的织机（踞织机），图上原有汉藏两种文字对书的榜题：织布师，画中的织布师半跪踞在地上，腰间束物与布相连，一手按在经面，一手拿着梭子，似正在投梭织布。经线固定在两竖木之间，织面上横置一物，即为棕片。至今仍在少数民族及河西一些农牧民中用来进行毛织品褐子、毛袋子和粗棉布的织造，所以有人把这个画面说成织褐子。

执烛前马　敦煌壁画所反映的古代婚嫁时的一种迎娶形式。古代婚姻二字本作昏因，要求男方在昏时，即晚上亲自迎娶女方，所以需要执烛照明。莫高窟第 85 窟婚嫁图中，有一处执烛前马的画面：束髻、穿缺胯衫的侍者，高擎火炬在前照路，后面是乘马的亲迎队伍，一行五人向女家行进。

植物损害　植物的根系、枝条进入壁画结构体内而对壁画造成的破坏。

纸匠都料何员住供养像　据敦煌文献和敦煌石窟题记记载，敦煌古代称"匠"者共有 20 余种。官府设立作坊组织某些行业的规模生产和制造，而作坊司是管理手工业的专门机构，敦煌地区在唐朝早期已有设置。各个行业的工匠级别大体分为都料、录事、博士、师、匠、先生、院生及生等多种，其中，级别最高的是都料。不过，都料级工匠并不是每个行业都有，根据目前的研究，在铁匠、木匠、塑匠、画匠、纸匠、泥匠、毡匠等工匠和金银行、弓行、刺鞍行、皱文行等行业中都设有都料。敦煌壁画供养人题记中也有一些作坊工匠的题名。莫高窟第196窟是何家建造的功德窟（何法师窟），开凿于893—894年，主室东壁门北侧供养人像列南向第四身供养人，红地墨书，题名"故父纸匠都［料］何员住一心供养"。同列第十身题名"故弟子纸匠何员定一心供养"。何家是个专门从事造纸手工业的粟特人家族，家族中不仅有纸匠，而且还有纸匠都料。唐五代敦煌的造纸手工业中有相当多作坊是由粟特人开办的，造纸手艺父子传承，行业中设有都料一职。都料、都匠都是都料匠的简称。

纸马之俗　中唐第358窟、宋代第76窟药师经变·九横死之巫术场面，设神坛，男觋女巫在坛前蹈舞，值得注意的是坛上均站立一马，上骑一人身兽头的神，即赛神用的纸马。此俗不但巫术用，凡民间祭祀赛神也用纸马，因为祭赛必须请神，纸马是作为神降临和离去时的乘骑之用，一般是画在纸上，在祈赛开始和结束时焚化，以示神用的鞍马。壁画就是纸马之俗的形象反映。

制酥　敦煌石窟西域民情风俗壁画之一，绘于莫高窟第23窟法华经变中：大宅院中有一妇女双手持物在操作，旁边放有两块制成的酥油；制酥的方法为以桶盛牛乳，以木棍长三尺五寸，上安拐头，下钉圆板，在桶内不停地搅拌，俗称抨酥，直至出现一层泡沫，撇出放盆内，如此重复多次，最后把聚集的泡沫在锅中熬煎即成酥。

制靴 敦煌莫高窟西夏第 465 窟藏密壁画中的织布图画面。此图中的大成就者，束发耳铛，上裸下裙，两臂分开屈举，两腿曲起而坐，赤足，座旁有半高腰靴一双，左侧颅钵一只。其前跪一侍者，高髻长发，上裸下裙，双膝跪地，双手举钵供养。

制奶酪 奶酪是敦煌古代日常的主要饮食品之一，其制作方法是把挤下来的牛奶慢火煎煮，稍冷，即把热奶倒进生绢做成的袋内，过滤至瓦器中，在一定温度下使之发酵，成为带酸甜味的酪浆，俗称酸奶。莫高窟第 23 窟法华经变的大邸宅中即绘有此画面：庭院右侧两妇人共提绢袋，过滤的奶汁正流到下面的瓦盆中。

掷骰子 敦煌社会风俗壁画内容之一。骰子又称投子、投琼、彩战等，为古代富贵士庶、男女老少皆宜的一种群众性博戏。莫高窟第 159 窟维摩诘经变绘聚赌者四人，在一张案几上掷骰子，桌面已掷下三粒，还有一粒在右侧第一人的右手掌上，将要掷出，众人神情紧张地注视着这后一粒的情况。

置镜 敦煌壁画中反映的古代民情风俗内容之一，绘于莫高窟第 9、12 窟，榆林窟第 38、25 等窟的婚嫁图中，在空地中间用三叉架竖一面圆镜。中国传统认为一切妖魅鬼怪，可以假托人形，唯不能于镜中易其原形，婚礼置镜即为辟邪镇妖。

中国壁画全集敦煌十卷　书名。属《中国美术分类全集》之《中国壁画全集》又《敦煌壁画》十卷本，由中国壁画全集编辑委员会编，1989—1991年由辽宁美术出版社出版。共计十卷，按十六国、北朝、隋、唐（初、盛、中、晚唐）、五代宋、西夏、元时代分卷，内容涉及敦煌莫高窟、西千佛洞、瓜州榆林窟等敦煌石窟历代壁画精选。由敦煌研究院摄录部拍摄彩色图版，每卷开首均有敦煌研究院专家所撰相应各卷时代艺术的论文，彩版后均有所收全部图版的说明文字。

中国传统的日月神　壁画中的非佛教图像。早期日神是日轮中立一三足金乌，寓意飞翔的乌载着太阳在运转，月神是月轮中画一蟾蜍，第285窟伏羲、女娲胸前各有一日轮、月轮。后期月轮中又增添了桂树、白兔捣药等，如第76窟十一面观音右手托日轮，左手所托月轮挂树居中、左侧蟾蜍、右侧玉兔捣药。第35窟十一面观音则是右手托月轮，左手托日轮。

中国传统服饰的儿童　敦煌古代社会生活风情壁画内容之一。莫高窟第329窟西龛外侧，对称地绘了单立在莲花上的儿童，下者戴围嘴，又称涎衣、围溲，亦名糵水兜，以数层布帛缝纳而成，状如披领，上用绳带或纽扣系于领间，其作用是承接小儿流下的口涎。上者戴兜肚，俗称兜兜、困子，又名抹胸、帕腹，通常以鲜艳的罗绢制作，上有彩绣，着时二带系结于领，二带围系于腰。根据气候的需要，有单层、夹层之别，起保健和保暖的作用。第 138 窟供养人行列中，一侍女怀抱婴儿，前面站立着大小各一童子，这三名婴幼儿均裹兜肚。以上儿童服饰的普遍性体现了中国传统服饰的特点。

中国美术全集敦煌三卷　书名。中国美术全集编辑委员会、敦煌研究院编，由上海人民美术出版社 1987 年 12 月出版。其中敦煌雕塑一卷，敦煌壁画两卷。雕塑卷收录莫高窟从北凉至西夏精美彩版计 195 幅，包括有佛、菩萨、弟子、力士、天王、供养像等，收有史苇湘《珍贵的敦煌彩塑》与刘玉权《敦煌彩塑的特点与风格》二文。壁画上卷，收录莫高窟从北凉至隋代具有代表性的壁画彩版 200 幅，并收有段文杰《敦煌壁画概述》与《敦煌早期壁画的风格特点和艺术成就》二文；下卷精选唐至元代具有代表性的壁画彩版 200 幅，收有史苇湘《灿烂的敦煌壁画》一文。三卷均有每幅图版的详细说明。

中国石窟安西榆林窟　书名。敦煌研究院编，1996 年 10

月由文物出版社、日本东京平凡社出版。内容收录瓜州榆林窟、敦煌西千佛洞洞窟壁画、彩塑等240幅彩版，有集中的图版说明；书中编有段文杰《榆林窟壁画艺术》，张学荣、何静珍《西千佛洞概说》，霍熙亮《敦煌地方的梵网经变》，刘玉权《沙州回鹘的石窟艺术》等论文；书后附录霍熙亮编《榆林窟、西千佛洞内容总录》，并榆林窟第4、25窟的实测图。该书有日、中两种文字版本。

中国石窟敦煌莫高窟　书名。敦煌文物研究所编，文物出版社和日本东京平凡社合作出版，共五卷，1980年至1982年出版日文版，1982年至1987年刊布中文版。各卷按时代顺序收录莫高窟历代典型洞窟壁画和雕塑彩版，并有相应内容的研究论文及图版说明。第一卷收北凉至北周26个洞窟计197幅图版；第二卷收隋代49个洞窟计192幅图版；第三卷收初唐至盛唐38个洞窟计179幅图版；第四卷收盛唐、中晚唐39个洞窟计194幅图版；第五卷收五代、宋、西夏、元50个洞窟计176幅图版。书中的研究论文涉及艺术、石窟分期、洞窟形制、经变画考证、山水画、佛教史迹画等。各卷后附有史苇湘编《莫高窟大事年表》，又有典型洞窟实测图，第五卷后附有《敦煌莫高窟内容总录》。

中唐敦煌石窟　或称中唐敦煌石窟艺术、吐蕃敦煌石窟艺术等，敦煌石窟分期之一，指吐蕃进攻和统治敦煌时期（767—848 年）的敦煌石窟，主要分布在莫高窟、西千佛洞、榆林窟等处，洞窟型制为覆斗帐形殿堂式（西壁开龛或设中心佛坛）窟；彩塑题材为佛、弟子、菩萨（二、四或并多菩萨）、天王、力士组合，壁画内容以千佛、天宫伎乐、说法图、大幅经变画、佛教史传故事画等，艺术风格为基本定型的中原唐风。

中外文化交融的日月神　中国传统的日神与佛教的月天同时在一个画面中出现，第 9 窟（晚唐）华严经变须弥山的左侧是日神，日轮中立有三足乌，是以中国传统日神为原型；右侧是月神，月轮中有一座宫殿，一菩萨跌坐在莲花座上，即月天子。

中西服饰交融的儿童　敦煌社会生活风情壁画内容之一，绘于莫高窟第 220 窟阿弥陀经变的宝池中。三名童子站在荷花、莲叶上欣然起舞，其服饰代表着两种不同的文化：左侧及后立者着半臂、下穿小袴；半臂即短袖上衣，对襟，衣长及腰，两短袖宽大平直，这是中国从汉魏以来的服饰，盛行于唐；另一位立在前面荷叶上的童子所着背带条纹小口裤，又称波斯条纹小口裤，从波斯传入，流行于敦煌直至中原，成为一种时髦的风尚。

中心佛坛窟　这种形式隋代已有雏形，初唐第205窟为过渡形式，后逐渐发展完善，并一直延续到元代。它是由覆斗形殿堂窟派生出的另一种类型，窟室呈矩形平面，四壁不开龛，后部中央有马蹄形大佛坛，坛上塑佛、菩萨、众弟子及天王像，四周有通道。建于晚唐的第16窟是莫高窟最大的中心佛坛窟，形制已趋于完善，佛坛后部有背屏连接窟顶西披，佛坛为重层须弥座，佛坛四周原来还有小型的木栏杆。

中心柱窟　也称中心塔柱窟、塔庙窟，是早期洞窟的典型窟形，它源于印度的"支提式（Chaitya）"石窟，其形式特征是在一个纵向矩形空间轴线偏后部分建造一方形塔柱，绕柱有通道，柱四面开龛不等，塑佛及菩萨数身。柱身四周为平窟顶，绘斗四平棋作装饰。柱前宽敞的前堂顶部是两披屋顶形式，披面或塑或画出椽子，椽间望板上满绘各种装饰图案。这种空间形式的作用是：宽敞的前堂可供僧侣及信众聚集瞻仰礼拜，后部绕中心柱进行右旋礼仪。这种形制的石窟，在敦煌的地质条件下不可能雕凿成塔的形式，云冈石窟则有雕刻作塔形的中心塔柱，敦煌现存的碑刻与文献中有"中浮宝刹，匝四面以还通"及"刹心内龛"的记载，刹本是塔顶的重要组成部分，所以也可成为塔的别称，敦煌石窟内中心柱的本意就是塔。通过20世纪初德国人在新疆各地盗掘古代文物时，绘制交河故城与高昌故城残存古建筑遗址的图像看出，敦煌的中心塔柱窟是当时西域的一种生土建筑小佛寺形式，在当时敦煌地面也有这样的生土建筑存在，这样的小佛寺图像在石窟绘画里有表现，在古文献里有记载，称为塔寺。

莫高窟第9窟
钟（晚唐）

钟　打击类金属体鸣乐器。为中国古代雅乐队的主要乐器，后因其笨重，民间很少流传。宫廷乐队中也逐渐淘汰。佛教传入中国后与鼓相对，悬置于钟楼。敦煌壁画里的变及榆林窟第3窟的千手观音经变。

钟楼　壁画寺院建筑局部，又名钟台。壁画中的钟楼最早出现于盛唐第217窟的钟台，盛于中晚唐，以楼阁或高台建筑的形式，布置在佛寺建筑群的前、中、后两侧，与藏经楼对称布置，左右位置没有定制；平面多样，有方形、圆形、六

钟楼图-第217窟

边或八边形等。

周鼎 唐代官吏，大历年间沙州刺史、河西节度使，驻守沙州。大历二年曾参加李大宾在莫高窟的开窟盛典。其年秋，吐蕃攻沙州，其欲弃城东奔，因部下反对未果，后被都知兵马使阎朝所杀。

朱砂 即天然硫化汞（HgS）。天然矿物，因产于古代湖南辰州，俗称辰砂。中国是世界上最早发现并使用朱砂的国家。丝绸之路沿途各地，河南、陕西汉唐墓室壁画，甘肃麦积山、炳灵寺、河西走廊的敦煌石窟及其他石窟，酒泉、嘉峪关魏晋墓壁画，新疆吐鲁番、库车等各石窟、墓室壁画中都应用朱砂颜料。日本龙谷大学藏吐鲁番出土的唐天宝元年（742 年）交河郡市估案残卷交易文书与大谷文书 3036、3081 号（大谷文书编号）文书内容相同，均为朱砂等五种颜料的价格，其中就有："朱砂壹两，上直钱壹佰肆拾文，下壹佰叁拾文。"敦煌石窟历代壁画中都有使用。通过对敦煌石窟所属莫高窟、西千佛洞、东千佛洞等石窟北凉至元等九个朝代的洞窟中取样分析，在北凉第 267、268、269、271、272、275 窟，北魏第 257、263 窟，西魏第 285 窟，隋第 279、419、427 窟，初唐第 332、334 窟，盛唐第 130、320、460 窟，西千佛洞第 14 窟，中唐第 197、237 窟，晚唐第 85、194、232 窟，五代第 5、36、53、61、220 窟，北宋第 35 窟，榆林窟西夏第 2、29 窟，西千佛洞第 2、5 窟，元代第 465 窟，榆林窟第 4 窟，东千佛洞第 7 窟，清代第 7、321、329 等洞窟的颜料分析中都有。

朱再靖 晚唐敦煌人，社官。于唐咸通八年（867 年）与曹善僧等 30 余社人重修莫高窟第 192 窟，在该窟东壁甬道口上方有龙兴寺沙门明立《发愿文功德赞文并序》记此事，并详述塑像壁画内容，与窟内今存相一致。

竺保 宋代敦煌工匠。榆林窟第 35 窟有供养像并题名，署衔"施主、沙州工匠、都勾当画院使、银青光禄大夫、检校太子宾客"。

柱 建筑物的重要组成部分。壁画里从十六国第 268 窟中就有表现，这时的柱好像是石柱，其形式也受希腊柱式的影响，作用是承托龛楣。隋代的柱同样也承托龛楣，但柱子的形象已中国化了，第 404、407 窟的龛柱为圆形断面，中间大两头小，成为梭柱，柱身全部彩绘，第 56、427 窟的龛柱，柱身上下用竖线分为几条，柱身绘束莲一至两圈，宋代第 427 窟窟檐上的八棱柱与此很相似。唐宋以后建筑画中最多见的柱子是圆形直柱，朱红色，下有覆莲或覆盆柱础。柱上彩绘则各不相同。中唐时受吐蕃影响，建筑物的柱子上除彩绘外，还有镶嵌的红、蓝宝石，见第231窟佛殿、佛塔的柱子上。壁画中各类型的柱子以及通身的彩画都是宝贵的建筑细部形象资料。

柱础石　莫高窟窟前遗址中出土了许多柱础石，其石材及形式多种多样，有初唐第96窟前在自然石上雕刻的素面覆盆式，五代第61窟前的花岗岩莲花式，还有由砾石岩雕刻的仰覆莲式。这些粗重的石材多出自敦煌当地。

砖木混合塔　只在早期壁画中出现。北魏第257窟南壁沙弥守戒中的舍利塔与说法图中的殿阙式塔，北周第428窟西壁金刚宝座塔，隋代第302窟密檐塔及造塔图中的二层塔。其形式都是在砖石塔身中部接出屋檐，塔顶上再出覆钵与塔刹。它是外来的佛教建筑形式与传统建筑相融合的一个变化过程在壁画中的反映。

砖石塔　以砖石为材料修建的塔，在壁画中数量很多，窣堵坡塔就是以砖石修建，除此外，还有单层方形亭阁式，盛唐第103、217窟法华经变中，有圆形单层叠涩大出檐式砖石塔。五代第61窟五台山中有两座四层楼阁式砖石塔，造型也各有区别。实物中有山东历城神通四门塔和福建泉州开元寺的双塔，就是砖石塔的典型实例，壁画中大量的砖石塔是对当时现实的反映。

椎髻 古代妇女发髻之一种，因发髻被束成锥形扎于头顶而名。莫高窟第 329 窟初唐女供养菩萨跪像，椎髻朝天而立；第 445 窟婚嫁图中一女眷亦似此髻；第 159 窟西壁龛下童子束小椎髻；初唐第 375、431 窟女供养人几乎全束椎髻，形制多样。

准胝观音 亦称准提观音和尊提观音。为六观音之一。准胝意译清净，心性洁净之意；其形象为三目十八臂。

紫铆 属胶蛤科，学名 Laccifer lacca kerro 的寄生动物在树上分泌的胶质，又名紫矿、蚁铆、紫草茸、紫胶、虫胶、紫梗等。色红紫，雌虫呈黄褐色或紫红琥珀色，雄虫呈鲜朱红色，紫铆作为医药以唐《新修本草》记载为早，唐代以来不仅是重要的药材，而且是制造化妆品、染料、颜料、涂料、丹药等产品的主要原料。《南海本草》中就把紫铆作为药材和染料。唐王焘《外台秘要》卷三十二所引《崔氏造燕脂法》是用紫铆。唐代张彦远在《历代名画记》中记载了出自全国有名的绘画颜料等材料，其中就有"林邑昆仑之黄，南海之蚁铆"。"蚁铆"即是紫铆，唐时可作为绘画之红色颜料。法国吉美博物馆藏 E01154 号敦煌藏经洞所出盛唐绢画《佛传图》所用颜料中，紫褐色是有机质胭脂。法国国立美术馆科学研究所对所藏敦煌绢画等艺术品的颜料组成进行了分析，发现的植物色有藤黄、胭脂（红花）和紫铆。通过薄层色谱（TLC）和 PLM 对莫高窟第 85 窟藻井的暗红色颜料试样进行分析时发现该试样中含有紫铆，这是莫高窟壁画中确切证实的有机颜料之一。

紫衣 僧衣中之最为尊贵者，朝廷赐予高僧大德之紫色袈裟或法衣，又称紫服、紫袈裟。唐代载初元年（689 年），武则天以紫衣赐予重译《大云经》有功之僧法朗等，为赐紫衣之开始。佛制原不许用紫色、绯色，唯我国自古即许高官披着红、紫之朝服，复设朱、紫、绿、皂、黄等绶条，以区别官位之高低，缁门乃仿此而有紫衣之披着。敦煌唐五代壁画、彩塑中出现许多着紫袈裟，如第 45、205、328 等窟的迦叶、阿难二弟子，均着田相紫袈裟；第 17 窟"洪䛒告身碑"记大中五年唐懿宗赐洪䛒"中华大德之号，仍荣紫衣以耀戎缁""悟真可京城临坛大德，仍并赐紫"。同时在赐给洪䛒的衣物单上，有"紫吴绫僧衣二幅"。又第 217 窟五代绘洪忍画像亦着田相紫袈裟，并有题记称其为"应管内释门都僧正、京城内外临坛供养大德、毗尼藏主、阐扬三教大法师、赐紫沙门"。

尊像 凡宗教徒依其教义供奉的单体像或群体像，不论是塑是画是雕是刻，均可称为尊像。敦煌石窟壁画门类繁多，大致归纳为尊像画、经变画、故事画、供养人画像、史迹画、装饰图案画等类，作为专门供奉的尊像画，仅其中之一。石窟中供奉的各种尊像，大致又可分为佛、菩萨、罗汉弟子、诸天神祇等四类。

坐卧家具　敦煌社会生活壁画内容之一，绘于第138窟楞伽经变中。供坐卧用床，木制、四腿、略呈方形，有上下两张，上床盘坐一男信徒，双手捧经卷诵读；下床盘坐一女信徒，双手交叠于腹前；床的左上方是一张榻，也可供坐卧用，类似后世的长靠背椅，靠背上搭挂衣物；下方是一张椅，类似后世的太师椅，一僧人在椅上禅坐。

附　录

敦煌历史年表

历史时代	起止年代	统治王朝	行政建署	备注
汉	前111—219	西汉 前111—8	敦煌郡敦煌县	前111年敦煌始设郡
		新 9—23	敦煌郡敦德亭	
		东汉 23—219	敦煌郡	23年隗嚣反新莽；24年窦融据河西复敦煌郡名
三国	220—265	曹魏 220—265	敦煌郡	
西晋	226—316	西晋 226—316	敦煌郡	
十六国	317—439	前凉 317—376	沙州、敦煌郡	336年始置沙州；366年敦煌莫高窟始建窟
		前秦 376—386	敦煌郡	
		后凉 386—400	敦煌郡	
		西凉 400—421	敦煌郡	400—405年为西凉国都

历史时代	起止年代	统治王朝	行政建署	备注
北朝	439—581	北魏 439—535	沙州、敦煌镇、义州、瓜州	444年置镇 516，为义州 524年为瓜州
		西魏 535—557	瓜州	563年改鸣沙县，至北周末
		北周 557—581	瓜州鸣沙县	
隋	581—618	隋 581—618	瓜州敦煌郡	
唐	619—781	唐 619—781	沙州、敦煌郡	622年设西沙州，633年改沙州，740年改郡
吐蕃	781—848	吐蕃 781—848	沙州敦煌县	
张氏归义军	848—910	唐 848—910	沙州敦煌县	907年唐亡后，张氏归义军仍奉唐为正朔
西汉金山国	910—914		国都	

历史时代	起止年代	统治王朝	行政建署	备注
曹氏归义军	914—1306	北梁 914—923	沙州敦煌县	
		后唐 923—936	沙州敦煌县	
		后晋 936—946	沙州敦煌县	
		后汉 947—950	沙州敦煌县	
		后周 951—960	沙州敦煌县	
		宋 960—1036	沙州敦煌县	
西夏	1036—1227	西夏 1036—1227	沙州	
蒙元	1227—1402	蒙古 1227—1271	沙州路	
		元 1271—1368	沙州路	
		北元 1368—1402	沙州路	
明	1402—1644	明 1402—1644	沙州卫、罕东卫	1516年吐鲁番占，1524年关闭嘉峪关后撤
清	1644—1911	清 1644—1911	敦煌县	1715年清兵出嘉峪关收复，1724年筑城置县

敦煌石窟各家编号对照表

一、莫高窟

(A 为敦煌研究院编号 C 为张大千编号 P 为伯希和编号)

A	C	P	A	C	P
001	162	171c	024	121 耳	
002	161	171b	025	120	138
003	160	171a	026	119	135g
004	159	170	027	118	135f
005	158	169	028		
006	157	168	029	117	135e
007	156	167a	030	116	135d
008	155 北耳		031	115	135c
009	155	167	032	114	135b
010	155 南耳		033	113	135a
011	154 北耳		034	112	134
012	154	166	035	111	132
013	154 南耳		036		
014	153	165	037	110 耳	128a
015	152	164	038	110	128
016	151	163	039	109	125
017	151 耳		040	109 耳	121d
018	150	162	041	108	121c
019	149	161a	042	108 耳	121b
020	148	160a	043	107 耳	121a
021	122	138c	044	107	122
022	122	138b	045	106	120g
023	121	138a	046	105	120f

A	C	P	A	C	P
047	105 耳	120e	074	069	104
048	104 耳	120d	075	068	104a
049		120c	076	067	102
050		120b	077	066	100
051		120a	078	065	099
052			079	064	098
053			080		096e
054			081	063	096d
055	079	118f	082	063 耳	096c
056	078	118e	083	062	096b
057	077	118d		062 耳	
058	077 耳	118c	084	061	096a
059	076	118b	085	060	092
060	075 耳	118a	086	060	090a
061	075	117	087	059	090
062	075 耳		088	058	088
063	075 耳		089	057	086a
064	075 耳	116	090		
		116a	091	056	086
065	074	115	092	055	083a
066	073	114	093	054	083
067	072 耳	113a	094	046	080
068	072	113	095	045	079
069	071	112	096	044	078
070		108	097	043	076
071		108a	098	042	074
072	070	106	099	041	072
073		107	100	040	066

A	C	P	A	C	P
101		056	129		
102		055		020 耳	016Bis
103		054	130	020	016
104				020 耳	017Dis
105			131	001	
106			132	002	
107			133	003 耳	
108	039	052	134	003	
109	038	050b	135	003 耳	
110	037 北耳		136	004	
111	037		137	004 耳	
112	036	046	138	005	001
113	035	044	139	005 耳	
114			140	006	002
115	034	042	141	007	003
116	033	040	142	008	004
117	032	038	143	009	005
118	031	036	144	010	006
119	030	035	145	011	007
120	029	034	146	012	008
121	028	032	147	013	009
122	027	030	148	014	010
123	026	028	149	015	011
124	025	026	150	016	012
125	024	024	151	017	013
126	023	022	152	018	014
127	022	020	153	018 耳	
128	021	018	154	018 耳	

A	C	P	A	C	P
155	019	015	181	288	043
156	300	017bis	182		045
157			183	288 耳	045a
158	301	019bis	184	287 耳	047
159	302	021bis	185	287	049
160	302 耳	021ter	186	286	051a
		021quat	187		051g
		021quat	188	281	
161	303	017ter	189	281 耳	051b
162	299	017	190	290 耳	
163	298 耳	019	191	280 耳	
164	298	021	192		051c
165	297	023	193		051d
166	296	025	194	282	051e
167	296 耳		195		051f
168	296 耳		196	305	063
169	295	027	197		053b
170	294	029	198		053c
171	293	031	199	279	053d
172	292	033	200	278	057
173	292 耳		201	277	059
174	290 耳		202	276	061
175	291		203	275	067
176	290	037	204	274	069
177	290 耳		205	273	071
178	290 耳		206		075a
179		039	207	264	075b
180	289	041	208	261	075c

A	C	P	A	C	P
209	260	077	235	051	
		076a	236	052	082b
210	260 耳	244	237	053	084
		077a	238	257	087
211	262	075e	239	256 耳	
212	263	075f	240	256	089
213	263 耳		241		091
214	265 耳	075d	242	255	093
215	265		243	254	094
216	267		244		095
217	268	070	245	252 耳	097a
218	269		246	252	097
219	269 耳		247	252 耳	097b
220	270	064	248	251	101a
221	271 耳		249	250	101
222	271 耳	061a	250	250 耳	101b
223	271	062	251	249	103
224	271 耳	060	252	247	103a
225	272	058	253	248 耳	105a
226	272 耳		254	248	105
227	272 耳				105b
228	259	079a	255	248 耳	105c
229	258		256	245	107
230	304	078b	257	243	110
231	047	081	258	244	109
232	048	082a	259	242	
233	049	082	260	240	
234	050	085	261	241	109a

A	C	P	A	C	P
262			290	086	121
263	238	117bis	291	087 耳	123b
264		117ter	292	088	123
265	237		293	088 耳	126a
266	236	118g	294	089	126
267	235 耳		295	089 耳	126b
268	235	118h	296	090	129
269	235 耳		297	091	131
270	235 耳		298		131a
271	235 耳		299	092	133a
272	234	118j	300		133b
273		118k	301	093	133c
274		118k	302	094	137a
275	233	118m	303	095	137b
276			304	095 耳	137c
277			305	096	137d
278			306	097 耳	
279			307	097	137e
280			308	097 耳	
281	080	120h	309	098	137f
282	081	120i	310	099	137g
283	082	120j	311	100	137h
284	083 耳	120m	312	100 耳	137i
285	083	120n	313	101	137k
286			314	102	137l
287	083 耳	120o	315	103	137m
288	084	120p	316	103 耳	
289	085	120q	317	123 耳	

A	C	P	A	C	P
318	123	137n	346		
319	124	137o	347	145	159b
320	125	139	348	145 耳	
321	126	139a	349	145 耳	
322	127	139b	350	146 耳	159c
323	128	140	351	146	160
324	128 耳		352	147 耳	160b
325	128 耳		353	147	161
326	129	141	354	147 耳	162c
327	130	142	355	163 耳	162a
328	131	143	356	163	
329	132 耳	144	357		166b
330	132	144a	358	170	166d
331	133	145	359	169	
332	134	146	360	168	
333	135	147	361	167	
334	136	148	362		
335	137	149	363	166	
336	137 耳		364		
337	137 耳		365	164	
338	138	151	366	165	
339	139	152	367	171	162b
340	140	154	368	172	162f
341	141	157	369	173	162e
342	142	157a	370	174 耳	162d
343	142 耳		371	174	161i
344	143	159	372	175	160h
345	144	159a	373	176	160g

A	C	P	A	C	P
374	177	160f	400	196	145a
		160e	401	197	142g
375	178	160d	402	198	142f
376	179		403	199 耳	142e
377		160c	404	199	142d
	180 耳				142c
378	180		405	199 耳	142b
379	181	158e	406	200 耳	142a
380	182	158d	407	200	141b
381	183	158c	408		141a
382	184 耳	158b	409	201	140a
383	184	158a	410		139f
384	185	158			139c
385		156a	411	202	139e
386	186	156		202 耳	139d
387	187	155	412	203	136m
388	188	153	413	204	136f
389	189	150a	414	205	136k
390	190	150	415	206	136j
391			416	206 耳	136i
392	191	148a	417	207 耳	136h
393	192 耳	147c	418	207	136g
394	192	147b	419	208	136f
395	192 耳	147a	420	209	136e
396	193	146b	421	209 耳	136d
397	194	146a	422	210 耳	136c
398	195	145c	423	210	136b
399		145b	424	211	136a

A	C	P	A	C	P
425			451		
426			452	227	120
427	212	136	453		120k
428	213	135	454	228	119
429	213 耳	136Bis	455	229 耳	
430		133d	456	229	118o
	214 耳		457	229 耳	118n
431	214	130	458	230	118r
432	215	127	459	231	118q
433			460	232	118i
434	216 耳		461		
	200 耳		462	306	
435	216	124	463	307	
436	216 耳	124a	464	308	
437	217	123a	465	309	
438	218	120v	466		120e
439	218 耳	120u	467		
440	219	120t	468		
441		120t	469		
442	220	120g	470		
443	224 耳		471		
444	224	120a	472		
445	223	120x	473		
446		120y	474		
447	222		475		
448	221	120x	476		
449	225	120l	477		
450	226	120r	478		

A	C	P	A	C	P
479			486		
480			487		
481			488		
482			489		
483			490		
484			491		
485			492		

二、榆林窟

（A 为敦煌研究院编号 C 为张大千编号）

A	C	A	C
1		22	15
2	1	23	16
3	2	24	
4	3	25	17
5		26	18
6	4	27	
7		28	19
8		29	20
9		30	
10	5	31	21
11		32	22
12	6	33	23
13	7	34	24
14	835	25	
15	9	36	26
16	10	37	
17	11	38	27
18		39	28
19	12	40	29
20	13	41	
21	14		

分类词目索引

3 石窟建筑营建

3.1 营造者

3.2 石窟建筑

5.7 装饰图案

5.8 古代科技

9　其他石窟

9.1　国内石窟

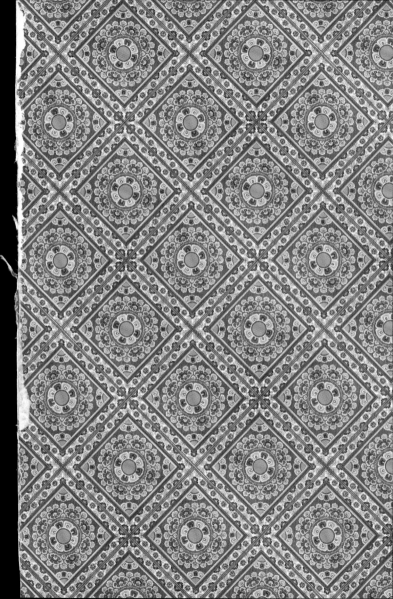

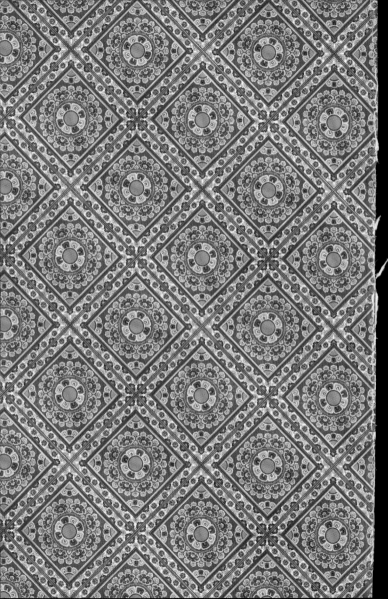